GUY DEBORD
DAS FILMISCHE GESAMTWERK
Schriften, Fotos und Notizen

Herausgegeben von Werner Rappl

Aus dem Französischen von
Werner Rappl in Zusammenarbeit mit Wolfgang Kukulies

Österreichisches Filmmuseum
SYNEMA – Gesellschaft für Film und Medien

Inhalt

Vorwort

Der situationistische Philosoph und Filmemacher Guy Debord (1931–1994) folgte stets dem Vorsatz, nichts zu tun, was man in Filmen machte, und alles zu tun, was man dort nicht machte. Sein zwischen 1952 und 1978 entstandenes filmisches Werk folgte genau dieser Maxime, verfolgte kompromisslos genau dieses Ziel. Seine Drehbücher und Szenarien sind nicht weniger radikal als die Filme selbst.

2016 konnten wir, mit Unterstützung von *phileas – A Fund for Contemporary Art* und Alois Wimmer als Filmpaten, Debords filmisches Werk zur dauerhaften Bewahrung und Ausstellung im Österreichischen Filmmuseum erwerben.

2019 werden nun die Texte aller Filme Guy Debords in einer Neuübersetzung in deutscher Sprache in einem Band vereint, erweitert um Begleittexte Debords zu den Filmen, den Text der von ihm mitgestalteten TV-Dokumentation *Guy Debord, son art et son temps* (1994) und Angaben zu den Quellen der von ihm verwendeten Zitate.

Dass Debords filmisches Werk in Wien nun als Ganzes, in Bild, Ton und Übersetzung vorliegt, verdankt sich der Initiative und dem Enthusiasmus einer Gruppe von Menschen, denen ich im Namen des Österreichischen Filmmuseums danken möchte. Allen voran Alexander Horwath, der dieses Projekt als Direktor des Filmmuseums initiierte und ins Laufen brachte und einen Essay beisteuerte; Alice Debord für ihre Unterstützung; Wolfgang Kukulies für die Zusammenarbeit in der Erstellung der Übersetzungen; Olivier Assayas für seinen wertvollen Rat in vielen Fragen der Struktur der beiden Bände; den vielen Mitarbeiter*innen des Filmmuseums, allen voran die unermüdliche Eszter Kondor (Koordination und Produktion) und Gabi Adébisi-Schuster (Gestaltung). Nicht zuletzt natürlich Werner Rappl, dem Herausgeber dieser Publikation. Ihm gelang ein großer Wurf: eine klug kommentierte Edition der Texte, die dennoch Debords Eigensinnigkeit und Sperrigkeit berücksichtigt und respektiert.

Diese Publikation entstand in Zusammenarbeit mit *phileas – A Fund for Contemporary Art*. In Zeiten, in denen gerade unabhängigen Kultureinrichtungen mit Fragen nach der ökonomischen Verwertbarkeit ihrer Arbeit zugesetzt wird, war die Arbeit mit Jasper Sharp, Moritz Stipsicz sowie Bianca Boscu und Stefanie Reisinger eine Offenbarung: getragen vom gemeinsamen Glauben an die Kraft der Kunst und die Bedeutung des »Verfemten«.

Michael Loebenstein
Österreichisches Filmmuseum

Guy Debord

Das filmische Gesamtwerk

1952–1978

Geheul für Sade

1952

(Lettristische Filme)

Stimme 1: Der Film von Guy-Ernest Debord, *Geheul für Sade …*

Stimme 2: *Geheul für Sade* ist Gil J Wolman gewidmet.

Stimme 3: Artikel 115. – Wenn eine Person an dem Orte ihres Wohnsitzes oder gewöhnlichen Aufenthaltes nicht mehr erscheint und seit vier Jahren keine Nachricht von ihr eingegangen ist: so können die Betheiligten sich an das Gericht erster Instanz wenden, damit die Abwesenheit erklärt werde.

Stimme 1: Die Liebe ist nur in einer vorrevolutionären Periode gültig.

Stimme 2: Nicht alle lieben dich, du lügst! Die Künste beginnen, verbreitern sich und verschwinden, weil unzufriedene Menschen die Welt der offiziellen Ausdrucksformen und die Festspiele ihrer Armut überwinden.

Stimme 4: (junges Mädchen) Sag, hast du mit Françoise geschlafen?

Stimme 1: Was für ein Frühling! Kurzer Abriss einer Geschichte des Films: 1902 – *Reise zum Mond*. 1920 – *Das Cabinet des Dr. Caligari*. 1924 – *Entr'acte*. 1926 – *Panzerkreuzer Potemkin*. 1928 – *Ein andalusischer Hund*. 1931 – *Lichter der Großstadt*. Geburt von Guy-Ernest Debord. 1951 – *Abhandlung über Geifer und Ewigkeit*. 1952 – *Das Antikonzept*. – *Geheul für Sade*.

Stimme 5: »Unmittelbar vor der Projektion sollte Guy-Ernest Debord auf die Bühne steigen und ein paar einleitende Worte sprechen. Dabei hätte er lediglich gesagt: Es gibt keinen Film. Das Kino ist tot. Es kann keinen Film mehr geben. Gehen wir, wenn Sie wollen, zur Diskussion über.«

Stimme 3: Artikel 516. – Alle Sachen sind beweglich oder unbeweglich.

Stimme 2: Um nie wieder alleine zu sein.

Stimme 1:	Sie ist die Hässlichkeit und die Schönheit. Sie ist wie alles, was wir heute lieben.
Stimme 2:	Die Künste der Zukunft werden entweder Umwälzungen von Situationen sein oder sie werden nicht sein.
Stimme 3:	In den Cafés von Saint-Germain-des-Prés!
Stimme 1:	Weißt du, du gefällst mir sehr.
Stimme 3:	Ein etwa 30 Mann starkes Lettristenkommando, alle in jener dreckstarrenden Uniform, die ihr einzig wirklich originelles Markenzeichen darstellt, stürmte die Croisette von Cannes, fest entschlossen, einen Skandal vom Zaun zu brechen, mit dem sie die Aufmerksamkeit auf sich ziehen würden.
Stimme 1:	Das Glück ist eine neue Idee in Europa.
Stimme 5:	»Ich kenne nur die Handlungen der Menschen, doch sind die Menschen in meinen Augen gegeneinander austauschbar. Letztlich unterscheiden wir uns nur durch unsere Werke.«
Stimme 1:	Und ihre Revolten wurden zu Konformismen.
Stimme 3:	Artikel 488. – Die Großjährigkeit ist auf das Alter von vollen einundzwanzig Jahren festgesetzt; mit diesem Alter ist man zu allen Handlungen des bürgerlichen Lebens fähig.
	ZWEI MINUTEN SCHWEIGEN, WÄHRENDDESSEN DIE LEINWAND SCHWARZ BLEIBT.
Stimme 4: (junges Mädchen)	Ihr Gedächtnis fand sie immer wieder, in einem Aufblitzen aller Feuerwerke des Natriums im Kontakt mit Wasser.
Stimme 1:	Es war ihm klar, dass nichts von diesen Gesten bleiben würde in einer Stadt, die sich mit der Erde dreht, und die Erde dreht sich in

ihrer Galaxie, die einen recht unbeträchtlichen Teil einer Insel darstellt, die unendlich außerhalb von uns entflieht.

Stimme 2: Alles Schwarze, mit verschlossenen Augen vor den Ausmaßen der Katastrophe.

EINE MINUTE SCHWEIGEN, WÄHRENDDESSEN DIE LEINWAND SCHWARZ BLEIBT.

Stimme 1: Eine Wissenschaft der Situationen ist zu schaffen, die der Psychologie, der Statistik, dem Urbanismus und der Moral Elemente entlehnen wird. Diese Elemente müssen auf ein völlig neues Ziel hinarbeiten: eine bewusste Schaffung von Situationen.

DREISSIG SEKUNDEN SCHWEIGEN, WÄHRENDDESSEN DIE LEINWAND SCHWARZ BLEIBT.

Stimme 1: Einige Zeilen aus einer Zeitung von 1950: »Bekannte junge Radio-Entertainerin stürzt sich in die Isère. Grenoble. Die zwölfeinhalb Jahre alte Madeleine Reineri, die unter dem Pseudonym Pirouette durch die Radiosendung Schöne Donnerstage des Senders Alpes-Grenoble führte, hat sich am Freitagnachmittag in die Isère gestürzt, zuvor hatte sie ihre Schultasche am Flussufer abgelegt.«

Stimme 2: Schwesterchen, wir sind nicht schön anzusehen. Isère und Misere gehen weiter. Wir sind machtlos.

EINUNDEINHALB MINUTEN SCHWEIGEN, WÄHRENDDESSEN DIE LEINWAND SCHWARZ BLEIBT.

Stimme 4: (junges Mädchen) Aber man spricht in diesem Film nicht über Sade.

Stimme 1: Die Kälte des interstellaren Raums, tausende von Graden unter dem Gefrier- beziehungsweise dem absoluten Nullpunkt von Fahrenheit, Celsius oder Réaumur: die ersten Anzeichen der nahenden Dämmerung. Das schnelle Vorüberziehen Jacques Vachés am Kriegshimmel, all das, was bei ihm in jeder Beziehung so außerordentlich dringend war, diese katastrophische Eile, die ihn sich selbst vernichten ließ; die Kutscherpeitschenhiebe Arthur Cravans, der zu dieser Stunde selbst von den Wellen im Golf von Mexiko verschlungen …

Stimme 3: Artikel 1793. – Hat ein Baumeister oder ein Unternehmer die Aufführung eines Gebäudes in Bausch und Bogen nach einem festgesetzten, und mit dem Eigenthümer des Bodens verabredeten, Plane übernommen: so kann er weder unter dem Vorwande, daß der Arbeitslohn oder der Preis der Materialien gestiegen sei, noch unter dem, daß an dem Plane Veränderungen oder Zusätze gemacht worden, eine Erhöhung des Preises fordern, wenn nicht diese Veränderungen oder Zusätze schriftlich genehmigt sind, und der Preis mit dem Eigenthümer verabredet worden ist.

Stimme 2: Die Perfektion des Selbstmords liegt in der Zweideutigkeit.

FÜNF MINUTEN SCHWEIGEN, WÄHRENDDESSEN DIE LEINWAND SCHWARZ BLEIBT.

Stimme 2: Was ist die einzige Liebe?

Stimme 3: Ich antworte nur in Anwesenheit meines Anwalts.

EINE MINUTE SCHWEIGEN, WÄHRENDDESSEN DIE LEINWAND SCHWARZ BLEIBT.

Stimme 1: Die Ordnung herrscht, aber sie regiert nicht.

ZWEI MINUTEN SCHWEIGEN, WÄHRENDDESSEN DIE LEINWAND SCHWARZ BLEIBT.

Stimme 2: Das erste Wunder ist, vor sie zu treten, ohne mit ihr reden zu können. Die gefangenen Hände bewegen sich nicht schneller als in Zeitlupe gefilmte Rennpferde, um ihren Mund und ihre Brüste zu berühren; in aller Unschuld, die Stricke werden zu Wasser, und wir wälzen uns gemeinsam dem Tag entgegen.

Stimme 4:
(junges Mädchen)

Ich glaube, wir werden uns nie wiedersehen.

Stimme 2:

Nahe an einem Kuss werden die Lichter der winterlichen Straßen enden.

Stimme 4:
(junges Mädchen)

Paris war sehr angenehm wegen des Streiks der öffentlichen Verkehrsmittel.

Stimme 2:

Jack the Ripper wurde nie gefasst.

Stimme 4:
(junges Mädchen)

Es ist lustig, das Telefon.

Stimme 2:

Was für eine Liebesherausforderung, wie Madame de Ségur sagte.

Stimme 4:
(junges Mädchen)

Ich werde Ihnen Geschichten aus meinem Land erzählen, die große Angst einjagen, doch man muss sie am Abend erzählen, um Angst zu haben.

Stimme 2:

Meine liebe Ivich, es gibt leider weniger chinesische Viertel, als Sie glauben. Sie sind fünfzehn Jahre alt. Die grellsten Farben wird man eines Tages nicht mehr tragen.

Stimme 4:
(junges Mädchen)

Ich kannte Sie bereits.

Stimme 2:

Die Kontinentaldrift entfernt Sie mit jedem Tag. Der Urwald ist unberührt, doch weniger als Sie.

Stimme 4:
(junges Mädchen)

Guy, noch eine Minute, dann ist morgen.

Stimme 2:

Der Dämon der Waffen. Ihr erinnert euch. Genau das. Niemand war uns gut genug. Und dennoch … Der Hagel auf den Glasbannern. Man wird sich dieses Planeten erinnern.

VIER MINUTEN SCHWEIGEN, WÄHRENDDESSEN DIE LEINWAND SCHWARZ BLEIBT.

Stimme 2:

Und Sie werden noch sehen, dass sie eines Tages berühmt sein werden! Nie werde ich die skandalöse und kaum zu fassende Existenz einer Polizei akzeptieren. Mehrere Kathedralen wurden zur Erinnerung an Serge Berna errichtet. Die Liebe ist nur in einer vorrevolutionären Periode gültig. Ich habe diesen Film gedreht, solange noch Zeit war, davon zu reden. Jean-Isidore, um aus dieser provisorischen Menge herauszutreten. Auf der Place Gabriel-Pomerand, wenn wir alt sein werden. Die kleinen Maulhelden waren allesamt die zukünftigen Glanzlichter der Lehrpläne der Gymnasien und Realschulen.

DREI MINUTEN SCHWEIGEN, WÄHRENDDESSEN DIE LEINWAND SCHWARZ BLEIBT.

Stimme 2: Es gibt noch viele Leute, die das Wort »Moral« weder zum Lachen noch zum Weinen bringt.

Stimme 3: Artikel 489. – Der Großjährige, der sich gewöhnlich in einem Zustande von Blödsinn, Wahnsinn oder Raserei befindet, muß interdicirt werden, selbst wenn in diesem Zustande lichte Zwischenräume eintreten.

Stimme 2: Ganz nah, ganz sanft, verliere ich mich in den hohlen Archipelen der Sprache. Ich drücke dich zu Boden, du liegst offen, wie man schreit, wie einfach das ist. Es ist ein sehr heißer Fluss. Es ist eine spiegelglatte See. Es ist ein Waldbrand.

Stimme 1: Das ist Kino!

Stimme 3: Die Pariser Polizei ist 30 000 Schlagstöcke stark.

VIER MINUTEN SCHWEIGEN, WÄHRENDDESSEN DIE LEINWAND SCHWARZ BLEIBT.

Stimme 2: »Die poetischen Welten schließen und vergessen sich in sich selbst.« An der Ecke der Nacht führen die Seeleute Krieg; und die Flaschenschiffe sind für dich, die du sie geliebt hattest. Du beugtest dich in den Strand zurück wie in die verliebteren Hände, die Regen, Wind und Donner jeden Abend unter deinen Rock gleiten lassen. Im Sommer ist das Leben in Cannes schön. Die verbotene Vergewaltigung banalisiert sich in unseren Erinnerungen. »Als wir am Shenandoah waren.« Ja. Sicher.

Stimme 1: Und das Versanden dieser Gesichter, die die Ausbrüche des Begehrens waren, wie Tinte auf einer Wand, die irre Sterne waren. Auf dass Gin, Rum und Schnaps fließen und versenkt werden wie die Spanische Armada. So viel zur Grabrede. Doch all diese Leute waren vulgär.

FÜNF MINUTEN SCHWEIGEN, WÄHRENDDESSEN DIE LEINWAND SCHWARZ BLEIBT.

Stimme 1: Wir sind gerade noch einmal glücklich davongekommen.

Stimme 2: Das Glücklichste kehrt aber wieder. Der Tod wäre ein Steak Tatar, und die nassen Haare auf dem zu heißen Strand, der unser Schweigen ist.

Stimme 1: Aber er ist ja Jude!

Stimme 2: Wir waren bereit, alle Brücken in die Luft zu jagen, doch es fehlte uns an Brücken.

VIER MINUTEN SCHWEIGEN, WÄHRENDDESSEN DIE LEINWAND SCHWARZ BLEIBT.

Stimme 1: Die zwölfeinhalb Jahre alte Madeleine Reineri, die unter dem Pseudonym Pirouette durch die Radiosendung Schöne Donnerstage des Senders Alpes-Grenoble führte, hat sich in die Isère gestürzt.

Stimme 2: Mademoiselle Reineri im Quartier Europe, Sie haben immer noch Ihr erstauntes Gesicht und diesen Körper, das Beste aller gelobten

Länder. Die Dialoge wiederholen wie die Neonreklame ihre endgültigen Wahrheiten.

Stimme 1: Ich liebe dich.

Stimme 4: (junges Mädchen) Sterben muss schrecklich sein.

Stimme 1: Auf Wiedersehen.

Stimme 4: (junges Mädchen) Du trinkst viel zu viel.

Stimme 1: Was sind die Kindheitslieben?

Stimme 4: (junges Mädchen) Ich verstehe dich nicht.

Stimme 1: Ich wusste davon. Zu einer anderen Zeit habe ich es sehr bedauert.

Stimme 4: (junges Mädchen) Willst du eine Orange?

Stimme 1: Die schöne herzzerreißende Zerrissenheit der Vulkaninseln.

Stimme 4: (junges Mädchen) Damals.

Stimme 1: Ich habe dir nichts mehr zu sagen.

Stimme 2: Nach all den ungelegenen Antworten und der Jugend, die langsam alt wird, fällt abermals die Nacht aus allen Wolken.

DREI MINUTEN SCHWEIGEN, WÄHRENDDESSEN DIE LEINWAND SCHWARZ BLEIBT.

Stimme 2: Als enfants perdus erleben wir unsere unvollkommenen Abenteuer.

VIERUNDZWANZIG MINUTEN SCHWEIGEN, WÄHRENDDESSEN DIE LEINWAND SCHWARZ BLEIBT.

Über den Durchgang einiger Personen durch eine ziemlich kurze Zeiteinheit

1959

(Dansk-Fransk Experimentalfilmskompagni)

Stimme 1: (Nachrichtensprecher)

Dieses Viertel war geschaffen für die klägliche Würde des Klein-

Häuserfassaden im Viertel von Saint-Germain-des-Prés.

Untertitel: Paris, 1952.

bürgertums, für die achtbaren Beschäftigungen und den intellek-

tuellen Tourismus. Die sesshafte Bevölkerung der Etagen war

von den Einflüssen der Straße abgeschirmt. Dieses Viertel ist das-

Junge Leute gehen vorbei.

selbe geblieben. Es war die fremde Umgebung unserer Geschichte.

Hier wurde der systematische Zweifel an allen Vergnügungen und

Eine Fotografie von zwei Paaren, die an einem Cafétisch Wein trinken, wird von der Kamera

Händel: Feierliches Thema der Abenteuer.

Arbeiten einer Gesellschaft, eine globale Kritik ihrer Vorstellung

im Stil des Kunstfilms erkundet.

von Glück in die Tat umgesetzt.

Auch die vermeintliche subjektive Tiefe verachteten diese Leute.

Sie interessierten sich ausschließlich für einen hinreichenden Aus-

druck ihrer selbst, auf konkrete Weise.

Stimme 2:

Die Menschen sind sich ihres wirklichen Lebens nicht völlig be-

wusst … handeln meist tastend; ihre Taten folgen ihnen, gehen in ihren Folgen über sie hinaus; in jedem Moment stehen die Gruppen und Individuen somit vor ungewollten Ergebnissen.

Die Musik bricht ab.

Stimme 1: (Nachrichtensprecher)

Sie sagten, das Vergessen sei ihre große Leidenschaft. Sie wollten jeden Tag alles neu erfinden; Herren und Besitzer ihres eigenen Lebens werden.

Andere Gesichter.

Sowenig man den Wert eines Menschen nach der Vorstellung misst, die dieser von sich selbst hat, ebenso wenig kann man solche Umwälzungsepochen aus ihrem Bewusstsein beurteilen; vielmehr muss man das Bewusstsein aus den Widersprüchen des materiellen Lebens, aus dem vorhandenen Konflikt zwischen den gesellschaftlichen Produktivkräften und den gesellschaftlichen Verhältnissen erklären.

Der Papst und andere Geistliche.

Die Erweiterung des Alltagslebens war noch nicht den in der

Naturbeherrschung erzielten Fortschritten gefolgt. Die Jugend
Schulschluss vor

verfloss zwischen den verschiedenen Kontrollen der Resignation.
einem Mädchengymnasium. *Französische Polizisten auf der Straße.*

Unser Objektiv hat für Sie einige Aspekte einer provisorischen
Eine Sequenz in der Art einer Film- oder Fernsehreportage: Cafétische in Saint-Germain-

Mikro-Gesellschaft erfasst.
des-Prés.

Die Erkenntnis der empirischen Tatsachen bleibt abstrakt und oberflächlich, solange sie nicht durch Integration in das umfassende Ganze konkretisiert worden ist, was allein erlaubt, über das abstrakte und partielle Problem hinauszugehen und zu seinem *konkreten Wesen* und implizit zu seiner Bedeutung zu gelangen.

Diese Gruppe lebte am Rande der Ökonomie. Sie neigte zu einer Rolle reinen Konsums, und zwar zunächst des freien Konsums ihrer Zeit. Sie sah sich so direkt mit den qualitativen Variationen des Alltags beschäftigt, doch ohne jedes Mittel, auf diese einzuwirken.

Der Bewegungsbereich dieser Gruppe war sehr begrenzt. Diesel-
Das Hallenviertel bei Nacht.

ben Stunden führten zurück an dieselben Orte. Niemand wollte
Kameraschwenk über

früh schlafen gehen. Die Diskussion über den Sinn all dessen riss
eine Kreuzung im Hallenviertel, sehr belebt und überfüllt, nachts.

nicht ab …

Stimme 2: »Unser Leben ist eine Reise – durch den Winter und die Nacht – wir suchen unseren Weg …«

Stimme 1: (Nachrichtensprecher) Die verabschiedete Literatur übte trotzdem auf der Ebene einiger
Mehrere Ansichten des Hallenviertels in der Morgendämmerung.

Gefühlsformulierungen eine verzögernde Wirkung aus.

Stimme 2: Da gab es die Müdigkeit und die Kälte des Morgens in jenem so oft durchquerten Labyrinth, wie ein Rätsel, das wir zu lösen hatten. Es war eine Trompe-l'Œil-Wirklichkeit, von der aus der mögliche Reichtum der Wirklichkeit zu entdecken war.

Am Ufer des Flusses begannen erneut der Abend; und die Zärt-
Die Seine in Paris, gegen Osten.
Delalande: Edles und tragisches Thema (Fagott solo).

lichkeiten; und die Bedeutung einer bedeutungslosen Welt. So wie

die Augen viele Dinge verschwommen wahrnehmen und nur

Haufen von

eines deutlich sehen können, so kann der Wille unvollkommen

Pflastersteinen und Ziegeln am Quai Saint-Bernard.

nach verschiedenen Objekten streben und nur eines von ihnen

Ein Mädchen.

Die Musik klingt aus.

gleichzeitig vollkommen lieben.

Stimme 3: (junges Mädchen)

Niemand zählte auf die Zukunft. Es würde nicht möglich sein,

Im Ziegellabyrinth. *Ausfahrende Mannschaftswagen der Polizei.*

später und anderswo als hier zusammen zu sein. Nie würde es eine

Die Île Saint-Louis in der Abenddämmerung.

größere Freiheit geben.

Zwei sehr junge Paare tanzen auf einem Strand neben einem Gitarrenspieler.

Stimme 1: (Nachrichtensprecher)

Die Verweigerung der Zeit und des Alterns isolierte von vorn-

Einige Orte zwischen der Place Saint-Sulpice und der Rue Mazarine.

herein die Begegnungen in dieser zufälligen und begrenzten

Zone, in der das, was fehlte, als unrettbar verloren empfunden

wurde. Die extreme Unsicherheit bezüglich der Mittel und

Wege, ohne Arbeit zu leben, war die Wurzel dieser Hast, die

die Maßlosigkeiten notwendig und die Zerwürfnisse endgültig

machte.

Stimme 2:

Man stellt eine Organisation der Existenz nie wirklich in Frage,
DIE LEINWAND BLEIBT WEISS.

ohne alle mit ihr verbundenen Sprachformen in Frage zu stellen.

Stimme 1: (Nachrichtensprecher)

Wenn die Freiheit in einem geschlossenen Zirkel ausgeübt wird,
Kamerafahrt in einem Café. Die Bewegung wird willkürlich durch Zwischentexte unter-
Delalande: Allegro eines höfischen Musikstücks.
verkommt sie zum Traum, wird zur bloßen Darstellung ihrer
brochen: »Die Leidenschaften und Feste einer gewalttätigen Epoche«; »Im Laufe der Bewegung

selbst. Die Stimmung des Spiels ist ihrer Art nach labil. Jeden
und infolgedessen von deren vergänglicher Seite.« »Die packendste Spannung!«

Augenblick kann das »gewöhnliche Leben« seine Rechte zurück-

fordern … Auffallender noch als seine zeitliche Begrenzung ist die

räumliche Begrenzung des Spiels. Jedes Spiel bewegt sich inner-

halb seines Spielraums. Rings um das Viertel, rings um seine flüch-
Zwischentext: »In der eigens zu diesem Zweck gebauten glanz-

tige und bedrohte Immobilität erstreckte sich eine halb bekannte
vollen Ausstattung!« *Menschen gehen bei diesigem Wetter über den*
Die Musik ist verklungen.
Stadt, in der die Menschen einander nur zufällig begegneten, sich
Boulevard Saint-Michel.

unwiederbringlich verirrten. Die Mädchen, die dort waren, wur-
Ein Paar an einem Cafétisch.

den, da ihre Familien bis zum achtzehnten Lebensjahr gesetzlich

über sie verfügten, immer wieder von den Verteidigern dieser
In Japan, Ansturm mehrerer hundert be-

verabscheuungswürdigen Institution aufgegriffen. Sie wurden
helmter Polizisten.

üblicherweise eingesperrt und unter die Obhut jener Wesen ge-
Die Umfassungsmauer der Besserungsanstalt von Chevilly-Larue.

stellt, die unter all den schlechten Erzeugnissen einer schlechten

Gesellschaft als deren hässlichste und widerwärtigste erscheinen:

der Nonnen.

Was Dokumentarfilme in den meisten Fällen verständlich macht,
DIE LEINWAND BLEIBT WEISS.

ist die willkürliche Begrenzung ihres Gegenstands. Sie beschreiben

die Atomisierung der gesellschaftlichen Funktionen und die Iso-

lierung von deren Produkten. Im Gegensatz dazu kann man die

ganze Vielschichtigkeit eines Moments berücksichtigen, der sich nicht in einer Arbeit auflöst, dessen Bewegung unauflösbar Tatsachen und Werte enthält und dessen Sinn noch undeutlich ist. Der Stoff des Dokumentarfilms wäre dann diese verworrene Totalität.

Stimme 2: Die Epoche hatte einen Stand des Wissens und der technischen Mittel erreicht, der die *direkte* Konstruktion aller Aspekte einer befreiten affektiven und praktischen Existenz ermöglichte und immer notwendiger machte. Das Auftreten dieser höher entwickelten Aktionsmittel, die aufgrund der bei der Liquidierung der Warenwirtschaft aufgetretenen Verzögerungen noch nicht eingesetzt worden waren, hatte bereits den Stab über die ästhetische Betätigung gebrochen, die sowohl hinsichtlich ihrer Bestrebungen als auch ihrer Fähigkeiten überholt war. Das Absterben der Kunst sowie aller Werte der ehemaligen Verhaltensweisen hatte unsere

Gewalttätige Zusammenstöße zwischen japanischen Arbeitern und der Polizei. Eine Abfolge von Totalen. Die Polizei gewinnt langsam Boden.

soziologische Basis gebildet. Das Monopol der herrschenden
DIE LEINWAND BLEIBT WEISS.

Klasse über die Instrumente, die wir unter unsere Kontrolle bringen mussten, um die kollektive Kunst unserer Zeit zu schaffen, hatte uns selbst außerhalb eine Kulturproduktion versetzt, die offiziell der Illustration und der Wiederholung der Vergangenheit gewidmet war. Ein Kunstfilm über diese Generation wird lediglich ein Film über das Fehlen ihrer Werke sein.

Die anderen folgten, ohne nachzudenken, den ein für alle Mal er-
Passanten gehen am historischen Eisenzaun des Musée de Cluny vorbei.

lernten Wegen zu ihrer Arbeit. Ihnen war die Pflicht schon zur Gewohnheit und die Gewohnheit zur Pflicht geworden. Die Unzulänglichkeit ihrer Stadt fiel ihnen nicht auf. Die Unzulänglichkeit ihres Lebens erschien ihnen natürlich. Wir wollten diese Kondi-
Rue des Écoles, Rue de la Montagne-
Händel: Feierliches Thema der

tionierung aufbrechen, nach einem neuen Gebrauch der urbanen
Sainte-Geneviève, erleuchtete Fenster bei Nacht.
Abenteuer.

Landschaft und neuen Leidenschaften suchen. Die Atmosphäre einiger Orte ließ uns die zukünftigen Möglichkeiten einer Architektur spüren, die als Tragstruktur und Rahmen für weniger dürftige Spiele zu erschaffen wäre. Wir hatten von nichts irgendetwas

Die Musik bricht ab.

zu erwarten, das wir nicht selber verändert haben würden. Die städtische Umwelt verkündete die Befehle und Vorlieben der herr-

Häuser in Paris.

schenden Gesellschaft mit einer Gewalt, die der der Zeitungen gleichkam. Es ist der Mensch, der die Einheit der Welt herstellt, doch der Mensch ist überall verbreitet. Die Menschen können nichts um sich herum sehen, was nicht ihr Angesicht ist, alles spricht zu ihnen von ihnen selbst. Selbst ihre Landschaft ist lebendig. Überall waren Hindernisse. Es gab einen Zusammenhang

Englische Polizisten, zu Fuß und zu Pferd, drängen Demonstranten zurück.

unter diesen vielfältigen Hindernissen. Sie hielten die zusammen-

hängende Herrschaft des Elends aufrecht. Da alles miteinander zu-
DIE LEINWAND BLEIBT WEISS.

sammenhing, galt es, durch einen einheitlichen Kampf *alles zu verändern* oder nichts. Es galt, Anschluss an die Massen zu finden, doch rings um uns war Schlaf.

Stimme 3: (junges Mädchen)

Die Diktatur des Proletariats ist ein zäher Kampf, ein blutiger und unblutiger, gewaltsamer und friedlicher, militärischer und wirtschaftlicher, pädagogischer und administrativer Kampf gegen die Mächte und Traditionen der alten Welt.

Stimme 1:

Am Ende sind es in diesem Land wieder einmal die Ordnungskräfte
Siedlerdemonstration in Algier im Mai 1958. Die Generäle Massu und Salan. Eine Fallschirm-

gewesen, die sich zu Aufständischen gemacht haben. Sie haben ihre
jägerkompanie marschiert auf das Objektiv zu.

Macht gefestigt. Das Groteske der herrschenden Bedingungen konnten sie nach Belieben verschärfen. Sie haben ihr System mit dem Leichengepränge der Vergangenheit geschmückt.
De Gaulle spricht und schlägt dabei mit der Faust auf das Rednerpult.

Stimme 2:

Jahre, wie ein einziger bis dahin verlängerter Augenblick, gehen zu
DIE LEINWAND BLEIBT WEISS.

Ende.

Stimme 1: (Nachrichtensprecher)

Was unmittelbar gelebt wurde, erscheint in der Distanz erstarrt
Hauptdarstellerin eines Werbefilms für »Monsavon«. *Gesicht eines Mädchens.*

wieder, eingeschrieben in die Vorlieben und Illusionen einer Epoche und mit ihr fortgetragen.
Kavallerieattacke in den Straßen einer Stadt.

Stimme 2:

Das Auftauchen von Ereignissen, die wir nicht gemacht haben, die
DIE LEINWAND BLEIBT WEISS.

andere gegen uns gemacht haben, zwingt uns, künftig das Vergehen der Zeit, seine Ergebnisse, die Verwandlung unserer eigenen Begierden in Ereignisse zu bewerten. Was die Vergangenheit von
Gesicht eines anderen Mädchens.

der Gegenwart unterscheidet, ist eben ihre außer Reichweite befindliche Objektivität; es gibt kein Sein-Müssen mehr; das Sein hat
Starlet in einer Badewanne.

sich so sehr verbraucht, dass es seine Existenz eingebüßt hat. Die Einzelheiten sind schon im Staub der Zeit untergegangen. Welche
Gefilmte Sonneneruption.

hatte Angst vor dem Leben, Angst vor der Nacht, Angst genommen,
Kamerafahrt über das Starlet in seiner Badewanne.

Angst, behalten zu werden?
Die zuvor unterbrochene Sonneneruption setzt ihre Bewegung nach oben fort.

Stimme 3: (junges Mädchen)

Was abgeschafft werden muss, schreitet voran, und mit ihm schrei-
In Japan rückt ein Dutzend Polizisten mit Helmen und Gasmasken weiter langsam auf einem

tet unsere Zermürbung voran. Man zerreibt uns. Man trennt uns
nun geräumten großen Gelände vor und wirft dabei Tränengasgranaten.

voneinander. Die Jahre vergehen und wir haben nichts verändert.

Stimme 2:

Wieder ein Morgen in denselben Straßen. Wieder die Müdigkeit
Tagesanbruch über einer Brücke von Paris. *Langsamer Kameraschwenk*
Delalande: Fortsetzung des edlen und tragischen Themas.

so vieler gleich durchlebter Nächte. Dieser Marsch hat lange ge-
über die Place des Victoires im Morgengrauen.

dauert.
Die Musik klingt aus.

Stimme 1: (Nachrichtensprecher)

Wirklich schwer, mehr zu trinken.
DIE LEINWAND BLEIBT WEISS.

Stimme 2:

Sicher kann man gegebenenfalls einen Film daraus machen. Doch
Das Filmteam rund um eine Kamera.

selbst für den Fall, dass es diesem Film gelänge, so ganz und gar
Erneut die bereits gezeigte

unzusammenhängend und unbefriedigend zu sein wie die Wirk-
Kamerafahrt (durch das Café), diesmal ohne Unterbrechung, aber in ihrem schlechtesten Take,

lichkeit, von der er handelt, wird er immer nur nachgestellte Wirk-
der alle Fehler anhäuft: Publikum im Bildfeld, Scheinwerferreflexe, Schatten der Kamera,

lichkeit sein – so armselig und falsch wie diese misslungene
Reißschwenk am Ende der Bewegung.

Kamerafahrt.

Stimme 3:
(junges Mädchen)

Es gibt jetzt Leute, die sich etwas darauf zugutehalten, Autoren
DIE LEINWAND BLEIBT WEISS.

von Filmen zu sein, so wie man früher Romanautor war. Sie hinken den Romanschreibern insofern hinterher, als sie die Zersetzung und die Erschöpfung des individuellen Ausdrucks in unserer Zeit ignorieren, das Ende der Künste der Passivität. Man hört, wie ihre Aufrichtigkeit gelobt wird, weil sie mit größerer persönlicher Tiefe die Konventionen in Szene setzen, aus denen sie bestehen. Von Befreiung des Films ist die Rede. Doch was schert uns die Befreiung einer Kunst mehr, dank der Pierre, Jacques oder François munter ihren Sklavengefühlen Ausdruck verleihen können? Das einzig interessante Unterfangen ist die

Befreiung des Alltagslebens, und zwar nicht nur in historischer Perspektive, sondern für uns und sofort. Voraussetzung dafür ist das Absterben der entfremdeten Kommunikationsformen. Auch der Film muss zerstört werden.

Stimme 2: Letztendlich ist es weder das Talent noch der Mangel an Talent

Ein Auto hält. Zoom auf die Hauptdarstellerin von »Monsavon«, die dem Auto entsteigt.

und auch nicht die Filmindustrie oder die Werbung, die den Star erschaffen, sondern das Bedürfnis, das nach ihm besteht. Es ist das

Zwei Bilder der »Klappe« dieses Films, hochgehalten zu Beginn zweier bereits gesehener Einstellungen.

Elend des Bedürfnisses, das triste und anonyme Leben, das sich auf die Ausmaße des Lebens im Film ausweiten möchte. Das imagi-

Reiterinnen im Bois de Boulogne.

näre Leben auf der Leinwand ist das Produkt dieses wirklichen Bedürfnisses. Der Star ist die Projektion dieses Bedürfnisses.

Die Bilder der Werbung in den Pausen eignen sich besser als alle

Das Starlet in der Werbung zeigt die Seife, die es liebt, und lächelt die Zuschauer an.

anderen, die Pause des Lebens zur Sprache zu bringen.

Um diese Epoche wirklich zu beschreiben, wären gewiss viele an-
DIE LEINWAND BLEIBT WEISS, AUCH NOCH ZWANZIG SEKUNDEN

dere Dinge zu zeigen. Doch wozu? Es gilt vielmehr, die Gesamt-
NACH DEM LETZTEN WORT.

heit dessen zu verstehen, was getan wurde; was noch zu tun bleibt.

Und nicht der alten Welt des Spektakels und der Erinnerungen

neue Trümmer hinzuzufügen.

Die Menschen sind sich ihres wirklichen Lebens nicht völlig bewusst … handeln meist tastend; ihre Taten folgen ihnen, gehen in ihren Folgen über sie hinaus.

In jedem Moment stehen die Gruppen und Individuen somit vor ungewollten Ergebnissen.

Die Stimmung des Spiels ist ihrer Art nach labil. Jeden Augenblick kann das »gewöhnliche Leben« seine Rechte zurückfordern …

Rings um das Viertel, rings um seine flüchtige und bedrohte Immobilität erstreckte sich eine halb bekannte Stadt, in der die Menschen einander nur zufällig begegneten …

»Unser Leben ist eine Reise – durch den Winter und die Nacht – wir suchen unseren Weg … «

Es ist das Bedürfnis, das nach ihm besteht, das den Star erschafft. Es ist das Elend des Bedürfnisses …

Kritik der Trennung

1961

(Dansk-Fransk Experimentalfilmskompagni)

Man weiß nicht, was man sagen soll. Die Wörter werden wie-
Kamerafahrt über eine Gruppe auf einer Caféterrasse. Die Kamera – in der Hand gehalten wie

der aneinandergereiht und die Gesten wiedererkannt. Außer-
in Nachrichtenberichten – nähert sich Debord, der mit einem sehr jungen dunkelhaarigen

halb von uns. Gewiss, es gibt beherrschte Verfahren und über-
Mädchen redet. *Totale*

prüfbare Ergebnisse. Das ist sehr oft heiter. Doch so viele
der beiden, sie gehen gemeinsam. *Ein anderes Mädchen,*

Dinge, die man wollte, wurden nicht erreicht; oder teilweise
blond.

erreicht und anders als geglaubt. Welche Kommunikation
Comic: Ein blondes, erschöpft aus-

wünschte oder kannte man oder simulierte man nur? Welches
sehendes Mädchen. Text im Bild: »Doch es gelang ihr nicht. Der Jeep war zu tief im Schlamm

wirkliche Vorhaben ging verloren?
des Sumpfgeländes eingesunken …«

Der Film ist ein Spektakel, das seine Regeln hat, die es
360-Grad-Schwenk vom Zentrum des Plateau Saint-Merri aus.
Untertitel: In der Mitte unseres Lebenswegs
Couperin: Marsch der Graugekleideten.
erlauben, zufriedenstellende Produkte zu erzielen. Doch die

Wirklichkeit, von der ausgegangen werden muss, ist die Un-
Untertitel: kam ich zu

zufriedenheit. Die Funktion des Kinos ist, eine isolierte falsche
mir in einem dunklen Wald.

Kohärenz dramatischer oder dokumentarischer Art zu

präsentieren als Ersatz für fehlende Kommunikation und

Aktivität. Um den Dokumentarfilm zu entmystifizieren, muss

Untertitel: Der rechte Weg war da verfehlt.

man das auflösen, was man seinen Gegenstand nennt.

Der Marsch klingt aus.

Einem altbekannten Rezept zufolge hat ein Film alles, was er

Comic: Ein Taucher mit Taucherhelm unter Wasser denkt: »Ohne Schlauch und Luft ist es

anders als durch ein Bild ausdrückt, zu wiederholen, da die

bald aus mit mir. Könnte ich nur diese Bleigewichte loswerden …« Blick von oben auf ein Café.

Zuschauer sonst den Sinn nicht verstehen. Das mag stimmen.

Ein Paar tritt ein, schließt die Türe wieder und geht weiter.

Doch dieses Unverständnis findet sich in den alltäglichen Begegnungen überall wieder. Man müsste genauer erklären, doch fehlt die Zeit dazu und man ist sich nicht sicher, verstanden worden zu sein. Bevor man das Nötige hätte tun oder

Foto aus einem Film: Ein Funker der US-Kriegsmarine.

Untertitel: Hören Sie mich? Hören Sie mich? Ant-

sagen können, ist man schon fort. Man hat die Straße über-

Hinter ihm stehen ein Offizier und die Heldin.

worten Sie. Antworten Sie … Ende!

quert. Man ist nach Übersee gegangen. Man kann nicht wieder von Neuem beginnen.

Nach all dem Leerlauf und den müßig vertanen Stunden bleiben

Die Place de la Concorde von einem Hubschrauber aus gesehen.

diese unablässig durchquerten Postkartenlandschaften, diese

Die Seine im Zentrum von Paris.

zwischen jedem einzelnen und allen organisierte Distanz. Die

Kindheit? Hier ist sie doch; wir haben sie nie verlassen.

Unsere Epoche häuft Kräfte an und erträumt sich rational.

Nahaufnahme eines Raketenstarts.

Doch niemand erkennt diese Kräfte als die seinen an. Nirgends

Raketenstart, Totale.

gibt es Zugang zum Erwachsensein: nur die eines Tages

mögliche Verwandlung dieser langen Unruhe in gemessenen

Schlaf. Denn niemand entkommt der anhaltenden Bevor-

Flieger, im Stratosphärenanzug. Offizier mit gezogenem Säbel.

mundung. Es geht nicht darum zu sagen, dass die Menschen

Bild von der Titelseite eines Science-Fiction-Buchs.

auf mehr oder weniger ärmliche Weise leben, sondern darum,

dass sie immer auf eine Art und Weise leben, die sich ihnen

entzieht.

Gleichzeitig haben wir es mit einer Welt zu tun, in der wir ge-
Flipper (im Tilt); und der Lauf einer Kugel.

lernt haben, dass sich alles ändert. Nichts in ihr kommt zum

Stillstand. Sie erscheint zunehmend mobiler; und diejenigen, die

sie hervorbringen, tagaus, tagein, gegen sich selbst, können

sie sich aneignen, das weiß ich wohl.

Das einzige Abenteuer besteht, wie wir sagten, darin, das
Standfoto aus einem Film: Tafelrunde, ein König und Ritter.
Bodin de Boismortier: Allegro des Konzerts in e-Moll für 5 Flöten, Opus 37.
Ganze in Frage zu stellen, dessen Mittelpunkt diese Lebens-
Untertitel: Jedem den für die Äußerung

weise ist, die uns zwar erlaubt, unsere Kraft auszuprobieren,
des Lebens notwendigen gesellschaftlichen Raum geben.

nicht aber sie anzuwenden. Letztendlich bildet sich kein Aben-
Zwei Situationisten.

teuer direkt für uns. Als Abenteuer ist es zunächst Teil aller
Das Hollywood-Foto, auf dem ein Ritter einen anderen herausfordert.

durch das Kino oder sonstwie übermittelten Legenden; des
Ein Situationist, der aus einem Glas trinkt.

ganzen spektakulären Schunds der Geschichte.

Totale einer Gruppe an einem Tisch eines Cafés der Montagne-Sainte-Geneviève.
Untertitel: Wenn der Mensch von den Umständen geformt wird, dann kommt es darauf an, die Umstände des Menschen zu formen.

Untertitel: Genossen, der unitäre Urbanismus ist dynamisch, er ist somit eng verknüpft mit den Verhaltensweisen.

Vor der kollektiven Beherrschung der Umwelt gibt es noch

Weitere Situationisten.

Untertitel: Die Leidenschaften sind hinreichend interpretiert worden. Es gilt

keine Individuen, sondern nur Schatten, die durch Dinge geis-

nun, andere zu finden. **Untertitel: Die neue**

tern, die ihnen anarchisch von anderen vorgegeben sind. Ge-

Schönheit wird eine der Situation sein.

legentlich treffen wir voneinander getrennte Leute, die aufs

Das Mädchen, das auf den ersten Bildern zu sehen war,

Geratewohl umhergehen. Ihre gegensätzlichen Emotionen

geht vorbei. *Kamerafahrt über ein Luftbild des Pariser Zentrums.*

neutralisieren sich und erhalten die sie fest umgebende Langeweile aufrecht. Solange wir nicht selbst unsere Geschichte machen und frei die Situationen schaffen können, zieht das Bestreben nach Einheit weitere Brüche nach sich. Die Suche nach einer zentralen Tätigkeit führt sogar dazu, neue Spezialisierungen zu schaffen.

Und nur einige wenige Begegnungen waren wie Zeichen

Die streitbaren Ritter.

Die Musik klingt aus.

aus einem intensiveren Leben, das nicht wirklich gefunden

Dasselbe Mädchen.

wurde.

Was nicht vergessen werden konnte, erscheint in den Träu-

Abwechselnde Folge von Kamerafahrten: Das Gesicht des Mädchens; ein Flugzeug entfernt sich

men wieder. Am Ende dieser Art von Träumen, im Halb-

und beschießt dabei eine Schneelandschaft.

schlaf, werden die Ereignisse noch einen kurzen Augenblick lang für wirklich gehalten. Und die Reaktionen, die sie hervorrufen würden, schälen sich heraus, genauer, vernünftiger; wie so oft des Morgens die Erinnerung an das, was man am Vortag getrunken hat. Und dann wird man sich dessen bewusst, dass alles falsch, alles »ja nur ein Traum ist«, dass es keine neuen Tatsachen, keine Rückkehr dorthin gibt. Keinen Halt. Diese Träume sind Splitter der ungelösten Vergangenheit. Sie werfen ein einseitiges Licht auf Momente, die einst konfus und im Zweifel erlebt wurden. Sie werben unterschiedslos für

diejenigen unserer Bedürfnisse, auf die es nunmehr keine Ant-

wort gibt. Hier ist das Tageslicht und Perspektiven, die jetzt
Kameraschwenk über den Quai d'Orléans, vom linken Seineufer aus gesehen.
Bodin de Boismortier: Wiederaufnahme des Allegro.

nichts mehr bedeuten. Die Sektoren einer Stadt sind auf einer
Nahaufnahme eines Details desselben Quais. Schwenk über von einem Wirbelsturm gepeitschte

bestimmten Ebene lesbar. Doch die Bedeutung, die sie für uns
Bäume.

persönlich hatten, ist nicht vermittelbar, ebenso wenig wie die
Luftbild der Allée des Cygnes in Paris.

ganze Klandestinität des Privatlebens, über die man stets nur
Die Musik klingt aus.

belanglose Dokumente besitzt.

Die offizielle Information ist anderswo. Die Gesellschaft wirft
Der Sicherheitsrat der Vereinten Nationen. *Chruschtschow in einem Salon;*

ihr eigenes historisches Bild auf sich zurück, aber als die ober-
neben ihm De Gaulle. *Eisenhower empfängt*

flächliche und statische Geschichte ihrer Führer. Derjenigen,
De Gaulle.

die die äußere Fatalität des Gemachten verkörpern. Der Sek-
Patriotische Feier unter dem Triumphbogen, De Gaulle und Chruschtschow in Habtachtstellung.

tor der Führer ist genau der des Spektakels. Der Film passt
Eisenhower und der

ihnen gut. Übrigens bietet der Film überall exemplarische
Papst im Gespräch. *Eisenhower und Franco*

Verhaltensweisen an, schafft Helden, nach demselben alten
liegen sich in den Armen.

Muster wie diese hier, mit allem, was er anrührt.

Dennoch wird jedes bestehende Gleichgewicht wieder in
Aufstand im Kongo; Soldaten schlagen ihn mit Gewehrkolben nieder.

Frage gestellt, jedes Mal, wenn unbekannte Menschen versuchen, anders zu leben. Doch das geschah stets in weiter Ferne. Man erfährt davon durch die Zeitungen, die Nachrichten. Man bleibt außerhalb davon, wie vor einem weiteren Spektakel. Wir sind durch unsere eigene Nicht-Einmischung davon getrennt. Das ist ziemlich enttäuschend, was uns betrifft. Wann wurde mit der Entscheidung gezögert? Wann
Foto von Djamila Bouhired in einem Büro der Polizei. Im Blickfeld erscheinen die

wurde die Gelegenheit versäumt? Wir haben nicht die nötigen
Hände des Fallschirmjäger-Journalisten Lartéguy. Zoom auf das Gesicht der Gefangenen.

Waffen gefunden. Wir haben die Dinge geschehen lassen.

Ich habe die Zeit gewähren lassen. Ich habe verlorengehen lassen, was zu verteidigen war.

Dasselbe Mädchen spricht und lächelt.

Couperin: Erneut der Marsch der Graugekleideten.

Diese allgemeine Kritik der Trennung enthält und überdeckt natürlich einige besondere Gegebenheiten des Gedächtnisses. Einen weniger eingestandenen Schmerz, das Bewusstsein einer weniger erklärlichen Unwürdigkeit. Um welche Trennung handelte es sich genau? Wie schnell wir gelebt haben! An genau diesem Punkt unserer unreflektierten Geschichte betrachte ich uns wieder.

Die Musik bricht ab.

Alles, was den Bereich des Verlustes betrifft, das heißt nicht nur das, was ich von mir selbst verloren habe, die verflossene Zeit; und das Verschwinden, die Flucht; sondern auch allgemeiner das Vergehen der Dinge, sogar das, was im

Schnelle Kamerafahrt über die Fassade der Gare Saint-Lazare; die Kamera entfernt sich über die Rue du Havre, auf der im selben Moment zahlreiche Autos hinunterfahren.

herrschenden gesellschaftlichen Sinn, also im gewöhnlichsten Sinn der Zeitnutzung, verlorene Zeit genannt wird, all das trifft auf seltsame Weise in jenem alten militärischen Ausdruck »en enfants perdus« zusammen mit dem Bereich der Entdeckung, der Erkundung eines unbekannten Geländes; mit allen Formen der Erforschung, des Abenteuers, der Avantgarde. An dieser Kreuzung haben wir uns gefunden und verloren.

Eine Schwadron der Garde Républicaine reitet in der Ferne vorbei.

Untertitel: Vor allen Richtungen des Möglichen, die so rasch diesem Augenblick zustrebten, unser einziger Freund, unser bitterer Feind.

Zugegeben: All dies ist unklar. Der durch und durch klassische Säufermonolog mit seinen unverständlichen Anspielungen und seinem ermüdenden Redefluss. Mit seinen leeren Sätzen, die nach keiner Antwort verlangen, und seinen sentenziösen Erklärungen. Und seinen langen Pausen des Schweigens.

Parade von Westpoint-Kadetten in einer gleichermaßen archaischen Uniform.

Die Dürftigkeit der Mittel soll ungeschminkt die skandalöse
Ein Marinegeschwader im Manöver.

Dürftigkeit des behandelten Themas zum Ausdruck bringen.

Im Allgemeinen sind die Ereignisse, die einem in der indivi-
Lauf einer Flipperkugel bis zum Tilt.
Untertitel: Wer wünschte, einen Menschen zum Freunde zu haben, der also redet?
duellen Existenz, so wie diese organisiert ist, widerfahren, also
Wer wird ihn unter anderen auswählen, um

die Ereignisse, die uns wirklich betreffen und unsere Teilhabe
Untertitel: ihm seine Angelegenheiten mitzuteilen?

erfordern, diejenigen, die nichts weiter verdienen, als in uns
Wer würde zu ihm seine Zuflucht nehmen in seiner Betrübnis? Und endlich: wozu

distanzierte, gelangweilte und gleichgültige Zuschauer vor-
im Leben könnte man ihn gebrauchen?

zufinden. Im Gegensatz dazu ist die durch eine beliebige
In einem amerikanischen Gefängnishof werden Meuterer

künstlerische Übertragung gesehene Situation nicht selten
wieder ins Gefängnis zurückgedrängt. *Die Flipperkugel verschwindet.*
Untertitel: Überall den Apparat
das, was anziehend wirkt, was verdienen würde, einen zum
des bestehenden Pseudodialogs stören.

Akteur, zum Teilnehmer zu machen. Dieses Paradox gilt es
Kamerafahrt vorbei an

umzukehren, vom Kopf auf die Füße zu stellen. Das ist es, was
zahlreichen parkenden Autos.

in die Tat umgesetzt werden muss. Und es kann keine Rede

davon sein, dieses Spektakel der fragmentarischen und gefi-
Untertitel: Schon ferner als Indien oder China.

lterten Vergangenheit – närrisch, voller Klang und Wut – jetzt

in ein anderes, geordnetes Spektakel zu überführen – es
Ein Paar küsst sich auf der Straße.
Untertitel: Ärmliche Rebellion, ohne Sprache, aber nicht ohne

»wiederzugeben«, wie man so schön sagt – in einem Spektakel,
Grund. Das Programm kommt noch.

das das Spiel des geregelten Verständnisses und der Teilnahme
Mädchen und Jungen an einem Cafétisch.

spielen würde. Nein. Jeder kohärente künstlerische Ausdruck
Zwei der enfants perdus von Saint-Germain-des-Prés.
Untertitel: Anhänger der Macht des Vergessens.

bringt bereits die Kohärenz der Vergangenheit zum Ausdruck,
Ein Gefängniswärter auf einem Wachturm.

die Passivität. Die Erinnerung in der Kunst muss zerstört wer-
DIE LEINWAND BLEIBT SCHWARZ.
Untertitel: Übrigens geht es weniger um Formen als um Spuren

den. Es gilt, den Konventionen ihrer Kommunikationen den
von Formen, Abdrücken und Erinnerungen.

Garaus zu machen, ihre Liebhaber zu demoralisieren. Eine

Heidenarbeit! So wie in der verschwommenen Vision des

Alkoholrauschs zerfallen die Erinnerung und die Sprache des

Films gemeinsam. Im Extremfall verkehrt sich die unglück-
Untertitel: Wir stehen einer Welt gegenüber, die

liche Subjektivität in eine gewisse Objektivität: ein Dokument
unerbittlich zerfällt.

über die Bedingungen der Nicht-Kommunikation.
DIE LEINWAND

BLEIBT SCHWARZ, OHNE UNTERTITEL UND OHNE KOMMENTAR.

So rede ich zum Beispiel nicht von ihr. Falsches Gesicht.
Das Mädchen, das bereits oft zu sehen war.

Falsche Beziehung. Eine wirkliche Person ist von der, die sie

spielt, allein schon durch die zwischen dem Ereignis und sei-
Kamerafahrt über ausgeschnittene Sätze: »Auch
Untertitel: Die Wahrheit einer künstlichen
ner Evokation verflossene Zeit getrennt, durch eine beständig
die Regie verrät die Merkmale der Jugend.« »Ihre schreckliche, großartige und verzweifelte
Gesellschaft.
wachsende, in diesem Augenblick wachsende Distanz. So wie
Unordnung.«

der konservierte Ausdruck selbst auf jeden Fall von denen

getrennt bleibt, die ihn vernehmen, auf abstrakte Weise und
»Alle Elemente des amerikanischen Kriminalromans wie Gewalt, Sex

ohne Einflussmöglichkeiten auf ihn.
und Grausamkeit sind darin vereint, doch die Szene …«

Das Spektakel, in seinem vollen Umfang, das ist die Epoche;

in der sich eine bestimmte Jugend wiedererkannt hat. Die

Kluft zwischen diesem Bild und den Ergebnissen. Welches Erscheinungsbild, welche Vorlieben, welche Weigerungen und welche Vorhaben sie damals definierten; und wie sie dann im Alltagsleben voranschritt.

Schwimmerinnen, unter Wasser gefilmt.

Fotografien einiger Situationisten.

Couperin: Der Marsch der Graugekleideten setzt wieder ein.

Man hat nichts erfunden. Man passt sich, mit einigen Nuancen, im Netz der möglichen Wege an. Man gewöhnt sich, wie es scheint.

Eine Gruppe am Tresen eines Cafés.

Comic: Ein Mann mit einem Glas in der Hand denkt (Sprechblase): »Die Würfel sind gefallen! Jetzt muss sie mir ja sagen, schnell … sehr schnell.«

Untertitel: Wie viele Flaschen seitdem? In wie vielen Gläsern, in wie vielen Flaschen hat er sich versteckt, allein seit damals?

Auf dem Rückweg von einem Unternehmen legt jeder Mensch von Welt weniger Eifer als auf dem Hinweg an den Tag. Schöne Kinder, das Abenteuer ist dahin.

Bild des Covers eines Kriminalromans mit dem Titel: »Betrug«. Eine Frau im Profil. Dahinter ein Mann mit einem Glas in der Hand.

Ein blondes Mädchen. *Bäume in einem Wirbelsturm.*

Eine Napalmexplosion. *Vom Wirbelsturm unpassierbar gemachte Straße.*

Dasselbe blonde Mädchen. *Kamerafahrt über den ausgeschnittenen Satz: »Der Lebenswein*
Ende des Marschs.

ist ausgeschenkt, nur Hefe blieb noch zu prahlen dem Gewölbe.«

Wer wird Widerstand leisten? Über diese Teilniederlage ist
Fortsetzung des Aufstands im Kongo.

hinauszugehen. Gewiss. Doch wie?

Zwei – bereits gesehene – Fotografien von Situationisten abwechselnd in Schuss und Gegen-
Untertitel: Es ist ganz normal, dass ein Film über das Privatleben ausschließlich

schuss, ein und derselbe Untertitel bringt ihr Gespräch zum Ausdruck.
aus *private jokes* besteht.

Dies ist ein Film, der abbricht, aber nicht endet.
Das blonde Mädchen.
Untertitel: Ich habe nicht alles verstanden.
Alle Schlüsse sind noch zu ziehen, die Berechnungen neu
Asger Jorn.
Untertitel: Man könnte so eine Reihe von Dokumentarfilmen machen, drei
anzustellen.
Stunden lang. Eine Art Serie.

Das Problem stellt sich weiterhin, seine Darstellung kom-
Debord.
Untertitel: Die »Geheimnisse New Yorks« der Entfremdung.
pliziert sich. Man muss zu anderen Mitteln greifen.

So wie diese informelle Botschaft keinen tieferen Grund für
Asger Jorn.
Untertitel: Ja. Das wäre besser. Das wäre langweiliger: bezeichnender.
ihren Anfang besaß, hat sie auch keinen für ihr Ende.

Ich beginne gerade erst, Ihnen begreiflich zu machen, dass ich
Debord, die Kamera entfernt sich von ihm.
Untertitel: Überzeugender.
dieses Spiel nicht spielen will.
Untertitel: (Fortsetzung folgt).

Welche Kommunikation wünschte oder kannte man oder simulierte man nur? Welches wirkliche Vorhaben ging verloren?

Bleiben diese unablässig durchquerten Postkartenlandschaften, diese zwischen jedem und allen organisierte Distanz. Die Kindheit? Hier ist sie doch; wir haben sie nie verlassen.

Kein Abenteuer bildet sich direkt für uns. Als Abenteuer ist es zunächst Teil aller durch das Kino oder sonstwie übermittelten Legenden; des ganzen spektakulären Schunds der Geschichte.

Ihre gegensätzlichen Emotionen neutralisieren sich und erhalten die sie fest umgebende Langeweile aufrecht.

Diese Träume sind Splitter der ungelösten Vergangenheit. Sie werfen ein einseitiges Licht auf Momente, die einst konfus und im Zweifel erlebt wurden.

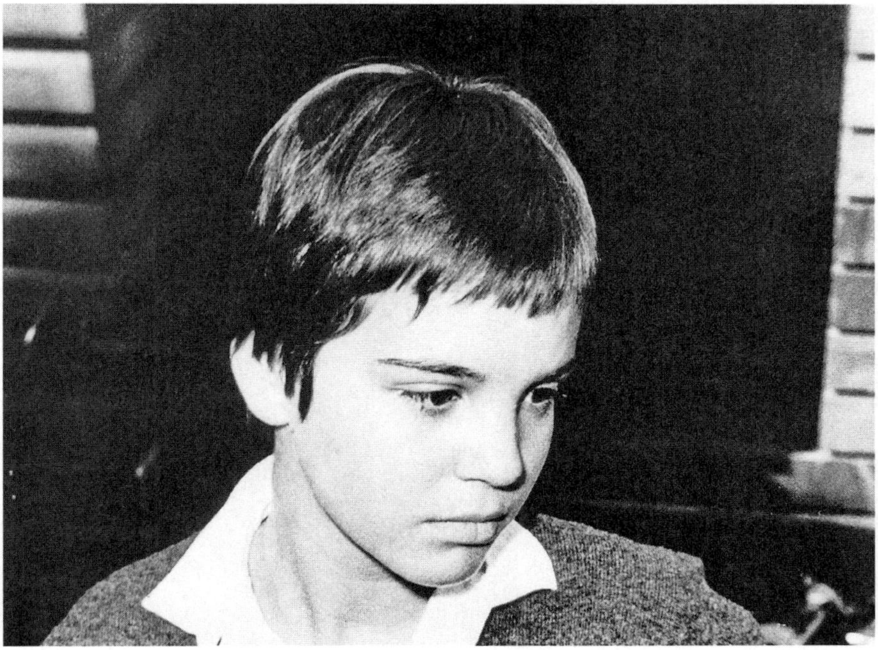

Der Film bietet überall exemplarische Verhaltensweisen an, schafft Helden, nach demselben alten Muster wie diese hier, mit allem, was er anrührt.

Die Gesellschaft des Spektakels

1973

(Simar Films)

Sequenz über Alice.
Untertitel: Da jedes einzelne Gefühl nur ein Teil des Lebens und nicht das ganze
Michel Corrette: Sonate in D-Dur für Violoncello und Cembalo.

Leben ist, brennt das Leben darauf, sich über die Mannigfaltigkeit der Gefühle zu verbreiten und sich in diesem Ganzen der Mannigfaltigkeit wiederzufinden ... In der Liebe gibt es das Getrennte noch, aber nicht mehr als Getrenntes, sondern als Vereintes, und das Lebendige fühlt das Lebendige.

Untertitel: ***DIESER FILM IST ALICE BECKER-HO GEWIDMET.***

Das ganze Leben der Gesellschaften, in welchen die modernen
Die von einer Weltraumrakete aus gefilmte Erde entfernt sich; ein Kosmonaut schwebt im

Produktionsbedingungen herrschen, erscheint als eine ungeheure
Weltraum.

Akkumulation von *Spektakeln*. Alles, was unmittelbar erlebt wurde, ist in eine Repräsentation entwichen.
Ein langer Striptease.

Die Bilder, die sich von jedem Aspekt des Lebens gelöst haben, verschmelzen in einem gemeinsamen Lauf, in dem sich die Einheit dieses Lebens nicht wiederherstellen lässt. Die *partiell* betrachtete Realität entfaltet sich in ihrer eigenen allgemeinen Einheit als *abgetrennte* Pseudowelt, Gegenstand bloßer Kontemplation. Die Spezialisierung der Bilder der Welt findet sich vollendet in der autonom gewordenen Welt des Bildes wieder, wo das Verlogene sich selbst belogen hat. Das Spektakel im Allgemeinen, als konkrete Verkehrung des Lebens, ist die autonome Bewegung des Unlebendigen.

Fernsehbildschirme in den Räumen der Pariser Polizeipräfektur zur Kontrolle der Metrostationen und Straßen der Stadt.

Das Spektakel präsentiert sich zugleich als die Gesellschaft selbst, als ein Teil von ihr und als *Instrument der Vereinigung*. Als Teil der Gesellschaft ist es der Bereich, der alle Blicke und alles Bewusstsein auf sich zieht. Eben weil dieser Bereich *abgetrennt* ist, ist er der Ort des getäuschten Blicks und des falschen Bewusstseins; und die von ihm vollzogene Vereinigung ist nichts als eine Amtssprache der generalisierten Trennung.

Oswald geht vorüber, umgeben von Polizisten aus Dallas; ein patriotischer Spitzel springt hervor und erschießt »live« vor den Augen von Millionen Fernsehzuschauern den, von dem es hieß, er habe Kennedy ermordet.

Eine Rede Giscard d'Estaings.

Eine weitere Rede, von Servan-Schreiber.

Gegen Ende des Monats Mai 1968 erstattet der Bürokrat Séguy den Renault-Arbeitern Bericht über die Vereinbarungen, die er soeben in der Rue de Grenelle unterzeichnet hat, und erklärt ihnen zynisch: »Wir haben nach Abschluss der Verhandlungen die positiven Elemente begrüßt, jedoch zugleich auch betont, dass noch viel zu tun bleibt.« Die Arbeiter hören schweigend zu.

Die Arbeiter bringen ihre Unzufriedenheit und ihre Verachtung zum Ausdruck.

Modeshow beim Couturier Courrèges.

Das Spektakel ist kein Ensemble von Bildern, sondern ein durch Bilder vermitteltes gesellschaftliches Verhältnis zwischen Personen. In seiner Totalität begriffen, ist das Spektakel zugleich Ergebnis und Projekt der bestehenden Produktionsweise. Es ist kein Zusatz zur wirklichen Welt, kein ihr aufgesetzter Zierrat. Es ist das Herz des Irrealismus der realen Gesellschaft. In allen seinen besonderen Formen – Information oder Propaganda, Werbung oder direkter Konsum von Zerstreuungen – ist das Spektakel das gegenwärtige

Modell des gesellschaftlich vorherrschenden Lebens. Es ist die allgegenwärtige Bekräftigung der *bereits getroffenen* Entscheidung in der Produktion und der aus dieser folgenden Konsumtion. Die Trennung ist selbst Teil der Einheit der Welt, Teil der gesellschaftlichen Gesamtpraxis, die sich in Realität und Bild aufgespalten hat. Die gesellschaftliche Praxis, vor die das autonome Spektakel sich stellt, ist auch die wirkliche Totalität, die das Spektakel beinhaltet. Doch verstümmelt die Spaltung innerhalb dieser Totalität diese so sehr, dass das Spektakel als ihr Zweck erscheint. In der *wirklich verkehrten* Welt ist das Wahre ein Moment des Falschen.

Arbeiter an Fließbändern verschiedener Fabriken.

Hell erleuchtete Boutiquen, die seit kurzem auf den Bahnsteigen der Pariser Metro installiert sind, damit die Fahrgäste ihre »tote Zeit« nutzbringend anwenden können. Ein Mädchen kehrt an den Strand zurück.

Foto eines anderen Mädchens, das am Strand liegt.

Das Spektakel ist, seinen eigenen Begriffen nach betrachtet, die *Affirmation* des äußeren Scheins und die Affirmation jedes menschlichen, also gesellschaftlichen Lebens, als eines bloßen, äußeren

»Atom«-U-Boote fahren durch Packeislandschaften.

Scheins. Die Kritik jedoch, die zur Wahrheit des Spektakels vordringt, entdeckt dieses als die sichtbare *Negation* des Lebens; als *sichtbar gewordene* Negation des Lebens.

Das Spektakel präsentiert sich als eine ungeheure, unbestreitbare

Castro spricht vor den Fernsehkameras und anschließend zu einer Menschenmenge.

und unerreichbare Positivität. Es sagt nicht mehr als: »Was erscheint, ist gut; was gut ist, erscheint.« Die durch das Spektakel prinzipiell geforderte Haltung ist die passive Hinnahme, die es durch seine Art, unwiderlegbar zu erscheinen, durch sein Monopol des Scheins faktisch bereits erreicht hat.

Das Spektakel macht sich die lebendigen Menschen untertan, in

Ein Flugzeugträger richtet seine Raketen nach allen Seiten aus und feuert sie ab.

dem Maße, wie die Ökonomie sich diese gänzlich untertan gemacht hat. Es ist nichts anderes als die sich für sich selbst entwickelnde Ökonomie. Es ist der getreue Widerschein der Produktion der

Dinge und die ungetreue Vergegenständlichung der Produzenten.

Da, wo die wirkliche Welt sich in bloße Bilder verwandelt, werden
Eine Reihe von Luftbombardements in Vietnam.

die bloßen Bilder zu wirklichen Wesen und zu wirksamen Motivationen eines hypnotischen Verhaltens.

Je mehr die Notwendigkeit gesellschaftlich geträumt wird, desto notwendiger wird der Traum. Das Spektakel ist der schlechte Traum der gefesselten modernen Gesellschaft, der letztendlich nur ihren Wunsch zu schlafen zum Ausdruck bringt. Das Spektakel ist der Wächter dieses Schlafes.

Die Tatsache, dass die praktische Macht der modernen Gesellschaft
Kosmonauten auf dem Mond, mit einer Fahne. Ein anderer Kosmonaut verlässt seine Rakete,

sich von sich selbst abgehoben und sich ein eigenes Reich im
mit der ihn ein Kabel verbindet.

Spektakel erbaut hat, lässt sich nur durch jene andere Tatsache erklären, dass es dieser mächtigen Praxis weiter an Zusammenhalt mangelte und sie mit sich selbst im Widerspruch geblieben war.

Die älteste gesellschaftliche Spezialisierung, die Spezialisierung der
Börsenparkett, Spezialisten drängen sich aufgeregt mit einer gewissen Leidenschaft.

Macht, ist der Ursprung des Spektakels. Das Spektakel ist also eine spezialisierte Tätigkeit, die für alle anderen Tätigkeiten spricht. Es ist die diplomatische Vertretung der hierarchischen Gesellschaft sich selbst gegenüber, aus der jedes andere Wort verbannt ist. Das Modernste ist darin zugleich das Archaischste.

Die generalisierte Spaltung des Spektakels ist untrennbar mit dem
Vorrückende Bereitschaftspolizei. *Ein berittener Polizist knüppelt*

modernen *Staat* verbunden, das heißt mit der allgemeinen Form der
mehrmals auf einen jungen Mann ein, der auf einer Bank sitzt.

Spaltung in der Gesellschaft, Ergebnis der Teilung der gesellschaftlichen Arbeit und Organ der Klassenherrschaft.

Im Spektakel *repräsentiert sich* ein Teil der Welt vor der Welt und ist
Striptease mehrerer professioneller Stripperinnen.

über sie erhaben. Das Spektakel ist nur die gemeinsame Sprache dieser Trennung. Was die Zuschauer miteinander verbindet, ist lediglich ein unumkehrbares Verhältnis im Zentrum selbst, das ihre Vereinzelung aufrechterhält. Das Spektakel vereint das Getrennte, aber es vereint es *als Getrenntes*.

Ein Paar liegt auf dem Bett und sieht fern.

Der Arbeiter produziert nicht sich selbst, sondern eine unabhängige Macht. Der *Erfolg* dieser Produktion, ihr Überfluss, kehrt zum Produzenten als *Überfluss der Enteignung* zurück. Mit der Akkumulation seiner entfremdeten Produkte werden ihm alle Zeit und aller Raum seiner Welt *fremd*. Eben diese uns entronnenen Kräfte *zeigen sich* uns in ihrer ganzen Macht.

Arbeitsimmigranten am Fuß der riesigen Gebäude, die sie im »La Défense«-Viertel bauen; Kameraschwenks zu den Spitzen ihrer Bauwerke.

Der von seinem Produkt getrennte Mensch produziert immer wirksamer alle Einzelheiten seiner Welt und sieht sich so zusehends von seiner Welt getrennt. Je mehr sein Leben jetzt sein Produkt ist, desto mehr ist er von seinem Leben getrennt.

Das Spektakel ist das *Kapital* in einem solchen Grad der Akkumula-
Die Erde vom Mond aus gefilmt.

tion, dass es Bild wird.

Zwischentitel: »Man könnte diesem Film noch einen gewissen künstlerischen Wert zubilligen,

wenn dieser Rhythmus beibehalten würde; und er wird nicht beibehalten werden.«

Die kritische Theorie muss *sich* in ihrer eigenen Sprache *mitteilen.*
Während des russischen Bürgerkriegs sieht eine Abteilung Partisanen ein Regiment Weiß-

Diese Sprache ist die Sprache des Widerspruchs, die in ihrer Form
gardisten auf sich zumarschieren, bestehend aus zaristischen Offizieren, die als einfache

so dialektisch sein muss, wie sie es in ihrem Inhalt ist. Sie ist Kritik
Soldaten dienen. Das Regiment geht im Glied vor, hinter der Fahne, ohne einen Schuss ab-

der Totalität und geschichtliche Kritik. Sie ist kein »Nullpunkt der
zugeben und unter dem Feuer eines Maschinengewehrs.

Literatur«, sondern deren Umkehrung. Sie ist nicht die Negation des

Stils, sondern der Stil der Negation.

Schon ihrem bloßen Stil nach ist die Darlegung der dialektischen

Theorie ein Ärgernis und ein Gräuel nach den Regeln der herrschen-

den Sprache und für den von ihnen herangebildeten Geschmack, weil die positive Verwendung bestehender Begriffe zugleich auch das Verständnis ihrer wiedergefundenen *Flüssigkeit*, ihres notwendigen Untergangs einschließt.

Die Partisanen scherzen über den archaischen militärischen Stil ihrer Gegner. »Welche Haltung!«, sagt der eine; und der andere folgert: »Intellektuelle!«.

Dieser Stil, der seine eigene Kritik enthält, muss die Herrschaft der heutigen Kritik *über ihre gesamte Vergangenheit* zum Ausdruck bringen. Durch ihn zeugt die Darlegungsweise der dialektischen Theorie vom negativen Geist, der ihr innewohnt. »Die Wahrheit ist nicht wie das fertige Erzeugnis, in dem sich keine Spur des Werkzeugs findet.«

Die Weißen rücken trotz ihrer Verluste weiter geordnet vor und pflanzen die Bajonette auf.

Dieses theoretische Bewusstsein der Bewegung, in dem die Spur der Bewegung selbst vorhanden sein muss, äußert sich durch die *Um-*

kehrung der etablierten Beziehungen zwischen den Begriffen und

durch die *Entwendung* aller Errungenschaften der früheren Kritik.

Die Ideen verbessern sich. Die Bedeutung der Worte hat Anteil
Beeindruckt von der Entschlossenheit ihrer Gegner, beginnen einige Partisanen zu zögern,

daran. Das Plagiat ist notwendig. Der Fortschritt schließt es ein. Es
dann verlassen sie die Feuerlinie.

folgt eng dem Satz eines Autors, bedient sich seiner Ausdrücke, tilgt

eine falsche Idee, ersetzt sie durch eine richtige Idee.
Die Abteilung der

Partisanen löst sich auf und flieht unter den Rufen »Wir sind verloren!« und »Zurück!«. Der

Politkommissar stellt sich ihnen entgegen und befiehlt ihnen: »Halt! Feiglinge! Ihr lasst eure

Kameraden im Stich. Alles mir nach! Vorwärts!« Die Partisanen kehren an ihre Posten zurück.

Die Entwendung ist die flüssige Sprache der Anti-Ideologie. Sie
Das zaristische Regiment, dessen Formation perfekt intakt bleibt, ist im Begriff, auf die Front

erscheint in der Kommunikation, die weiß, dass sie nicht beanspru-
der Roten zu treffen; doch viele seiner Männer werden von dem Maschinengewehr umgemäht.

chen kann, in sich selbst und ewig irgendeine Garantie zu besitzen.

Sie ist im höchsten Grad die Sprache, die durch keine aller Kritik enthobene Bezugnahme auf die Vergangenheit bestätigt werden kann. Es ist vielmehr ihre eigene Kohärenz, in ihr selbst und mit den brauchbaren Tatsachen, die den alten Wahrheitskern zu bestätigen vermag, den sie wiederherstellt. Die Entwendung hat ihre Sache auf nichts gestellt, was außerhalb ihrer eigenen Wahrheit als gegenwärtige Kritik liegt.

Was sich in der theoretischen Formulierung offen als *entwendet* ausgibt, erinnert dadurch daran, dass es jede dauerhafte Autonomie der Sphäre des ausgedrückten Theoretischen dementiert und in ihr *durch diesen Gewaltakt* die jede bestehende Ordnung zerrüttende und beseitigende Tat eingreifen lässt. Dadurch erinnert sie auch daran, dass diese Existenz des Theoretischen in sich selbst nichts ist und nur mit der geschichtlichen Tat sowie mit der *geschichtlichen*

Drei Partisanen werfen Handgranaten; die Reihen der Weißen geraten ins Wanken; der Anführer fällt; der Fahnenträger fällt; das Regiment weicht zurück.

Berichtigung, die seine wahre Treue ausmacht, zu verstehen ist.

Zwischentitel: »Was das Spektakel der Wirklichkeit genommen hat, gilt es, ihm wieder abzunehmen. Die spektakulären Expropriateure sind ihrerseits zu expropriieren. Gefilmt wurde die Welt bereits. Es geht nun darum, sie zu ändern.«

Es geht darum, die Gemeinschaft des Dialogs und das Spiel mit der

Zwei Häfen bei Sonnenuntergang, gemalt von Claude Le Lorrain.

Zeit, die durch das poetisch-künstlerische Werk *repräsentiert* wurden, tatsächlich zu besitzen.

Wenn die unabhängig gewordene Kunst ihre Welt in leuchtenden

Schöne weibliche Gesichter.

Farben darstellt, dann ist ein Moment des Lebens alt geworden, und mit leuchtenden Farben lässt er sich nicht verjüngen. Er lässt sich lediglich in der Erinnerung wachrufen. Die Größe der Kunst beginnt erst mit der einbrechenden Dämmerung des Lebens zu erscheinen.

Nachts in Viennas Saloon, Johnny Guitar trinkt alleine. Vienna erscheint und fragt ihn:

»Na, amüsieren Sie sich, Mister Logan?« Johnny antwortet: »Ich konnte nicht einschlafen.« Vienna: »Glaubst du, der Alkohol wird dir dabei helfen?« Johnny: »[Er wird mir zumindest helfen, die Zeit totzuschlagen.] Und du, was hält dich wach?« Sie: »Träume, schlechte Träume.« Er: »Die habe ich manchmal auch. Hier! Das wird dir helfen, sie zu vertreiben.« Vienna weist das Glas zurück. »Das habe ich schon versucht, doch die Methode war nicht erfolgreich.« Johnny fragt sie: »Wie viele Männer hast du vergessen?« Sie antwortet: »Und du, an wie viele Frauen erinnerst du dich?« (Die Begleitmusik schwillt an, die Melodie von »Johnny Guitar«.)

Zwischentitel: »Nachdem so die unmittelbare Kunstpraxis aufgehört hatte, das Vortrefflichste zu sein, und dieses Prädikat der Theorie als solcher zugefallen war, so fällt es nunmehr wiederum von dieser ab, indem sich die synthetische nachtheoretische Praxis herausbildet, welche zuvorderst die Bestimmung hat, Grund und Wahrheit sowohl der Kunst als auch der Philosophie zu sein.« August von Cieszkowski, Prolegomena zur Historiosophie.

Das Denken der gesellschaftlichen Organisation des Scheins wird
Der Stalinist Marchais hält eine Rede; neben ihm Mitterand in einer Wahlkampfversammlung;

seinerseits durch die generalisierte *Pseudokommunikation* verdun-
sie applaudieren einander; auch Servan-Schreiber spricht; Marchais auf einem Fernsehschirm.

kelt, die es verteidigt. [Es ignoriert, dass in seiner Welt der Konflikt

der Vater aller Dinge ist.] Die Spezialisten der Macht des Spektakels,

einer absoluten Macht im Innern seines Systems einer Rede ohne
Eine Menschen-

Antwort, sind absolut korrumpiert durch ihre Erfahrung der Ver-
schlange wartet auf Einlass in ein Kino.

achtung und des Erfolgs der Verachtung; denn sie sehen ihre Ver-

achtung bestätigt durch die Kenntnis des *verachtenswerten Menschen*,

welcher der Zuschauer wirklich ist.

An dieser wesentlichen Bewegung des Spektakels, die darin besteht,
Die Kamera entfernt sich vom Foto eines nackten Mädchens; vertikale Kamerafahrt am Foto

alles in sich aufzunehmen, was die menschliche Tätigkeit *in flüssigem*
eines anderen.

Zustand beinhaltete, um es in geronnenem Zustand als Dinge zu be-

sitzen, die durch ihre *Formulierung ex negativo* des erlebten Wertes ausschließlich zu Wert geworden sind, an dieser Bewegung

erkennen wir unsere alte Feindin wieder, die auf den ersten Blick

Präsident Pompidou besucht den Pariser Autosalon; bewundert das jüngste Automodell, das

so leicht ein selbstverständliches, triviales Ding zu sein scheint, wäh-

auf einem Drehsockel präsentiert wird.

rend sie doch im Gegenteil so vertrackt und voll metaphysischer

Spitzfindigkeit ist: *die Ware.*

Es ist das Prinzip des Warenfetischismus, der Beherrschung der

Gesellschaft durch »sinnlich übersinnliche Dinge«, das im Spek-

Eine Reihe von Covergirls im Badeanzug.

takel zu seiner absoluten Vollendung gelangt, wo die sinnliche

Welt durch eine Auswahl von Bildern ersetzt ist, die über ihr exis-

tiert und die sich gleichzeitig als das Sinnliche schlechthin hat an-

erkennen lassen.

Die zugleich an- und abwesende Welt, die das Spektakel *zu sehen*

gibt, ist die alles Gelebte beherrschende Warenwelt. Und die Warenwelt wird auf diese Weise gezeigt, *wie sie ist,* denn ihre Bewegung ist identisch mit der *Entfernung* der Menschen voneinander und von ihrem Gesamtprodukt.

Die Herrschaft der Ware waltete zunächst im Verborgenen über die Ökonomie, die ihrerseits, als materielle Grundlage des gesellschaftlichen Lebens, unbemerkt und unverstanden blieb, wie das Wohlbekannte, das dennoch nicht erkannt wird. In einer Gesellschaft, in der die konkrete Ware selten oder in der Minderheit bleibt, präsentiert sich die scheinbare Herrschaft des Geldes als generalbevollmächtigter Gesandter, der im Namen einer unbekannten Macht spricht. Mit der industriellen Revolution, der Arbeitsteilung in den Manufakturen und der massenhaften Produktion für den Weltmarkt erscheint die Ware tatsächlich als eine Macht, die das

Eine Fabrik in Marghera verpestet die Luft Venedigs; Fabriken fügen ihre Abgase denen der Autos hinzu, um Mexiko zu verschmutzen; Müllberge vor der Kirche Saint-Nicolas-des-Champs; das verdreckte Wasser der Seine.

gesellschaftliche Leben wirklich *besetzt*. In dieser Zeit entsteht die politische Ökonomie, als herrschende Wissenschaft und als Wissenschaft der Herrschaft.

Das Spektakel ist ein permanenter Opiumkrieg, um die Identifizierung der Güter mit den Waren durchzusetzen; ebenso wie die der Zufriedenheit mit dem Überleben, das sich nach seinen eigenen Gesetzen erweitert. Doch wenn das konsumierbare Überleben etwas ist, das sich ständig erweitern muss, dann deshalb, weil es fortwährend die *Entbehrung enthält*. Es gibt kein Jenseits des erweiterten Überlebens, keinen Punkt, an dem dieses in seinem Wachstum innehalten könnte, und zwar deshalb, weil es selbst nicht jenseits der Entbehrung ist, sondern die reicher gewordene Entbehrung ist. Der Tauschwert konnte sich nur als Agent des Gebrauchswerts her-

Lange Filmsequenz von einem Aufstand in Watts; Brände, Einschreiten der Ordnungshüter, Verhaftungen.

ausbilden, doch hat sein mit eigenen Waffen erfochtener Sieg die Bedingungen für seine autonome Herrschaft geschaffen. Indem er jeglichen menschlichen Gebrauch mobilisierte und sich des Monopols zu dessen Befriedigung bemächtigte, hat der Tauschwert schließlich *den Gebrauch gesteuert.* Der Tauschprozess hat sich mit jedem möglichen Gebrauch identifiziert und diesen unter seine Gewalt gebracht. Der Tauschwert ist der Kondottiere des Gebrauchswerts, der am Ende den Krieg auf eigene Rechnung führt.

Der Gebrauchswert, der im Tauschwert implizit eingeschlossen war, muss nun, in der verkehrten Realität des Spektakels, explizit verkündet werden, eben weil seine tatsächliche Wirklichkeit durch die überentwickelte Warenwirtschaft angenagt wird und das falsche Leben so einer Pseudorechtfertigung bedarf.

Im Augenblick des *wirtschaftlichen* Überflusses wird das konzentrierte Ergebnis der gesellschaftlichen Arbeit augenscheinlich und unterwirft die gesamte Wirklichkeit dem Schein, der nunmehr ihr Produkt ist. Das Kapital ist nicht mehr das unsichtbare Zentrum, das die Produktionsweise leitet: seine Akkumulation breitet es in der Form von sinnlichen Gegenständen bis an die Peripherie aus. Die Gesellschaft in ihrer gesamten Ausdehnung ist sein Bildnis.

In Frankreich übt eine »Republikanische Sicherheitskompanie« (C.R.S.) auf ihrem Kasernengelände den Straßenkampf.

So wie die moderne Gesellschaft ist das Spektakel zugleich geeint und geteilt. Wie jene baut es seine Einheit auf der Zerrissenheit auf. Doch sobald der Widerspruch im Spektakel auftritt, erfährt er seinerseits Widerspruch durch Verkehrung seines Sinnes; so dass die vorgezeigte Teilung einheitlich ist, während die vorgezeigte Einheit geteilt ist.

Fortsetzung des großen Manövers der C.R.S.: Als Linksradikale verkleidete Polizisten errichten eine Barrikade und schwingen die schwarze Fahne. Ihre Kollegen überwinden gewandt die Barrikade.

Der Kampf verschiedener, zur Verwaltung ein und desselben sozioökonomischen Systems gebildeter Mächte entfaltet sich als offizieller Widerspruch, der in Wirklichkeit jedoch Teil der tatsächlichen Einheit ist; sowohl im Weltmaßstab als auch im Inneren jeder Nation.

Die spektakulären Pseudokämpfe zwischen den rivalisierenden Formen der getrennten Macht sind zugleich wirkliche, insofern sie die ungleiche und konfliktgeladene Entwicklung des Systems zum Ausdruck bringen, ebenso wie die relativ widersprüchlichen Interessen der das System anerkennenden Klassen oder Unterklassen, und deren jeweilige Teilnahme an seiner Macht definieren. Diese verschiedenen Gegensätze können sich im Spektakel, nach ganz unterschiedlichen Kriterien, als völlig verschiedene Gesellschaftsformen

In Peking empfängt Mao Tse-tung väterlich Präsident Nixon.

gerieren. Doch gemäß ihrer tatsächlichen Wirklichkeit als besondere Bereiche liegt die Wahrheit ihrer Besonderheit in dem universellen System, das sie enthält: in der einen Bewegung, die den Planeten zu ihrem Spielfeld gemacht hat, dem Kapitalismus.

Die Bewegung der *Banalisierung*, die, unter den schillernden Ablenkungen des Spektakels, die moderne Gesellschaft weltweit beherrscht, beherrscht sie auch überall da, wo der entwickelte Warenkonsum die zur Auswahl stehenden Rollen und Gegenstände scheinbar vervielfacht hat. Die Überreste der Religion und der Familie – die weiterhin die Hauptform des Erbes der Klassenmacht bleibt –, und mithin der von ihnen ausgeübten moralischen Repression, können als ein und dasselbe mit der ständig wiederholten Affirmation des Genusses *dieser* Welt kombiniert werden, wird

In Vietnam beschießen Hubschrauber mit Maschinengewehren alles, was sich auf dem Boden bewegt.

Ein Priester segnet ein »Atom«-U-Boot der englischen Marine.

Anhäufung von Automobilen, die vergeblich versuchen,

diese Welt doch nur als Pseudogenuss produziert, der in sich die Re-
im Stadtverkehr voranzukommen.

pression einschließt. Zur seligen Hinnahme des Bestehenden kann

als ein und dasselbe auch die rein spektakuläre Revolte hinzukom-
Johnny Halliday singt; sein Publikum kreischt vor Freude;

men: darin kommt die schlichte Tatsache zum Ausdruck, dass die
der Künstler wälzt sich auf dem Boden.

Unzufriedenheit selbst zur Ware geworden ist, sobald der wirt-

schaftliche Überfluss imstande war, seine Produktion bis auf die

Verarbeitung eines derartigen Rohstoffes auszudehnen.

Indem er das Bild einer möglichen Rolle in sich konzentriert, kon-

zentriert der Star – das heißt die spektakuläre Repräsentation des

lebendigen Menschen – somit diese Banalität. Die Position des Stars

ist die Spezialisierung des *Scheinbar-Gelebten*, das Objekt der Identi-
Die »Beatles« steigen aus

fikation mit dem seichten Scheinleben ohne Tiefgang, das die Zer-
einem Flugzeug aus und werden von einer begeisterten Jugend empfangen; Fotografen tun ihre

splitterung der tatsächlich gelebten Spezialisierungen der Produk-
Arbeit; Eddy Mitchell singt, zur allgemeinen Genugtuung; Dick Rivers singt.

tion kompensieren soll. Die Stars existieren, um unterschiedliche Arten von Lebensstilen und Gesellschaftsauffassungen darzustellen, die nach Belieben *global* einsetzbar sind. Sie verkörpern das unzugängliche Resultat der gesellschaftlichen *Arbeit,* indem sie Nebenprodukte dieser Arbeit nachahmen, die magisch über diese als ihr Zweck erhoben werden: die *Macht* und die *Ferien,* die Entscheidung und der Konsum, die den Anfang und das Ende eines unbestrittenen Prozesses bilden. Verkörpert sich dort die Regierungsgewalt in einem Pseudostar, so lässt sich hier der Konsumstar als Pseudo-Verfügungsgewalt über das Gelebte akklamieren. Doch so wenig diese Aktivitäten des Stars wirklich global sind, so wenig sind sie auch verschieden.

Marilyn Monroe bei den Dreharbeiten zu ihrem letzten, unvollendeten Film.

François Mitterand.

Marilyn, mehrere Male.

Es ist *die Einheit des Elends*, die sich hinter den spektakulären Gegen-

Deutsche Arbeiter verlassen ihre Fabrik, kurz nach der Machtergreifung der Anhänger Hitlers;

sätzen verbirgt. Wenn einander verschiedene Formen derselben
aus einer Dachluke werden ihnen klandestine Flugblätter zugeworfen, die sie aufsammeln

Entfremdung unter den Masken der totalen Auswahl befehden, so
und lesen.

deshalb, weil sie allesamt auf den wirklichen, verdrängten Wider-
Ein LKW-Konvoi bringt C.R.S. zum Einsatzort.

sprüchen aufgebaut sind. Entsprechend den Erfordernissen der be-

sonderen Stufe des Elends, das es dementiert und aufrechterhält,

existiert das Spektakel in *konzentrierter* oder *diffuser* Form. In beiden
In Vietnam

Fällen ist es lediglich das Bild einer glücklichen Vereinigung, um-
durchsuchen Truppen das Gelände: sie machen Gefangene.

geben von Verheerung und Grauen, im stillen Zentrum des Unglücks.

Das konzentrierte Spektakuläre gehört wesentlich zum bürokrati-
Die Kamera folgt Hitler, der die Reihen seiner Anhänger durchschreitet und eine monumentale

schen Kapitalismus, auch wenn es als Technik staatlicher Macht-
Tribüne betritt.

ausübung für rückständigere, gemischte Wirtschaftssysteme oder

während bestimmter Krisenmomente des fortgeschrittenen Kapita-

lismus eingeführt werden kann. Das bürokratische Eigentum ist
Breschnew und andere hochrangige Büro-

nämlich selbst konzentriert, insofern der einzelne Bürokrat mit dem
kraten auf einer Tribüne in Moskau; ihre Untertanen ziehen an ihnen vorbei.

Besitz der Gesamtökonomie nur über die bürokratische Gemeinschaft verbunden ist, nur als Mitglied dieser Gemeinschaft. Zudem präsentiert sich die weniger entwickelte Warenproduktion ebenfalls
Ein riesiger Panzer manövriert während eines NATO-Manövers und zeigt alle seine Einsatz-

in konzentrierter Form: Die Ware im Besitz der Bürokratie ist die
möglichkeiten.

gesamte gesellschaftliche Arbeit, und was sie der Gesellschaft weiterverkauft, ist deren Überleben im Ganzen. Die Diktatur der bürokratischen Wirtschaft kann den ausgebeuteten Massen keine nennenswerte Wahlfreiheit lassen, hat sie doch alles selbst auswählen müssen, und jede andere, von außen kommende Wahl, ob bei der Ernährung oder der Musik, ist bereits die Wahl ihrer völligen Zerstörung.

Das diffuse Spektakuläre begleitet den Warenüberfluss, die unge-
Autoschlangen warten auf eine Gelegenheit voranzukommen; spektakuläre Nahrung;

störte Entwicklung des modernen Kapitalismus. Hier wird jede für
Alte Malerei; moderne Möbel; exotische Mädchen in Käfigen; ein Metrozug fährt in einen

sich genommene Ware im Namen der Größe der Gesamtproduk-
Bahnhof ein.

tion der Gegenstände gerechtfertigt, deren apologetischer Katalog

das Spektakel ist. Unvereinbare Behauptungen drängen sich auf

der Bühne des geeinten Spektakels der Überflusswirtschaft; ebenso

wie verschiedene »Star-Waren« gleichzeitig ihre einander wider-

strebenden Gestaltungsentwürfe der Gesellschaft verfechten, wobei

das Spektakel der Automobile einen reibungslosen Verkehr ver-

langt, der die alten Städte zerstört, während das Spektakel der Stadt
Zerbröckeln der Statuen auf dem Dach einer

seinerseits museenhafte Viertel benötigt. Daher wird die an sich
Kirche in Venedig.
Zwei Tahitianerinnen auf einer

schon problematische Zufriedenheit, die angeblich zum *Konsum*
Segeljacht.

der Gesamtheit gehört, unmittelbar dadurch verfälscht, dass der
Typischer zeitgenössischer »Living Room«, mit Zoom zum

wirkliche Konsument nur eine Folge von Bruchstücken dieses
Fernsehapparat, der dessen Mittelpunkt darstellt.

Warenglücks direkt berühren kann, Bruchstücke, denen jedes Mal die der Gesamtheit zugeschriebene Qualität offensichtlich fehlt. Jede bestimmte Ware kämpft für sich selbst, kann die anderen nicht

Eine Reihe nackter oder wenig bekleideter Covergirls.

anerkennen, will sich überall durchsetzen, als sei sie die einzige. Das Spektakel ist dann der epische Gesang dieses Zusammenstoßes, dem der Fall keines Ilion ein Ende machen könnte. Statt der Männer und ihrer Waffen besingt das Spektakel die Waren und ihre Leidenschaften. In diesem blindwütigen Kampf vollbringt jede Ware, indem sie ihrer Leidenschaft folgt, im Grunde unbewusst etwas Höheres: das Welt-Werden der Ware, das zugleich das Zur-Ware-Werden der Welt ist. Durch eine *List der Warenvernunft* nutzt sich so das *Besondere* der Ware kämpfend ab, während die Warenform ihrer absoluten Verwirklichung zustrebt.

Im Bild der glücklichen Vereinigung der Gesellschaft durch den Konsum ist die reale Teilung nur bis zur nächsten Nichterfüllung im Konsumierbaren *aufgeschoben*. Jedes besondere Produkt, das die Hoffnung auf eine blitzschnelle Abkürzung darstellen soll, um endlich ins gelobte Land des totalen Konsums zu gelangen, wird seinerseits zeremoniell als die entscheidende Einzigartigkeit präsentiert. Doch so wie im Falle der sofortigen Verbreitung der modischen, anscheinend aristokratischen Vornamen, die schon bald von fast allen Individuen gleichen Alters getragen werden, konnte der Gegenstand, von dem man sich eine einzigartige Kraft erwartet, nur deshalb der Andacht der Massen vorgelegt werden, weil er in einer hinreichend großen Anzahl von Exemplaren zum Zweck massenhaften Konsums vervielfältigt wurde. Seinen

Neue Automodelle werden vor einer ehrfürchtigen Menge ausgestellt.

Prestigecharakter bezieht dieses Allerweltsprodukt alleine daraus, dass es als offenbartes Mysterium des Produktionszwecks einen Augenblick lang im Mittelpunkt des gesellschaftlichen Lebens gestanden hat.

Der Gegenstand, der im Spektakel Prestige besaß, wird gewöhnlich, sobald er bei dem einen Konsumenten und gleichzeitig bei allen anderen ins Haus kommt. Zu spät offenbart er seine wesenhafte Armut, die natürlich von der Armseligkeit seiner Produktion herrührt. Doch schon trägt ein anderer Gegenstand die Rechtfertigung des Systems und heischt nach Anerkennung.

Die industrielle Herstellung von Cremetorten, nach der Rationalisierung des Konditorhandwerks.

Der Betrug der Befriedigung muss sich selbst denunzieren, indem ein anderer ihn ablöst, indem er dem Wandel der Produkte und der allgemeinen Produktionsbedingungen folgt. Was mit größter Un-

Rennwagen fahren auf einer Rennstrecke um die Wette.

verfrorenheit die eigene endgültige Vortrefflichkeit behauptet hat, wechselt nichtsdestoweniger, im diffusen Spektakel ebenso wie im konzentrierten; allein das System muss fortbestehen: Sowohl Stalin als auch die altmodische Ware werden von eben denen denunziert, die sie durchgesetzt haben. Jede *neue Lüge* der Werbung ist auch *das Eingeständnis* ihrer vorangegangenen Lüge. Jeder Sturz einer Figur der totalitären Macht offenbart *den illusorischen Charakter der Gemeinschaft,* die sie einstimmig guthieß und die lediglich ein Agglomerat desillusionierter Einsamkeiten war.

Mao zusammen mit seinem Adlatus Lin Piao.

Stalin auf der Rednertribüne, beklatscht von einem monolithischen Parteitag, die Bevölkerung zieht auf dem Roten Platz an seinen Nachfolgern vorbei; inmitten der Festivitäten sieht man ein großes Leninbild.

Was das Spektakel als beständig ausgibt, basiert auf Veränderung und muss sich mit seiner Basis verändern. Das Spektakel ist absolut dogmatisch, doch zugleich außerstande, wirklich zu irgendeinem festen Dogma zu gelangen. Nichts steht still für das Spektakel; das

Von einer monumentalen Stalinstatue in Budapest, deren Umsturz von aufständischen ungarischen Arbeitern betrieben wird, bleiben nur noch die Stiefel übrig.

Kamerafahrt entlang der Fotografie eines Mädchens,

ist sein natürlicher Zustand, der gleichwohl seiner Neigung am
bis zu ihrem glücklichen Gesicht.

stärksten widerstrebt.

Die vom Spektakel verkündete irreale Einheit ist die Maske der
Sequenz über die Tätigkeit einer Fabrik, die »Aufmachungen«, das heißt Verpackungen

Klassenteilung, auf der die reale Einheit der kapitalistischen Pro-
herstellt.

duktionsweise beruht. Was die Produzenten zwingt, beim Aufbau der Welt mitzumachen, ist gleichzeitig das, was sie davon ausschließt. Was die von ihren lokalen und nationalen Schranken befreiten Menschen zueinander in Beziehung setzt, ist gleichzeitig das, was sie voneinander entfernt; was zur Vertiefung des Rationalen zwingt, ist auch das, was das Irrationale der hierarchischen Ausbeutung und der Repression schürt. Was die abstrakte Macht der Gesellschaft erzeugt, erzeugt auch ihre konkrete *Unfreiheit*.

Buenaventura Durruti, unbeweglich, in Großaufnahme. Zwischentitel: »Leben wir, Proletarier,
Michel Corrette: Sonate in D-Dur für Violoncello und Cembalo.

leben wir? Jenes Alter, das wir zählen, wo alles, was wir zählen, nicht mehr uns angehöret, ist dieses ein Leben? Ist es möglich, jenes nicht zu bemerken, was wir beständig mit den Jahren verlieren?« Großaufnahme eines revolutionären Matrosen aus »Oktober«, der verneinend den Kopf schüttelt. Durruti blickt ihn an. Der Matrose verneint erneut. Zwischentitel: »Sind vielleicht die Ruhe und Nahrung nicht schwache Mittel wider die beständige Krankheit, die uns unterdrückt? Und was ist jene Krankheit, welche wir die letzte nennen, um eigentlich zu reden, anders als eine Verdoppelung des Übels, das wir mit uns selbst auf die Welt gebracht?«

Der Petrograder Matrose nickt zustimmend.

Die Musik klingt aus.

Die kapitalistische Produktion hat den Raum vereinheitlicht, den
Kriegsschiffe auf hoher See, Landung französischer und anschließend englischer Marine-

keine äußeren Gesellschaften mehr begrenzen. Diese Vereinheitli-
infanteristen in Shanghai; ein US-amerikanischer Matrose kontrolliert chinesische Passanten;

chung ist zugleich ein Prozess der sowohl extensiven wie intensiven
französische Soldaten drängen die Menge zurück; patrouillierende englische Soldaten;

Banalisierung. So wie die Akkumulation der für den abstrakten
Stacheldraht verwehrt den Zugang zu den Konzessionen, bewacht von französischer Kolonial-

Raum des Marktes in Serie produzierten Waren alle regionalen und
infanterie.

gesetzlichen Schranken und alle zünftischen Beschränkungen des Mittelalters zerschlagen musste, die die *Qualität* der handwerklichen Produktion aufrechterhielten, so musste sie auch die Autonomie und die Qualität der Orte auflösen. Diese Homogenisierungsmacht ist die schwere Artillerie, die alle chinesischen Mauern in den Grund geschossen hat.

Um stets identischer mit sich selbst zu werden und sich so weit wie möglich einem Zustand unbeweglicher Monotonie anzunähern, wird der *freie Raum der Ware* heute fortwährend verändert und neu aufgebaut.

Diese Gesellschaft, die die geografische Entfernung abschafft,

Britische Soldaten schließen ein Tor der Konzessionen.

nimmt die Entfernung im Inneren als spektakuläre Trennung wieder auf.

Das Nebenprodukt der Warenzirkulation, die als Konsum betrachtete menschliche Zirkulation, das heißt der Tourismus, beschränkt sich im Wesentlichen auf die Muße, das zu besichtigen, was banal geworden ist. Die wirtschaftliche Nutzbarmachung des Besuchs verschiedener Orte garantiert an sich schon ihre *Äquivalenz*. Dieselbe Modernisierung, die der Reise die Zeit entzogen hat, hat sie auch um die Realität des Raums gebracht.

Touristen besuchen Paris an Bord von Bussen mit Panoramaverglasung und »Bateaux-Mouches«-Ausflugsbooten; ihre Führer kommentieren, was es zu sehen gibt.

Zwischentitel: »Die auf die Ausweitung der entfremdeten Industriearbeit gegründete Gesellschaft wird ganz normal und überall ungesund, laut, hässlich und schmutzig wie eine Fabrik.«

Die Gesellschaft, die ihre gesamte Umgebung modelliert, hat ihre eigene Technik geschaffen, um die konkrete Basis all dieser Aufgaben zu bearbeiten: ihr Territorium selbst. Der Urbanismus ist die Inbesitznahme der natürlichen und menschlichen Umwelt durch

»Großwohnsiedlung« der jüngsten Architektur.

den Kapitalismus, der durch seine logische Entwicklung zur absoluten Herrschaft nunmehr die Gesamtheit des Raums zu *seinem eigenen Dekor* umgestalten kann und muss.

Zwischentitel: »Der Mensch kehrt in die Höhlenwohnung zurück aber … der Arbeiter bewohnt seine nur mehr ›prekär‹, als eine fremde Macht, die sich ihm täglich entziehen, aus der er täglich, wenn er nicht zahlt, herausgeworfen werden kann … Dieses Totenhaus muss er bezahlen.« Marx, Manuskripte 1844.

Wenngleich alle technischen Kräfte der kapitalistischen Wirtschaft

C.R.S. in Position auf diesem erwählten Terrain.

als Trennungen bewirkende Kräfte verstanden werden müssen, so haben wir es im Fall des Urbanismus mit der Ausrüstung ihrer allgemeinen Basis zu tun, der ihrer Entfaltung angebrachten Bodenerschließung; der Technik *der Trennung* selbst.

Erstmals ist eine neue Architektur, die in allen früheren Epochen

Modelle und Realisierungen moderner Architektur für Urlaubsorte, sogenannter »Marinas«, am

der Befriedigung der herrschenden Klassen vorbehalten war, direkt

Meer, die man aber ebenso in den Bergen finden kann; das neue Viertel von »La Défense« im

den Armen zugedacht. Das formale Elend sowie das gigantische Aus-

Westen von Paris.

maß dieses neuen Wohnexperiments ergeben sich beide aus dessen *Massencharakter,* der sowohl in seiner Bestimmung als auch in den modernen Konstruktionsbedingungen impliziert ist. Im Zentrum dieser modernen Konstruktionsbedingungen steht natürlich die *autoritäre Entscheidung,* die den Raum abstrakt als einen Raum der Abstraktion gestaltet. Die Schwelle, die im Wachstum der materiellen Leistungsfähigkeit der Gesellschaft überschritten wurde, sowie der *Rückstand* in der bewussten Beherrschung dieser Leistungsfähigkeit treten im Urbanismus offen zutage.

Zwischentitel: »Die Umwelt,

die zum Zweck der repressiven Kontrolle und des Profits immer hastiger wiederaufgebaut wird, wird zugleich immer zerbrechlicher und stachelt zusehends Vandalismus an. In seinem spektakulären Stadium baut der Kapitalismus alles in einer Talmiversion *wieder auf und gebiert Brandstifter. Sein Dekor wird dadurch überall leicht entflammbar, so wie ein Gymnasium in Frankreich.«*

Die Geschichte, die diese dämmernde Welt bedroht, ist zugleich die

Der Kreuzer »Aurora« fährt vor dem Morgengrauen die Newa hoch; bei Tagesanbruch geht seine Marineinfanterie an Land.

Kraft, die es vermag, dass die gelebte Zeit den Raum unterwirft. Die proletarische Revolution ist diese *Kritik der menschlichen Geografie,* vermittels derer die Individuen und Gemeinschaften die Stätten und

Der Turmbau zu Babel.

die Ereignisse konstruieren müssen, die der Aneignung nicht mehr nur ihrer Arbeit, sondern ihrer Geschichte als Ganzer entsprechen.

In diesem beweglichen Raum des Spiels und der freigewählten

Gebäude und Landschaften auf dem Bild eines italienischen Meisters des ausgehenden Mittelalters.

Varianten der Spielregeln lässt sich die Autonomie des Ortes wiederfinden, ohne erneute Entstehung einer ausschließlichen Bindung an den Boden; und so die Wirklichkeit der Reise zurückbringen, zusammen mit der des Lebens, verstanden als Reise, die ihren Sinn allein in sich selbst hat.

Johnny Guitar reitet durch Wüste und Sturm des Wilden Westens. Er erreicht einen prächtigen Saloon, wunderschön abgeschieden inmitten der Wüste. Er betritt das Etablissement, wo sich kein anderer Gast befindet, in dem aber zwei Croupiers an Spieltischen warten und das Roulette drehen. Johnny geht zur Theke und bestellt beim Barmann einen Drink. In der Bar der Spielhölle von »Shanghai Gesture« beschreibt ein Europäer, der einem jungen, auf der Durchreise befindlichen Mädchen den Ort zeigt, das Publikum, das sich dort eingefunden hat: »Javaner, Hindus, Chinesen, Portugiesen, Filipinos, Russen, Malaien … ein Hexensabbat!« Und das junge Mädchen sagt: »Fehlte nur noch, dass mich jemand wiedererkennt! Verglichen mit diesem Ort der schwarzen Magie ist die Welt ja ein Kindergarten. Für mich war ein solcher Ort nur im Traum möglich. Mir ist, als würde ich träumen, alles ist hier möglich, jederzeit.«

Die Zeit der Produktion, die Warenzeit, ist eine endlose Akkumu-

Arbeiter in einer Fabrik; Reifen werden hergestellt.

lation gleichwertiger Intervalle. Sie ist die Abstraktion der irreversiblen Zeit, deren Abschnitte alle auf dem Chronometer ihre bloß quantitative Gleichheit beweisen müssen. Diese Zeit ist, in ihrer ganzen tatsächlichen Wirklichkeit, was sie in ihrer *Austauschbarkeit* ist. Die allgemeine Zeit der menschlichen Nichtentwicklung existiert

Lange Filmsequenz mit Urlaubermenge in Saint-Tropez.

auch unter dem komplementären Aspekt einer *konsumierbaren Zeit,* die, ausgehend von dieser bestimmten Produktion, als *pseudozyklische Zeit* in den gesellschaftlichen Alltag zurückkehrt.

Die pseudozyklische Zeit ist die des Konsums des modernen wirtschaftlichen Überlebens, des erweiterten Überlebens, wo das alltäglich Gelebte über keinerlei Entscheidungsgewalt verfügt und unterworfen bleibt, freilich nicht mehr der natürlichen Ordnung, sondern der in der entfremdeten Arbeit entwickelten Pseudonatur; und diese Zeit findet so *ganz natürlich* zum alten zyklischen Rhythmus zurück, der das Überleben der vorindustriellen Gesellschaften regelte. Die pseudozyklische Zeit stützt sich auf die natürlichen Überreste der zyklischen Zeit und bildet daraus zugleich neue homologe Kombinationen: Tag und Nacht, Arbeitszeit und Wochenende, Wiederkehr der Ferienzeiten.

Die konsumierbare pseudozyklische Zeit ist die spektakuläre Zeit, als Zeit des Bilderkonsums, im engeren Sinn, und zugleich, als Bild des Konsums der Zeit, im weitesten Sinn. Die Zeit des Bilderkonsums – Medium aller Waren – ist das Feld, auf dem die Instrumente des Spektakels ihre volle Wirkung zeitigen und – untrennbar davon – das Ziel, das diese global als Ort und zentrale Figur aller besonderen Arten des Konsums präsentieren. Das gesellschaftliche Bild des Zeitkonsums wird seinerseits ausschließlich von den Momen-

Pärchen vor Fernsehgeräten und »HiFi-Anlage«.

Erneut die Menge in Saint-Tropez; Spaziergängerinnen, oben ohne.

ten der Freizeit und Ferienzeit beherrscht, Momente, die *von weitem* gezeigt werden und per Postulat zu begehren sind, so wie jede spektakuläre Ware. Diese Ware wird hier ausdrücklich als der Moment des wirklichen Lebens ausgegeben, auf dessen zyklische Wiederkehr es zu warten gilt. Doch selbst in diesen, dem Leben zugeteilten Momenten ist es wieder das Spektakel, das sich zur Schau stellt und zur Reproduktion anbietet, indem es eine noch stärkere Intensität erlangt. Was als das wirkliche Leben dargestellt wurde, erweist sich schlicht als das noch *wirklicher spektakuläre* Leben.

Während der Konsum der zyklischen Zeit in den alten Gesellschaf-

Flugzeuge heben von einem Flugzeugträger ab und landen dort wieder.

ten mit deren wirklicher Arbeit übereinstimmte, so steht in der entwickelten Ökonomie der pseudozyklische Konsum im Widerspruch zur abstrakten irreversiblen Zeit ihrer Produktion. Während die zyklische Zeit die wirklich gelebte Zeit der unbeweglichen Illusion war, ist die spektakuläre Zeit die illusorisch gelebte Zeit der sich wandelnden Wirklichkeit.

Was im Produktionsprozess der Dinge stets neu ist, lässt sich im Konsum nicht wiederfinden, der die erweiterte Wiederkehr des Gleichen bleibt. Da die tote weiterhin die lebendige Arbeit beherrscht, beherrscht in der spektakulären Zeit die Vergangenheit die Gegenwart.

Als die andere Seite des dem allgemeinen geschichtlichen Leben

Liebende Frauen, als Erinnerungen.

innewohnenden Mangels ist das individuelle Leben noch ohne Geschichte. Die Pseudoereignisse, die sich in der spektakulären Dramatisierung drängen, sind von denen, die darüber informiert werden, nicht gelebt worden; und überdies verlieren sie sich in der Inflation ihrer hastigen Auswechslung, mit jedem Pulsschlag der spektakulären Maschinerie. Andererseits steht das, was wirklich gelebt wurde, in keiner Beziehung zur offiziellen irreversiblen Zeit der Gesellschaft und in direktem Gegensatz zum pseudozyklischen Rhythmus des konsumierbaren Nebenprodukts dieser Zeit. Dieses individuell Gelebte des getrennten Alltagslebens bleibt sprach- und begriffslos, ohne kritischen Zugang zur eigenen Vergangenheit, die nirgendwo aufbewahrt ist. Es ist nicht mitteilbar. Es ist unbegriffen und vergessen zugunsten der falschen spektakulären Erinnerung an das Nicht-Erinnernswerte.

An der Theke desselben gottverlassenen Saloons, Vienna, ihr Liebhaber Dancing Kid und Johnny Guitar, eine gewisse Spannung liegt in der Luft. Vienna zu Dancing Kid: »So ist nun mal das Leben, nicht wahr?

Freundschaften kommen und gehen.« Und zu Johnny Guitar: »Möchten Sie nicht etwas für mich spielen, Herr Guitar?« Johnny: »Haben Sie einen besonderen Wunsch?« Vienna: »Ja, spielen Sie mir eine Melodie, in der Liebe ist.« Daraufhin schreit der Eifersüchtige: »Er wird gleich nicht mehr so gut spielen, wenn er anstelle des anderen auf dem Craps-Tisch liegt.« Johnny, seelenruhig: »Welche Laus ist denn Ihrem Freund über die Leber gelaufen?« Vienna: »Keine Ahnung.« Und zu Dancing Kid gewandt: »Was ist in Sie gefahren?« Dieser, heftig: »Das sollten Sie lieber ihn fragen. Einer Unbekannten den Hof machen kann einen ganz schön in Schwierigkeiten bringen.« Johnny daraufhin zu Vienna: »Sind Sie eine Unbekannte?« Sie: »Nur für Fremde.« Dancing Kid, empört: »Was für ein Spiel spielt ihr beide eigentlich?« Johnny mit demütigender Gelassenheit: »Ich spiele gar nichts, mein Freund.« Der andere: »Hier ist nicht der rechte Ort, vor Anker zu gehen.« Johnny teilt ihm mit: »Diese Dame hat mich gerufen, nicht Sie.« Dancing Kid holt ein Geldstück aus seiner Tasche hervor: »Kopf und ich bringe Sie um. Zahl und Sie spielen ihr etwas auf der Gitarre vor.« Er wirft eine Münze hoch; Vienna schnappt sie im Flug und bittet Johnny: »Spielen Sie mir etwas vor!« Er fängt an, die Melodie von »Johnny Guitar« zu spielen. Vienna hört ihm einen Augenblick verträumt zu; dann unterbricht sie ihn und sagt barsch: »Spielen Sie etwas anderes.«

Das Spektakel, als die gegenwärtige gesellschaftliche Organisation der Lähmung von Geschichte und Erinnerung, des auf der geschichtlichen Zeit begründeten Verzichts auf Geschichte, ist *das falsche Bewusstsein der Zeit.*

Franquistische Kavallerie, erst eine Patrouille, dann eine ganze Schwadron, reitet, langsam und ohne es zu bemerken, nahe am Maschinengewehr spanischer Partisanen vorbei, die sich in der Sierra versteckt haben (»Wem die Stunde schlägt«).

Hinter den sichtbaren *Moden,* die einander an der belanglosen Oberfläche der kontemplierten pseudozyklischen Zeit aufheben und neu zusammensetzen, liegt der *hohe Stil* der Epoche stets in dem, was durch die offenkundige und geheime Notwendigkeit der Revolution gelenkt wird.

Im Winterpalast, unmittelbar vor dem Angriff: Eine kleine Eule, Teil

eines Uhrwerks, dreht den Kopf. Zwischentitel: »Bald war es Mitternacht«. Die Eule der
Michel Corrette: Sonate in D-Dur für

Minerva bewegt sich erneut.
Violoncello und Cembalo.

Debord.
Untertitel: Und darum, weil ich nicht als ein Verliebter kann kürzen diese fein beredten Tage, bin ich gewillt, ein Bösewicht zu werden und feind den eitlen

In der Bar von »Shanghai Gesture« macht ein alter
Freuden dieser Tage.
Die Musik klingt aus.
Chinese das junge Mädchen mit dem, wie ein Araber gekleideten, Doktor Omar bekannt. »Mein bester Freund, Omar.« Der Chinese zieht sich rasch zurück. Das junge Mädchen fragt: »Ägypter? Geschäftsmann?« Omar antwortet: »Nein, Doktor: Doktor Omar, aus Shanghai und Gomorrha.« Sie: »Omar, wie der Dichter? Ah! ein Baum, Gedichte, ein Laib Brot …« Omar: »ein Krug Wein und du, mir zur Seite, singst ein Lied.« Das junge Mädchen: »Doktor worin?« Omar, gelassen: »Doktor in nichts, Miss Smith. Das beeindruckt und tut nicht weh, ein echter Doktor dagegen …« Sie stellt ihm noch eine Frage: »Ist Ihr Burnus echt? Wo sind Sie geboren?« Er vertraulich zu ihr: »Geboren bin ich bei Vollmond, auf den Dünen von Damaskus. Mein Vater,

ein Tabakhändler, war in der Ferne. Und über meine Mutter schweige ich besser: halb Französin, halb verloren in grauer Vorzeit. Ich bin also reinstes Mischblut. Ich bin verwandt mit der ganzen Erde; die ganze Menschheit ist mir vertraut.« Darauf sie mit einem Lächeln: »Erklären Sie mir bitte das Verschwinden unserer Freunde.« Und er: »Wir sind allein, von Anfang an.«

Kamerafahrt über eine Sternkarte mit dem Titel »Rivoluzione della Terra«.

Reflexion über die Geschichte ist untrennbar *Reflexion über die Macht*. Griechenland war der Moment, da die Macht und ihr Wechsel diskutiert und begriffen werden, die *Demokratie der Herren* der Gesellschaft. Hier herrschte das Gegenteil der Bedingungen, die der despotische Staat kennt, in dem die Macht stets nur mit sich selbst abrechnet, im unzugänglichen Dunkel ihres konzentriertesten Punktes: durch die *Palastrevolution,* die ihr Erfolg oder Scheitern

Machiavelli.

Details aus Uccellos Triptychon: »Die Schlacht von San Romano«.

Breschnew und die wichtigsten Bürokraten auf ihrer Moskauer Tribüne, umgeben von ihren Marschällen vom Dienst.

gleichermaßen indiskutabel machen.

Zwischentitel: »In der Chronik des Nordens

handeln die Menschen schweigend, sie führen Krieg und schließen Frieden, doch sie sagen

nicht selbst (und die Chronik fügt es auch nicht hinzu), warum sie Krieg führen und warum

sie Frieden schließen; in der Stadt, am Hof des Fürsten, ist nichts zu vernehmen, alles schweigt;

alle sitzen hinter verschlossenen Türen und halten mit sich selbst Rat; die Türen öffnen sich und

die Männer treten hervor, um auf der Bühne zu erscheinen, sie vollbringen irgendeine Tat, doch

sie handeln schweigend.« Solowjow, Russische Geschichte von den ältesten Zeiten.

Die spröde und kommentarlose Chronologie der sich an ihre Die-

Die Marineinfanteristen, die man an Deck der »Potemkin« hat kommen lassen, weigern sich,

ner wendenden vergöttlichten Macht, die nur als irdische Exekution

die Hinrichtung ihrer meuternden Kameraden zu vollstrecken; als »Montage der Attraktionen«

der Gebote des Mythos verstanden werden will, wird erst dann

bringen englische Schülerinnen intensiv ihre Zustimmung zum Ausdruck.

überwunden und zur bewussten Geschichte, wenn zuvor breite

Gruppen die Teilnahme an der Geschichte reell erfahren haben. Aus

dieser praktischen Kommunikation zwischen denjenigen, die *sich* als Besitzer einer einzigartigen Gegenwart *anerkannt haben,* die den qualitativen Reichtum der Ereignisse als ihre Tätigkeit und als den Ort, an dem sie weilten – ihre Epoche – erfahren haben, entsteht die allgemeine Sprache der geschichtlichen Kommunikation. Diejenigen, für die die irreversible Zeit existiert hat, entdecken darin zugleich das *Erinnernswerte* und die *Drohung des Vergessens*: »Herodot von Halikarnass legt hier die Ergebnisse seiner Untersuchung vor, damit die Zeit nicht die Werke der Menschen auslöscht …«

Ein Kavallerieregiment kurz vor der Attacke, im Augenblick, da es den Säbel zieht.

Revolutionäre Versammlungen in besetzten Gebäuden im Mai 1968.

General Sheridan reitet in ein Grenzfort ein, wo mehrere seiner Schwadrone stationiert sind. Der Oberst, der ihn empfängt, hat bereits während des Bürgerkriegs unter ihm gedient. Der General befiehlt ihm eine riskante Operation gegen die Indianer. Er schließt mit den Worten: »Für den Fall, dass Sie scheitern, kann ich Ihnen versichern, dass das Kriegsgericht, das über Sie urteilen wird, aus unseren alten Gefährten vom Shenandoah besteht. Ich werde sie persönlich aussuchen.« Der

Oberst, nachdenklich, sagt nur: »Der Shenandoah ...« Worauf der General, der sich daran erinnert, hinzufügt: »Ich frage mich, was die Geschichtsbücher später einmal über den Shenandoah sagen werden.«

»Der Ballhausschwur.«

Chinesisches Festmahl in der internationalen Konzession von Shanghai.

Der Sieg der Bourgeoisie ist der Sieg der *zutiefst geschichtlichen* Zeit, weil diese die Zeit der wirtschaftlichen Produktion ist, die die Gesellschaft fortwährend und von Grund auf verändert. Solange die Agrarproduktion die Hauptarbeit bleibt, nährt die zyklische Zeit, die weiterhin tief in der der Gesellschaft präsent ist, die verbündeten Kräfte der *Tradition,* die die Bewegung hemmen. Die irreversible Zeit der bürgerlichen Ökonomie merzt diese Überreste jedoch auf der ganzen Erdoberfläche aus. Die Geschichte, die bis dahin als die alleinige Bewegung der Individuen der herrschenden Klasse erschienen war und somit als Geschichte von Ereignissen geschrieben wurde, wird nunmehr als die *allgemeine Bewegung* begriffen, und in

Broker bei der Arbeit an der Pariser Börse.

dieser gnadenlosen Bewegung werden die Individuen geopfert. Die Geschichte, die ihre Grundlage in der politischen Ökonomie entdeckt, weiß nun um die Existenz dessen, was ihr Unbewusstes war, das aber weiter das Unbewusste bleibt, das sie nicht ans Licht bringen kann. Nur diese blinde Vorgeschichte – eine neue, von keinem Menschen beherrschte Fatalität – hat die Warenwirtschaft demokratisiert. So hat die Bourgeoisie denn der Gesellschaft eine irre-

Straßenschlachten aus jüngster Zeit in Holland, Irland und England.

versible geschichtliche Zeit zur Kenntnis gebracht und aufgezwungen, verweigert ihr aber zugleich deren *Gebrauch*. Es hat also »eine Geschichte gegeben, aber es gibt keine mehr«, weil die Klasse der Ökonomiebesitzer, die mit der *Wirtschaftsgeschichte* nicht zu brechen vermag, auch jeden anderen irreversiblen Gebrauch der Zeit als unmittelbare Bedrohung verdrängen muss. Die herrschende Klasse, die *aus Spezialisten des Besitzes von Dingen* besteht und die dadurch selbst ein Besitz der Dinge sind, muss ihr Schicksal an die Aufrechterhaltung dieser verdinglichten Geschichte knüpfen, an die Permanenz eines neuen Stillstands *in der Geschichte*. Zum ersten Mal steht der Arbeiter, an der Basis der Gesellschaft, *der Geschichte* nicht materiell *fremd* gegenüber, denn nunmehr bewegt sich die Gesellschaft mittels ihrer Basis irreversibel fort. In der Forderung, die von ihm gemachte geschichtliche Zeit zu *leben*, findet das Proletariat den schlichten unvergesslichen Kern seines revolutionären Projektes; und jeder der – bislang zerschlagenen – Versuche, dieses Projekt umzusetzen, markiert einen möglichen Ausgangspunkt des neuen geschichtlichen Lebens.

Mit der Entwicklung des Kapitalismus wird die irreversible Zeit
Drei tanzende schwarze Frauen.

weltweit vereinheitlicht. Die Weltgeschichte wird Wirklichkeit, denn die ganze Welt ist unter der Entwicklung dieser Zeit versammelt. Aber diese Geschichte, die überall zugleich dieselbe ist, ist erst die innergeschichtliche Ablehnung der Geschichte. Sie ist die in gleiche abstrakte Stücke geschnittene Zeit der wirtschaftlichen Produktion, die auf dem ganzen Planeten als *der gleiche Tag* zum Ausdruck kommt. Die vereinheitlichte irreversible Zeit ist die Zeit des *Weltmarkts* und in logischer Folge die des Weltspektakels.

Die irreversible Zeit der Produktion ist zunächst das Maß der
Ein Luftkissenboot auf hoher See; ein Flugzeug hebt von einem Flughafen ab.

Waren. Die Zeit, die sich offiziell weltweit als *die allgemeine Zeit der Gesellschaft* proklamiert, stellt, da sie nur Ausdruck der sie bildenden Sonderinteressen ist, somit *lediglich eine besondere Zeit* dar. Als ein und
Die Erdrotation,

dieselbe Strömung entwickeln sich die Klassenkämpfe der langen,
aus der Ferne gefilmt.

durch den Aufstieg der Bourgeoisie eröffneten *revolutionären Epoche* und das *Denken der Geschichte,* die Dialektik, das Denken, das nicht mehr bei der Suche nach dem Sinn des Seienden stehen bleibt, sondern sich zur Erkenntnis der Auflösung alles Bestehenden erhebt und in der Bewegung jede Trennung auflöst.

Dieses geschichtliche Denken ist zunächst noch das Bewusstsein, das stets zu spät kommt und die Rechtfertigung *post festum* ausspricht. Es hat die Trennung daher nur *im Gedanken* aufgehoben. Das Paradox, das darin besteht, den Sinn jeder Realität von ihrer geschichtlichen Vollendung abhängen zu lassen und gleichzeitig diesen Sinn zu enthüllen, indem man sich selbst als Vollendung der Geschichte konstituiert, dieses Paradox rührt von der schlichten

Tatsache her, dass der Denker der bürgerlichen Revolutionen des

Hegel.

XVII. und XVIII. Jahrhunderts in seiner Philosophie nur die *Versöhnung*

mit deren Ergebnis gesucht hat.

Die »Internationale« singend, geht eine Abteilung Kronstädter Matrosen mit aufgepflanztem Bajonett unter Artilleriefeuer vor.

Wenn das Proletariat durch seine eigene Existenz in Taten zeigt,

Die Proletarier in den Tagen der Revolution: in Barcelona, in Petrograd.

dass dieses Denken der Geschichte nicht vergessen wurde, dann ist

der Einspruch gegen den *Abschluss* gleichzeitig auch die Bestätigung

der Methode.

Der Mangel in der Marx'schen Theorie ist selbstverständlich der

Lange Schlachtenszene aus dem amerikanischen Bürgerkrieg.

Mangel des revolutionären Kampfes des Proletariats seiner Epoche.

Die deutsche Arbeiterklasse hat 1848 nicht die permanente Revolu-

tion dekretiert; die Pariser Kommune unterlag in der Isolierung. Die

revolutionäre Theorie kann daher ihre eigene vollständige Existenz noch nicht erreichen. Die gesamte theoretische Unzulänglichkeit in

der *wissenschaftlichen* Verteidigung der proletarischen Revolution

lässt sich, sowohl was den Inhalt als auch die Form der Darstellung

Plan des Winterpalasts im Jahr 1917,

angeht, auf eine Identifizierung des Proletariats mit der Bourgeoisie

auf dem ein Stift die Stoßrichtungen des Angriffs einzeichnet.

unter dem Gesichtspunkt der revolutionären Machtergreifung zurückführen.

Plan des Tuilerienpalasts im Jahr 1792.

Während des spanischen Bürgerkriegs überbringt ein Partisan, der die Linien überquert hat, im letzten Moment die Nachricht, dass die Franquisten von der unmittelbar bevorstehenden republikanischen Offensive Wind bekommen und in deren Erwartung ihre Truppen verstärkt haben. In einem vorgeschobenen Unterstand antwortet General Goltz, ein russischer Offizier im Dienste der Republik, am Telefon: »Lesen Sie vor! Was?« Er schaut nach oben, wo die Bomberwellen vorbeiziehen, die das Signal zum Angriff sind, und antwortet: »Zu spät! Wir werden wieder verlieren. Wir gehen einer Niederlage entgegen. Wirklich schade.«

Die beiden einzigen Klassen, die tatsächlich der Marx'schen Theorie

Fortsetzung derselben Schlacht aus dem Sezessionskrieg.

entsprechen, die beiden reinen Klassen, zu denen die gesamte Analyse im *Kapital* hinführt, die Bourgeoisie und das Proletariat, sind auch die beiden einzigen revolutionären Klassen der Geschichte, allerdings unter verschiedenen Bedingungen: Die bürgerliche Revolution ist vollbracht, die proletarische Revolution ist ein Projekt, das auf der Grundlage der vorangegangenen Revolution entstand, von dieser jedoch qualitativ verschieden ist. Vernachlässigt man die *Originalität* der geschichtlichen Rolle der Bourgeoisie, dann verschleiert man dadurch die konkrete Originalität dieses proletarischen Projekts, das nur etwas erreichen kann, wenn es seine eigenen Farben trägt und sich der »gewaltigen Größe seiner Aufgaben« bewusst ist. Die Bourgeoisie gelangte an die Macht, weil sie die Klasse der sich entwickelnden Wirtschaft ist. Das Proletariat seinerseits kann die Macht nur dann sein, wenn es *zur Klasse des Bewusstseins* wird. Das Reifen der Produktivkräfte kann eine solche Macht nicht garantieren, auch nicht über den Umweg der vermehrten Enteignung, die dieses Reifen nach sich zieht. Die jakobinische Eroberung des Staates kann nicht das Instrument des Proletariats sein. Keine *Ideologie* kann ihm dazu dienen, Teilzwecke als Gesamtzwecke zu verbrämen, denn es kann keine ihm wirklich gehörende Teilrealität bewahren.

Diese ideologische Entfremdung der Theorie ist dann nicht mehr

Die Kronstädter Matrosen setzen ihren Angriff siegreich fort.

länger imstande, die praktische Verifizierung des von ihr verratenen einheitlichen geschichtlichen Denkens zu erkennen, wenn eine solche Verifizierung plötzlich im spontanen Kampf der Arbeiter auftritt; sie kann nur dazu beitragen, deren Äußerung und die Erinnerung daran zu unterdrücken. Dabei sind diese im Kampf aufgetretenen geschichtlichen Formen gerade jenes praktische Milieu, das der Theorie fehlte, um wahr zu sein. Sie sind eine Forderung der Theorie, die indes theoretisch nicht formuliert worden war. Der *Sowjet* war keine Entdeckung der Theorie. Und die höchste theoretische Wahrheit bereits der Internationalen Arbeiterassoziation war ihr eigenes Dasein in der Praxis.

Der Winterpalast wird im Sturm genommen.

Die umgestürzte Vendômesäule. *Marx.*

Michel Corrette: Sonate in D-Dur für Violoncello und Cembalo.

Untertitel: Du wirst erfahren, wie salzig das Brot der Fremden schmeckt und wie hart der Weg ist, den man auf fremden Treppen gehen muss. Und deine schwerste Last wird die boshafte und uneinige Gesellschaft sein, mit welcher du in dieses Tal des Exils fallen wirst. Und so wird es dir zum Ruhm gereichen, dass du dich allein dir selbst zur Partei gemacht hast.

Bakunin.

Marx.

Derselbe historische Augenblick, da der Bolschewismus in Russland

Parade der sogenannten »Roten« Armee: Infanterie.

für sich selbst gesiegt und die Sozialdemokratie siegreich *für die alte Welt* gekämpft hat, bezeichnet die vollendete Entstehung einer Ordnung der Dinge, die im Zentrum der Herrschaft des modernen Spektakels steht: Die *Repräsentation der Arbeiter* hat sich radikal der Klasse entgegengestellt.

Trotzki.

Zwischentitel: »Die, die einen Staatskapitalismus als Eigentum einer totalitären Bürokratie schaffen wollen, ohne die Räte zu beseitigen, oder die, die die Klassengesellschaft abschaffen wollen, ohne alle Gewerkschaften und spezialisierten, hierarchischen Parteien zu verurteilen, die werden sich nicht lange halten.«

Die stalinistische Ära enthüllt die grundlegende Wirklichkeit der *Bürokratie*: sie ist die Fortsetzung der Macht der Ökonomie, die Rettung des Wesentlichen der Warengesellschaft, die die Ware Arbeitskraft aufrechterhält. Sie ist der Beweis für die Autonomie der Ökonomie, die die Gesellschaft so weit beherrscht, dass sie für ihre

Fortsetzung der Parade der sogenannten »Roten« Armee: Panzer, Kanonen, Raketen.

eigenen Zwecke die Klassenherrschaft wiederherstellt, die ihr unerlässlich ist: was darauf hinausläuft, dass die Bourgeoisie eine autonome Macht geschaffen hat, die, solange diese Autonomie besteht, so weit gehen kann, auf eine Bourgeoisie zu verzichten. Die totalitäre Bürokratie ist nicht »die letzte besitzende Klasse der Geschichte« im Sinne von Bruno Rizzi, sondern lediglich *eine Ersatz-Herrschende-Klasse* für die Warenwirtschaft. Das geschwächte kapitalistische Privateigentum wird durch ein vereinfachtes, weniger diversifiziertes Nebenprodukt ersetzt, das als Kollektiveigentum der bürokratischen Klasse *konzentriert* ist. Diese unterentwickelte Form von herrschender Klasse ist auch Ausdruck der wirtschaftlichen Unterentwicklung; und ihre einzige Perspektive besteht darin, diesen Entwicklungsrückstand in bestimmten Gegenden der Welt

Auf den Treppen von Odessa, zaristische Truppen schießen auf die Demonstrantenmenge.

wettzumachen. Die nach dem bürgerlichen Modell der Trennung organisierte Arbeiterpartei lieferte den staatlich-hierarchischen Rahmen für diese zusätzliche Ausgabe einer herrschenden Klasse.

Die ideologisch-totalitäre Klasse an der Macht ist die Macht einer verkehrten Welt: je stärker sie ist, umso mehr beteuert sie, nicht zu existieren, und ihre Stärke dient ihr zunächst dazu, ihre Nichtexistenz zu bekräftigen. Nur in diesem Punkt ist sie bescheiden, denn ihre offizielle Nichtexistenz muss auch mit dem *non plus ultra* der geschichtlichen Entwicklung zusammenfallen, das gleichzeitig ihrer unfehlbaren Führung zu verdanken sei. Die sich überall ausbreitende Bürokratie muss die für das Bewusstsein *unsichtbare Klasse* sein, so dass das Gesellschaftsleben insgesamt schwachsinnig wird.

Eine Versammlung der »Vereinten Linken«: die Stalinisten und ihre Verbündeten, auf der Tribüne und im Saal; Rede Mitterands, Rede Marchais'.

Die gesellschaftliche Organisation der absoluten Lüge ergibt sich aus diesem grundlegenden Widerspruch.

Zwischentitel: »Je höher wir steigen

in dieser Bürokratie der Intelligenz, um so wundervollere Köpfe begegnen uns.« Marx,

Bemerkungen über die neueste preußische Zensurinstruktion.

Der Stalinismus war die Schreckensherrschaft innerhalb der büro-

Breschnew und andere stalinistische Herrschende erhalten Blumen; die Gewerkschaftsführung

kratischen Klasse selbst. Der Terrorismus, der die Macht dieser

in der Renault-Fabrik; 1968 wohnen die von ihren Gewerkschaften in der Renault-Fabrik ein-

Klasse begründet, muss diese Klasse auch selbst treffen, denn sie ver-

gesperrten Arbeiter dem Vorbeimarsch naiver Linksradikaler bei, die von ihren eigenen Büro-

fügt über keine rechtliche Gewähr, keine anerkannte Existenz als

kraten angeführt werden.

Besitzerklasse, die sie auf jedes ihrer Mitglieder ausdehnen könnte. Ihr reales Eigentum ist verborgen, und zur Eigentümerin ist sie einzig durch das falsche Bewusstsein geworden. Das falsche Bewusstsein behauptet seine absolute Macht nur durch den absoluten Terror, in dem jedes echte Motiv schließlich verloren geht. Die Mitglieder der bürokratischen Klasse an der Macht haben das

Besitzrecht über die Gesellschaft nur kollektiv inne, als Teilnehmer

Stalin redet, lange.

an einer fundamentalen Lüge: sie müssen die Rolle des eine sozialistische Gesellschaft führenden Proletariats spielen; sie müssen die dem Text der ideologischen Untreue treuen Schauspieler sein. Doch muss die tatsächliche Teilnahme an diesem verlogenen Sein selbst als eine wahrhaftige Teilnahme anerkannt werden. Kein Bürokrat kann als Einzelner seinen Machtanspruch geltend machen, da der Beweis, ein sozialistischer Proletarier zu sein, bedeuten würde, sich als das Gegenteil eines Bürokraten zu offenbaren; und der Beweis, ein Bürokrat zu sein, ist ihm unmöglich, da die offizielle Wahrheit der Bürokratie ja gerade darin besteht, nicht zu existieren. So ist jeder Bürokrat absolut abhängig von einer *zentralen Garantie* der Ideologie, die eine kollektive Beteiligung an ihrer »sozialistischen Macht« *seitens aller Bürokraten* anerkennt, *die sie nicht vernichtet.* Auch wenn die Bürokraten insgesamt über alles entscheiden, so kann der Zusammenhalt ihrer eigenen Klasse nur durch die Konzentration ihrer terroristischen Macht in einer einzigen Person gewährleistet werden. In dieser Person liegt die einzige praktische Wahrheit der *machthabenden* Lüge: die unbestreitbare Festlegung ihrer fortwährend berichtigten Grenze. Stalin bestimmt unwiderruflich, wer letztendlich besitzender Bürokrat ist; das heißt, wer als »Proletarier an der Macht« oder wer als »Verräter im Sold von Mikado und Wall Street« bezeichnet werden muss. Nur in der Person Stalins finden die bürokratischen Atome das gemeinsame Wesen ihres Rechts. Stalin ist dieser Herr der Welt, der sich auf diese Weise als die absolute Person weiß, für deren Bewusstsein kein höherer

Geist existiert. »Der Herr der Welt hat das wirkliche Bewußtsein dessen, was er ist, der allgemeinen Macht der Wirklichkeit, in der zerstörenden Gewalt, die er gegen das ihm gegenüberstehende Selbst seiner Untertanen ausübt.« Zur gleichen Zeit, wie er die Macht ist, die den Boden der Herrschaft bestimmt, ist er *»das diesen Boden verwüstende Wühlen«*.

Während der Reichstag brennt, halten Hamburger Kommunisten ihre letzte Versammlung ab. Ein Aktivist brandmarkt die Provokation der Nazi-Regierung, er entdeckt, dass man seine Partei auflösen will, und enthüllt, nun, da es für den Bürgerkrieg zu spät ist, dass »Hitler Krieg bedeutet«. Der der Versammlung beiwohnende Polizeioffizier erklärt diese für aufgelöst. Die Schupos dringen in den Saal ein und schlagen auf die Anwesenden ein, die die »Internationale« singen.

Ein Nazi-Offizier. General Franco.

Deutsche Panzer in Aktion, Offiziere der Internationalen Brigaden, das Lincoln-Bataillon.

Untertitel: In Spanien ist ein Tal, das heißt »Jarama«. Diesen Ort kennen wir alle nur zu gut. Dort verloren wir unsere Jugend und einen

Großteil unserer alten Tage.

Spanische Partisanen, verfolgt von franquistischen Soldaten, verteidigen sich auf einer letzten Hügelkuppe. Appell politischer Gefangener in einem deutschen Konzentrationslager. Vor einer »Großwohnsiedlung« des Großraums Paris dreht ein einsames kleines Mädchen ein Karussell. Die beleuchtete Place de la Concorde, die Dächer von Paris. Zwischentitel: »Dieser mühselig wiederhergestellte soziale Friede hatte nur ein paar Jahre gewährt, als, um sein Ende zu verkünden, die erschienen, die in die Geschichte des Verbrechens unter dem Namen ›Situationisten‹ eingehen sollten.«

Wenn das Proletariat entdeckt, dass seine eigene veräußerlichte Kraft zur fortwährenden Stärkung der kapitalistischen Gesellschaft beiträgt, und zwar nicht mehr bloß in der Form seiner Arbeit, sondern auch in der Form jener Gewerkschaften, Parteien oder staatlichen Macht, die es zu seiner Emanzipation gebildet hatte, so entdeckt es auch durch die konkrete geschichtliche Erfahrung, dass es die Klasse

Die Barrikaden des Mai 1968: Nächtliche Kämpfe und Brände.

ist, die jeder erstarrten Veräußerlichung und jeder Spezialisierung der Macht ganz und gar feind ist. Es trägt die *Revolution, die nichts außerhalb ihrer selbst lassen kann,* die Forderung nach der permanenten Herrschaft der Gegenwart über die Vergangenheit und die totale Kritik der Trennung; und davon muss es die adäquate Form in der Aktion finden. Keine quantitative Verbesserung seines Elends, keine Illusion hierarchischer Integration sind ein dauerhaftes Heilmittel für seine Unzufriedenheit, denn das Proletariat kann sich nicht wirklich in einem besonderen Unrecht wiedererkennen, das es erlitten hätte und folglich ebenso wenig *in der Wiedergutmachung eines besonderen Unrechts* oder vieler solcher Unrechte, sondern nur in dem *Unrecht schlechthin,* an den Rand des Lebens gedrängt zu sein.

Die Rue Gay-Lussac
Michel Corrette:

bei Tagesanbruch. Die Tribüne der Vollversammlung in der Sorbonne; Kamerafahrt über die
Sonate in D-Dur für Violoncello und Cembalo.

Mitglieder des »Comité Enragés-Internationale Situationniste« und Debord.

Zwischentitel: »Genossen, die Fabrik Sud-Aviation in Nantes ist seit zwei Tagen von den Arbeitern und Studenten dieser Stadt besetzt und die Bewegung hat sich heute auf mehrere andere Fabriken ausgeweitet (N.M.P.P. Paris, Renault-Cléon und andere), das Besetzungskomitee der Sorbonne ruft deshalb zur sofortigen Besetzung aller Fabriken in Frankreich und zur Bildung von Arbeiterräten auf. Genossen, verbreitet und vervielfältigt diesen Aufruf so schnell wie möglich. Sorbonne, 16. Mai, 15 Uhr.« *Eine Versammlung hört im Oktober 1917 einem Redner zu; die Westfassade der Sorbonne, verschönert mit einem Spruchband, auf dem zu lesen ist: »Fabrikbesetzungen, Arbeiterräte, Comité Enragés I.S.«, durch den Streik gelähmte Häfen, Bahnhöfe und Fabriken. Zwischentitel: »Und es wird von heute bis zum Ende der Welt des Spektakels kein Mai vergehen, ohne dass man sich unserer erinnert.«*

Christian Sébastiani; Debord; Patrick Cheval.
Untertitel: We few, we happy few; we band of brothers.

Inschrift auf einem Wandbild von Puvis de Chavannes: »Genossen, die Menschheit wird erst an dem Tag glücklich sein, da …« Die erleuchteten Fenster der Sorbonne bei Nacht. Der Winterpalast bei Nacht. Aus den Fenstern des Jules-Bonnot-Saals, in dem das Besetzungskomitee der Sorbonne tagt, werden Flugblätter geworfen. Russische Arbeiter aus »Oktober« transportieren Pakete von Flugblättern ab, sobald sie von revolutionären Druckern hergestellt wurden. Plakat auf einer Mauer: »Nieder mit der spektakulären Warengesellschaft!« Zwischentitel: »Schmeichelt Euch nicht mit der Hoffnung, sie hegten keine solche Absicht, denn sie müssen diese haben, und wollte es der Zufall, dass sie diesen Vorsatz nicht gefasst haben, so wird die den Dingen innewohnende Kraft sie dazu bringen, Eroberung zieht Eroberung nach sich und ein Sieg macht siegesdurstig.« Machiavelli, Brief an Francesco Vettori. *Mehrere Bilder aus der besetzten Sorbonne, auf einer Mauer die Inschrift: »Lauf Genosse, die alte Welt ist hinter dir her!« Zwischentitel: »Bereits vom 25. Februar an dachten sich die Neuerer voller Ungestüm tausend merkwürdige Systeme aus und verbreiteten sie in den verwirrten Köpfen der Menge … Es schien, als sei die alte Gesellschaft durch den Stoß der Revolution in Staub zerfallen und ein allgemeiner Wettbewerb ausgeschrieben worden, um die Form der neuen Zeit zu finden, die an ihre Stelle treten sollte. Jeder hatte einen Plan vorzuschlagen: der eine in den Zeitungen, der andere in den Plakaten, die bald die Mauern bedeckten, der dritte in Reden, die nur die Luft erschütterten. Einer wollte die Ungleichheit des Besitzes, der zweite die der Bildung, der dritte die älteste aller Ungleichheiten, die zwischen Mann und Frau, beseitigen; man gab Heilmittel an gegen die Armut und gegen das Übel der Arbeit, von dem die Menschheit geplagt wird, seit sie besteht.« Tocqueville,* Erinnerungen. *Brennende Barrikade in der Nacht.*

Untertitel: Jedoch beruhigt, beschwichtigt noch begnügt sich je weder Feuer noch Holz bei keiner Wärme, Hitze oder Gleichheit, bis daß das Feuer sich selbst in das Holz gebiert und ihm seine eigene Natur und sein eigenes Sein übermittelt …

Zwischentitel: »Doch dann zeiht man sie des Vandalismus und tadelt sie ob ihres mangelnden Respekts vor der Maschine. Diese Kritiken wären berechtigt, wenn die Arbeiter von systematischer und zielloser Zerstörungslust getrieben würden. Das ist nun aber nicht der Fall! Wenn die

Arbeiter die Maschinen angreifen, so geschieht dies nicht zum Spaß oder aus Dilettantismus,

sondern weil eine zwingende Notwendigkeit sie dazu drängt.« Emile Pouget, Die Sabotage.

Ende der Musik.

Die neuen, von der spektakulären Planung unbegriffenen und ver-

Die Ordnungshüter in Aktion, auf den Feldern von Flins, auf den Straßen von Nantes, junge

fälschten Zeichen der Negation, die sich in den wirtschaftlich am

Lumpenproletarier verteidigen die Dächer der Rue Saint-Jacques.

weitesten fortgeschrittenen Ländern häufen, lassen schon jetzt darauf schließen, dass eine neue Epoche begonnen hat: nach dem ersten Versuch der proletarischen Subversion *ist es nun der kapitalistische Überfluss, der gescheitert ist.* Wenn die antigewerkschaftlichen Kämpfe der Arbeiter im Westen zunächst von den Gewerkschaften unterdrückt werden und die rebellischen Strömungen der Jugend einen ersten unstrukturierten Protest erheben, der indes die Verweigerung der alten spezialisierten Politik, der Kunst und des Alltagslebens unmittelbar impliziert, so handelt es sich dabei um die zwei Seiten eines neuen spontanen Kampfes, der als ein *krimineller* beginnt. Es sind die ersten Vorboten des zweiten proletarischen Ansturms auf die Klassengesellschaft.

Eine Karte von Polen, ein von Aufständischen angegriffenes Panzerfahrzeug fängt Feuer, eine aufständische Menge erklimmt das Tor eines Palastes. In einem Café in Tanger nähert sich eine junge Frau einem Tisch, an dem ein gut bewachter Ganove seine Geschäfte tätigt, und fragt ihn: »Erkennen Sie mich wieder?« Dieser antwortet: »Ich erinnere mich nie an schöne Frauen. Hat Van Stratten eine neue Jacht?« Sie: »Es geht nicht um Geschäfte, Herr Thaddeus, sondern um Polen.« Er sofort: »Ich gebe nie Inf...« Er hält inne und während eine Musik aus der Vergangenheit anschwillt, sagt er bewegt: »Polen.«

Zwischentitel: »Wieder einmal ist Polen von einem blutigen Tuch bedeckt, während wir ohnmächtige Zuschauer geblieben sind.« Erklärung der französischen Arbeiter anlässlich der Gründungskonferenz der Internationalen Arbeiterassoziation am 28. September 1864.

Wenn die auf allen Ebenen stets weiter vorangetriebene Verwirkli-
Straßenkämpfe in Italien.

chung der kapitalistischen Entfremdung, indem sie es den Arbeitern immer schwieriger macht, ihr eigenes Elend zu erkennen und beim Namen zu nennen, diese so vor die Alternative stellt, entweder *ihr ganzes Elend oder nichts* abzulehnen, dann hat die revolutionäre Organisation lernen müssen, dass sie *die Entfremdung* nicht mehr *in*
Lenin hält eine Rede.

entfremdeten Formen bekämpfen kann.

Die bloße Entwicklung der Klassengesellschaft zur spektakulären
Italienische Polizisten in Jeeps fahren knüppelnd in eine Menschenmenge hinein; westdeutsche

Organisation des Nicht-Lebens bringt demnach das revolutionäre
Schupos gehen zu Fuß vor.

Projekt dazu, *sichtbar* das zu werden, was es bereits *wesentlich* war.

Die revolutionäre Theorie ist heute Feind jeder revolutionären
Russische Panzer schlagen im Juni 1953

Ideologie, *und sie weiß, dass sie das ist.*
deutsche Arbeiter zurück.

Lange Nachtsequenz: Amerikanische Polizisten prügeln auf schwarze Aufständische ein.
Untertitel: Betrachten wir jedoch den Inhalt dieser Erfahrung in seiner Vollstän-

digkeit: so ist er das verschwindende Werk … Das Verschwinden ist selbst wirklich und an das Werk geknüpft und verschwindet selbst mit diesem; das Negative geht mit dem Positiven, dessen Negation es ist, selbst zugrunde.

Zwischentitel: »›Die Weltgeschichte wäre allerdings sehr bequem zu machen, wenn der Kampf nur unter der Bedingung unfehlbar günstiger Chancen aufgenommen würde.‹ Wer diese Gesellschaft zerstören will, der muss zweifelsohne bereit sein, gegen diese hintereinander zehn oder mehr Attacken zu lancieren, die an Bedeutung mit Mai 1968 vergleichbar sind; und eine gewisse Anzahl von Niederlagen und Bürgerkriegen als unvermeidbare Unannehmlichkeiten hinnehmen. Die Zwecke, die in der Weltgeschichte Bedeutung haben, müssen durch abstraktes Wollen mit Energie festgehalten werden.«

Während einer Schlacht des Sezessionskrieges setzt sich ein Offizier an die Spitze des 7. Michigan-Kavallerieregiments und befiehlt: »7. Michigan, vorwärts … Im Trab, vorwärts! … Im Galopp, vorwärts! … Attacke!«

Auf einem Fest, das er in einem seiner spanischen Schlösser gibt, wendet sich Arkadin, ein Glas in der Hand, an seine Gäste: »Keine Rede. Ich schlage einen Trinkspruch auf georgische Art vor. In Georgien beginnt man jeden Trinkspruch mit einer Geschichte … Ich träumte von einem Friedhof mit seltsamen Grabinschriften: »1822–1826, 1930–1934 … Hier wird ja sehr jung gestorben, sagte ich zu jemandem, die Zeit zwischen Geburt und Tod ist sehr kurz. Nicht mehr als sonstwo, antwortete man mir, aber hier zählen als Lebensjahre nur die Jahre, die eine Freundschaft gedauert hat. Trinken wir auf die Freundschaft!«

Ivan Chtcheglov; Asger Jorn; die Kavallerie setzt ihren Angriff fort.

Nach dem Scheitern der vorangegangenen Attacke führt derselbe Offizier das 5. und 6. Michigan-Kavallerieregiment heran und wirft sie in eine neue Attacke.

Arkadin erzählt eine andere Geschichte zu Ende: »Logik?, schrie der Frosch, als er mit dem Skorpion ertrank, wo liegt hier die Logik? – Ich kann nichts machen, antwortete der Skorpion, das ist eben mein Charakter … Trinken wir auf den Charakter!«

Nach einem erneuten Fehlschlag setzt sich derselbe Offizier vor die Reihen des 1. Michigan-Kavallerieregiments, dem letzten der Reserve; und befiehlt einen weiteren Angriff, der sich in Bewegung setzt.

Zwischentitel: »Nicht was wir gedacht haben, halten wir für ein Verdienst um die Theorie, sondern die Art, wie wir es gedacht haben. Überdies wiederholen wir noch einmal, daß hier, wie in allen praktischen Dingen, die Theorie mehr da ist, den praktischen Mann zu bilden, sein Urtheil zu erziehen, als ihm in der Ausübung seines Geschäfts unmittelbar beizustehen.« Clausewitz, Der Feldzug von 1814.

Dieser Film ist Alice Becker-Ho gewidmet.

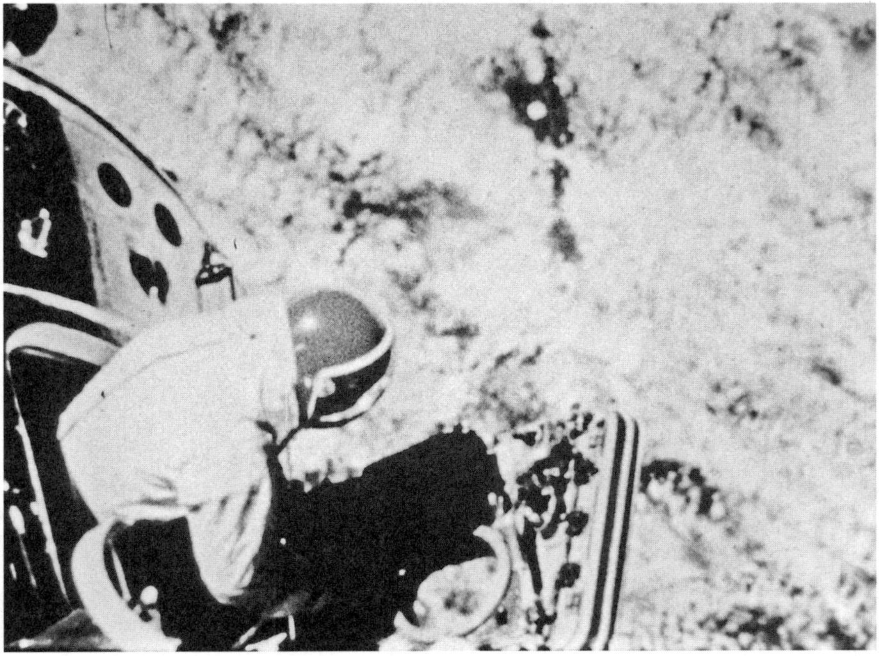

… eine ungeheure Akkumulation von Spektakeln. Alles, was unmittelbar erlebt wurde, ist entwichen …

Die partiell *betrachtete Realität entfaltet sich in ihrer eigenen allgemeinen Einheit als* abgetrennte *Pseudowelt, Gegenstand bloßer Kontemplation.*

Das Spektakel vereint das Getrennte, aber es vereint es als Getrenntes.

Schon ihrem bloßen Stil nach ist die Darlegung der dialektischen Theorie ein Ärgernis und ein Gräuel nach den Regeln der herrschenden Sprache …

Wenn die unabhängig gewordene Kunst ihre Welt in leuchtenden Farben darstellt, dann ist ein Moment des Lebens alt geworden …

»Wie viele Männer hast du vergessen?« – »Und du, an wie viele Frauen erinnerst du dich?«

Die Spezialisten der Macht des Spektakels, einer absoluten Macht im Innern seines Systems einer Rede ohne Antwort, sind absolut korrumpiert durch ihre Erfahrung der Verachtung und des Erfolgs der Verachtung.

An dieser wesentlichen Bewegung des Spektakels, die darin besteht, alles in sich aufzunehmen, was die menschliche Tätigkeit in flüssigem Zustand *beinhaltete, um es in geronnenem Zustand als Dinge zu besitzen …*

Jede neue Lüge *der Werbung ist auch* das Eingeständnis *ihrer vorangegangenen Lüge.*

Erstmals ist eine neue Architektur, die in allen früheren Epochen der Befriedigung der herrschenden Klassen vorbehalten war, direkt den Armen *zugedacht.*

Die Geschichte, die diese dämmernde Welt bedroht, ist zugleich die Kraft, die es vermag, dass die gelebte Zeit den Raum unterwirft.

... die Individuen und Gemeinschaften müssen die Stätten und die Ereignisse konstruieren, die der Aneignung nicht mehr nur ihrer Arbeit, sondern ihrer Geschichte als Ganzer entsprechen.

Das gesellschaftliche Bild des Zeitkonsums wird seinerseits ausschließlich von den Momenten der Freizeit und Ferienzeit beherrscht, Momente, die von weitem gezeigt werden und per Postulat zu begehren sind ...

»Sklaven all, erwacht! Erwacht! – Die Welt wird sich von Grund auf ändern.«

Eine neue Epoche hat begonnen: nach dem ersten Versuch der proletarischen Subversion ist es nun der kapitalistische Überfluss, der gescheitert ist.

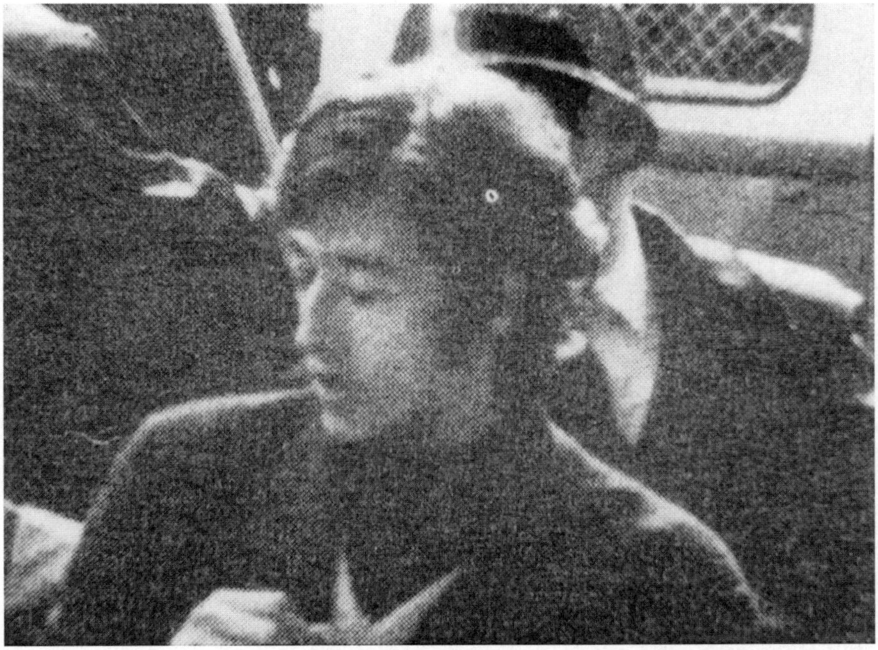

We few,
we happy few,

we,
band of brothers.

»7. Michigan, vorwärts!«

»Ich kann nichts machen«, antwortete der Skorpion, »das ist eben mein Charakter.«

Widerlegung aller Urteile, der lobenden wie der feindlichen, die bislang über den Film *Die Gesellschaft des Spektakels* abgegeben wurden

1975

(Simar Films)

Zwischentitel im Vorspann: »Die Kritiken, auf die in diesem Film besonders eingegangen wird, erschienen 1974 in Le Nouvel Observateur *vom 29. April,* Le Quotidien de Paris *vom 2. Mai,* Le Monde *vom 9. Mai,* Télérama *vom 11. Mai,* Le Nouvel Observateur *vom 13. Mai,* Charlie Hebdo *vom 13. Mai,* Le Point *vom 20. Mai sowie in der Juniausgabe von* Cinéma 74.«

Motto-Zwischentitel: »Es gibt Zeiten, wo man der großen Zahl der Bedürftigen wegen die Verachtung nur sparsam austheilen muss.« Chateaubriand.

Die Organisation der heutigen Klassengesellschaft als Spektakel

Werbefilm für irgendein Getränk.

zieht zwei überall ersichtliche Konsequenzen nach sich: zum einen die allgemeine Verfälschung der Produkte ebenso wie der Argumentationen, zum anderen die Verpflichtung für alle, die in dieser Gesellschaft ihr Glück finden wollen, sich immer in großer Entfernung von dem zu halten, was sie vorgeben zu lieben – denn stets gebricht es ihnen an den intellektuellen oder sonstigen Mitteln, um zu einer direkten und gründlichen Kenntnis, zu einer umfassenden praktischen Erfahrung und zu einem authentischen Geschmack davon zu gelangen.

Was schon bei der Wohnraumgestaltung und beim Wein, beim kulturellen Konsum oder der Befreiung der Sitten ins Auge sticht, muss zwangsläufig umso deutlicher vorhanden sein, wenn es um revolutionäre Theorie geht und um die furchterregende Sprache, in der sie über eine Welt redet, über die der Stab gebrochen wurde.

In einer deutschen Imbiss-Stube fährt eine ferngesteuerte Miniatureisenbahn in Griffweite an den Tischen vorbei und bringt vergnügt zechenden Gästen die Rechnung und Gläser mit Neo-Bier: denn dieses Getränk ist zwar chemisch im Inhalt, aber telematisch in der Lieferung.

Diese naive Fälschung und diese inkompetente Zustimmung, die wie der Stallgeruch des Spektakels sind, illustrierten notwendigerweise die auf verschiedene Art und Weise unverständigen Kommentare, die zu dem Film *Die Gesellschaft des Spektakels* abgegeben wurden.

Das Unverständnis wird im vorliegenden Fall noch geraume Zeit vorherrschen. Weit mehr als eine Verschwörung ist das Spektakel ein Elend. Und diejenigen, die in den Zeitungen unserer Epoche schreiben, haben uns nichts von ihrer Intelligenz verhehlt: sie setzen üblicherweise alles davon ein, was sie haben. Was könnten sie schon Treffendes über einen Film sagen, der ihre Gewohnheiten und Ideen *en bloc* attackiert und der sie zu einem Zeitpunkt attackiert, da sie selbst zu fühlen beginnen, wie diese in allen Einzelheiten in sich zusammenfallen? Der Schwachsinn ihrer Reaktionen geht mit dem Verfall ihrer Welt einher. Diejenigen, die behaupten, diesen Film zu lieben, haben zu viele andere Dinge ge-

Giscard d'Estaing verlässt einen alten Staatspalast; zahlreiche Fotografen und Journalisten erwarten ihn. Er steigt in ein Auto und setzt sich selbst ans Steuer.

Britische Truppen begleiten einen Katafalk.

Ein Paar betritt eine Autobahnraststätte, studiert respektvoll die Speisekarten und verzehrt genüsslich industriell

liebt, um ihn zu lieben; und diejenigen, die behaupten, ihn nicht
fabriziertes Speiseeis.

zu lieben, haben ebenfalls zu viele andere Dinge akzeptiert, als dass

ihr Urteil auch nur im Geringsten ins Gewicht fallen könnte.

Wer einen Blick auf die Armseligkeit ihres Lebens wirft, begreift

die Armseligkeit dessen, was sie sagen. Es genügt,einen Blick auf
Werbefilm: Mehrere Autos sind auf

ihr Dekor und ihre Beschäftigungen zu werfen, ihre Waren und
einer Straße zusammengestoßen und versperren diese fast völlig; das Auto mit den guten Reifen

Zeremonien; und das macht sich überall breit. Es genügt, diese idio-
rast heran, schlängelt sich durch das Hindernis, ohne die Geschwindigkeit zu drosseln, und

tischen Stimmen zu hören, die einem sagen, was in der Entfrem-
fährt elegant weiter.

dung aus einem geworden ist, und die einen darüber mit Verach-

tung auf dem Laufenden halten, mit jeder Stunde, die vergeht.
Werbefilm:

mehrere Mädchen beim Striptease, um wer weiß welche Ware anzupreisen. Die Werbung wird

bereichert um die Stimme eines Radiosprechers, der seelenruhig, als sei es das Normalste auf

der Welt, die Verkehrsstaus, »Schlangen« und stundenlangen Wartezeiten kommentiert, die seine Hörer im selben Augenblick auf all den Straßen über sich ergehen lassen müssen, auf

denen sie massenweise in Urlaub fahren.

Die Zuschauer finden nicht, was sie begehren, sie begehren, was
Werbefilm: ein Kunde betritt ein englisches Luxusgeschäft.

sie finden.
Man empfängt ihn mit respektvoller Beflissenheit und lässt ihn eine bestimmte

Zigarettengröße probieren. Er findet sie zu lang. Man schneidet etwas davon ab, aber sie ist

immer noch ein wenig zu lang. Sie wird noch kürzer geschnitten. Der Kunde bekommt einen

Spiegel vorgehalten. Er betrachtet sich darin, die Zigarette im Mund. Er zeigt sich zufrieden.

Das Spektakel erniedrigt die Menschen zwar nicht so weit, dass sie
Daraufhin händigt man ihm ein Paket gewöhnlicher Zigaretten aus, die nach seinem Maß

es lieben, doch werden viele bezahlt, so zu tun. Nun, da sie nicht
hergestellt worden sind. *April in Portugal: Soldaten,*

mehr so weit gehen können, zu behaupten, diese Gesellschaft sei
Nelken in den Gewehrläufen, marschieren, fahren auf einem Lastauto vorbei, Matrosen in-

vollauf zufriedenstellend, beeilen sie sich zunächst, ihre Unzufrie-
mitten ziviler Demonstranten.

denheit mit jeder Art von Kritik am Bestehenden zu bekunden.

Alle Unzufriedenen glauben, etwas Besseres verdient zu haben.
Auf dem Podium des Filmfestivals von Cannes erhalten die besten Schauspieler, Drehbuch-

Bilden sie sich etwa ein, wir wollten sie überzeugen? Glauben sie,

schreiber usw. ihre Auszeichnungen.

sie hätten noch Zeit, sich einer solchen Kritik anzuschließen, vorausgesetzt, diese fände auf einmal ihre Zustimmung? Glauben sie, sie könnten reden und dabei vergessen machen, *von wo aus* sie reden, sie, die schlecht untergebrachten Mieter des Territoriums der Billigung?

Eine freiere und wahrhaftigere Zukunft wird es erstaunlich finden, dass die Kanzleischreiber des Lügensystems des Spektakels sich für befähigt halten mochten, ihren Kommentar zu einem Film abzugeben, der die Negation des Spektakels ist, und in aller Ruhe das Für und Wider abzuwägen, so als sei die Auflösung dieses Systems bloße Meinungssache. Ihr System wird nun in der Wirklichkeit angegriffen; es verteidigt sich mit Gewalt; das Falschgeld ihrer

Argumente ist außer Kurs gesetzt, und so mancher Führungskraft
Der Regisseur Costa-Gavras, an diesem

der Fälschung droht nunmehr die Arbeitslosigkeit.
schönen Tag.

Die hartnäckigsten dieser abgewrackten Lügner geben weiterhin
Schwenk über eine große Ansammlung von Fernsehschirmen, auf denen gleichzeitig alle

vor, sich zu fragen, ob die Gesellschaft des Spektakels tatsächlich
Sportereignisse zu sehen sind, die zum jeweiligen Zeitpunkt während der »Olympischen Spiele«

existiere oder ob ich sie nicht etwa erfunden habe. Da sich aber
von München stattfinden. *Aufmarsch portu-*
Untertitel:

schon seit einigen Jahren der Wald der Geschichte gegen ihr
giesischer Arbeiter; Panzer und Soldaten sperren die Straße, um sie unter Kontrolle
Lissabon, 7. Februar 1975, achtunddreißig föderierte Fabriken protestieren gegen

Schloss aus gezinkten Karten in Marsch gesetzt hat und schon in
zu halten.
Stalinisten, Gewerkschaften und Minister.

diesem Moment seinen Belagerungsring enger zieht, besitzen bei-

nahe alle diese Kommentatoren heute die Niedertracht, die Vor-

trefflichkeit meines Buches zu begrüßen, als seien sie imstande, es

zu lesen, und als hätten sie es 1967 mit der gleichen Hochachtung

aufgenommen. Allerdings sind sie durchweg der Meinung, ich
Erneut die aneinandergereihten Fernsehgeräte; lange Sequenz mit

würde ihre Nachsicht überstrapazieren, indem ich dieses Buch auf
Nahaufnahmen des einen oder anderen Wettkampfs. Einzig das menschliche Unvermögen

die Leinwand bringe. Und der Schlag trifft sie umso härter, als die

hindert daran, alles gleichzeitig zu sehen oder zumindest alles dieser Spiele zu sehen.

Möglichkeit eines derartigen Exzesses bei weitem ihr Vorstellungsvermögen überstieg. Ihre Wut bestätigt, dass das Erscheinen einer solchen Kritik im Film sie stärker beunruhigt als in einem Buch. Hier wie auch anderswo sehen sie sich nun zum Rückzug auf eine zweite Verteidigungslinie gezwungen. Viele werfen dem Film vor, er sei schwierig zu verstehen. Manchen zufolge hindern die Bilder daran, die Worte zu verstehen, oder auch umgekehrt. Indem sie sagen, der Film ermüde sie, und indem sie ihre eigene Müdigkeit stolz zum allgemeinen Kriterium der Kommunikation erheben, möchten sie zunächst den Eindruck erwecken, sie verstünden mühelos, ja befürworteten geradezu die nämliche Theorie, vorausgesetzt, sie werde in einem Buch dargelegt. Und anschließend versuchen sie, als bloße Meinungsverschiedenheit über eine Auffassung vom Film zu verbrämen, was in Wahrheit eine Auseinandersetzung über eine Auffassung von der Gesellschaft ist und ein offener Krieg in der wirklichen Gesellschaft.

Aber warum sollten sie besser als einen Film, der zu hoch für sie ist, alles Übrige verstehen, das ihnen in einer Gesellschaft zuteilwird, die sie so vollständig auf geistige Trägheit zugerichtet hat? Wie sollte ihre Schwäche sie besser dazu befähigen, aus dem ununterbrochenen Getöse all jener gleichzeitigen Werbe- und Regierungsbotschaften die plumpen Sophismen herauszuhören, die ihnen ihre Arbeit und Freizeit, die Worte des Präsidenten Giscard und den Geschmack der Amylasen akzeptabel machen sollen? Die Schwierigkeit liegt nicht in meinem Film, sondern in ihren devot geneigten Häuptern.

Kein Film ist schwieriger als seine Zeit. So gibt es beispielsweise Menschen, die begreifen, und andere, die nicht begreifen, dass, als man den Franzosen, gemäß einem uralten Rezept der Macht, ein neues Ministerium mit dem Namen »Ministerium für Lebensqualität« bescherte, dies schlichtweg deshalb geschah, damit sie – wie Machiavelli sagte – »wenigstens den Namen dessen bewahrten, was sie verloren hatten«. Es gibt Menschen, die begreifen, und andere, die nicht begreifen, dass der Klassenkampf in Portugal zunächst und vor allem durch die direkte Konfrontation zwischen den in autonomen Versammlungen organisierten revolutionären Arbeitern und der – um in die Flucht geschlagene Generäle bereicherten – stalinistischen Bürokratie gekennzeichnet war. Die, die das begreifen, sind dieselben, die meinen Film begreifen können;

Während der ersten Tage der portugiesischen Revolution unterzeichnen der Stalinist Cunhal, der Sozialist Soares, der General Spinola und was sonst noch ein Quäntchen Autorität besitzt, einer nach dem andern, öffentlich unter den Kronleuchtern eines Staatspalastes ihr Versprechen, alles in ihrer Macht Stehende zu tun, um zu verhindern, dass diese Revolution weitergeht.

und ich mache keine Filme für die, die dies nicht begreifen oder

so tun.

Wenngleich alle Kommentare der gleichen von der spektakulären
Reihe von Erdölbohrtürmen mit Hochfackeln.

Industrie verseuchten Zone entstammen, so sind sie doch, so wie
Kurze Bildsequenz eines modernen

die heutigen Waren, anscheinend verschiedenartig. Mehrere
Kuhstalls: Chemie und Automatisierung reichen sich die Hand, um die Milch und das Fleisch

haben behauptet, sie seien von diesem Film begeistert gewesen
dieser Tiere auf ein Qualitätsniveau zu bringen, das des heutigen Verbrauchers würdig ist.

und haben vergeblich zu erklären versucht, warum. Immer wenn
Lange Kamerafahrt

ich sehe, wie mir Leute zustimmen, die meine Feinde sein müss-
um eine Bohrinsel, die von Hochseeschleppern in Position gebracht wird.

ten, frage ich mich, welcher Fehler ihnen in ihren Überlegungen

wohl unterlaufen ist. Dies fällt durchweg nicht schwer. Hier ver-

suchen Avantgarde-Konsumenten, die einer befremdenden Viel-

zahl von Neuheiten begegnen und einer Chuzpe, die sie nicht

einmal verstehen können, sich einer unmöglichen Zustimmung

anzunähern, indem sie ein paar hübsche Merkwürdigkeiten rekonstruieren, geprägt von einem individuellen Lyrismus, der gar nicht da war.

So will der eine in meinem Film »einen Lyrismus der Wut« be-
Sternennebel.

wundern; ein anderer entdeckte darin, dass das Vorübergehen einer historischen Epoche eine gewisse Melancholie enthielt; wieder andere, die die Verfeinerungen des gegenwärtigen Gesellschaftslebens gewiss überschätzen, schreiben mir ein gewisses Dandytum zu. Überall beharrt die alte Kanaille der Epoche auf »ihrer Manie, *zu leugnen, was ist, und zu erklären, was nicht ist*«. Die kritische Theorie, die die Auflösung einer Gesellschaft begleitet, gibt sich nicht der Wut hin und noch weniger hätte sie einfach deren Bild vorzuzeigen. Sie begreift, beschreibt und betreibt die
Demonstration portugiesischer Arbeiter: »Nieder mit der

Beschleunigung einer Bewegung, die sich tatsächlich vor unseren

provisorischen Regierung!«

Augen abspielt. Und was diejenigen anbelangt, die uns ihre

Pseudo-Wut als eine Art modisch gewordenes künstlerisches

Material präsentieren, weiß man nur allzu gut, dass sie damit nur

die Rückgratlosigkeit, die Kompromisse und die Demütigungen

ihres wirklichen Lebens zu kompensieren versuchen; worin den

Zuschauern die Identifikation mit ihnen nicht schwer fallen wird.

Die Anfeindung ist natürlich immer dann größer, wenn sich zu

Auf einer Tribüne skandiert der Stalinist Cunhal mit mehreren Komplizen vehement irgend-

meinem Film die äußern, die politisch reaktionär sind. So ist ein

eine verlogene Parole. *Soares, in der*

angehender Bürokrat gerne bereit, meine Kühnheit gutzuheißen,

Rolle des lieben Demokraten, lächelt überall; empfängt Blumen; hält einschläfernde Ver-

»einen politischen Film nicht durch das Erzählen einer Geschichte

sammlungen ab.

zu machen, sondern durch direktes Verfilmen der Theorie«. Nur

gefällt ihm meine Theorie ganz und gar nicht. Er wittert, dass ich, unter dem Deckmantel der »konzessionslosen Linken« eher nach rechts abgleite, und zwar weil ich systematisch »die Männer der Linksunion« attackiere. Das sind genau die aufgeblasenen Worte, derer sich dieser Kretin vollmundig bedient. Was für eine Union? Was für eine Linke? Was für Männer?

Ganz offenkundig handelt es sich nur um die Union der Stalinisten mit anderen Feinden des Proletariats. Da jeder Partner den anderen gut kennt, hauen sie einander gegenseitig plump übers Ohr und bezichtigen einander dessen lauthals jede Woche; doch hoffen sie noch weiter in fruchtbarer Zusammenarbeit alle revolutionären Initiativen der Arbeiter hintergehen zu können, um, wie sie selbst zugeben, den Kapitalismus im Kern zu bewahren, wenn es ihnen schon nicht gelingt, ihn in allen Einzelheiten zu retten. Es sind dieselben, die in Portugal, so wie einst in Budapest, die »konterrevolutionären Streiks« der Arbeiter unterdrücken; dieselben, die in Italien danach streben, sich »historisch zu kompromittieren«, dieselben, die unter dem Namen »Volksfront« die Streiks von 1936 und die spanische Revolution zerschlugen.

Menge in einer Versammlung, rote Fahnen schwingend. Am 12. Juli 1936 filmt die Wochenschau Salengro, der von der Rednertribüne zu einer Versammlung der Sozialisten spricht. Das lächerliche und grässliche Männchen, das sich nach Leibeskräften bemüht, Mussolini nachzuäffen, erklärt: »Wir werden für Ordnung sorgen; indem wir der Arbeiterklasse klar machen, dass ihre Pflicht und ihr Interesse ihr gebieten, unseren Aufrufen Folge zu leisten und uns zu ersparen, Zwangsmaßnahmen zu ergreifen. Nein, die Volksfront wird nicht Anarchie sein! Die Volksfront wird nur in dem Maße leben und siegen, wie es ihr gelingt, die Ordnung zu wahren. Die Arbeiterklasse muss verstehen können, dass ihre Pflicht und ihr Interesse von ihr verlangen, nichts zu tun, was das Bürgertum und die Bauern gegen sie aufbringen könnte. Übermorgen werden sich in einem riesigen Demonstra-

Untertitel: Der Sozialist Roger Salengro, Innenminister des Front Populaire.

tionszug die drei Farben der Nation und die rote Fahne der Arbeit miteinander vereinen. An diesem 14. Juli, dem Fest der Republik, dem Fest des Proletariats, werden wir das Volk von Paris dazu auffordern, über seine Siege vom April und vom Mai zu wachen. Wir werden es dazu auffordern, der Regierung sein Vertrauen zu bewahren: jener Regierung, die nur durch und für das Volk existiert und die nur dann siegen wird, wenn das französische Volk ihr zu siegen hilft«.

Untertitel: Vier Monate später wird eine wenig dankbare extreme Rechte mit ein paar Verleumdungen den Mann zum Selbstmord treiben, der nur zur Verhöhnung seiner Wähler Kraft hatte.

Der Stalinist Cunhal, mit beunruhigter Miene.

Die Vereinigte Linke ist weiter nichts als eine kleine defensive Mystifikation der spektakulären Gesellschaft, ein Sonderfall von begrenzter Lebensdauer, denn das System bedient sich ihrer nur gelegentlich. In meinem Film habe ich sie nur beiläufig erwähnt, aber natürlich attackiere ich sie mit der ihr gebührenden Verachtung; so wie wir sie seitdem in Portugal attackiert haben, indes auf einem schöneren und weitläufigeren Terrain.

Portugiesische Soldaten am oberen Ende einer Monumentaltreppe beschützen bei einbrechender Nacht den Regierungspalast.

Ein derselben Linken nahestehender Journalist, der sich in der

Telex einer Presse-Agentur; technisches Material eines Radiosenders; Radiostudio usw.

Folge einen kleinen Namen gemacht hat, indem er die Veröffentlichung einer unglaublichen Fälschung damit rechtfertigte, dass dies seiner Auffassung von Pressefreiheit entspreche, erweist sich als ein ebenso großer Fälscher, wenn er unterstellt, ich hätte die Pekinger Bürokraten nicht mit derselben Schärfe attackiert wie die anderen herrschenden Klassen. Zudem bedauert er, dass ein so heller Kopf sich mit einem »Ghettokino« zufrieden gebe, das die Massen wohl kaum zu sehen bekommen werden. Dieses

Demonstrierende Textilarbeiterinnen in Lissabon.

Argument wird mich nicht überzeugen: Ich bleibe lieber im Schatten mit eben jenen Massen, statt mich dazu herzugeben, vor ihnen Reden zu schwingen unter der künstlichen Beleuchtung, die ihre Hypnotiseure manipulieren. Ein anderer, ebenso unbegabter Jesuit fragt sich dagegen scheinheilig, ob öffentliches Anprangern des Spektakels nicht den Eintritt ins Spektakel bedeute. Es liegt auf der Hand, worauf dieser – in einer Zeitung so ungewöhnliche – Purismus abzielt: dass nämlich im Spektakel niemals jemand als Feind auftritt.

Diejenigen, die in der spektakulären Gesellschaft nicht einmal einen subalternen Posten zu verlieren haben, sondern lediglich ihre ehrgeizige Hoffnung, eines Tages darin die jüngste Ablösung zu bilden, haben ihre Unzufriedenheit, ja ihren Neid, offener und vehementer zum Ausdruck gebracht. Ein durchaus repräsentativer Anonymer hat die Thesen des jüngsten Konformismus lang und breit dort dargelegt, wo dessen natürlicher Platz ist: im Wochenblatt der Komiker von Mitterands Wählerschaft.

Essensausgabe in einer »Uni-Mensa«. Befüllen der Teller.

Werbefilm: In einer Wüstenlandschaft folgen als Hippies bekleidete junge Männer und Mädchen fröhlich einem jungen bärtigen Mann, der ein wenig vor ihnen geht. Sie treffen auf eine Wasserfläche, die der Bärtige ganz natürlich betritt und dank seiner »Buggys von Eram« überquert. Andere, die ebenso gut beschuht sind, folgen ihm, auch für sie wiederholt sich das Wunder. Aber die Schwachgläubigen, die nicht an die »Buggys von Eram« geglaubt haben, versinken bis zu den Knien im Was-

ser und müssen zurückbleiben, ohne dass sich jemand nach ihnen umdreht.

Der Anonyme meint, dass es sehr gut gewesen wäre, mein Buch
Giscard d'Estaing empfängt den amtierenden portugiesischen Staatschef; hinter ihm Chirac;

1967 zu verfilmen, 1973 es aber zu spät dafür gewesen sei. Als
Ehrenkompanie.

Beweis führt er an, dass es ihm dringend geboten erscheint, nunmehr aufzuhören, über das zu sprechen, wovon er selbst keine Ahnung hat: Marx; Hegel; Bücher im Allgemeinen, weil sie kein angemessenes Instrument zur Emanzipation sein können; jeglicher Einsatz des Films, da es ja nur Film ist; die Theorie mehr noch als alles Übrige; und die Geschichte selbst, die anonym verlassen zu haben er sich glücklich schätzt.

Ein derart zersetztes Denken konnten natürlich nur die trostlosen
In der Mensa stehen Studenten Schlange bei der Ausgabe von Neo-Nahrung.

Wände von Vincennes ausschwitzen. Seit Vincennes-Studentengedenken hat man noch nie eine Theorie entstehen sehen. Und gerade dort fordert man, zumindest vorläufig, wie es scheint, die

Anti-Theorie ein. Was hätten sie sonst zu bieten im Austausch
Hörsäle voller diplomierter Neo-Denker.

gegen eine Dozentenstelle an der Neo-Universität? Nicht, dass sie
Radfahrer im Zielsprint.

sich damit zufriedengeben: Der minderbemitteltste Vereinnahmer

in spe geht heute überall Klinken putzen, um wenigstens Leiter

einer Verlagsreihe oder, wenn möglich, Regisseur zu werden: Der
Der Sieger mit einem Blumenstrauß.

Anonyme macht übrigens kein Hehl daraus, dass er mich um

meine – in seinen Augen lukrativen – Einkünfte aus dem Filmge-

schäft beneidet. So darf man denn gewiss sein, dass keine dieser
Kamerafahrt über den Hafen eines Industriegebiets.

Anti-Theorien es so leicht zu jenem Schweigen bringen wird, das

ihre einzige echte Verwirklichung darstellt, denn dann wären ihre

Träger ja nur noch unqualifizierte Lohnempfänger. Tatsächlich
Werbefilm für

legt der Anonyme am Ende die Karten auf den Tisch. Der Betrü-
eine Hosenmarke: Auf der Bühne eines Varietétheaters ziehen sich Männer bei Musik vor einem

ger wollte die Geschichte nur deshalb auflösen, um sich eine an-
applaudierenden weiblichen Publikum an.

dere auszusuchen. Er wollte die Denker der Zukunft nennen. Und nassforsch führt dieses Luder die Namen von Lyotard, Castoriadis und anderen lahmen Abstaubern an, von Leuten also, die vor über fünfzehn Jahren ihre ganze Strahlkraft abgegeben haben, ohne dass es ihnen gelungen wäre, ihr Jahrhundert damit zu blenden.

Werbefilm für Eistee. Konföderierte Reiter ziehen in den Krieg. Sie lassen ihre Häuser und Feste hinter sich. Wer das nicht gekannt hat, weiß nicht, wie süß das Leben usw. Schlussfolgerung von Hegel'scher Unerbittlichkeit: »Ihre Zivilisation ist verschwunden. Alles, was von ihnen blieb, ist Eistee.«

Kein Verlierer liebt die Geschichte. Und wenn man schon die Ge-
Offiziere der Südstaaten auf einer Gartenparty im selben Werbefilm; ehrwürdige alte Herren;

schichte en famille leugnet, warum soll es dem am entschiedens-
eine treue schwarze Bedienstete bringt Eistee; Paare schmieden vergebliche Pläne.

ten innovativen Karrierismus dann peinlich sein, sich an vereinnahmte Fünfzigjährige anzuhängen? Warum sollte es widersprüchlich erscheinen, sich für einen Anonymen auszugeben, der sich seit 1968 so sehr verändert hat, und zuzugeben, dass man es noch nicht einmal bis zur Verachtung von Professoren gebracht hat? Diesem Anonymen ist immerhin das Verdienst zuzugestehen,

In Portugal lösen Soldaten eine Demonstration auf.

besser als die anderen den Schwachsinn der anti-historischen Reflexion illustriert zu haben, auf die er sich beruft; wie auch die wirklichen Absichten jener Pseudoverachtung, die die Ohnmächtigen der Wirklichkeit entgegenbringen. Indem er behauptet, dass es sechs Jahre nach der Veröffentlichung der *Gesellschaft des Spektakels* zu spät war, das Buch zu verfilmen, kehrt er zunächst die Tatsache unter den Tisch, dass es in den letzten hundert Jahren gewiss keine drei so bedeutenden sozialkritischen Bücher gegeben hat.

Marodeure des Nordens dringen in ein reiches Anwesen des Südens ein, plündern es und setzen es in Brand.

Außerdem möchte er vergessen, dass ich selbst dieses Buch geschrieben hatte. Es fehlt jede Vergleichsmöglichkeit, um zu bewerten, ob ich eher langsam oder eher schnell war, da offenkundig auch die besten meiner Vorgänger nicht über den Film verfügten. Sodass es mir zugegebenermaßen ausgezeichnet erschien, als Erster eine solche Leistung zu vollbringen.

Die Verteidiger des Spektakels werden diesen neuen Gebrauch des
In Portugal ruft ein auf einem Panzer installierter Lautsprecher die Menge zur Ruhe auf.

Films mit derselben Langsamkeit anerkennen, wie sie die Tatsache

anerkannt haben, dass eine neue Epoche revolutionären Protests
Demonstranten skandieren ihre Forderungen; in der ersten Reihe ein Mädchen,

ihre Gesellschaft untergräbt; doch sie werden ihn ebenso zwangs-
das überzeugter als alle anderen ist. *Beisetzung des letzten englischen Königs; Truppen*

läufig anerkennen müssen. Demselben Erkenntnisweg folgend
defilieren mit dem Gewehrkolben nach oben. Highlander, Marinesoldaten, Grenadiere, Horse

schweigen sie zunächst und reden dann am Gegenstand vorbei. In
Guards, in den alten Uniformen, die die Macht und die Größe des Empires gesehen haben,

diesem Stadium sind die Kommentatoren meines Films angelangt.
begleiten einen Sarg, auf dem ein Zepter und eine Weltkugel ruhen.

Die Filmexperten haben behauptet, die revolutionäre Politik darin sei schlecht; während die Politiker aller gauklerischen Linken meinten, es handle sich um schlechtes Kino. Ist man aber zugleich Revolutionär und Filmemacher, so lässt sich unschwer zeigen, dass ihre allgemeine Verbittertheit der unleugbaren Tatsache entspringt, dass der zur Debatte stehende Film die exakte Kritik jener Gesellschaft darstellt, die sie nicht zu bekämpfen wissen; und das erste Beispiel jenes Kinos, das sie nicht zu machen verstehen.

Die hartnäckigsten dieser abgewrackten Lügner geben weiterhin vor, sich zu fragen, ob die Gesellschaft des Spektakels tatsächlich existiere oder ob ich sie nicht etwa erfunden habe.

Die Anfeindung ist natürlich immer dann größer, wenn sich zu meinem Film die äußern, die politisch reaktionär sind.

»Wir werden für Ordnung sorgen; indem wir der Arbeiterklasse klar machen, dass ihre Pflicht und ihr Interesse ihr gebieten, unseren Aufrufen Folge zu leisten und uns zu ersparen, Zwangsmaßnahmen zu ergreifen. Nein, die Volksfront wird nicht Anarchie sein!«

Der Betrüger wollte die Geschichte nur deshalb auflösen, um sich eine andere auszusuchen. Er wollte die Denker der Zukunft nennen. Und nassforsch führt dieses Luder die Namen von Lyotard, Castoriadis und anderen lahmen Abstaubern an …

Kein Verlierer liebt die Geschichte.

Die Filmexperten haben behauptet, die revolutionäre Politik darin sei schlecht; während die Politiker aller gauklerischen Linken meinten, es handle sich um schlechtes Kino.

In girum imus nocte et consumimur igni

1978

(Simar Films)

Ich werde in diesem Film keinerlei Zugeständnisse an das Publikum machen. Mehrere ausgezeichnete Gründe rechtfertigen in meinen Augen ein solches Verhalten; und ich werde sie nennen.

Das heutige Publikum eines Kinosaals starrt gebannt nach vorn und sitzt in genauer Gegenschuss-Einstellung den Zuschauern gegenüber, die so auf dieser Leinwand nur sich selbst erblicken.

Zunächst einmal ist hinlänglich bekannt, dass ich nirgends Zugeständnisse gemacht habe, weder an die herrschenden Ideen meiner Zeit noch an irgendeine bestehende Macht.

Im Übrigen wurde zu keiner Epoche etwas von Bedeutung mitgeteilt, indem man ein Publikum schonte, und hätte es sich aus den Zeitgenossen des Perikles zusammengesetzt; zudem sehen die Zuschauer gegenwärtig nichts im eisigen Spiegel der Leinwand, was an die ehrwürdigen Bürger einer Demokratie erinnert.

Das ist das Wesentliche: Dieses Publikum, das so gänzlich seiner Freiheit beraubt wurde und das alles geduldet hat, verdient weniger als jedes andere, geschont zu werden. Mit dem traditionellen Zynismus derer, die wissen, dass die Menschen dazu neigen,

Großwohnsiedlung mit Neo-Gebäuden.

ungerächte Kränkungen zu rechtfertigen, verkünden die Manipulatoren der Werbung ihnen heute in aller Ruhe, dass »wer das

Eine moderne Angestellte in ihrer Badewanne, mit ihrem jungen Sohn; Kamerafahrt zu einem Bett, das dasselbe Zimmer ziert.

Leben liebt, ins Kino geht«. Doch dieses Leben und dieses Kino gelten gleich wenig; und sind daher in der Tat beliebig austauschbar.

Das Kinopublikum, das nie sehr bürgerlich war und fast gar nicht

Leute warten geduldig vor einem Kinoeingang.

mehr aus kleinen Leuten besteht, rekrutiert sich inzwischen fast ausschließlich aus einer einzigen, im Übrigen beträchtlich erweiterten Gesellschaftsschicht: der der kleinen Funktionäre, wel-

Fabriklandschaften von heute und ihre Abfalllandschaften.

che auf die verschiedenen Tätigkeiten jener »Dienstleistungen« spezialisiert sind, derer das heutige Produktionssystem so dringend bedarf: Verwaltung, Kontrolle, Wartung, Forschung, Bildung,

Propaganda, Unterhaltung und Pseudokritik. Damit ist hinrei-
Kleiderboutique mit zwei

chend gesagt, was sie sind. Zur selben Spezies dieses Publikums,
jungen Kundinnen.

das noch ins Kino geht, sind freilich auch die zu rechnen, die sich, in jüngerem Alter, noch im Stadium des raschen Anlernens jener diversen Führungsaufgaben befinden.

Am Realismus und an den Errungenschaften dieses vortrefflichen
Reklamefoto eines modernen Angestelltenpaares in seinem Wohnzimmer, in dem seine beiden

Systems kann man schon die persönlichen Fähigkeiten der von
Kinder herumtollen.

ihm ausgebildeten Exekutanten erkennen. Und tatsächlich täuschen sich diese in allem und können nur wirr über Lügen faseln. Sie sind arme Lohnabhängige, die sich für Eigentümer halten, getäuschte Ignoranten, die sich gebildet dünken, und Tote, die zu wählen meinen.

Wie hat die Produktionsweise ihnen doch übel mitgespielt! Von

Fortschritt zu Beförderung haben sie das wenige verloren, was sie hatten, und das gewonnen, was niemand haben wollte. Sie kumulieren das Elend und die Demütigungen aller Ausbeutungssysteme der Vergangenheit; einzig deren Revolte kennen sie nicht. Sie gleichen in vielem den Sklaven, denn sie sind massenweise und auf engstem Raum in schlechten, ungesunden und düsteren Gebäuden zusammengepfercht; mit verseuchten und geschmacklosen Lebensmitteln schlecht ernährt; schlecht versorgt während ihrer ständig wiederkehrenden Krankheiten; ständig und kleinlich überwacht; in jenem modernisierten Analphabetentum und spektakulären Aberglauben gehalten, die den Interessen ihrer Herren entsprechen. Fernab von ihren Heimatprovinzen oder Wohnvierteln werden sie in eine neue und feindliche Landschaft verpflanzt, je nach den Konzentrationskonvenienzen der gegenwärtigen Industrie. Sie sind nichts als Zahlen in von Idioten erstellten Schaubildern.

Sie sterben reihenweise auf den Straßen, bei jeder Grippeepidemie, bei jeder Hitzewelle, bei jedem Irrtum derer, die ihre Lebensmittel verfälschen, bei jeder technischen Innovation, von der die zahlreichen Unternehmer eines Dekors profitieren, das sie ausbaden müssen. Ihre beschwerlichen Lebensbedingungen führen zu ihrem

Möbel in derselben Wohnung, Totale in Draufsicht, ohne die Bewohner.

körperlichen, intellektuellen und geistigen Verfall. Stets redet man mit ihnen wie mit gehorsamen Kindern, denen man nur zu sagen braucht: »du musst«, und schon glauben sie es. Vor allem aber behandelt man sie wie dumme Kinder, denen Dutzende väterlich-herablassende Spezialisten tags zuvor aus dem Stegreif erdachte

Eingeborenentänze an einem Strand in Tahiti.

Weisheiten vorstammeln und vorfantasieren und ihnen jeden erdenklichen Mist auf jede nur erdenkliche Weise einreden; und tags darauf ebenso gut das Gegenteil davon.

Voneinander getrennt durch den allgemeinen Verlust jeder den Tatsachen angemessenen Sprache, einem Verlust, der ihnen auch nur den geringsten Dialog versagt; getrennt durch ihre unaufhörliche Konkurrenz, stets die Peitsche im Nacken beim ostentativen Konsum des Nichts, und folglich getrennt durch das grundloseste und am wenigsten irgendwie zu befriedigende Verlangen, sind sie sogar von ihren eigenen Kindern getrennt, einst noch der einzige Besitz derer, die nichts haben. Schon früh entzieht man ihnen die Obhut über diese Kinder, die bereits ihre Rivalen sind und die den schwammigen Ansichten der Eltern keine Bedeutung beimessen,

Nahaufnahme desselben Paares.

Nahaufnahme von ein paar Büchern in der Behausung.

Riesiges Bett, das im Prinzip zwei Simulantinnen auf einmal aufnehmen kann.

Nahaufnahme der bereits gesehenen Kinder.

Konsumentin mit Kind in einem Supermarkt, das Kind schiebt ein noch halbleeres »Wägelchen« vor sich her.

deren offensichtliches Versagen sie belächeln; nicht ohne Grund
Angestelltenpaar mit Telefon auf Schaumstoffsofa.

verachten sie ihre Herkunft und fühlen sich eher als die Kinder des
Nahaufnahme des Kinds mit

herrschenden Spektakels denn als die seiner Domestiken, die sie
»Wägelchen«.

zufällig gezeugt haben: Sie träumen von sich als den Mischlingen

dieser Neger. Hinter der Fassade geheuchelter Verzückung tau-
Nahaufnahme seiner lächelnden Mutter.

schen diese Paare unter sich wie mit ihrer Nachkommenschaft nur

hasserfüllte Blicke aus.

Allerdings unterscheiden sich diese privilegierten Arbeiter der voll
Ein Angestelltenpaar empfängt Besuch eines anderen; ihre feindseligen Blicke weichen einander

entwickelten Warengesellschaft von den Sklaven insofern, als sie
aus.

selbst für ihren Unterhalt aufkommen müssen. Ihre Stellung

gleicht eher der eines Leibeigenen, weil sie ausschließlich an ein

Unternehmen und dessen Wohlergehen gebunden sind, allerdings

ohne Gegenseitigkeit zu ihren Gunsten; vor allem aber, weil sie streng gezwungen sind, in einer einzigen Sphäre zu residieren:

in immer demselben Kreislauf ewig gleicher Wohnungen, Büros,

Geschäftsreisende in einem »T.E.E.«-Zug.

Autobahnen, Ferien und Flughäfen.

Doch ähneln sie auch den modernen Proletariern, durch die Unsicherheit ihrer Ressourcen, die im Widerspruch steht zur programmierten Routine ihrer Ausgaben; sowie dadurch, dass sie sich

Schwenk nach unten über die Fassade eines Neo-Hauses vom Typ »Wohnturm« bis zu einem Häuschen mit der Aufschrift »Verbesserungsvorschläge«, das dort zur Aufnahme der Lobeshymnen aufgestellt wurde.

auf einem freien Markt verdingen müssen, ohne etwas von ihren Arbeitsmitteln zu besitzen: durch die Tatsache schließlich, dass sie Geld benötigen. Sie müssen Waren kaufen und man hat es so eingerichtet, dass sie mit nichts in Verbindung bleiben können, was keine Ware ist.

Schwenk nach unten über eine ähnliche Fassade bis zu einem Auto, das aus seiner Tiefgarage fährt.

Genauer noch ähnelt ihre wirtschaftliche Lage jedoch dem besonderen System der »Peonage«, und zwar insofern, als man sie nicht einmal mehr einen Augenblick lang mit jenem Geld umgehen lässt, um das sich doch all ihre Tätigkeit dreht. Sie können es selbstverständlich nur ausgeben, da sie viel zu geringe Mengen davon erhalten, um es zu akkumulieren. Am Ende aber sehen sie sich gezwungen, auf Kredit zu konsumieren; und man behält von ihrem Lohn den ihnen gewährten Kredit ein, von dem sie sich nur befreien können, indem sie noch mehr arbeiten. Da die gesamte Organisation der Güterverteilung an die der Produktion und des Staates gebunden ist, beschneidet man hemmungslos all ihre Rationen, an Nahrung wie an Raum, sowohl von der Quantität wie von der Qualität her. Obwohl formell weiterhin freie Arbeiter und Konsumenten, können sie sich nirgendwo hinwenden, denn man hält sie überall zum Narren.

Zwangloses Beisammensein moderner Angestellter, bei dem man isst und auf dem gleichen Tisch »Monopoly« spielt.

Anderer Empfang derselben Art für gehobene Ansprüche mit vier Tischgästen und zwei Flaschen.

Ich werde nicht dem simplifizierenden Irrtum verfallen, die Lage
Auslage mit Neo-Lebensmitteln, die industriell verarbeitet wurden, jedoch mit einem roten

dieser Lohnabhängigen ersten Ranges mit vergangenen Formen
Gütesiegel »Label Rouge« ausgezeichnet sind.

sozio-ökonomischer Unterdrückung gleichzusetzen. Zunächst weil,
Große Tischgesellschaft

abgesehen von ihrem Überschuss an falschem Bewusstsein und
mit Angestellten vor einem Fernsehgerät, dem alle dieselbe Aufmerksamkeit widmen.

ihrem doppelten oder dreifachen Anteil am Kauf des erbärmlichen

Schunds, aus dem fast der gesamte Markt besteht, klar zu sehen ist,

dass sie nur das traurige Leben der großen Masse der heutigen Lohn-

abhängigen teilen: Übrigens geschieht es in der naiven Absicht, diese

empörende Trivialität auszublenden, wenn viele versichern, es sei

ihnen peinlich, in Saus und Braus zu leben, während die Völker fer-

ner Länder darben müssen. Ein weiterer Grund, sie nicht mit den
Eine Reihe von Angestellten, die sich selbst bedienen

Elenden der Vergangenheit zu verwechseln, liegt darin, dass ihr
und ihre diversen Neo-Nahrungsmittel stehend verzehren.

spezifischer Status in sich selbst eindeutig moderne Züge aufweist.

Zum ersten Mal in der Geschichte haben wir es hier mit hochspezialisierten Wirtschaftsträgern zu tun, die außer ihrer Arbeit auch alles andere selbst machen müssen: Sie fahren ihre Autos selbst und beginnen auch, ihr Benzin selbst zu zapfen; sie erledigen ihre Einkäufe selbst oder das, was sie Kochen nennen, sie bedienen sich selbst in den Supermärkten ebenso wie in dem, was die Speisewagen ersetzt hat. Gewiss haben sie ihre nur sehr indirekt produktive Qualifizierung rasch erworben, doch danach, wenn sie ihren Stundenquotienten dieser spezialisierten Arbeit erbracht haben, müssen sie alles Übrige eigenhändig erledigen. Zwar hat unsere Epoche Familie, Geld und Arbeitsteilung noch nicht überwunden; doch kann man sagen, dass sich für diese Leute die tatsächliche Wirklichkeit dieser Lebensweisen schon fast gänzlich in schlichte

Modisch gekleidete Angestellte in entsprechender Umgebung.

Enteignung aufgelöst hat. Gerade jene, die nie einen Spatz in der Hand hatten, haben ihn für eine Taube auf dem Dach losgelassen. Die Scheinhaftigkeit der Reichtümer, die die heutige Gesellschaft

Angestelltenpaar mit Kind in einem Badezimmer.

zu verteilen vorgibt, würde, wenn sie nicht schon in allen anderen Gebieten erkannt worden wäre, hinreichend alleine durch die Beobachtung bewiesen, dass hier zum ersten Mal ein tyrannisches System seine Vertrauten, seine Experten und seine Hofnarren derart schlecht versorgt. Diese überlasteten Diener der Leere werden von dieser mit Münzen vergütet, die nach ihrem Bild geprägt sind. Mit anderen Worten, zum ersten Mal glauben die Armen, einer wirtschaftlichen Elite anzugehören, obwohl der Augenschein das Gegenteil beweist. Nicht genug damit, dass diese

Alterndes Angestelltenpaar vor seinem Auto.

armseligen Zuschauer arbeiten, es arbeitet auch niemand für sie,

und am allerwenigsten die Leute, die sie bezahlen: denn selbst ihre
Eine Angestellte versucht verzweifelt eine verstopfte Autostraße zu überqueren.

Lieferanten halten sich eher für ihre Vorarbeiter und befinden

darüber, ob sie sich eifrig genug zum Abholen jener Surrogate ein-

gefunden haben, die zu kaufen sie verpflichtet sind. Nichts ver-
Zwei Autowracks

mag den rasanten Verschleiß zu kaschieren, der von Beginn an
auf einer Autobahn.

nicht nur jedem einzelnen materiellen Gegenstand eingebaut ist,

sondern – bis in die juristische Ebene hinein – ihrer ganzen kärg-
Zerstörung eines Autos und

lichen Habe. So wie sie kein Erbe erhalten haben, hinterlassen sie
seines menschlichen Zubehörs, experimentell von den Forschungsabteilungen der Hersteller

auch keines.
gemessen.

Da das Kinopublikum also vor allem derart bittere Wahrheiten zu
Erneut das bereits eingehend untersuchte Werbefoto der modernen Angestelltenfamilie in ihrem

gewärtigen hat, die es so unmittelbar betreffen und die ihm durch-
Wohnzimmer, mit langsamem Zoom in dessen Mitte.

weg so verschlossen sind, so lässt sich nicht leugnen, dass ein Film,

welcher ihm für einmal den bitteren Dienst erweist, ihm zu enthüllen, dass sein Leiden gar nicht so rätselhaft ist, wie es glaubt und womöglich gar nicht so unheilbar ist, vorausgesetzt, wir kämen denn eines Tages so weit, die Klassen und den Staat abzuschaffen; man kann also, wie gesagt, nicht leugnen, dass einem solchen Film, wenigstens in dieser Hinsicht ein Verdienst zukommt. Ein anderes Verdienst wird er nicht haben.

Tatsächlich sträubt sich dieses Publikum, das sich überall als Kenner erweisen will und in allem das von ihm Erlittene rechtfertigt, welches hinnimmt, dass das Brot, das es isst, und die Luft, die es atmet, sich immer weiter zum Widerlichen hin verändern, genauso wie sein Fleisch und seine Häuser, sträubt sich dieses Publikum erst dann gegen eine Veränderung, wenn es um den Film geht, an den es gewöhnt ist; und offenbar ist dies die einzige seiner

Trailer, belanglos, beginnend mit der Texteinblendung: »Demnächst in diesem Theater«, gefolgt von der nächsten Texteinblendung: »Der schönste Tag meines Lebens«.

Anderer Trailer, Zwischentitel: »Demnächst in diesem Theater« und Texteinblendung: »Erleben Sie wieder die Begeisterung Ihrer Jugend ...«. Texteinblendung: »Der schwarze Pfeil des Robin Hood.« Reiterszenen, Bogenschüsse, Schwerthiebe, Beratungen in Schlössern und Wäldern.

Gewohnheiten, die respektiert worden ist. Womöglich bin ich der Einzige gewesen, der es diesbezüglich seit langem vor den Kopf stößt. Denn alle anderen, bisweilen in modernem Gewand und sogar den durch die Presse dem Tagesgeschmack angepassten Diskussionen folgend, postulieren die Unschuld eines solchen Publikums und zeigen ihm, wie im Kino seit jeher üblich, was sich in der Ferne tut: verschiedene Arten von Stars, die an seiner Stelle gelebt haben und die es durch das Schlüsselloch einer kanaillenhaften Familiarität beobachtet.

Ein Reiter fällt, von einem Pfeil getroffen.

Stimme (Off): »Erleben Sie wieder den Mann, der durch seine kühnen Taten für die Unterdrückten zur Legende wurde … ›Der schwarze Pfeil des Robin Hood‹ ist die Geschichte eines furchtlosen Mannes, der nicht zögerte, allein gegen einen Tyrannen zu kämpfen.« Ein wütender Feudalherr schreit: »Verschwindet! Alle! Robin Hood ist nicht mehr, er ist tot!« Ein Heer rückt singend gegen feindliche Befestigungen vor. Mit entsprechender Musikbegleitung, Stimme (Off):

»Nein, Robin Hood lebt mehr denn je, und er wird Sie mit seiner unvergleichlichen Kühnheit begeistern.«

Das Kino, von dem ich hier rede, ist jene unsinnige Nachahmung

Der komplette Trailer des x-beliebigsten Westerns läuft ab.

eines unsinnigen Lebens, eine fein ausgeklügelte Darstellung, erfinderisch darin, nichts zu sagen, gut geeignet, eine Stunde Langeweile durch die Widerspiegelung eben dieser Langeweile totzuschlagen; jene feige Nachahmung, die sich von der Gegenwart täuschen lässt und einen falschen Zeugen der Zukunft abgibt, die mit großem Aufwand an Fiktionen und großen Unterhaltungsspektakeln weiter nichts tut, als sich unnütz zu verzehren, indem sie Bilder anhäuft, welche die Zeit fortträgt. Was für ein kindlicher Respekt für Bilder! Er passt gut zu diesem Pöbel der Eitelkeiten, der, stets begeistert und stets enttäuscht, ohne jeden Geschmack ist, weil er von nichts eine glückliche Erfahrung gemacht hat und nichts von seinen unglücklichen Erfahrungen zugibt, da ihm jeglicher Geschmack und Mut abgeht: so sehr, dass noch kein Betrug, ob allgemeiner oder besonderer Art, es je vermocht hätte, seine interessierte Leichtgläubigkeit übermäßig zu strapazieren.

Und ist es noch zu glauben, dass nach all dem, was jeder sehen konnte, es unter jenen angelernten Zuschauern, die die anderen belehren, nach wie vor Schwachköpfe gibt, die imstande sind zu behaupten, eine im Kino gezeigte Wahrheit habe etwas Dogmatisches, wenn sie nicht durch Bilder *bewiesen* werde? Übrigens bezeichnet die intellektuelle Dienerschaft der Saison neidisch als »Herrendiskurs«, was ihre Knechtschaft beschreibt; und was die lächerlichen Dogmen ihrer Herren betrifft, so identifiziert sie sich so vollständig mit ihnen, dass sie sie gar nicht kennt. Was wäre mit Bildern zu beweisen? Bewiesen wird etwas stets nur durch die wirkliche Bewegung, die die herrschenden Zustände auflöst, das heißt, die Organisation der Produktionsverhältnisse einer Epoche und die Formen des auf dieser Grundlage gewachsenen falschen Bewusstseins.

Nie sah man einen Irrtum mangels eines guten Bildes in sich zu-

Schwenk über die Minister einer Regierung der Fünften Republik.

sammenfallen. Wer meint, die Kapitalisten seien gut gerüstet, um die Expansion des eigenen Glücks und die diversen Wonnen der eigenen Kaufkraft immer rationeller zu verwalten, der wird hier die Köpfe fähiger Staatsmänner erkennen; und wer meint, die

Die Führung der französischen Stalinisten.

stalinistischen Bürokraten bildeten die Partei des Proletariats, mag dort schöne Arbeiterköpfe erblicken. Die existierenden Bilder be-

Mao Tse-tung gegen Ende seiner Herrschaft.

weisen lediglich die existierenden Lügen.

Die gezeigten Anekdoten sind die Steine, aus denen das gesamte

Ein langer Kuss, gegeben in Großaufnahme.

Gebäude des Kinos gebaut war. Man findet darin weiter nichts als die alten Figuren des Theaters, allerdings auf einer geräumigeren und beweglicheren Bühne, oder die des Romans, aber in unmittelbar sinnlich erfahrbarer Kleidung und Umgebung. Die Gesellschaft, und nicht die Technik, hat das Kino so werden lassen. Es hätte historische Studie sein können, Theorie, Essay oder Memoiren. Es hätte der Film sein können, den ich jetzt gerade mache.

Das ist zum Beispiel ein Film, in dem ich nur Wahrheiten zu Bil-

Zorro im Faustkampf auf Eisenbahngleisen. Sein Fuß wird zwischen zwei Schienen ein-

dern sage, die allesamt belanglos oder falsch sind; ein Film, der den

geklemmt. Der Zug nähert sich. Der Verräter verschwindet. Zorro macht vergeblich Zeichen;

Bilderstaub verachtet, aus dem er gemacht ist. Ich will von der

er sieht eine Peitsche in Reichweite und ergreift sie; mit einem geschickten Schlag schaltet er

Sprache dieser überholten Kunst nichts bewahren, außer vielleicht
die Weiche um. Er befreit sich. Der Zug rattert vorbei.

den Gegenschuss der einzigen Welt, die sie betrachtet hat, und
Eine lange Kamerafahrt begleitet den Angriff von Truppen, die am

eine Kamerafahrt über die flüchtigen Ideen einer Zeit. Ja, ich halte
6. Juni 1944 an einem Strand landen.

mir etwas darauf zugute, einen Film mit nichts und wieder nichts

zu machen, und ich finde es amüsant, dass gerade die sich darüber

beschweren, die aus ihrem ganzen Leben nichts und wieder nichts

haben machen lassen.

Ich habe den allgemeinen Hass der Gesellschaft meiner Zeit ver-
Kamerafahrt auf dem Wasser, weg von der Isola della Giudecca in Richtung Venedig.

dient und es würde mich stören, in den Augen einer solchen Ge-

sellschaft andere Verdienste zu haben. Aber ich habe beobachtet,

dass ich die vollkommenste und einhelligste Empörung noch im

Kino hervorgerufen habe. Man hat den Abscheu sogar so weit ge-

trieben, mich dort viel weniger häufig zu plündern als anderswo, bis jetzt jedenfalls. Sogar meine Existenz bleibt dort eine allgemein verworfene Annahme. Ich sehe mich also über alle Gesetze des Genres erhoben. So ist es mir, wie Swift sagte, »keine geringe Befriedigung, ein Werk vorzustellen, das über alle Kritik erhaben ist«. Um die vollkommene Erbärmlichkeit dessen, was diese Epoche geschrieben oder gefilmt haben mag, auch nur ein klein wenig zu rechtfertigen, müsste man eines Tages vorgeben können, dass es buchstäblich *nichts anderes* gegeben habe und deshalb nichts anderes – niemand weiß so recht warum – möglich war. Nun denn! Ich alleine werde durch mein Beispiel ausreichen, um diese faule Ausrede zunichte zu machen. Und da mich dies letztlich nur äußerst wenig Zeit und Mühe gekostet hat, so schien mir, als gebe es nichts, weshalb ich auf eine derartige Befriedigung zu verzichten hätte.

Eine venezianische Dame.

Es ist gar nicht so selbstverständlich, wie man heute glauben möchte, von irgendeinem derer, die unter den herrschenden Verhältnissen berufsmäßig das Wort haben, zu erwarten, hie und da revolutionär Neues zu bringen. Das vermag natürlich nur der, dem überall Feindseligkeit und Verfolgung begegneten und nicht etwa die Zuwendungen des Staates. Und man kann sogar grundlegender mit Gewissheit behaupten, dass, wie breit das allgemeine Einverständnis, dies zu verschweigen, auch sein mag, keine wirkliche Infragestellung von Individuen getragen werden kann, die, indem sie diese zur Schau stellen, gesellschaftlich ein wenig höher aufgestiegen sind, als wenn sie darauf verzichtet hätten. All das ahmt lediglich das wohlbekannte Beispiel jenes florierenden gewerkschaftlichen und politischen Personals nach, das stets bereit

Mit gezogenem Revolver hält Zorro seinen Feind in Schach. Dann galoppiert er davon, von den Komplizen verfolgt, von denen er von Zeit zu Zeit einen niederstreckt wie ein Parther, ohne sich auch nur die Mühe zu machen, sich umzudrehen.

Kamerafahrt über Wasser, an einer geschlossenen Mauer der Insel San Giorgio entlang.

ist, die Klage des Proletariers um ein Jahrtausend zu verlängern, mit dem alleinigen Ziel, ihm einen Fürsprecher zu bewahren. Was mich betrifft, so konnte ich nur deshalb so erbärmlich im Film sein, weil ich anderswo weitaus krimineller war. Von Anfang an schien es mir gut, mich dem Umsturz der Gesellschaft zu verschreiben, und dementsprechend habe ich gehandelt. Ich fasste diesen Entschluss zu einem Zeitpunkt, da fast alle glaubten, der herrschenden Niedertracht sei, gleich ob in ihrer bürgerlichen oder bürokratischen Ausprägung, die schönste Zukunft beschieden. Und seitdem habe ich nicht, wie die anderen, je nach Laune der Zeit, ein oder mehrere Male meine Ansicht geändert; vielmehr änderten sich die Zeiten entsprechend meinen Ansichten. Genau das missfällt meinen Zeitgenossen.

Ein afghanischer Windhund zeigt äußersten Widerwillen, ein Auto zu besteigen.

So ziehe ich es also vor, anstatt tausenden belanglosen Filmen
Zorro reitet neben einem fahrenden Zug her und springt auf den letzten Wagen auf. Er er-

einen weiteren hinzuzufügen, hier darzulegen, warum ich nichts
klettert eine Mauer, bemächtigt sich eines Maschinengewehrs und richtet es auf irgendwelche

dergleichen tun werde. Das bedeutet, die belanglosen Abenteuer,
Bösewichte, die sich ergeben.

die das Kino erzählt, durch die Untersuchung eines wichtigen

Gegenstandes zu ersetzen: mich selbst.
Ein alter Intellektueller, Opfer eines

Mordanschlags, sagt zu Zorro: »Darf ich, bevor ich sterbe, wissen, wer Ihr seid?« Zorro schiebt

die Anwesenden beiseite und nimmt seine Maske ab.

Mir ist gelegentlich, zu Unrecht wie ich meine, vorgeworfen wor-
Totale und Nahaufnahmen vom Brett eines »Kriegsspiels«, auf dem zwei Armeen einander

den, ich mache schwierige Filme: Nun werde ich zum Abschluss
gegenüberstehen.

einen machen. Wer sich darüber ärgert, nicht alle Anspielungen zu

verstehen oder sich sogar eingestehen muss, unfähig zu sein,

meine Absichten klar zu erkennen, dem antworte ich nur, er möge

sich lieber über den eigenen Mangel an Bildung und seine Sterilität grämen als über meine Eigenheiten; er hat seine Zeit an der Universität vergeudet, wo auf die Schnelle Kleinvorräte verdorbenen Wissens gehandelt werden.

Betrachte ich meine Lebensgeschichte, so ist mir ganz klar, dass ich das, was man ein filmisches Werk nennt, nicht machen kann. Und ich glaube, jedermann leicht davon überzeugen zu können, sowohl durch den Inhalt als auch die Form dieser Abhandlung.

Zunächst muss ich die unwahrste aller Legenden zurückweisen, der zufolge ich eine Art Revolutionstheoretiker sei. Die kleinen Männer glauben jetzt anscheinend, ich habe die Dinge von der Theorie her angepackt, ich sei ein Erbauer von Theorie, einem kunstvollen Gebäude, das man nur noch zu beziehen braucht, sobald man seine Adresse kennt, und an dem sich gar eine oder zwei Grundlagen ein wenig abändern lassen, zehn Jahre später, und durch Verschiebung von drei Blättern Papier, um so zur endgültigen Vollkommenheit der Theorie zu gelangen, die ihr Heil bewirken würde.

Theorien sind jedoch nur dazu da, im Krieg der Zeit zu fallen:
Colonel Custer führt den letzten Angriff des 7. Kavallerieregiments am Little Bighorn an.

Sie sind mehr oder weniger starke Einheiten, die es im richtigen Moment in die Schlacht zu werfen gilt, und was immer deren Verdienste und Schwächen auch sein mögen, so kann man gewiss nur die einsetzen, die zur rechten Zeit verfügbar sind. So wie Theorien ersetzt werden müssen, weil ihre entscheidenden Siege, mehr noch als ihre Teilniederlagen, ihren Verschleiß bewirken, so ist auch keine lebendige Epoche von einer Theorie ausgegangen: Sie war zunächst ein Spiel, ein Konflikt, eine Reise. Von der Revolution lässt sich sagen, was Jomini vom Krieg behauptete; nämlich dass sie »keine positive und dogmatische Wissenschaft, sondern eine wenigen allgemeinen Grundsätzen unterworfene Kunst und weit mehr, ein leidenschaftliches Drama ist«.

Welche sind unsere Leidenschaften und wohin haben sie uns
Das Regiment, das von allen Seiten von den Indianern zu Pferd umzingelt wird, hält und sitzt

geführt? Der Hang der Menschen, gebieterischen Routinen zu
ab.

folgen, ist in der Regel so groß, dass sie, selbst wenn sie sich vorgenommen haben, das Leben von Grund auf zu revolutionieren, Tabula rasa zu machen und alles zu ändern, nichts Ungewöhnliches daran finden, den ihnen zugänglichen Studienzweigen zu folgen, um anschließend irgendwelche Funktionen zu bekleiden oder diversen Lohnarbeiten nachzugehen, die auf ihrem Kompetenzniveau oder sogar ein wenig darüber liegen. Genau deshalb
Kamerafahrt über das

verzichten diejenigen, die uns verschiedene Gedanken zur Revo-
Wasser, im Canale de la Giudecca in Richtung auf diese Insel.

lution präsentieren, für gewöhnlich darauf, uns mitzuteilen, wie sie gelebt haben.

Ich jedoch, der ich all jenen nicht gleiche, kann meinerseits nur von den »Damen, Rittern, Waffen, Liebschaften, Unterhaltsamkeiten und kühnen Unternehmungen« einer einzigartigen Epoche erzählen. Andere können den Lauf ihrer Vergangenheit an ihrer in einer Karriere erreichten Höhe orten und messen, am Erwerb verschiedener Arten von Gütern oder mitunter an der Anhäufung wissenschaftlicher oder ästhetischer Werke, die einer gesellschaftlichen Nachfrage entsprachen. Da ich jede Bestimmung dieser Art ignoriert habe, sehe ich im Durchgang dieser wirren Zeit nur die Elemente, aus denen sie für mich tatsächlich bestand – oder die

Wörter und Gesichter, die ihnen gleichen: Es sind Tage und Nächte, Städte und lebendige Menschen, all das vor dem Hintergrund eines unaufhörlichen Krieges.

Ich habe meine Zeit in einigen Ländern Europas verbracht und um
Eine Karte von Europa.

die Mitte des Jahrhunderts, mit neunzehn Jahren, damit begonnen,
Debord mit neunzehn Jahren.

ein völlig unabhängiges Leben zu führen: Und sofort war ich in der verruchtesten Gesellschaft wie zuhause.

Das war in Paris, einer Stadt, die damals so schön war, dass viele
Ein Stadtplan von Paris, Ende des 19. Jahrhunderts.

Leute es vorzogen, dort arm zu sein als anderswo reich.

Wer könnte das jetzt, da nichts mehr davon übrig ist, verstehen,
Eine Reihe verschiedener Luftaufnahmen von Paris, als fixe Standbilder oder mit Kamerafahrt

außer denen, die sich an diese Herrlichkeit erinnern? Wer sonst
gefilmt.

könnte von den Mühen und Freuden wissen, die wir an diesem Ort gekannt haben, wo alles so schlecht geworden ist?

»Hier stand einst der Palast des Königs von Wu. Das Gras wächst friedlich auf seinen Ruinen. – Dort der Palast der Jin, einst prächtig und Ehrfurcht gebietend. – All dies ist für immer dahin, alles zerrinnt mit einem Male, die Geschehnisse wie die Menschen – so wie die unaufhörlichen Fluten des Jangtsekiang, die sich im Meer verlieren.«

Couperin: 4. Concert Royal.

Das Paris von damals, innerhalb seiner zwanzig Bezirke, schlief nie ganz und ermöglichte der Ausschweifung, jede Nacht dreimal das Viertel zu wechseln. Noch hatte man seine Einwohner nicht verjagt und in alle Winde zerstreut. Noch lebte dort ein Volk, das zehnmal seine Straßen verbarrikadiert und Könige in die Flucht getrieben hatte. Es war ein Volk, das sich nicht mit Bildern abspeisen ließ. Solange es in seiner Stadt lebte, hätte man nicht gewagt, es

Einige Einstellungen der Menschenmenge auf dem für die »Kinder des Olymp« nachgebauten Boulevard du Crime.

das essen oder trinken zu lassen, was die Surrogat-Chemie sich noch nicht zu erfinden getraut hatte.

Noch waren die Häuser des Stadtzentrums nicht verwaist oder weiterverkauft an Kinozuschauer, die anderswo geboren waren, unter anderen Balkendecken. Noch hatte die moderne Ware uns nicht gezeigt, was man aus einer Straße machen kann. Niemand musste der Städteplaner wegen weit weg schlafen gehen.

Noch hatte man nicht gesehen, wie sich in diesem Jammertal durch die Schuld der Regierung der Himmel verfinsterte, das schöne Wetter verschwand und der falsche Nebel der Luftverschmutzung sich über den mechanischen Verkehr der Dinge legte.

Fortsetzung der Luftaufnahmen von Paris.

Noch waren die Bäume nicht abgestorben und die Sterne durch den Fortschritt der Entfremdung nicht erloschen.

Wie eh und je waren die Lügner an der Macht; doch hatte die wirtschaftliche Entwicklung ihnen noch nicht die Mittel verschafft, in allen Bereichen zu lügen, und auch nicht, ihre Lügen zu bestätigen, durch die Verfälschung des tatsächlichen Inhalts der gesamten Produktion. Es hätte damals in Paris ebenso verwundert, all die seither in Beton und Asbest verfassten Bücher und all jene aus platten Sophismen gemauerten Gebäude vorzufinden, wie man es heute

Morgens im Hallen-Viertel.

wäre, sähe man einen Donatello oder einen Thukydides wieder auftauchen.

Musil bemerkt in seinem *Mann ohne Eigenschaften*, dass »es geistige Aktivitäten [gibt], wo nicht die großen Bücher, sondern die kleinen Abhandlungen den Stolz eines Mannes ausmachen. Wenn jemand

Kamerafahrt die Seine aufwärts, über einer Luftaufnahme von Paris.

beispielsweise entdecken würde, dass die Steine unter bisher noch nicht beobachteten Umständen zu sprechen vermögen, er würde nur wenige Seiten zur Darstellung und Erklärung einer so umwälzenden Erscheinung brauchen.« Ich werde mich daher auf wenige Worte beschränken, um bekannt zu geben, dass, was auch immer andere sagen mögen, Paris nicht mehr existiert. Die Zerstörung von Paris ist nur eine beispielhafte Veranschaulichung der tödlichen Krankheit, die momentan alle Großstädte dahinrafft und diese Krankheit selbst ist nur eines der zahlreichen Symptome des materiellen Niedergangs einer Gesellschaft. Doch Paris hatte mehr zu verlieren als jede andere Stadt. Es ist ein großes Glück, in dieser Stadt jung gewesen zu sein, als sie zum letzten Mal in so intensivem Glanz erstrahlte.

Es gab damals am linken Ufer des Flusses – man steigt nicht zwei-
Das VI. Arrondissement von oben gesehen, mit der Seine im Vordergrund.

mal in denselben Fluss und berührt nicht zweimal eine vergängliche Substanz in demselben Zustand – ein Viertel, in dem das Negative Hof hielt.

Es ist eine banale Feststellung, dass selbst in Zeiten tiefgreifender

Tänze Jugendlicher.

Veränderungen auch die kühnsten Geister sich nur schwer von vielen, inkohärent gewordenen alten Auffassungen lösen und zu-

Comic: Prinz Eisenherz an einem Tisch in der »Höhle der Zeit«. Ein Mädchen sagt zu ihm: »Diese Höhle ist die Trophäenkammer der Zeit, die niemand zu betreten wagt.«

mindest einige davon beibehalten, da es unmöglich wäre, allgemein anerkannte Aussagen pauschal als falsch und wertlos zu verwerfen.

Wandinschrift: »Arbeitet nie!«

Man muss jedoch hinzufügen, dass, wenn man derlei aus der

Eine Gruppe an der Theke eines Cafés, am Ende der Nacht.

Praxis kennt, solche Schwierigkeiten keine Hindernisse darstellen, sobald eine Gruppe von Menschen beginnt, ihre reale Existenz auf die bewusste Ablehnung dessen zu gründen, was allgemein

Prinz Eisenherz antwortet dem Mädchen: »Der Sinn Eurer Worte ist mir unklar, doch Euer Wein ist schwer und steigt mir zu Kopf.«

anerkannt ist; sowie auf die totale Missachtung dessen, was damit geschehen mag.

Die sich da versammelt hatten, schienen von Anfang an und öffentlich jenes Geheimnis zum einzigen Prinzip ihrer Aktion gemacht zu haben, das der Alte vom Berge, wie es heißt, erst in seiner letzten Stunde dem treuesten Stellvertreter unter seinen fanatischen Anhängern anvertraute: »Nichts ist wahr, alles ist erlaubt.« In der Gegenwart maßen sie denen, die nicht zu ihnen gehörten, keinerlei Bedeutung bei, und ich denke, dass sie recht hatten; und wenn aus der Vergangenheit jemand ihre Sympathie genoss, so war das Arthur Cravan, Deserteur aus siebzehn Nationen, oder vielleicht auch Lacenaire, der gebildete Bandit.

Die Menschen von Saint-Germain-des-Prés auf der Terrasse eines Cafés, und im Innern: Gitarrenmelodie, Begegnungen, Gespräche.

Lacenaire sagt zu einigen Besitzern: »Man braucht von allem etwas, um eine Welt zu schaffen oder um sie abzuschaffen.«

Diese antworten: »Es ist nur ein Wortspiel, aber amüsant.« – »Sehr amüsant.« – »Wirklich.«

An diesem Ort hatte sich der Extremismus von jeder besonderen
Eine Kotoko-Ansiedlung am Ufer des Niger. *Eine andere.*

Sache losgesagt und sich stolz von jedem Vorhaben frei gemacht.

Eine Gesellschaft, die bereits wankte, ohne sich dessen aber be-

wusst zu sein, weil überall noch die alten Regeln respektiert wur-

den, hatte einen Augenblick lang dem freie Hand gelassen, was
Erneut die Trinkergruppe im Morgengrauen.

zumeist verdrängt wird, jedoch immer existiert hat: der unbeug-
Fortsetzung der

samen Unterwelt; dem Salz der Erde; Menschen, die ernsthaft
Tänze von Jugendlichen.

dazu bereit sind, die Welt in Brand zu stecken, um ihr mehr Glanz

zu verleihen.

»Artikel 488. Die Großjährigkeit ist auf das Alter von vollen ein-
DIE LEINWAND BLEIBT WEISS.

undzwanzig Jahren festgesetzt; mit diesem Alter ist man zu allen

Handlungen des bürgerlichen Lebens fähig.«

»Eine Wissenschaft der Situationen ist zu schaffen, die der Psychologie, der Statistik, des Städtebaus und der Moral Elemente entlehnen wird. Diese Elemente müssen auf ein völlig neues Ziel hinarbeiten: eine bewusste Schaffung von Situationen.«

»Aber man spricht in diesem Film nicht über Sade.«

»Die Ordnung herrscht, aber sie regiert nicht«.

»*Der Dämon der Waffen*. Ihr erinnert euch. Genau das. Niemand war uns gut genug. Und dennoch … Der Hagel auf den Glasbannern. Man wird sich dieses Planeten erinnern.«

»Artikel 489. Der Großjährige, der sich gewöhnlich in einem Zustande von Blödsinn, Wahnsinn oder Raserei befindet, muß interdicirt werden, selbst wenn in diesem Zustande lichte Zwischenräume eintreten.«

»Nach all den ungelegenen Antworten und der Jugend, die langsam alt wird, fällt abermals die Nacht aus allen Wolken.«

»Als enfants perdus erleben wir unsere unvollkommenen Abenteuer.«

Von den Rängen eines Theaters herab skandiert eine empörte Menge: »Vorhang!«

Ein Film, den ich in dieser Zeit machte und der die fortgeschrittensten Ästheten natürlich in Rage versetzte, war von Anfang bis Ende wie das vorangehend Gesagte; und diese armseligen Sätze wurden zu einer völlig weißen Leinwand gesprochen, allerdings eingefasst von äußerst langen, völlig schwarzen Sequenzen, in denen kein Wort fiel. Gewiss möchten manche glauben, dass die Erfahrung mich reicher an Talent oder gutem Willen machen konnte. Etwa die Erfahrung einer *Verbesserung* dessen, was ich damals ablehnte? Dass ich nicht lache. Warum würde sich derjenige,

Eine moderne Fabrik stößt durch verschiedene Auslässe dicke weiße Rauchwolken aus, die fast die ganze Leinwand ausfüllen.

der in jungen Jahren im Film so unerträglich sein wollte, in höherem Alter als interessanter erweisen? Alles, was dermaßen schlecht war, kann nie wirklich besser werden. Mag es auch heißen: »Er ist älter geworden, er hat sich geändert«; er ist auch derselbe geblieben.

Debord mit fünfundvierzig Jahren.

Lacenaire zu Garance: »Ich bin nicht grausam, ich bin logisch; seit langem schon habe ich der Gesellschaft den Krieg erklärt.« Garance fragt: »Und? Habt Ihr letztens viele Leute umgebracht, Pierre-François?« Darauf Lacenaire: »Nein, mein Engel, seht einmal: keine Spur von Blut, nur ein paar Tintenflecken. Aber seid gewiss, Garance, ich plane etwas ganz Außergewöhnliches … Schon als Kind war ich hellsichtiger, intelligenter als die anderen. Sie haben es mir nicht verziehen. Wirklich eine schöne Jugend! Doch welch beachtliches Schicksal! Ich bin nicht eitel, ich bin nur stolz und ich bin mir meiner sicher, absolut sicher. Ganove aus Notwendigkeit, Mörder aus Berufung, meine Strecke ist vorgezeichnet, mein Weg ist ganz gerade und ich werde ihn erhobenen Hauptes gehen. Bis es in den Korb fällt, natürlich! Mein

Vater sagte mir übrigens immer: ›Pierre-François, Sie werden noch auf dem Schafott enden.‹«

Daraufhin Garance: »Stimmt, Pierre-François: Immer auf seine Eltern hören!«

An diesem Ort, der für kurze Zeit die Hauptstadt der Unruhe war,

Eintritt zur Taverne »Zum Rotkehlchen« voller finster blickender Gäste.

gehörten der ausgesuchten Bevölkerung eine gewisse Anzahl Diebe und gelegentlich auch Mörder an, doch die Existenz aller war hauptsächlich durch eine außerordentliche Untätigkeit gekennzeichnet; und unter allen von den Behörden angeprangerten Verbrechen und Delikten war es genau jene Untätigkeit, die als das Bedrohlichste empfunden wurde.

Ein Dieb tritt an den Tisch eines Experten heran, um ihn einen Gegenstand schätzen zu lassen: »Echtes Gold oder Tinnef? Der Experte wendet sich an seinen Tischnachbarn, der zum ersten Mal an diesem Ort ist: »Na, was sagst du, Künstler? Nichts? Sehr weise. Man soll nie etwas sagen.« Ein Spitzel, gleichzeitig ein Hausierer, tritt ein und sagt seinen Spruch auf: »Habt Ihr von Katzen, von Hunden geträumt? Trü-

bes Wasser gesehen? Hier ist die Deutung all Ihrer Träume, in dieser bebilderten Broschüre.«

Er grüßt den Wirt und sagt zu ihm: »Lacenaire und seine Spießgesellen sind nicht mehr weit.

Ich hab' dich gewarnt.« Lacenaire und seine Spießgesellen treten ein, zusammen mit Garance.

Ein besseres Labyrinth, den Reisenden zurückzuhalten, gab es nicht.

An Lacenaires Tisch wird zu trinken serviert.

Die, die darin zwei Tage Station machten, gingen nie mehr fort,

zumindest nicht, solange es existierte; doch die meisten sahen hier

zuerst das Ende ihrer wenigen Lebensjahre kommen. Keiner ver-

ließ diese paar Straßen und Tische, wo der Kulminationspunkt der

Zeit entdeckt worden war.

Garance fragt: »Also kurzum, wenn ich recht verstehe, dann

seid ihr Philosophen, alle wie ihr da seid? Lacenaire erwidert: »Warum nicht?« Garance ruft

laut: »Na, die ist mir vielleicht lustig, diese Philosophie, fein ist die, wirklich sauber!« Einer von

Lacenaires Adjutanten schlägt ihm vor, eine unerwünschte Person hinauszuwerfen. Lacenaire

nickt zustimmend. Der Mann steht auf und sucht die betreffende Person unter den Tänzern.

Alle schmeichelten sich, einer so herrlich desaströsen Herausfor-
Der Unerwünschte wird gepackt und durch die Fensterscheibe geworfen.

derung die Stirn geboten zu haben; und ich bin mir in der Tat ziemlich sicher, dass keiner von denen, die dort hindurchgingen, jemals die geringste Ehrbarkeit in der Welt erworben hat.

Der Wirt stürzt protestierend herbei: »Und meine Fensterscheiben?« Lacenaire antwortet ihm von seinem Platz aus: »Aber, aber, Wirt, kann man sich im ›Rotkehlchen‹ nicht mehr amüsieren?«, und zeigt mit der Hand die Geste eines Messers an der Kehle. Der Wirt, versöhnlich: »Oh, Herr Lacenaire, ich meinte ja bloß …«

Jeder trank täglich mehr Gläser, als eine Gewerkschaft während der
Zwei Mannschaftswagen der Polizei halten vor der Terrasse eines »Café der Poeten«. Die

gesamten Dauer eines wilden Streiks Lügen verbreitet. Schwärme
Polizisten laufen herbei, untersagen allen, das Lokal zu verlassen, und verlangen die Ausweise.

von Polizisten, deren Überraschungsmärschen zahlreiche Spitzel als Aufklärer vorangingen, unternahmen fortwährend unter allen erdenklichen Vorwänden Einfälle, zumeist aber, um der Drogen und der Mädchen unter 18 Jahren habhaft zu werden. Wie hätte

Ein Mädchen

ich mich nicht der charmanten Ganoven und stolzen Mädchen er-

geht nachts auf einer Straße.

innern sollen, mit denen ich in diesen Elendsvierteln wohnte, als

ich später ein Lied hörte, das die Gefangenen in Italien singen? –

All die Zeit war vergangen wie unsere Nächte von damals, ohne

auf irgendetwas zu verzichten. »Da sind die kleinen Mädchen, die

Eine verführte Minderjährige.

dir alles geben, – erst ein ›Guten Abend‹ und dann die Hand … –

In der Via Filangieri gibt es eine Glocke; – jedes Mal, wenn sie

Außenansicht des Gefängnisses, wo die Baader-Leute ermordet wurden.

läutet, wird ein Urteil gefällt … – Die schönste Jugend stirbt im

Andreas Baader und Gudrun Ensslin.

Gefängnis.«

Obwohl sie alle ideologischen Illusionen verachteten und ihnen

In einem Bistro von Saint-Germain-des-Prés, ein Mann mit Hut tritt ein und unterhält sich

das, was ihnen später recht geben sollte, gleichgültig war, hatten

lange mit dem Wirt.

diese Verfemten es nicht verschmäht, der Welt draußen zu

verkünden, was kommen würde. Der Kunst den Garaus zu machen, den Tod Gottes mitten in einer Kathedrale verkünden, den Eiffelturm sprengen: Das waren die kleinen Skandale, mit denen sich bisweilen die befassten, deren Lebensweise permanent ein so großer Skandal war. Sie dachten auch über das Scheitern

Mehrere Trinker philosophieren in einer Spelunke.

dieser oder jener Revolution nach; sie fragten sich, ob es das Proletariat wirklich gäbe und wenn ja, was es dann wohl sein könnte.

Eine Schauspielerin resümiert in einem anderen Film die Diskussion: »Die einen glauben, es denke an uns, andere, es denke uns; andere wiederum, es schlafe und wir seien sein Traum, sein Albtraum.«

Wenn ich von diesen Menschen rede, mag es den Anschein haben,

Kamerafahrt über andere Tische, an denen die gleiche Unterwelt sitzt.

ich belächele sie; doch glaube das bloß niemand. Ich habe ihren Wein getrunken. Ich bleibe ihnen treu. Und ich glaube nicht, später in irgendeiner Hinsicht etwas Besseres geworden zu sein, als sie selbst damals waren.

Eingedenk der starken Kräfte von Gewohnheit und Gesetz, die

Eine Schülerin auf der Flucht, auf den Straßen, in der Nacht.

ständig auf uns lasteten, um uns zu zersprengen, war niemand sicher, noch da zu sein, wenn die Woche zu Ende ging; und da war alles, was wir je lieben würden. Die Zeit brannte stärker als an-

Die Türe eines ärmlichen Cafés.

derswo und würde fehlen. Man spürte die Erde beben.

Ein venezianischer Verschwörer zu seiner Gefährtin: »Bald sind wir auf dem Festland, dann können wir uns ein wenig öfter sehen.«

Der Selbstmord raffte viele dahin: »Suff und der Teufel holten den

Menschen in einer Bar, im Keller.

Rest«, wie es auch in einem Lied heißt.

Auf dem halben Weg des wahren Lebens waren wir von dunkler

Ein Mädchen geht langsam durch eine Drehtür, im selben Viertel.

Melancholie umgeben, die sich im Café der verlorenen Jugend

Die Kulisse und die Gesellschaft, Ensemble.

in so manchen spöttischen und traurigen Worten niederschlug:

»Lass es mich sagen und nicht sinnbildlich: Wir sind doch bloß

Ein Treffen im bereits gezeigten Keller.

Marionetten unseres Meisters, Spielzeug wir, das der Himmel

Schachspieler.

spielt – Schabernack treibt man mit uns auf dem Schachbrett des

Seins – und dann kehren wir, einer nach dem anderen, zurück in

die Schachtel des Nichts.«

»Wie oft im Lauf der Zeiten wird man dies erhabene Schauspiel,

Ivan Chtcheglov.

das wir erschaffen, wiederholen, in unbekannten Sprachen, vor

noch nicht entstandenen Völkern!«

»Was ist die Schrift? Die Hüterin der Geschichte … Was ist der

Gil J Wolman.

Mensch? Der Sklave des Todes, ein Reisender, der vorüberzieht,

Robert Fonta.

Gast an einem einzigen Ort … Was ist die Freundschaft? Die

Ghislain de Marbaix.

Gleichheit der Freunde.«

»Bernard, wonach trachtest du in der Welt? Siehst du darin etwas,
Debord mit zwanzig Jahren.

das dich zufriedenstellen könnte? ... Sie flieht, sie flieht wie ein Ge-
Die, die in jenem Jahr die Schönste war.

spenst, das, solange es bei uns weilte, uns mit gewisser Zufrieden-

heit erfüllte und dessen Fortgang nur Unruhe in uns hinterlässt ...

Bernard, Bernard, sagte er, diese blühende Jugend wird nicht ewig

dauern ...«

Art Blakey: »Whisper not«.

Doch nichts brachte diese ausweglose und ruhelose Gegenwart
Kamerafahrt über eine menschenleere Pariser Grünanlage, nachts.

so gut zum Ausdruck wie jener alte Satz, der vollständig auf

sich selbst zurückkommt, da er Buchstabe für Buchstabe wie ein
Kameraschwenk über eine Kreuzung der Hallen, nachts.

unentrinnbares Labyrinth konstruiert ist, und der so perfekt Form

und Inhalt des Untergangs miteinander in Einklang bringt: *In girum*
Kameraschwenk über einen Platz und Häuser, nachts, bis zu den Lichtern

imus nocte et consumimur igni. Wir irren des Nachts im Kreis umher
eines geöffneten Cafés.

und werden vom Feuer verzehrt. »Ein Geschlecht vergeht, das
Die Gleiche nochmals. *Lange Kamerafahrt, die einer Gruppe*

andere kommt; die Erde aber bleibt ewiglich … Die Sonne geht auf
Soldaten folgt, die aus einer Nebenstraße herauskommen und einen Kanal entlanglaufen; unter

und geht unter und läuft an ihren Ort, daß sie wieder daselbst auf-
gegnerischem Feuer vorrücken, starke Verluste erleiden und schließlich eine Brücke überqueren.

gehe … Alle Wasser laufen ins Meer, doch wird das Meer nicht voller; an den Ort, da sie her fließen, fließen sie wieder hin … Ein jegliches hat seine Zeit, und alles Vornehmen unter dem Himmel hat seine Stunde … Würgen und Heilen, Brechen und Bauen hat seine Zeit … Zerreißen und Zunähen, Schweigen und Reden hat seine Zeit … Es ist besser, das gegenwärtige Gut gebrauchen, denn nach anderm gedenken. Das ist auch Eitelkeit und Haschen nach Wind … Wozu taugt es einem Menschen, nach dem zu forschen, was über ihm ist, ihm, der nicht weiß, was ihm nütze ist im Leben, während all der Tage, die er fremd ist auf Erden, und in all der Zeit, welche dahinfährt wie ein Schatten?«

»Nein, lasst uns den Fluss überqueren und uns im Schatten der
Die Seine und die Westspitze der Île de la Cité.

Bäume dort ausruhen.«

Dort haben wir jene Härte erworben, die uns an allen Tagen un-
Kamerafahrt über das Wasser längs der Mauern des Arsenals von Venedig.

seres Lebens begleitet hat; und die es mehreren unter uns erlaubte, leichten Herzens mit der ganzen Welt im Krieg zu liegen. Was mich speziell betrifft, so denke ich, dass ich ausgehend von den damaligen Umständen ganz selbstverständlich der Verkettung so vieler Gewaltakte und Brüche gefolgt bin, in deren Verlauf so vielen Menschen so übel mitgespielt wurde; und all die Jahre lebte ich stets sozusagen mit gezücktem Messer.

Vielleicht hätten wir ein bisschen weniger erbarmungslos sein können, wenn wir irgendein bereits ausgebildetes Vorhaben vorgefunden hätten, das in unseren Augen den Einsatz unserer Kräfte verdient gehabt hätte? Doch es gab nichts dergleichen. Die einzige Sache, die wir verfochten haben, mussten wir selbst definieren und durchführen. Und über uns gab es nichts, was wir als achtbar hätten ansehen können.

Für jemanden, der so denkt und handelt, hat es wahrlich keinen Reiz, auch nur einen Moment zu lange denen Gehör zu schenken, die an den herrschenden Zuständen etwas Gutes oder auch bloß Schonenswertes finden; oder denen, die vom Weg abkommen, dem sie anscheinend folgen wollten; oder auch nur denen, die nicht schnell genug begriffen haben. Andere machten sich später daran, mit ihren schüchternen Stimmen oder prostituierten Federn die Revolution des Alltagslebens einzufordern; aber aus sicherer Entfernung und mit der ruhigen Gelassenheit astronomischer Beobachtung. Wenn man aber Gelegenheit hatte, an einem derartigen Versuch teilzunehmen und dabei den formidablen Katastrophen zu entkommen, die ihn umgeben oder auf ihn folgen, befindet man sich in keiner so einfachen Lage. Die Hitze und die Kälte dieser Zeit verlassen einen nie mehr. Man muss herausfinden, wie man danach ein Morgen leben kann, das eines so schönen Beginns würdig wäre. Diese erste Erfahrung der Illegalität, man möchte sie immer wieder machen.

Und so ist nach und nach eine neue Epoche von Bränden aufgeflackert, deren Ende keiner der jetzt Lebenden je sehen wird: Der Gehorsam ist tot. Es ist wunderbar zu sehen, wie Aufruhr, der von einem winzigen und ephemeren Ort ausging, schließlich die Weltordnung erschütterte. (Niemals würde man mit derartigen Methoden etwas erschüttern, wenn man es mit einer harmonischen Gesellschaft zu tun hätte, die mit ihrer Macht umzugehen wüsste, doch die unsere war, wie wir heute wissen, das genaue Gegenteil davon.)

Was mich betrifft, so habe ich nie irgendetwas von dem bereut, was ich getan habe, und ich gebe zu, dass ich mir nach wie vor überhaupt nicht vorstellen kann, was ich, so wie ich nun einmal bin, anderes hätte tun können. Die erste Phase des Konflikts wies, trotz ihrer Schärfe, von unserer Seite aus alle Merkmale einer statischen Verteidigung auf. Da sie vorwiegend örtlich definiert war, hatte sich eine spontane Erfahrung als solche nicht ausreichend begriffen und auch zu sehr die großen Subversionspotentiale vernachlässigt, die die sie umgebende anscheinend feindliche Welt in sich

Custers Regiment hat sich im Kreis formiert und wehrt mit Gewehrsalven die aufeinanderfolgenden Sturmangriffe der es umzingelnden Indianer ab. Seine Kämpfer fallen einer nach dem anderen. Schließlich brechen die Indianer in die Stellung ein und machen die Verteidiger nieder.

barg. Als wir sahen, wie unsere Verteidigung zusammenbrach und manchen bereits der Mut wankte, dachten einige von uns, dass wir zweifelsohne weitermachen müssten, indem wir die Perspektive der Offensive einnähmen: kurzum, sich nicht in der rührenden Festung eines einzigen Augenblicks verschanzen, sondern sich Luft verschaffen, einen Ausfall machen, dann das Feld behaupten und schlicht und einfach darangehen, diese feindliche Welt gänzlich zu zerstören, um sie später, sofern möglich, auf anderen Grundlagen wieder aufzubauen. Präzedenzfälle hatte es gegeben, aber die waren damals in Vergessenheit geraten. Wir mussten herausfinden, wohin der Lauf der Dinge führte, und ihn so vollständig Lügen strafen, dass er im Gegenteil eines Tages genötigt wäre, sich unserer Lust und Laune zu beugen. Clausewitz bemerkt dazu schön: »Wer Genie besitzt, soll davon Gebrauch machen, dies ist

ganz in der Regel.« Und Baltasar Gracian: »Nur durch die weiten
Custer, der als Letzter noch aufrecht steht, wirft seine leeren Revol-

Räume der Zeit gelangt man zum Mittelpunkt der Gelegenheit.«
ver fort, ergreift den vor sich im Boden steckenden Säbel und erwartet den Angriff der Sieger.

Aber wie könnte ich ihn vergessen, den ich überall im großartig-
Ivan Chtcheglov.

sten Moment unserer Abenteuer erblicke; den, der in jenen unsi-

cheren Tagen einen neuen Weg auftat und darauf so rasch voran-
Comic: Prinz Eisenherz reitet querfeldein, für jedes Abenteuer bereit;

schritt, dabei die bestimmend, die mitkommen würden; denn
»er bahnt sich einen Weg zu dem geheimnisvollen Feuer, das dort brennt, wo keine

niemand kam ihm gleich in jenem Jahr? Man hätte meinen mögen,
Menschenseele sein sollte.«

dass er die Stadt und das Leben veränderte, indem er sie nur ansah.

In einem Jahr entdeckte er Forderungen für ein ganzes Jahrhun-
Horizontaler Schwenk über einen Palast, nachts. Der Schatten einer nicht im Bild zu sehen-

dert; die Tiefen und Mysterien des städtischen Raums waren seine
den Figur zeichnet sich an einer Kreuzung zweier Straßen ab.

Errungenschaft.
»Der dritte Mann«, kurz eingeblendet, auf einer Türschwelle.

Comic: Prinz Eisenherz und ein anderer, in Verkleidung. »Unheilvolle Stille verrät, wie unglücklich die Bewohner der Stadt sind. Die beiden Freunde gehen Richtung Palast, als Trompeten erschallen.«

Die heutigen Mächte, mit ihrer armseligen verfälschten Informa-

Eine alte Burg.

tion, die sie selbst beinahe ebenso in die Irre führt, wie sie die von ihnen verwalteten Bürger benebelt, haben noch nicht ermessen können, was der rasche Durchgang dieses Mannes sie gekostet

Prinz Eisenherz reitet vor einer Feuersbrunst.

hat. Aber was tut's? Strandräuber schreiben ihren Namen nur auf

Ivan Chtcheglov.

Wasser.

Sequenz von Comics: Prinz Eisenherz in einen Mantel gehüllt: »Nach langem Ritt kommt er zum

Couperin: 11. Concert Nouveau.

Meer, über dem ein großer Sturm aufzieht.« Der Reiter nähert sich einem Küstendorf: »Ein schwacher Lichtschein aus einiger Entfernung verheißt Schutz vor dem Sturm.« Prinz Eisenherz betritt eine Taverne: »Er findet eine Schenke, in der sich Seeleute und Reisende aus fernen, seltsamen Ländern aufhalten.« An allen Tischen sind die Reisenden ins Gespräch vertieft. »Während draußen der Sturm tobt, werden allerlei Geschichten von sagenhaften Inseln und wundersamen zinnenbewehrten Städten zum Besten gegeben.« Ein Wanderer: »Alldieweil naht der Schenke ein hagerer Wanderer mit erstaunlichen Neuigkeiten (Nächste Woche: Rom ist gefallen).«

Die Musik klingt aus.

Die Formel zur Umwälzung der Welt haben wir nicht in Büchern

Morgengrauen in der Rue des Innocents.

gesucht, sondern indem wir umherirrten. Es war ein in langen Tagesmärschen gelebtes Umherschweifen, in dem nichts wie am Vortag war und das nie innehielt. Überraschende Begegnungen,

Comic: »Im Morgengrauen erreichen sie eine

beachtliche Hindernisse, grandioser Verrat, gefährliche Verzau-

abweisende Burg in einem zwischen den Hügeln gelegenen Tal.«

berungen, nichts fehlte bei dieser Suche nach einem anderen un-

Ein anderes Schloss.

heilvollen Gral, den niemand haben wollte. Und eines unglücklichen Tages verirrte sich sogar der schönste Spieler unter uns in

Schloss des Königs Ludwig II. von Bayern.

den Wäldern des Wahns – kein Wahn ist größer als die heutige Organisation des Lebens.

Fanden wir am Ende das, wonach wir gesucht hatten? Man darf
Kamerafahrt über Wasser: die Hafeneinfahrt der Insel San Giorgio.

glauben, dass wir es zumindest flüchtig wahrgenommen hatten,

denn es ist jedenfalls unbestreitbar, dass wir von da an in der Lage

waren, das falsche Leben im Licht des richtigen zu begreifen, und

zudem im Besitz einer sehr seltsamen Verführungskraft waren:

denn niemand ist seither an uns herangetreten, ohne sich uns an-

schließen zu wollen; und so waren wir erneut auf das Geheimnis

gestoßen, zu trennen, was vereint war. Was wir begriffen hatten,
Aufpasser und Geheimtransport

haben wir nicht im Fernsehen verkündet. Wir hatten es weder auf
in einem Arbeiterviertel von Venedig.

die Subventionen der wissenschaftlichen Forschung, noch auf die

Lobreden der Intellektuellen in den Zeitungen abgesehen. Wir

brachten Öl dahin, wo Feuer war. Und so haben wir uns endgültig
Kamerafahrt über Wasser in einem sehr

der Partei des Teufels verschrieben, jenes geschichtlichen Bösen
engen Kanal von Venedig.

also, das die herrschenden Zustände ihrer Zerstörung zuführt, jener »schlechten Seite«, die dadurch Geschichte macht, dass sie jede etablierte Zufriedenheit zerrüttet.

Der Teufel in »Les Visiteurs du Soir« hat soeben den Prunksaal des Schlosses betreten: »Oh, welch schönes Feuer! Ich liebe das Feuer. Und es liebt mich auch. Schaut nur, wie zuvorkommend die Flammen zu mir sind. Sie lecken mir die Finger, wie ein junger Hund. Wie angenehm ... Verzeiht, ich habe mich nicht vorgestellt. Mein Name und meine Titel werden Euch freilich nicht viel sagen: Ich komme von weither. Vergessen im eigenen Land, in der Fremde unbekannt, das ist des Reisenden Los.«

Die, die noch nicht zu leben begonnen haben, sondern sich für eine

Trailer: Schlagersänger in einem modernen Dekor der 30er Jahre.

bessere Zeit aufsparen und deshalb so große Angst vor dem Altern haben, erwarten nichts weniger als ein immerwährendes Paradies. Der eine sieht es in einer totalen Revolution, der andere – manchmal ein und derselbe – in einer höheren Stufe seines Aufstiegs als

Lohnabhängiger. Kurz, sie warten darauf, dass sie Zugang erhal-

Zwischentitel: »Demnächst in diesem Kino.«

ten zu dem, was sie in der verkehrten Bilderwelt des Spektakels be-

Schwenk über die nächtliche Beleuchtung des Boulevard Saint-Germain von heute.

wundernd betrachtet haben: eine ewig gegenwärtige glückliche Einheit. Die aber, die sich dafür entschieden haben, mit der Zeit zuzuschlagen, wissen, dass ihre Waffe auch ihr Gebieter ist und dass sie nicht darüber klagen können. Sie gebietet auch über die Unbewaffneten, und noch strenger dazu. Wer sich nicht der trü-

Fassaden der Île Saint-Louis bei Nacht.

gerischen Klarheit der verkehrten Welt anschließen will, der ist, in den Augen ihrer Gläubigen jedenfalls, eine umstrittene Legende, ein unsichtbares und böswilliges Phantom, ein ruchloser Fürst der Finsternis. Ein schöner Titel immerhin: das heutige Aufklärungssystem verleiht keinen so ehrenwerten.

Der Teufel sagt zu zwei Schachspielern: »Habe ich etwa Eure Partie unterbrochen?« Einer der beiden erwidert: »Das macht nichts, ich war ohnehin schon geschlagen.« Der Teufel spielt den Zug: »Glaubt Ihr? Schach und matt. Ihr

habt gewonnen. Schach ist so einfach.«

So wurden wir denn zu Gesandten des Fürsten der Spaltung,
Zur Musik ihres Lieds »Tristes enfants perdus« reiten Gilles und Dominique auf das Schloss zu,

desjenigen, dem »Unrecht geschah«, und wir unternahmen es, die
in das sie so viel Unruhe bringen werden.

zur Verzweiflung zu bringen, die sich für die Menschen hielten.
Dominique

zu Gilles nachts im Schloss: »Die anderen lieben uns; sie leiden unseretwegen; und wir schauen

sie an; wir gehen fort. Eine schöne Reise; der Teufel bezahlt die Spesen.«

Im Laufe der folgenden Jahre fanden sich Menschen aus zwanzig
Asger Jorn.

Ländern zusammen, um sich dieser obskuren Verschwörung und
Pinot-Gallizio. *Attila Kotányi.*

ihren unbegrenzten Forderungen anzuschließen. Wie viele hastige
Donald Nicholson-Smith.

Reisen! Wie viele endlose Diskussionen! Wie viele heimliche Tref-
Ein Zug fährt vorbei.

fen in allen Häfen Europas!

Und so wurde das beste Programm entworfen, um die Gesamtheit
Schwenk über die Teilnehmer der VIII. Konferenz der Situationistischen Internationale in

des gesellschaftlichen Lebens mit Argwohn zu belegen: Klassen

Venedig.

und Spezialisierungen, Arbeit und Unterhaltung, Ware und Urbanismus, Ideologie und Staat, wir haben gezeigt, dass alles wegzuwerfen war. Und dieses Programm enthielt kein anderes Versprechen als das einer schranken- und zügellosen Autonomie. Diese

Truppen stehen gestaffelt auf einem Schlachtfeld. Langsame Truppenbewegungen, gefilmt aus der Vogelperspektive.

Perspektiven sind heute Allgemeingut geworden und überall kämpft man für oder gegen sie. Damals aber wären sie gewiss schimärisch erschienen, wäre das Verhalten des modernen Kapitalismus nicht noch schimärischer gewesen.

Zwar gab es wohl einige Individuen, die, mehr oder weniger konsequent, der einen oder anderen dieser Kritiken zustimmten, doch es gab niemanden, der mit allen einverstanden gewesen wäre, und noch weniger jemanden, der es verstanden hätte, sie zu formulieren und auf den neuesten Stand zu bringen. Deshalb hatte kein anderer revolutionärer Versuch jener Zeit auch nur den geringsten Einfluss auf die Verwandlung der Welt. Unsere Agitatoren ver-

Sequenz einer Seeschlacht des Zweiten Weltkriegs.

breiteten überall Ideen, mit denen eine Klassengesellschaft *nicht leben kann*. Die Intellektuellen im Dienste des Systems, die übrigens noch offensichtlicher im Niedergang begriffen sind als dieses selbst, versuchen heute diese Gifte in den Griff zu bekommen, um Gegenmittel zu finden; und es wird ihnen nicht gelingen. Zuvor hatten sie die größten Anstrengungen unternommen, sie zu ignorieren, allerdings ebenso vergeblich: So groß ist die Kraft des zur rechten Zeit gesprochenen Wortes.

Volle Breitseite eines Panzerkreuzers.

Während unsere aufrührerischen Umtriebe den Kontinent über-

Die Seine im Zentrum von Paris.

zogen und sogar begannen, auf die anderen überzugreifen, blieb

Paris, wo man so gut untertauchen konnte, weiterhin der Mittel-
Die Impasse de Clairvaux.

punkt all unserer Reisen und unser häufigster Treffpunkt. Doch
Luftbilder von Paris; die Gegend um die Place de la

seine Landschaften waren entstellt und schließlich verkam alles
Contrescarpe, dann seineaufwärts über den Quai de Bercy hinaus.

und löste sich auf.

Und dennoch hinterließ die untergehende Sonne dieser Stadt hier

und da einige Glanzlichter, als wir dort die letzten Tage verfließen

sahen, uns in einem Dekor wiederfanden, der bald fortgerissen

werden sollte, beschäftigt mit unwiederbringlichen Schönheiten.
Eine weitere Umherirrende.
Art Blakey: »Whisper not«.

Bald würden wir sie verlassen müssen, diese Stadt, die für uns so
Fortsetzung der Ansichten von Paris.

frei war, die jedoch ganz in die Hände unserer Feinde fallen wird.

Schon herrscht dort gnadenlos ihr blindwütiges Gesetz, das alles

nach ihrem Bild prägt, das heißt nach dem Modell einer Art Fried-

hof: »Oh Elend! Oh Schmerz! Paris zittert.«

Wir werden sie verlassen müssen, diese Stadt, aber nicht ohne einmal versucht zu haben, uns ihrer mit offener Gewalt zu bemächtigen; und dann werden wir sie schließlich verlassen müssen, nach so vielen anderen Dingen, um dem Pfad zu folgen, den die Erfordernisse unseres seltsamen Krieges bestimmen, der uns schon so weit geführt hat.

Kamerafahrt über ein »Kriegsspiel«, auf dem zwei Armeen einander gegenüberstehen.

Denn unsere Absicht war lediglich, in der Praxis eine Trennlinie hervortreten zu lassen zwischen denen, die das Bestehende noch wollen und denen, die es nicht mehr wollen.

Verschiedene Epochen hatten so ihren großen Konflikt, den sie nicht gesucht hatten, in dem es aber gilt, für eine Seite Partei zu ergreifen. Durch die Taten einer Generation werden Reiche und ihre Kulturen gegründet oder zerstört. Troia ist einzunehmen oder

Kamerafahrt über eine Karte der antiken Welt, vom Römischen bis zum Chinesischen Kaiserreich.

zu verteidigen. In gewisser Weise ähneln sie einander alle, diese

Zu Beginn des Sezessionskriegs trennen sich die Kadetten von West

Augenblicke, da die, die in feindlichen Lagern kämpfen werden,

Point. Man liest ihnen den Text eines Treueeids auf die Union vor.

sich trennen und einander nie mehr wiedersehen werden.

Der Oberst und Kommandant der Kadettenschule: »Alle Offiziere oder Kadetten, die sich nach bestem Wissen und Gewissen nicht imstande fühlen, diesem Eid Folge zu leisten, mögen rechts vom Bataillon antreten.« Ein Offizier reitet vor und befiehlt: »Die Herren Südstaatler, aus dem Glied treten!« Die Südstaatler formieren sich hinter ihm neu. Der Oberst lässt die verbliebenen Kadetten die Reihen schließen und die Kapelle »Dixie« spielen, während die, die gehen, vorbeiziehen.

Es ist ein großartiger Augenblick, wenn ein Sturm gegen die Ordnung der Welt losbricht.

Die Leichte Brigade, in Schlachtordnung hinter ihren Standarten aufgestellt, setzt zu ihrer berühmten Attacke im »Tal des Todes« von Balaklawa an.

Kaum wahrnehmbar in seinem Beginn, weiß man bereits, dass schon sehr bald, und was auch geschehen mag, nichts mehr so sein wird, wie es einmal war.

Es ist eine Attacke, die langsam ansetzt, ihren Lauf beschleunigt, den Punkt überschreitet, ab dem kein Rückzug mehr möglich ist, und die unwiderruflich auf das prallen wird, was unangreifbar erschien; auf das, was so fest und so stark verwehrt war, doch auch dazu bestimmt, erschüttert und in Unordnung gebracht zu werden. Und genau das taten wir, als wir, aus der Nacht hervorgetreten, erneut das Banner der »guten alten Sache« entfalteten und unter dem Kanonenfeuer der Zeit vorrückten.

Auf diesem Weg sind viele gefallen oder als Gefangene in den Händen des Feindes geblieben und viele andere wurden abgeworfen und verwundet, so dass sie nie mehr bei solchen Zusammenstößen zugegen sein werden, und einigen Elementen, die sich nach hinten absetzten, mag gar der Mut versagt haben; doch nie, wage ich

Der russische Generalstab ist über die seltsame Tollkühnheit dieses Frontalangriffs verwundert. Die Kanonen beginnen zu feuern. Die Kavalleristen reiten geradewegs auf sie zu und fallen zu Dutzenden. Die Leichte Brigade fällt in den Galopp und setzt ihren Angriff in zerstreuter Ordnung querüberfeld fort. Sie wird fast vollständig aufgerieben.

zu sagen, wich unsere Formation von ihrer Linie ab, bis sie ins Herz der Zerstörung vorgedrungen war.

Ich habe nie so recht verstanden, warum man mir oft vorgeworfen hat, ich hätte diese schöne Truppe in einem aberwitzigen Ansturm oder durch eine Art neronischer Selbstgefälligkeit zugrunde gerichtet. Zugegeben, ich war derjenige, der Zeitpunkt und Richtung des Angriffs wählte, und ich übernehme daher die Verantwortung für alles, was geschehen ist. Ja und? Wollten wir nicht einen Feind bekämpfen, der selbst wirklich handelte? Und habe ich nicht immer einige Schritte vor der ersten Linie gestanden? Die, die nie handeln, wollen glauben, man könne ungehindert die zukünftigen Teilnehmer eines Kampfes nach der Vortrefflichkeit ihres Charakters bestimmen sowie den Ort und die Stunde zu einem unparierbaren und endgültigen Schlag. Aber nein: Mit dem, was gerade zur Hand ist, und gemäß den wenigen tatsächlich angreifbaren Positionen wirft man sich auf die eine oder die andere, sobald man einen günstigen Moment erkennt; sonst verschwindet man, ohne etwas getan zu haben. Der Stratege Sun Tse fand schon vor langer Zeit heraus, dass »Vorteil und Gefahr beide dem Manöver untrennbar verbunden sind«. Und Clausewitz räumt ein, dass »man im Kriege immer in Ungewissheit über die gegenseitige Lage ist. So muß man sich daran gewöhnen, immer nach allgemeinen Wahrscheinlichkeiten zu handeln, und es ist ganz vergebens, je auf einen Augenblick zu warten, wo man ohne alle Ungewißheit wäre ...« Im Gegensatz zu den Träumereien der Zuschauer der Geschichte, die versuchen, sich auf hoher Warte als

Strategen zu etablieren, vermag auch die erhabenste aller Theorien niemals das Ereignis zu garantieren; ganz im Gegenteil, das stattgefundene Ereignis verbürgt die Theorie. Man muss also Risiken eingehen und mit barer Münze zahlen, um das Blatt zu sehen.

Andere, weniger hoch platzierte Zuschauer, die den Beginn dieses Angriffs überhaupt nicht, auch von weitem nicht gesehen hatten, sondern nur dessen Ende, meinten, es wäre ein und dasselbe gewesen, sie fanden den einen oder anderen Fehler in der Ausrichtung unserer Reihen und bemäkelten auch, dass die Uniformen zu diesem Zeitpunkt nicht alle egalitär rein gewesen seien. Ich glaube, dass dies der Wirkung des Feuers geschuldet ist, das der Feind ziemlich lange auf uns konzentriert hat. Letztendlich gilt es nicht, die Tenue zu beurteilen, sondern das Ergebnis. Hört man auf die, die so tun, als bedauerten sie, dass die Schlacht geschlagen wurde, ohne auf sie zu warten, so könnte man meinen, das Hauptergebnis bestünde darin, dass eine geopferte Avantgarde in diesem Zusammenprall restlos aufgerieben wurde. Ich finde, dass sie genau dazu da war.

Avantgarden haben ihre Zeit und das Beste, was ihnen passieren kann, ist, im vollen Sinn des Wortes *ihre Zeit hingebracht* zu haben. Nach ihnen beginnen die Operationen auf einem weitläufigeren Schauplatz. Nur allzu oft sahen wir, wie diese Elitetruppen nach Vollbringungen irgendeiner heldenhaften Großtat noch da sind, um mit ihren Orden zu paradieren, und sich dann gegen die Sache wenden, für die sie gekämpft hatten. Nichts dergleichen ist von denen zu befürchten, deren Angriff bis zum Zeitpunkt der Auflösung weitergeführt wurde.

Ich frage mich, was manche sich Besseres erwartet hatten? Das Besondere nutzt sich kämpfend aneinander ab und ein Teil davon geht zugrunde. Ein Projekt von historischer Bedeutung kann gewiss keinen Anspruch auf ewige, von Schlägen verschonte Jugend erheben.

Der sentimentale Einwand ist ebenso müßig wie die pseudostrategischen Spitzfindigkeiten: »und deine Knochen in der Erde Troias langsam verfaulen, ohne daß wir auch nur das Geringste erreicht hätten!«

Friedrich II. von Preußen rief einem zögernden jungen Offizier auf dem Schlachtfeld zu: »Hunde, wollt ihr denn ewig leben?« Und

Sarpedón sagt zu Glaukos im zwölften Gesang der *Ilias*: »Freund, wenn wir, diesem Krieg entkommen, für immer dem Alter und dem Tod entronnen wären, würde ich selber hinten bleiben … Doch tausend Tode schweben ständig über unsern Köpfen; es ist uns weder gegeben, ihnen zu entrinnen, noch sie zu fliehen. Auf denn, gehen wir!«

Sobald sich dieser Rauch verzogen hat, erscheinen viele Dinge anders. Eine Epoche ist vergangen. Es frage jetzt niemand, was unsere Waffen wert waren: Sie sind im Schlund des herrschenden Lügensystems zurückgeblieben. Seine Unschuldsmiene ist ein für alle Mal dahin.

Die wenigen Überlebenden des 17. Lancier-Regiments, die es bis zur feindlichen Batterie geschafft haben, durchbohren im Vorüberreiten mit ihren Lanzen den Verräter, den sie sich dort geholt haben, wo er sich aufhielt.

Nach dieser glorreichen Zersprengung wurde mir klar, dass ich mich durch einen unvermittelten verdeckten Marsch einer allzu

Kriegsschiffe im Gefecht ändern ihren Kurs und gehen wieder auf Distanz, einen Rauchvorhang hinter sich lassend.

sichtbaren Berühmtheit entziehen musste. Bekanntlich schließt

Ein Mann überquert eine menschenleere Kreuzung in Venedig.

diese Gesellschaft eine Art Friedensvertrag mit ihren entschiedensten Feinden, sobald sie ihnen einen Platz in ihrem Spektakel einräumt. Doch bin ich gerade in dieser Zeit der Einzige, der über eine gewisse klandestine und anrüchige Berühmtheit verfügt und den niemand zum Auftritt auf dieser Bühne des Verzichts zu bewegen vermochte.

Während er den Kampf seines Geschwaders leitet, fragt ein Admiral: »Wie viel Treibstoff haben wir noch?« »Wir müssen den Kampf in zwei Stunden abbrechen, Herr Admiral«, antwortet sein Flaggenkapitän. Der Admiral schaut durch sein Fernglas; Crescendo der Begleitmusik.

Zwischentitel: »Hier werden den Zuschauern, denen sowieso schon alles weggenommen wurde, auch noch die Bilder entzogen.«

Und damit nicht genug der Schwierigkeiten. Ich fände es ebenso

DIE LEINWAND BLEIBT WEISS.

vulgär, eine Autorität der Opposition gegen die Gesellschaft zu werden wie zu einer Autorität in dieser Gesellschaft selbst; und das will nicht wenig heißen. So musste ich denn in verschiedenen Gegenden ablehnen, mich an die Spitze aller erdenklichen subversiven Unternehmungen zu stellen, von denen eine antihierarchischer als die andere war, deren Führung man mir aber dennoch antrug: Wieso sollte das Talent auf diesem Gebiet nicht befehlen, wo es doch darin über eine solche Erfahrung verfügt? Ich aber wollte zeigen, dass man sehr wohl nach einigen historischen Erfolgen ebenso arm an Macht und Prestige bleiben kann wie zuvor (was ich von Haus aus davon besaß, war mir immer genug).

Auch habe ich mich geweigert, über unzählige Details mit den zahlreichen Interpreten und Vereinnahmern des bereits Getanen zu polemisieren. Weder hatte ich Offizierspatente ich weiß nicht welcher Orthodoxie zu vergeben noch zwischen den verschiedenen naiven Ambitionen zu entscheiden, die, auch ohne dass man sie berührt, in sich zusammenfallen. Sie hatten nicht begriffen, dass die Zeit nicht stehenbleibt; dass guter Wille allein nicht ausreicht; und es keinen Besitzanspruch auf eine nicht mehr zu ändernde Vergangenheit zu erwerben oder zu wahren gibt. Die tiefgreifende Bewegung, die unsere historischen Kämpfe, soweit es irgend geht, weiterführen wird, bleibt die einzige Richterin der Vergangenheit, sofern sie in ihrer Zeit handelt. Ich habe dafür gesorgt, dass keine Pseudofortsetzung den Bericht unserer Operationen verfälscht. Und eines Tages werden die, die es dann besser gemacht haben werden, freimütig ihre Kommentare abgeben, die ihrerseits nicht unbeachtet bleiben werden.

Ich habe mir die Mittel verschafft, aus größerer Entfernung einzu-

Einige Nahaufnahmen der Kampfhandlungen in einem »Kriegsspiel«.

greifen; auch weil ich wusste, dass die meisten Beobachter wie gewöhnlich vor allem wünschten, ich möge schweigen. Seit sehr langem bin ich darin geübt, eine dunkle und ungreifbare Existenz zu führen. Daher konnte ich meine strategischen Versuche, die sich so gut anließen, vorantreiben. Es ist dies ein Studium, in dem man es, um mit den Worten eines Mannes zu sprechen, dem es keineswegs an Fähigkeiten mangelte, niemals zu einem Doktortitel bringen wird. Das Ergebnis dieser Forschungen, und dies ist die einzige gute Nachricht meiner vorliegenden Mitteilung, werde ich nicht in Form eines Films liefern.

Doch all diese Ideen sind freilich leer, wenn im alltäglichen Leben
Reklamefoto, auf dem in erbärmlicher

keine Größe mehr zu finden ist: So vermag das Gesamtwerk der
Weise ein Ball der Offiziere der früheren Britisch-Indischen Armee nachgestellt ist, im Auftrag

Zuchtdenker, das zu dieser Zeit der zersetzten Ware vermarktet
eines Neo-Getränks. *Inmitten eines kostbaren Dekors mit Holztäfelungen, eine Flasche*

wird, nicht den Geschmack des Futters zu kaschieren, das sie
armseligen Neo-Biers der neuesten industriechemischen Produktion.

genährt hat. Ich habe also in diesen Jahren in einem Land gelebt,
Kavalierperspektive der Stadt Florenz, als diese frei war.

in dem ich kaum bekannt war. Die räumliche Anordnung einer der

besten Städte, die es jemals gab, die Personen und das, was wir mit
Alice und Celeste.

unserer Zeit anfingen, all das fügte sich zu einem Ensemble, das

große Ähnlichkeit mit den glücklichsten Wirren meiner Jugend
Celeste nackt.

besaß.

Nirgendwo suchte ich friedfertige Gesellschaft; und das war gut so,
Kamerafahrt über eine Luftaufnahme von Florenz, von Oltrarno bis zur Signoria.

denn mir ist keine einzige begegnet. Ich werde in Italien übel ver-

leumdet, wo man sich darin gefiel, mir den Ruf eines Terroristen anzuhängen. Doch ich stehe den verschiedensten Anschuldigungen sehr gleichgültig gegenüber, da es mein Los war, sie überall auf meinem Weg hervorzurufen, und ich sehr wohl den Grund dafür kenne. Ich messe nur dem Bedeutung bei, was mich an diesem Land verlockte und anderswo nicht zu finden gewesen wäre.

Ich sehe diejenige wieder, die dort wie eine Fremde in ihrer Stadt

Eine Florentinerin.

war (»Jede ist Bürgerin einer einzigen wirklichen Stadt, aber du

Langsame Kamerafahrt über eine Luftaufnahme von Florenz, langsam den Arno

wolltest sagen: diejenige, die als Fremde in Italien lebte.«). Ich sehe

abwärts.

»am Ufer des Arno lauter Abschiede« wieder.

Und auch mich hat man, nach so vielen anderen, aus Florenz verbannt.

Das Gesicht von Celeste; dann andere entkleidete Mädchen.
Art Blakey: »Whisper not«.

Auf jeden Fall durchquert man eine Epoche so, wie man an der

Kamerafahrt über Wasser, quer zur Punta della Dogana.

Punta della Dogana vorüberfährt, das heißt, eher rasch.

Zunächst sieht man nicht, wie sie auf einen zukommt. Aber dann, wenn man auf gleicher Höhe ist, entdeckt man sie und muss zugeben, dass sie so und nicht anders gebaut ist. Doch schon ziehen wir an diesem Kap vorbei; lassen es hinter uns und stoßen in unbekannte Wasser vor. »Einst in den Kindertagen saßen wir zu

Die Dadaisten, Gruppenbild.

Füßen unseres Lehrers, mit wachsendem Verständnis zufrieden

Der Kardinal von Retz.

werdend mit dem, was er uns lehrte. Wie die Geschichte endet?

Der General von Clausewitz.

Was geschah uns? Wie Wasser kamen wir, wie der Wind sind wir gegangen.«

Kamerafahrt aus einem Flugzeug, das auf einem Strand gelandete Truppen mit MG-Feuer belegt und sie zerstreut.

Als Jahre vergangen sind und die »Kinder des Olymp« alle auf verschiedenen Wegen berühmt geworden sind, trifft Lacenaire Garance wieder, die ihn fragt: »Sagt mir lieber, was aus Euch geworden ist?« Er antwortet: »Ich bin berühmt geworden. Ja, ich habe einige aufsehenerregende Missetaten vollbracht und der Name Lacenaire ist mehr als einmal in die Annalen der Justiz eingegangen.« Garance lächelt: »Na, das ist er doch, der

Ruhm, Pierre-François.« Er: »Ja, es geht los … Aber wenn ich es mir recht überlege, wäre mir

ein eklatanter literarischer Erfolg doch lieber gewesen.«

In ungefähr zwanzig Jahren hat man nur Zeit, eine kleine Anzahl
Ein Haus, Impasse de Clairvaux.

von Häusern wirklich zu bewohnen. Und die waren immer arm-
Ein anderes, Rue Saint-Jacques. *Ein anderes, Rue Saint-Martin.*

selig, muss ich feststellen, aber immerhin gut gelegen. Was es wert
Ein anderes in den Hügeln des Chianti.

war, war dort stets willkommen; der Rest wurde an der Türe ab-
Ein anderes in Florenz.

gewiesen. Es gab damals nicht viele andere Orte, an denen die Frei-
Ein anderes in den Bergen der Auvergne.

heit zuhause war.

»Wo sind die holden Kavaliere, denen ich dereinst folgte?« Die da
Ghislain de Marbaix. *Robert Fonta.*

sind tot; ein anderer hat noch schneller gelebt, bis die Gitter des
Asger Jorn. *Comic: Prinz Eisenherz*

Wahns sich hinter ihm schlossen.
wird von Wächtern überwältigt.

In Ketten im Gefängnis liegend, singt Gilles in »Les Visiteurs du Soir«:
»Traurige verlorene Kinder, irren wir in der Nacht umher. Wo sind des Tages Blumen,

Eine Unbekannte. *Die Leichte Brigade*
wo der Liebe Freuden, des Lebens Lichter? Traurige verlorene Kinder, irren wir in der

reitet zum Kampfplatz (Remake). *Eine junge Geliebte von einst. Eine andere von*
Nacht. Der Teufel führt uns heimlich fort. Der Teufel führt uns weit weg von unseren

heute. *Andere Freundinnen vergangener Zeiten.*
schönen Freundinnen. Unsere Jugend ist tot und tot unsere Lieben.«

Die Empfindung des Verfließens der Zeit war für mich immer
Debord mit neunzehn Jahren. *Mit fünfundzwanzig*

schon sehr stark und zog mich an wie andere von der Leere oder
Jahren. *Mit siebenundzwanzig Jahren.* *Mit einunddreißig Jahren.*

vom Wasser angezogen werden. In dieser Hinsicht liebte ich
Mit fünfundvierzig

meine Zeit, die gesehen haben wird, wie jede bestehende Sicher-
Jahren.

heit verloren ging und alles zerrann, was gesellschaftlich geordnet

war. Das sind Wonnen, die mir die Ausübung der höchsten Kunst
Das letzte Selbstporträt Rembrandts.

nicht verschafft hätte.

Wie könnte man das derzeitige Ergebnis dessen einschätzen, was
Eine Reihe gigantischer Türme umzingelt das alte Paris.

wir getan haben? Wir durchqueren jetzt die Landschaft, die von

dem Krieg verheert wurde, den eine Gesellschaft gegen sich selbst

und gegen ihre eigenen Möglichkeiten führt. Die fortschreitende
Ein paar Ansichten von Neu-Paris und andere für die Zwecke des Warenüberflusses ver-

Verunstaltung von allem war wohl der unvermeidliche Preis des
heerte Landschaften.

Konflikts. Nur weil der Feind seine Irrtümer derart weit trieb, begannen wir zu siegen.

Die wahrste Ursache dieses Krieges, für den man so viele falsche Erklärungen gegeben hat, ist die, dass er zwangsläufig als Auseinandersetzung über die Veränderung kommen musste; er hatte nichts mehr von den Merkmalen eines Kampfes zwischen Bewahrung und Veränderung. Wir selbst waren, mehr als irgendwer sonst, die Leute der Veränderung in einer sich verändernden Zeit. Die Eigentümer der Gesellschaft waren, um sich zu halten, gezwungen, für eine Veränderung einzutreten, die das Gegenteil der unseren war. Wir wollten alles neu aufbauen und sie ebenfalls, jedoch in diametral entgegengesetzter Richtung. Was sie getan haben, reicht aus, um ein Negativbild unseres Projekts zu zeigen.

Ihre gewaltigen Arbeiten führten sie also zu nichts weiter als zu dieser Verderbtheit. Der Hass auf die Dialektik hat ihre Schritte bis

Rieselfeld für heutige Industrieabfälle.

zu dieser Jauchegrube gelenkt.

Wir mussten – und dazu verfügten wir über gute Waffen – jede

Landung schottischer Truppen zu den Klängen des Dudelsacks.

Illusion eines Dialogs zwischen diesen antagonistischen Perspektiven ausräumen; und dann würden die Tatsachen ihr Urteil sprechen. Sie haben es gesprochen.

Es ist unregierbar geworden, dieses »wüste Land«, wo die neuen

Zerstörungen und Brände an Bord eines Kriegsschiffes, Verletzte werden evakuiert.

Leiden in der Verkleidung der alten Freuden auftreten; und die Menschen sich so ängstigen. Sie irren des Nachts im Kreis umher und werden vom Feuer verzehrt. Verstört erwachen sie und

Großes Ensemble von Neo-Häusern.

suchen tastend nach dem Leben. Es geht das Gerücht, dass es

denen, die es enteigneten, obendrein auch noch abhandengekommen ist.

Hier brennt also eine Zivilisation, kentert und geht vollends unter.
Ein Panzerkreuzer bekommt Schlagseite und sinkt.

Welch herrliche Torpedierung!

Und ich, was ist aus mir geworden inmitten dieses katastrophalen
Debord.

Schiffbruchs, den ich für notwendig halte; und an dem ich, wie man sagen kann, sogar gearbeitet habe, denn es ist gewiss wahr, dass ich darauf verzichtete, an irgendetwas anderem zu arbeiten?

Könnte ich auf diese Stunde meiner Geschichte anwenden, was ein
Ein Mexikaner reitet vorbei, die Zügel eines zweiten Pferdes haltend, das sein Gepäck trägt;

Dichter der Tang-Epoche schrieb, als er *Abschied von einem Reisen-*
und reitet zum Fluss hinunter.

den nahm?

»Ich stieg vom Pferd; ich reichte ihm den Abschiedswein, – ich fragte ihn nach dem Ziele seiner Reise. – Er antwortete mir: Kein
Reliefkarte der Berge der Auvergne.

Erfolg war mir beschieden in den Dingen dieser Welt; – ich kehre um und ziehe wieder zurück in die Nan-Tschan-Berge, um dort

Das bereits gesehene Haus, nun von Schnee bedeckt.

Ruhe zu suchen«.

Doch nein, ich sehe es sehr deutlich, dass es keine Ruhe für

Kamerafahrt über das Wasser eines venezianischen Kanals, von einem Ende zum anderen.

mich gibt; vor allem weil mir niemand den Gefallen erweist, zu meinen, ich habe in den Dingen dieser Welt versagt. Doch zum Glück kann auch niemand behaupten, ich habe darin Erfolg gehabt. Man muss also zugeben, dass es weder Erfolg noch Scheitern gab für Guy Debord und seine maßlosen Ansprüche.

Es war bereits die Morgendämmerung jenes ermüdenden Tages, den wir zu Ende gehen sehen, als der junge Marx an Ruge schrieb: »Sie werden nicht sagen, ich hielte die Gegenwart zu hoch, und wenn ich dennoch nicht an ihr verzweifle, so ist es nur ihre eigene verzweifelte Lage, die mich mit Hoffnung erfüllt.« Ich muss sagen, dass das Auslaufen einer Epoche mit Kurs auf die kalte Geschichte mitnichten jene Leidenschaften besänftigt hat, von denen ich so schöne und so traurige Beispiele angeführt habe.

Wie diese letzten Reflexionen über die Gewalt wieder zeigen, wird es für mich weder Umkehr noch Versöhnung geben.

Nachdem die letzten Häuser des Kanals passiert wurden, öffnet sich eine weite, leere Wasserfläche.

Die Weisheit wird nie kommen.

Untertitel: Von Beginn an wiederaufzunehmen.

Nie wurde etwas von Bedeutung mitgeteilt, indem man ein Publikum schonte, und hätte es sich aus den Zeitgenossen des Perikles zusammengesetzt; zudem sehen die Zuschauer gegenwärtig nichts im eisigen Spiegel der Leinwand, was an die ehrwürdigen Bürger einer Demokratie erinnert.

Mir ist gelegentlich, zu Unrecht wie ich meine, vorgeworfen worden, ich mache schwierige Filme: Nun werde ich zum Abschluss einen machen.

Theorien sind jedoch nur dazu da, im Krieg der Zeit zu fallen: Sie sind mehr oder weniger starke Einheiten, die es im richtigen Moment in die Schlacht zu werfen gilt …

»Hier stand einst der Palast des Königs von Wu. Das Gras wächst friedlich auf seinen Ruinen. – Dort der Palast der Jin, einst prächtig und Ehrfurcht gebietend. – All dies ist für immer dahin, alles zerrinnt mit einem Male, die Geschehnisse wie die Menschen … «

Es gab damals am linken Ufer des Flusses – man kann nicht zweimal in denselben Fluss steigen, noch zweimal eine vergängliche Substanz in demselben Zustand berühren – ein Viertel, in dem das Negative Hof hielt.

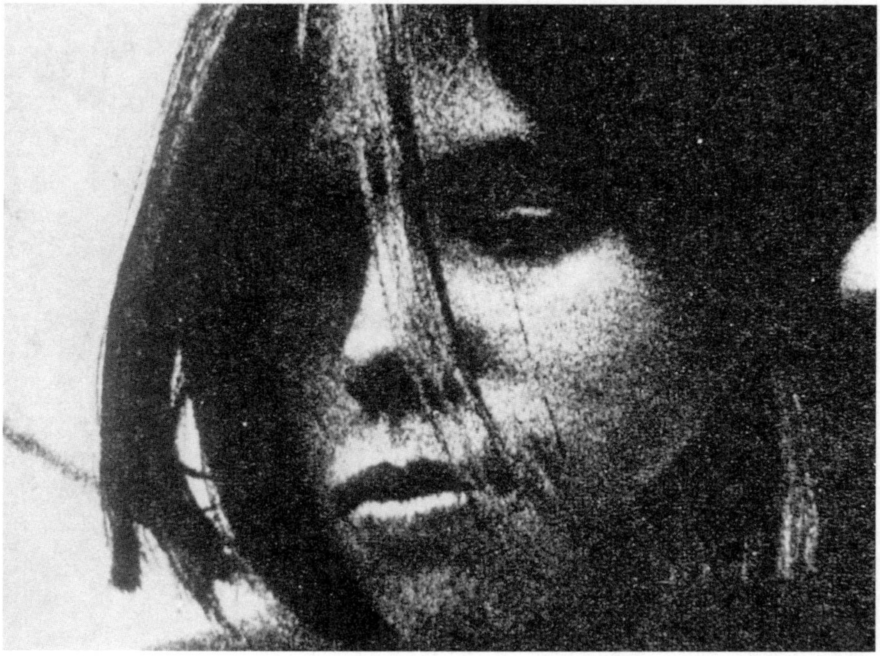

Da sind die kleinen Mädchen, die dir alles geben – erst ein »Guten Abend« und dann die Hand …

Auf dem halben Weg
des wahren Lebens
waren wir von dunkler
Melancholie umgeben …

»Wie oft im Lauf der Zeiten wird man dies erhabene Schauspiel, das wir erschaffen, wiederholen, in unbekannten Sprachen, vor noch nicht entstandenen Völkern!«

»Sie flieht, sie flieht wie ein Gespenst, das, solange es bei uns weilte, uns mit gewisser Zufriedenheit erfüllte und dessen Fortgang nur Unruhe in uns hinterlässt … «

»Ein Geschlecht vergeht, das andere kommt; die Erde aber bleibt ewiglich. Die Sonne geht auf und geht unter und läuft an ihren Ort, daß sie wieder daselbst aufgehe … «

»Nein, lasst uns den Fluss überqueren und uns im Schatten der Bäume dort ausruhen.«

Was mich betrifft, so habe ich nie irgendetwas von dem bedauert, was ich getan habe, und ich gebe zu, dass ich mir nach wie vor überhaupt nicht vorstellen kann, was ich, so wie ich nun einmal bin, anderes hätte tun können.

Als wir sahen, wie unsere Verteidigung zusammenbrach und manchen bereits der Mut wankte, dachten einige von uns, dass wir zweifelsohne weitermachen müssten, indem wir die Perspektive der Offensive einnähmen.

»Schach ist so einfach!«

Es ist ein großartiger Augenblick, wenn ein Sturm gegen die Ordnung der Welt losbricht.

Es ist eine Attacke, die langsam ansetzt, ihren Lauf beschleunigt, den Punkt überschreitet, ab dem kein Rückzug mehr möglich ist …

Als wir sahen, wie unsere Verteidigung zusammenbrach und manchen bereits der Mut wankte, dachten einige von uns, dass wir zweifelsohne weitermachen müssten, indem wir die Perspektive der Offensive einnähmen.

»Schach ist so einfach!«

Es ist ein großartiger Augenblick, wenn ein Sturm gegen die Ordnung der Welt losbricht.

Es ist eine Attacke, die langsam ansetzt, ihren Lauf beschleunigt, den Punkt überschreitet, ab dem kein Rückzug mehr möglich ist …

Und genau das taten wir, als wir, aus der Nacht hervorgetreten, erneut das Banner der »guten alten Sache« entfalteten und unter dem Kanonenfeuer der Zeit vorrückten.

Ich habe nie so recht verstanden, warum man mir oft vorgeworfen hat, ich hätte diese schöne Truppe in einem aberwitzigen Ansturm oder durch eine Art neronischer Selbstgefälligkeit zugrunde gerichtet.

Der sentimentale Einwand ist ebenso müßig wie die pseudo-strategischen Spitzfindigkeiten: »und deine Knochen in der Erde Troias langsam verfaulen, ohne daß wir auch nur das Geringste erreicht hätten!«

Die räumliche Anordnung einer der besten Städte, die es jemals gab, die Personen und das, was wir mit unserer Zeit anfingen, all das fügte sich zu einem Ensemble …

Auf jeden Fall durchquert man eine Epoche so, wie man an der Punta della Dogana vorüberfährt, das heißt, eher rasch.

»Wir irren in der Nacht. – Der Teufel führt uns heimlich fort.«

Die Empfindung des Verfließens der Zeit war für mich immer schon sehr stark …

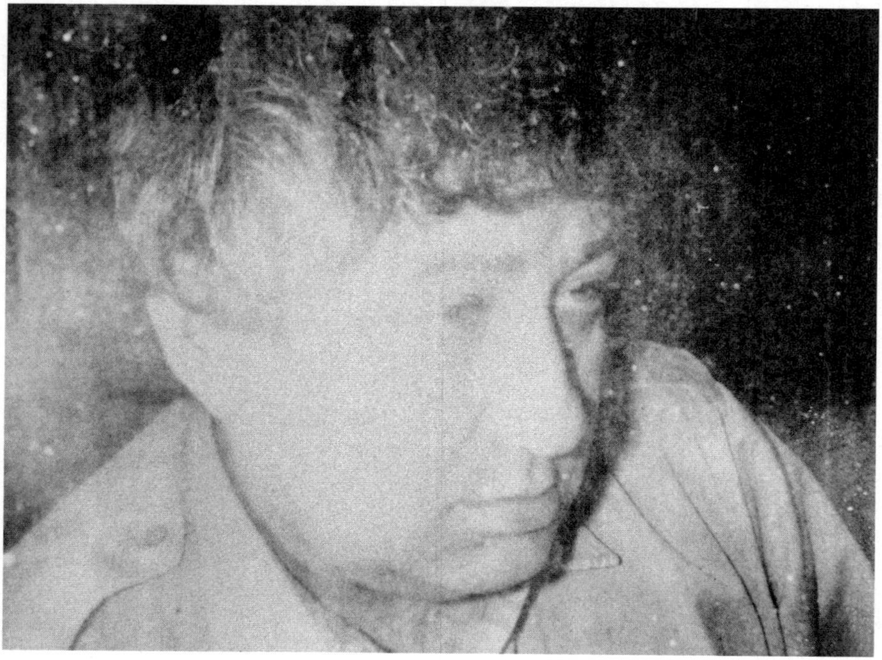

In dieser Hinsicht liebte ich meine Zeit, die gesehen haben wird, wie jede bestehende Sicherheit verloren ging und alles zerrann, was gesellschaftlich geordnet war.

Texte Guy Debords zu seinen Filmen

Texte Debords zu *Geheul für Sade*

Eine erste Version des Films wurde im April 1952 in der lettristischen, von Marc-Gilbert Guillaumin (Marc'O) herausgegebenen Zeitschrift *Ion* veröffentlicht. Dem Text des Films vorangestellt war folgende Grundsatzerklärung.

Prolegomena für jedes zukünftige Kino

Die Liebe gilt nur in einer vorrevolutionären Zeit.

Ich habe diesen Film gemacht, als noch Zeit war, davon zu sprechen.

Es ging darum, sich mit größtmöglicher Gewalt gegen eine ethische Ordnung zu erheben, die später überholt sein wird.

Da ich nicht gerne schreibe, fehlt es mir an Muße für ein Werk, das nicht für die Ewigkeit wäre: Mein Film wird zu den bedeutendsten in der Geschichte der reduktionellen Hypostase des Kinos zählen, durch terroristische Zerrüttung des diskrepanten Kinos.

Das Ziselieren des Fotos und der Lettrismus (vorgegebene Elemente) werden hier als Ausdruck an sich der Revolte aufgefasst.

Das Ziselieren durchkreuzt bestimmte Momente des Films, die verschlossene Augen vor dem Übermaß des Unheils sind. Die lettristische Dichtung erhebt ein Geheul für ein zerschmettertes Universum.

Der Kommentar wird in Frage gestellt durch:

Den zensierten Satz, in dem die Streichung von Worten (siehe *Aufruf zur Zerstörung der theoretischen Prosa*) die repressiven Kräfte verrät.

Die buchstabierten Wörter, Ansatz einer vollständigeren Zerschlagung.

Die Zerstörung findet eine Fortsetzung in der Überlagerung von Bild und Ton mit:

Dem zerrissenen Bild-Ton-Satz, in dem das Foto den verbalen Ausdruck überwältigt.

Dem gesprochenen-geschriebenen Dialog, dessen Sätze auf die Leinwand geschrieben sind, sich auf der Tonspur fortsetzen, dann einander antworten.

Schließlich gelange ich zum Tod des diskrepanten Kinos durch die *Beziehung der beiden Teile des Unsinns* (vollkommen nichtssagende Bilder und Worte), einer Beziehung, die eine Überbietung des Schreis ist.

Doch all das gehört einer Epoche an, die zu Ende geht und mich nicht mehr interessiert.

Die schöpferischen Werte verschieben sich hin zu einer Konditionierung des Zuschauers mittels dessen, was ich die *dreidimensionale Psychologie* und das *nukleare Kino* von Marc, O genannt habe, das ein anderes, weitendes Kino beginnt.

Die Künste der Zukunft werden entweder Umwälzungen von Situationen sein oder sie werden nicht sein.

Die erste Fassung des Films *Geheul für Sade*

Erstes Drehbuch, geplant mit Bildern, niemals gedreht.
Veröffentlicht in der Zeitschrift *Ion*, April 1952.

TONSPUR	BILDER
	Die Wörter in Versalien werden in weißer Schrift auf schwarzer Leinwand geschrieben. Der Ausdruck »rencontres« [Begegnungen] bezeichnet durchgehend alle Bilder, deren Erotik nur durch die skandalöse und kaum zu fassende Existenz einer Polizei gemäßigt wird.
Zu Beginn dieser Geschichte gab es Leute, die wie geschaffen waren, sie zu vergessen; und die gute Zeit, die verlorener war als in einem Labyrinth.	Truppenparade der Britisch-Indischen Armee im vergangenen Jahrhundert.
(**Langes Schweigen.**)	Schwarze Leinwand. Großaufnahme von Guy-Ernest Debord. Schwarze Leinwand. Großaufnahme eines Mädchens, das ein Eis lutscht.
Glaubte, dass der Abend ganz in ihrem Mund verginge. Doch er war krank wegen dieser Unmöglichkeit, verstanden zu werden; und dem Zufall der Bekanntschaften und Brüche folgend fand er nach und nach eine Metaphysik der Verweigerung.	Vertikalschwenk nach oben [frz. »ascendant«] an der Tour Saint-Jacques, der mehrmals wiederholt wird.
Was ist aus ihm geworden?	
(**Letzte Strophe von »Marche« von François Dufrêne, sehr sanft gesprochen.**)	
Arthur Cravan tief unter Wasser.	Ansichten eines Panzerkreuzers der Seeschlacht von Tsushima.

(**Von einem amerikanischen Schwarzen gesprochen.**) Seine Spur verliert sich kurz darauf im Golf von Mexiko, auf den er sich des Nachts auf einem der leichtesten Boote hinausgewagt hatte.	Begegnungen.
(**Jagdhörner, von Apollinaire, begleitet von einer Überschallimprovisation von Marc, O.**)	Truppenparade der Britisch-Indischen Armee.
Emanuel Gott wartet auf die Stunde der Sternzeit, zu der sich sein Kopf auf und davon macht.	Begegnungen.
Eine Wissenschaft der Situationen ist zu schaffen, die der Psychologie, der Statistik, dem Urbanismus und der Moral Elemente entlehnen wird. Diese Elemente müssen auf ein völlig neues Ziel hinarbeiten: eine bewusste Schaffung von Situationen.	Szenen von Aufständen.
Ich mag das Kino nicht, sondern einen Aufstand, der mir jeden Morgen versprochen wird, wenn ich Violette Nozières wiedersehe oder das zum Gedächtnis von Serge Berna errichtete Denkmal.	Begegnungen. Ein zwölfjähriges Mädchen lächelt im Vorübergehen und geht die Stiegen zur Metro hinunter. Ansichten von Notre-Dame aus verschiedenen Blickwinkeln.
(**Eine Melodie von Vivaldi setzt ein.**) Erinnerte sich an diese Bar, in der er wartete, dass das halbe Jahrhundert zum nächsten wechselt, und an all das dachte, das einmal mehr zu Ende ging, und	Schwarze Leinwand. Großaufnahme von Guy-Ernest Debord. Ein sitzendes Mädchen, das Gesicht am Tisch liegend, auf dem sich ihre Haare nach vorne ausbreiten.
(**Langes Schweigen.**) immer auf die Uhrzeit achtend, auf die letzten Sekunden, bis Mitternacht. (**Die Musik klingt noch einen Moment weiter und bricht dann ab.**)	Schwarze Leinwand. Augen in Großaufnahme. Schwarze Leinwand. Boxkampf.

Dann ging er auf die kalte Straße hinaus, und die Sirenen begannen zu heulen.	Absprung von Fallschirmspringern.
(**Buchstabierte Wörter.**)	
S,O, L,E,E,R, Z,U,M, A,U,F,H,E,U,L,E,N, Z,U,M, A,U,F,H,E,U,L,E,N. (**Pfiffe.**)	Mit Bürste bis zur vollständigen Zerstörung des Bildes bearbeiteter Film.
Ihr Gedächtnis fand sie immer wieder, in einem Aufblitzen aller Feuerwerke des Natriums im Kontakt mit Wasser.	Gesicht eines eingeschlafenen Mädchens.
War ihm klar, dass nichts von diesen Gesten bleiben würde in einer Stadt, die sich mit der Erde dreht, und die Erde dreht sich in ihrer Galaxie, die einen recht unbeträchtlichen Teil einer Insel darstellt, die unendlich außerhalb von uns entflieht.	Schwarze Leinwand. Großaufnahme von Guy-Ernest Debord. Schwarze Leinwand. Boxkampf.
(**Buchstabierte Wörter.**) N,A,H,K,A,M,P,F V,E,R,L,O,R,E,N,	
Er ging spazieren und (**Schweigen.**)	Schwarze Leinwand. Guy-Ernest Debord, in halbnaher Einstellung, trinkt ein Glas.
verzweifelter als	Schwarze Leinwand. Ansichten mehrerer Fabrikschornsteine.
(**Fragmente von »J'interroge et j'invective« [ich befrage und ich beschimpfe], einem zu heulenden Gedicht von François Dufrêne.**)	Gebürsteter Film.
Das erste Wunder ist, vor sie zu treten, ohne mit ihr reden zu können. Die gefangenen Hände bewegen sich nicht schneller als in Zeitlupe gefilmte Rennpferde, um ihren Mund und ihre Brüste zu berühren; in aller	Bilder des Nachthimmels, im Teleskop.

Unschuld, die Stricke werden zu Wasser, und wir wälzen uns gemeinsam dem Tag entgegen.

(**Die hervorgehobenen Sätze werden von einem Mädchen mit bulgarischem Akzent gesprochen.**)

Ich glaube, wir werden uns nie wiedersehen.

Begegnungen, in Zeitlupe.

Nahe an einem Kuss werden die Lichter der winterlichen Straßen enden.

In diesem Augenblick ist in Tahiti Morgendämmerung.

Paris war sehr angenehm wegen des Streiks der öffentlichen Verkehrsmittel.

Jack the Ripper wurde nie gefasst.

Es ist lustig, das Telefon.
Was für eine Liebesherausforderung, wie Madame de Ségur sagte.

Ich werde Ihnen Geschichten aus meinem Land erzählen, die große Angst einjagen, doch man muss sie am Abend erzählen, um Angst zu haben.

Meine liebe Ivich, es gibt leider weniger chinesische Viertel, als Sie glauben. Sie sind fünfzehn Jahre alt.
Die grellsten Farben wird man eines Tages nicht mehr tragen.

Ich kannte Sie bereits.
Seoul und andere Sternnebel.
Der Urwald ist unberührt, doch weniger als Sie.

Guy, mir ist so kalt.	
Der Dämon der Waffen, ihr erinnert euch. Genau das. Niemand war uns gut genug. Was werden später einmal Boulevard Bonne-Nouvelle, der Inzest und die Schülerin bedeuten?	
(**Geheul.**)	Szenen von Aufständen.
Jedoch …	
Der Hagel auf den Glasbannern. Man wird sich dieses Planeten erinnern.	
Eine Welt der Schreie ging verloren. (**dreimal mechanisch und mit leichtem Crescendo wiederholt.**)	Isou, in Großaufnahme, lächelt in den Saal.
dachte an einige Zeilen einer Zeitung aus dem Jahr 1950.	Schwarze Leinwand. Großaufnahme von Guy-Ernest Debord. Schwarze Leinwand. Szenen von Aufständen.
(**Monotone Stimme.**) Ein junger Radiostar stürzt sich in die Isère. Grenoble. Die zwölfeinhalb Jahre alte Madeleine Reineri, die unter dem Pseudonym Pirouette durch die Radiosendung »Schöne Donnerstage« des Senders Alpes-Grenoble führte, hat sich am Freitagnachmittag in die Isère gestürzt, zuvor hatte sie ihre Schultasche am Flussufer abgelegt.	Begegnungen.
(**Leise.**)	
VARALINE VARADALINE SIANE MARIALE MALIVOLANE.	Leichen in den Straßen Athens getöter Jugendlicher.

Schwesterchen, wir sind nicht schön anzusehen. Isère und Misere gehen weiter. Wir sind machtlos.	UND DIE JUGEND WIRD SICH EIN WENIG MEHR ZERSETZEN.
Der Aufstand der Jugend ...	Großaufnahme von Marc, O.
(**Gellende Pfiffe; dann Lettristenchor als Lautuntermalung, die von den Schreien und Pfiffen übertönt wird.**)	Innenansicht des Café Mabillon mit seinen üblichen Gästen.
Betrachtungen über die sexuellen Beziehungen in Frankreich gegen Ende des christlichen Zeitalters.	
Fast alle Mädchen unter fünfzehn Jahren sind uns untersagt.	
Der Großteil der Perversionen wird vom breiten Publikum nicht gerne gesehen.	Boxkampf.
Die Pariser Polizei ist 30 000 Schlagstöcke stark.	
Es gibt noch viele Leute, die das Wort »Moral« weder zum Lachen noch zum Weinen bringt.	
(**Ende des Lettristenchors.**)	
Christiane ist im Gefängnis.	
Die Ordnung herrscht, aber sie regiert nicht.	
(**Mechanisch.**)	
Die dreidimensionale Psychologie oder der als Erkenntnismittel definierte Architekturkomplex.	Außenansichten des Musée de Cluny.
Der andalusische Hund hat sich in die Häuser des Schlafs wie ein erdrosselter Argonaut eingeschlossen.	Szenen von Aufständen.

So große Nachsicht und der Sieg von Kosovo, die geheimen Wunden. An der Ecke der Nacht führen die Seeleute Krieg; und die Flaschenschiffe sind für dich, die du sie geliebt hattest. Du beugtest dich in den Strand zurück wie in die verliebteren Hände, die Regen, Wind und Donner jeden Abend unter deinen Rock gleiten lassen.
Im Sommer ist das Leben in Cannes schön.
Die verbotene Vergewaltigung banalisiert sich in unseren Erinnerungen.
Als wir am Chattanooga waren.
Ja. Sicher.
Und das Versanden dieser Gesichter, die die Ausbrüche des Begehrens waren, wie Tinte auf einer Wand, die irre Sterne waren.
Auf dass Gin, Rum und Schnaps fließen und versenkt werden wie die Spanische Armada.
So viel zur Grabrede.
Doch all diese Leute waren vulgär.

(**Applaus und gleichzeitig Pfiffe.**)

UNORDNUNG DER UNORDNUNG WEGEN.

Die Streichelfolter beginnt mit ihr wieder und die Schwäche verweigert sich und nimmt zu.

Boxkampf.

Der vertikale Fall leert ein Fass Danaiden, ein Fass Frost und Lippen.

Gebürsteter Film.

Der Teppich dreht in eine andere Zeitdimension, befleckt sich.
Wie ein Stück Zucker, das schmilzt.

Absprung von Fallschirmspringern.

Die Musik markiert das Rot und das Grün der Zeichen.
Die Nacht gehört dir.
Die Triumphmusik weiter sich aus.
Er liegt beim Schwimmen in einem sehr heißen Fluss, einem spiegelglatten Meer.

Begegnungen.

Schon ist es nur noch eine Frage der Haare.

Ich mochte den Wodka nie sehr und auch die Vertraulichkeiten nicht.

(**Monotone Stimme.**)

Die zwölfeinhalb Jahre alte Madeleine Reineri, die unter dem Pseudonym Pirouette durch die Radiosendung Schöne Donnerstage des Senders Alpes-Grenoble führte, hat sich in die Isère gestürzt …

Absprung von Fallschirmspringern.

Mademoiselle Reineri im Quartier Europe, Sie haben immer noch Ihr erstauntes Gesicht und diesen Körper, das Beste aller gelobten Länder.

Schild der Rue de Lisbonne.

Voranschreiten der französischen Infanterie in Indochina.

Die Dialoge wiederholen wie die Neonreklame ihre endgültigen Wahrheiten.

(**Lettristische Solo-Improvisation über ein Röcheln.**)

ICH LIEBE DICH:
STERBEN MUSS SCHRECKLICH SEIN.
AUF WIEDERSEHEN.
DU TRINKST VIEL ZU VIEL.
WAS SIND DIE KINDHEITSLIEBEN?
ICH VERSTEHE DICH NICHT.

Ich wusste davon. Zu einer anderen Zeit habe ich es sehr bedauert.

WILLST DU EINE ORANGE?
DIE SCHÖNE HERZZERREISSENDE ZERRISSENHEIT DER VULKANINSELN.
SEINERZEIT.

Ich habe dir nichts mehr zu sagen.

Bilder des Nachthimmels im Teleskop.

(**Ende der lettristischen Improvisation.**)

Nach all den ungelegenen Antworten und der Jugend, die langsam alt wird, fällt abermals die Nacht aus allen Wolken.

(Schreie von François Dufrêne):

Szenen von Aufständen.

VI

XIII ad lib.

KWORXKE KOWONGUE KKH
WOZ BU WONZ GGH
WEXPI GWÈGNS
PIV
HIGNS CHTABUHI
HIGNS
STOBOHU STOBOHU KAX
GONX
KWORXKE KOWONGUE KKH
WOZ BU WONZ GGH

Gebürsteter Film.

TIYNDOLLF; TIYNDOLLF; TIYNDOLLF (bis).
GLILEUS, GLILEUS, GLILEUS, GLILEUS, GLILEUS (bis).
CHTAM, CHTAM, CHTAM, CHTAM, BAOUMPE (bis).
KFRACHIKANNKLE
KLEX

XIV

KLWATWORZZ ...
CHFARBONR CHFIDRE, CHFOIDRE, CHFIDRE (bis)
CHFARBONR CHGLIFT !

VI

Hinsichtlich dieser Erinnerungen

ich habe das Kino zerstört, weil es einfacher war, als Passanten zu töten.

(**Hier beschränkt sich die Lektüre auf verschiedene Artikel des Code Civil und von Auszügen eines Handbuchs der französischen Literatur.**)

Während des restlichen Films eine Abfolge von absolut beliebigen Bildern; jenseits aller Absichten bezüglich Humor, Montage oder Provokation.

Die poetischen Welten schließen und vergessen sich in sich selbst.

Ein durch ihre Haare verborgenes Gesicht eines Mädchens.

Auf dem Platz Gabriel-Pomerand verbirgt der Nebel Rendezvous, die im Selbstmord enden.

Place Saint-Germain-des-Près, verwaist.

Als enfants perdus erleben wir unsere unvollkommenen Abenteuer.

Begegnungen.

Die Kontinentaldrift entfernt jeden Tag mehr ein Mädchen, das so schön ist wie Gilles de Rais.

Guy-Ernest Debord verlässt das Escapade und geht die Rue Dauphine entlang.

Wissen Sie, all das hat keine Bedeutung.

Schwarze Leinwand.

(**Kurzes Schweigen, dann sehr heftige Schreie im Dunkeln.**)

Hinweis für den Verband der französischen Filmklubs Klarstellungen zum Film *Geheul für Sade*

Das Spektakel ist permanent. Die Bedeutung der Ästhetik gibt nach dem Trinken immer noch netten Anlass zu Scherzen. Wir haben das Kino hinter uns gelassen. Der Skandal ist nur allzu legitim. Nie werde ich Erklärungen geben. Jetzt bist du ganz alleine mit unseren Geheimnissen. AM BEGINN EINER NEUEN SCHÖNHEIT und später in der großen flüssigen und begrenzten Wüste der Allée des Cygnes (alle Künste sind kümmerliche Spiele und verändern nichts) war ihr Gesicht ganz offen, erstmals in dieser Kindheit, die sie ihr Leben nannte. Die spezifischen Bedingungen des Kinos erlaubten die Unterbrechung der Anekdote durch Unmengen leeren Schweigens. Alle Wohlgerüche Arabiens. Die Morgendämmerung in Villennes. AM URSPRUNG EINER NEUEN SCHÖNHEIT. Doch darum wird es nicht mehr gehen. All das war nicht wirklich interessant. Es geht darum, sich zu verlieren.

Die große Nachtfete

Die Anwendung der Künste bringt, wie schlecht man sie auch immer behandelt und welchen Zwecken man sie auch immer unterwirft, unweigerlich fragwürdigen Umgang und verdächtige Bewunderungen mit sich. Es fällt nur zu leicht, eine Kulturwelt zu verführen, die von der Geschichte schon vergessen wurde. Neben einer gewissen Rosenkönigin des Propädeutikums behielt die französische Literatur auch dem Skandal, den bösen Buben und dem Modernismus einen schönen Platz vor. Da gibt es keine Exklusivität.

Und wenn wir nicht auf der Hut wären, könnte die kultivierte Kanaille sogar so weit gehen, zweien oder dreien von uns ein wenig literarisches Talent zuzubilligen, das ausreicht, um eines Tages im Inhaltsverzeichnis einer Publikation wie *Les Temps modernes* zu landen: dort sieht man schon, wie Colette Audry den virtuosen Cocteau lobt; wie Raymond Borde entdeckt, dass die Form des Films dringend erneuert werden muss und Rezepte dafür zum Besten gibt; wie ein Paranoiker namens Misrahi in Nummer 109 die Stierkämpfe durch die nicht eingestandene Homosexualität der Matadore erklärt.

Vor drei Jahren war es eher die Karriere eines Astruc, die einige Lettristen ins Auge fassen konnten, die in den Ciné-Clubs ein wenig von sich reden gemacht hatten. Es war kein Geheimnis, dass einige von ihnen dem nicht abgeneigt waren. Es war also an der Zeit, das durch einen Eklat zu durchkreuzen, der die zwangsläufig lächerliche Allüre jedes persönlichen lyrischen Ausdrucks in der heutigen Zeit extrem hervorhob und die Formierung einer neuen Gruppe befördern konnte, die ein ernsthafteres Vorgehen ins Auge fasste.

Dieser demzufolge gemachte Film enthielt kein Bild. Die Tonspur dauerte nur etwa zwanzig Minuten und war ungleichmäßig stoßweise auf anderthalb Stunden Projektion verteilt. Während der zunehmend längeren Unterbrechungen des Tons blieben die Leinwand und der Zuschauerraum völlig schwarz. Die Dialoge wurden von ziemlich ungewöhnlichen und entschieden monotonen Stimmen gesprochen. Der nahezu ständige Einsatz von Zeitungsausschnitten, juridischen Texten und ihrer Bedeutung entwendeten Zitaten machte das Verständnis des Dialogs noch schwieriger.

Der Film ging nicht zu Ende. Nach einer Anspielung auf die unvollständigen Geschichten, die wir zu durchleben hatten – dabei wurde der Ausdruck verwendet, der die Aufklärungstruppen der Heere im Dreißigjährigen Krieg bezeichnete – **en enfants perdus/als Verlorener Haufen,** vollzog eine schwarze Sequenz von vierundzwanzig Minuten seine enttäuschende Apotheose vor dem Wüten der auf schöne Kühnheiten erpichten Kenner. Das Spiel geht weiter; und wir sind uns jeden Tag sicherer, es richtig zu spielen.

Technische Angaben

Geheul für Sade wurde im Juni 1952 gedreht. Es ist ein Langspielfilm völlig ohne Bilder, der auf der Tonspur als alleinigem Träger beruht. Dieser Träger lässt die Leinwand während der Vorführung der Dialoge gleichmäßig weiß. Die Dialoge, deren Gesamtlänge ungefähr 20 Minuten nicht übersteigt, sind selbst in kurzen Bruchstücken innerhalb einer Stunde Schweigen verstreut (wovon vierundzwanzig Minuten durchgehend die Schlusssequenz bilden). Während der Vorführung des Schweigens bleibt die Leinwand völlig schwarz; und damit auch der Zuschauerraum.

Die zu hörenden Stimmen, alle ausdruckslos, sind die von Gil J Wolman (Stimme 1), Guy Debord (Stimme 2), Serge Berna (Stimme 3), Barbara Rosenthal (Stimme 4), Jean-Isidore Isou (Stimme 5).

Der Film enthält keinerlei Begleitung oder Geräuschkulisse, mit Ausnahme einer lettristischen Solo-Improvisation von Wolman, die das erste Erscheinen der weißen Leinwand einleitet, unmittelbar vor Beginn des Dialogs, wobei die beiden ersten Antworten allein den Vorspann darstellen.

Der Inhalt des Films muss zunächst im Zusammenhang der Atmosphäre der lettristischen Avantgarde dieser Epoche gesehen werden: sowohl auf allgemeinster Ebene, auf der er sich als Negation und Überschreitung von Isous Auffassung des »diskrepanten Kinos« präsentiert; als auch auf anekdotischer Ebene mit der Mode der Doppelvornamen, die damals für diese Gruppe typisch war (Jean-Isidore, Guy-Ernest, Albert-Jules, etc.), oder mit dem Bezug auf Berna, den Organisator des Skandals zu Ostern 1950 in Notre-Dame de Paris, bis hin zur Widmung an Wolman, den Autor des vorangegangenen lettristischen Films, dem wunderbaren *Anticoncept*. Andere Aspekte müssen in der Perspektive der seitdem definierten situationistischen Positionen betrachtet werden: in erster Linie des Einsatzes *entwendeter Sätze*. Unter all den fremden – Zeitungen oder Joyce oder dem Code Civil entnommenen – Sätzen, die unter den Dialog dieses Films gemischt sind, das heißt unter die gleichermaßen lächerliche Verwendung verschiedener Schreibstile, hat die vorliegende Edition des Institut scandinave de vandalisme comparé [Skandinavisches Institut für vergleichenden Vandalismus] Anführungszeichen nur bei vier dieser Sätze verwendet, die als herkömmliche Zitate betrachtet wurden, da die Erkennung der übrigen vermutlich Schwierigkeiten bereiten würde. Es handelt sich um drei Zitate von Isou (jeweils aus seiner *Esthétique du cinéma*, aus einem Brief an Debord, aus *Précisions sur ma poésie et moi*) und eine Replik in einem Western von John Ford (*Rio Grande*).

Die erste Vorführung von *Geheul für Sade* in Paris am 30. Juni 1952 im damals von A.-J. Cauliez geleiteten Ciné-Club d'Avant-Garde in den Räumlichkeiten des Musée de l'Homme wurde fast gleich zu Beginn unterbrochen, nicht ohne Gewalttätigkeiten seitens des Publikums und der Leiter dieses Ciné-Clubs. Mehrere Lettristen distanzierten sich damals von einem so ungeschickt maßlosen Film. Die erste vollständige Projektion fand am 13. Oktober desselben Jahres im Ciné-Club du Quartier Latin statt, in der Salle des Sociétés Savantes, und wurde von der Gruppe der »Linkslettristen« und etwa zwanzig Hilfskräften aus Saint-Germain-des-Prés verteidigt. Die Anwesenheit derselben unterband einige Monate danach im selben Ciné-Club ein *Squelette sadique* [sadistisches Skelett], das angekündigt und einem gewissen René-Guy Babord zugeschrieben worden war, wobei sich der Scherz anscheinend darauf beschränken sollte, eine Viertelstunde lang das Saallicht auszulöschen.

Texte Debords zu *Über den Durchgang einiger Personen durch eine ziemlich kurze Zeiteinheit*

Technische Angaben

Sur le passage de quelques personnes à travers une assez courte unité de temps [Über den Durchgang einiger Personen durch eine ziemlich kurze Zeiteinheit] ist ein Kurzfilm, 600 m lang (20 Minuten), im Format 35 mm gedreht, schwarz-weiß. Produziert von Dansk-Fransk Experimentalfilms Kompagni, gedreht im April 1959. Die Montage wurde im September 1959 abgeschlossen. Kamera: André Mrugalski. Schnitt: Chantal Delattre. Regieassistenz: Ghislain de Marbaix. Kameraassistenz: Jean Harnois. Skript: Michèle Vallon. Technik: Bernard Largemain. Filmlabor G.T.C.

Der Kommentar wird von den eher unbeteiligten und müden Stimmen von Jean Harnois (1. Stimme, im Stil eines Nachrichtensprechers), Guy Debord (2. Stimme, trauriger und matter) und Claude Brabant (3. Stimme, sehr junges Mädchen) gesprochen.

Die Tonspur des Vorspanns enthält Auszüge der Aufzeichnung der Diskussionen der dritten Konferenz der Situationistischen Internationale in München; vorwiegend in Französisch und Deutsch. Für die Begleitmusik wurde das Thema von Händel aus der Ballettsuite *L'Origine du dessin* [Die Erfindung der Zeichenkunst] verwendet; die beiden Themen von Michel Richard Delalande aus *Caprice Nr. 2*, auch *Grande Pièce* genannt.

Der Kommentar beinhaltet einen hohen Anteil an entwendeten Sätzen, die unterschiedslos den klassischen Denkern, einem Science-Fiction-Roman oder den schlimmsten Modesoziologen entnommen sind. Um hinsichtlich der spektakulären Szenerie die Gegenposition zum Dokumentarfilm einzunehmen, wurde jedes Mal, wenn die Kamera Gefahr lief, auf ein Denkmal zu stoßen, vermieden, dieses zu filmen, indem der entgegengesetzte *Standpunkt, aus der Sicht des Denkmals* (in dem Sinn, in dem der junge Abel Gance seine Kamera so platzierte, dass sie *aus der Sicht des Schneeballs* aufnahm) gefilmt wurde. Der erste Entwurf dieses Dokumentarfilms räumte der direkten Entwendung von in anderen Filmen existierenden Einstellungen einen größeren Raum ein, unter Verwendung der gängigsten Kinoproduktionen (zum Beispiel, in der Sequenz, die den erfolglosen revolutionären Bemühungen der 50er Jahre gewidmet ist, diese Aufeinanderfolge zweier Einstellungen: eine besorgte junge Frau, in der prunkvollen Kulisse eines Kriminalfilms, telefoniert und besteht mit Nachdruck darauf, dass ihr Gesprächspartner wartet; der russische General in *Wem die Stunde schlägt* blickt auf die über seinem Unterstand vorüberfliegenden Flugzeuge, die eben abfliegen, und antwortet am Telefon, dass es leider zu spät sei, da die Offensive bereits begonnen habe und dass sie wie die anderen scheitern werde). Diese Grenzfälle eines Zitats wurden schließlich dadurch verhindert, dass mehrere Filmverleiher den Verkauf der Wiedergaberechte von mindestens der Hälfte der ausgewählten Einstellungen verweigerten, was die geplante Montage zerstörte. Dafür wurde ein von Monsavon hergestellter Werbefilm ausführlichst genutzt, dessen Star eine bessere Zukunft beschieden sein sollte.

Von André Mrugalski stammt das Foto, das in der Sequenz der Entwendung der »Kunstdokumentation« im Detail abgefilmt wird.

Man kann diesen Kurzfilm als Anmerkungen zum Ursprung der situationistischen Bewegung betrachten; Anmerkungen, die daher natürlich eine Reflexion über ihre eigene Sprache enthalten.

Auszug eines Briefes an André Frankin vom 26. Januar 1960

»Du hast den Unterschied der Entsprechung des Kommentars zum Bild im ersten und im zweiten Teil von *Passage* sehr gut erkannt. Diese entwendeten Sätze finden sich vermischt im ganzen Film, doch die meisten im ersten Teil. Mein Schema war das folgende: der Film beginnt als gewöhnlicher Dokumentarfilm, technisch durchschnittlich. Allmählich wird er weniger klar und er enttäuscht (was zunächst Ausdruck eines ›ideologischen‹ Anspruchs in Bezug auf einen klaren Gegenstand sein könnte), da der Text in Bezug auf die Bilder zunehmend unpassender und emphatisch aufgebläht erscheint. Es stellt sich die Frage: was ist also der Gegenstand? Das ist, meine ich, ein Bruch mit den Gepflogenheiten des Spektakels, ein ärgerlicher und beunruhigender Bruch.

Mit dem Auftauchen des ersten Weißfilms beginnt der Film sich selbst auf der ganzen Linie zu widerlegen – und wird so *klarer*, sein Autor *bezieht gegen ihn Stellung*. Er ist gleichzeitig ziemlich unzweideutig Antikunstfilm über das nicht geschaffene Werk der Epoche und die letztlich realistische Beschreibung einer der Kohärenz und Bedeutung beraubten Lebensweise. Die Form entspricht dem Inhalt. Es ist nicht die Beschreibung dieser oder jener Tätigkeit (die Handelsmarine, die Erdölbohrung, ein Denkmal zur Bewunderung oder zur Zerstörung wie das großartige *Hôtel des Invalides* von Franju), sondern das Zentrum der Tätigkeit selbst ist leer. Das Gemälde des ›echten Lebens‹ fehlt. Es ist diese ziemlich langsame Bewegung der Enthüllung, der Negation, die ich als Plan von *Passage* versuchte. Doch sehr summarisch und willkürlich, muss man sagen. Der Hauptschwachpunkt besteht darin, dass, entgegen der von den ökonomischen Hindernissen geblendeten vorherrschenden Meinung, der Kurzfilm sehr ungünstige Voraussetzungen für wirklichen Experimentalfilm bietet (zu kurz). Er begünstigt vielmehr einen völlig gemäßigten Ausdruck. Was im Gegensatz dazu interessant erscheint, ist, die starre Form des herkömmlichen Dokumentarfilms zu *entwenden*, die uns in diesem Sinn an die unverrückbaren 20 Minuten bindet.«

Texte Debords zu *Kritik der Trennung*

Technische Angaben

Kritik der Trennung: Dreharbeiten im September/Oktober 1960; Schnitt im Januar/Februar 1961. Produktion: Dansk-Fransk Experimentalfilms Kompagni. Kurzfilm von 20 Minuten, Format 35 mm, schwarz-weiß. Filmlabor: G.T.C.; Tonaufnahme im Marignan-Studio.

Kameramann: André Mrugalski. Schnitt: Chantal Delattre. Kameraassistenz: Bernard Davidson. Skript: Claude Brabant. Technik: Bernard Largemain.

Die Stimme von Caroline Rittener kommentiert die Filmvorschau, die dem Vorspann von *Kritik der Trennung* vorangestellt ist. Über eine wechselnde Folge äußerst wenig überzeugender Bilder, die durch Textanzeigen unterbrochen wird: *Demnächst auf dieser Leinwand – Einer der größten Antifilme aller Zeiten! – Echte Figuren! Eine wahre Geschichte! – Über einen Stoff, den das Kino noch nie zu behandeln wagte …* – zitiert sie die *Grundzüge der Allgemeinen Sprachwissenschaft* von André Martinet: »Wenn man bedenkt, wie selbstverständlich und wie vorteilhaft es für den Menschen ist, seine Sprache mit der Wirklichkeit gleichzusetzen, dann ahnt man, welcher Grad von Geistesschärfe erreicht werden musste, ehe man beide voneinander trennen und jede für sich zu einem Gegenstand der Forschung machen konnte …« Der Kommentar des Films wird dann von Guy Debord gesprochen. Caroline Rittener spielte auch auf der Leinwand die Rolle des Mädchens. Die Musik ist von François Couperin und Bodin de Boismortier.

Die Bilder von *Kritik der Trennung* sind oft Comics, Passfotos oder Zeitungsbilder; oder stammen aus anderen Filmen. Nicht selten werden sie mit Untertiteln überladen, die sehr schwer zusammen mit dem Kommentar zu verfolgen sind. Sofern Personen direkt gefilmt wurden, sind es fast immer nur die Leute des technischen Teams.

Der Zusammenhang zwischen den Bildern, dem Kommentar und den Untertiteln ist weder ergänzend noch gleichgültig. Er beabsichtigt, selbst kritisch zu sein.

Anmerkung zum Film *Kritik der Trennung*

Die »Schauspieler« waren: Caroline Rittener als gefilmter und fotografierter Star.

Als Figuren auf Fotografien:
Patrick Straram
Alexander Trocchi
Asger Jorn
Maurice Wyckaert
Michèle Mochot
Michèle Bernstein
Guy Debord

Als gefilmte Figuren: (das gesamte Filmteam)
André Mrugalski
Bernard Largemain
Claude Brabant
Bernard Davidson

Texte Debords zu *Die Gesellschaft des Spektakels*

Technische Angaben

Langspielfilm (90 Min.), 35 mm, schwarz-weiß
Produziert von Simar Films
Filmlabor G.T.C.
Schnitt: Martine Barraqué
Schnittassistenz: Manoela Ferreira
Kamera Trick und Animationstechnik: Antonis Georgakis
Kameraassistenz Trick und Animationstechnik: Philippe Delpont
Regieassistenten: Jean-Jacques Raspaud und Gianfranco Sanguinetti
Dokumentalistin: Suzanne Schiffmann
Toningenieur: Antoine Bonfanti
Produktionsleiter: Christan Lentretien

Musik: Michel Corrette, »Les délices de la solitude« [Die Wonnen der Einsamkeit], Sonate in D-Dur für Violoncello und Cembalo

Der Kommentar des vorliegenden, im Oktober 1973 fertiggestellten Films besteht ausschließlich aus Auszügen der ersten Auflage von *Die Gesellschaft des Spektakels* (1967).

Stimme aus dem Off: Guy Debord

Zum Film

»Bekanntlich wollte Eisenstein *Das Kapital* verfilmen. Im Übrigen kann man sich angesichts der formalen Auffassungen und der politischen Gefügigkeit dieses Filmemachers fragen, ob sein Film dem Text von Marx gegenüber treu gewesen wäre. Doch wir unsererseits zweifeln nicht daran, es besser zu machen. So wird zum Beispiel Guy Debord so bald wie möglich selbst eine Verfilmung von *Die Gesellschaft des Spektakels* erstellen, die sicherlich nicht hinter dem Buch zurückbleiben wird.« *Internationale Situationniste*, Nr. 12, September 1969

Bis heute vertrat man allgemein die Ansicht, dass der Film zur Darlegung einer revolutionären Theorie gänzlich ungeeignet sei. Man täuschte sich. Das Fehlen jedes ernsthaften Versuchs in diese Richtung resultierte einfach aus dem historischen Fehlen einer *modernen* revolutionären Theorie während nahezu der gesamten Entstehungszeit des Kinos; und zugleich aus dem Umstand, dass die Möglichkeiten der Filmsprache selbst trotz so vieler Absichtserklärungen seitens der Autoren und so viel geheuchelter Zufriedenheit seitens des unglücklichen Publikums noch sehr kümmerlich freigesetzt waren.

Das 1967 veröffentlichte Buch *Die Gesellschaft des Spektakels* ist ein Buch, dessen theoretischer Beitrag die neue Richtung der Gesellschaftskritik stark prägte, die nun immer offenkundiger die herrschende Weltordnung untergräbt. Auch ihre gegenwärtige Verfilmung beabsichtigt keine politische Kritik von Teilbereichen, sondern eine umfassende Kritik der bestehenden Welt, das heißt aller Aspekte des modernen Kapitalismus und seines allgemeinen Illusionssystems.

Das Kino ist selbst Teil dieser Welt, als eines der Instrumente der getrennten *Repräsentation*, die sich der Wirklichkeit der proletarisierten Gesellschaft entgegenstellt und sie beherrscht. So muss die revolutionäre Kritik, indem sie sich dem Gebiet des Filmspektakels selbst zuwendet, die Sprache *umkehren*: und sich selbst eine revolutionäre Form geben.

Der Text und die Bilder dieses Films bilden ein zusammenhängendes Ganzes; doch die Bilder darin sind nie die einfache direkte *Illustration* seiner Aussagen – und noch weniger eine Demonstration (eine »Demonstration« ist im Übrigen im Kino immer unannehmbar, aufgrund der unendlichen Manipulationsmöglichkeiten, die jede einseitige Montage der Dokumente bietet). Der Einsatz der Bilder wird hier vom Prinzip der *Entwendung* bestimmt, das die Situationisten als die Kommunikation definierten, die »ihre eigene Kritik beinhalten« kann. Das stimmt für die Verwendung einiger Ausschnitte aus bestehenden Filmen und aus aktuellen Nachrichtenberichten oder sogar für abgefilmte Fotografien, die bereits andernorts veröffentlicht worden waren. Es sind die eigenen Bilder der Spektakelgesellschaft, mittels derer sie sich selbst darstellt, die übernommen und gewendet werden: die Mittel des Spektakels müssen mit Skrupellosigkeit behandelt werden. So dass das Kino in diesem Film in gewisser Weise am Ende seiner pseudoautonomen Geschichte seine Erinnerungen versammelt. Man wird das also zugleich als einen Historienfilm, einen Western, einen Liebesfilm, einen Kriegsfilm, etc. sehen können. Und es ist auch ein Film, der wie die Gesellschaft, von der er handelt, zahlreiche komische Züge aufweist. Wenn über die spektakuläre Ordnung und die Souveränität der Ware, der sie dient, gesprochen wird, spricht man auch darüber, was diese Ordnung verbirgt: die Klassenkämpfe und die Tendenzen zum realen historischen Leben, die Revolution und ihr vergangenes Scheitern und die Verantwortlichkeiten für ihr Scheitern. Nichts in diesem Film ist dazu angetan, den Großen Schwachköpfen des linken Kinos zu gefallen: Verachtung gilt darin gleichermaßen dem, was sie achten, und dem Stil, in dem sich ihre Achtung manifestiert. Wer in der Lage ist, eine ganze ökonomisch-soziale Formation zu begreifen und zu verurteilen, wird sie selbst in einem Film verurteilen. Man rede uns nicht von Extremismus, man würde uns eine Freude machen: die gegenwärtige Geschichte ist recht nahe daran, darüber hinauszugehen.

Es reicht, eine *Kritik ohne Zugeständnisse* vorzunehmen, um die Thesen, die bis dato nie im Kino zum Ausdruck gebracht wurden, dort in einer nie gesehenen Form auftauchen zu lassen.

Damit das Kino aus sozioökonomischer Sicht zu einer solchen Freiheit tatsächlich in der Lage ist, muss man freilich auf jeden Anspruch einer wie auch immer gearteten vorherigen Kontrolle des Regisseurs verzichten, die darin bestünde, von ihm ein Exposé zu verlangen oder zu versuchen, von ihm einen anderen vergeblichen Anschein einer Garantie zu erhalten. Das wurde per Vertrag zwischen dem Autor und der Gesellschaft Simar Films zugestanden: »Es wird vereinbart, dass der Autor seine Arbeit in völliger Freiheit und ohne jedwede wie immer geartete Kontrolle durchführt, ohne Berücksichtigung jeglicher Anmerkung welcher Art auch immer, die inhaltliche Aspekte oder die filmische Gestaltung betrifft, die ihm für seinen Film als passend erscheint.«

Da dieser Film selbst in ausreichend verständlicher Weise darlegt, was er sagen möchte, meinen der Produzent und der Autor, dass es unnötig sein wird, nachträglich weitere Erklärungen abzugeben.

Notizen zum Film

Die Gesellschaft des Spektakels / Film
Allgemeines (18. Juni 1973)

Kann man nicht sagen, dass *Durchgang* – und *Kritik* – nicht schockierten (ausgenommen 3 oder 4 sehr kurze politische Gags) – außer in dem Maße, in dem man sich durch die ungewöhnliche Form des Films und auch den vagen »Gegenstand« schockieren ließ … Im Gegensatz dazu müsste *Die Gesellschaft des Spektakels* sehr oft schockieren – und sogar *innerhalb* der kritischen linken Akzeptanz.

Die Gesellschaft des Spektakels / Film

Bilder. Wenn man sehr häufig anstelle von Verschmutzung – Krieg – grauenhaftem Urbanismus – Überfülle – in Bildern *die Schönheit dieser Welt* hatte: die Mädchen, moderne Inneneinrichtung, Whiskyreklame oder Berge – wäre der »Sehr wichtig«. theoretische *Kommentar* dort perfekt.

Alles, was es an Schönem in [den] »spektakulären« Filmen gibt, haben, zum Beispiel denen im Fernsehen (Sendungen über die Mode, über Stars, Tanz, Kamerabewegungen, wie am 31.12.1971, über Marie Laf[orêt] Rücken und Profil).

In den Kurzfilmen (vor allem dem ersten) hatte ich viel über *besondere* Ereignisse zu sagen. Daher Schwäche der »dokumentarischen« Form; vor allem auf Grund der Verschlimmerung durch deren *Armseligkeit*.

Im Film *Die Gesellschaft des Spektakels* wird immer *vom Allgemeinsten* gesprochen. So kann sich das Besondere recht leicht einfügen (ohne in der Illustration bis zum *Beliebigen* zu gehen).

SduS / Film
Theorie des Ausdrucks – in Bildern

Der Film muss:
1. Das Spektakel anprangern, indem er die eigenen Bilder des gesellschaftlichen

Spektakels als *hässlich* zeigt; aber nicht zu häufig, nicht schwerfällig; und so wenig wie möglich *direkt*.

2. Reden von dem, was er als revolutionärer Film, »Positives« (Leben, Liebe, Revolution) sagen will, und zwar in spektakulären – gewissermaßen *verkehrten* – Ausdrücken »zur Schönheit zurückgeführt«. Zum Beispiel Pin-up-Fotos, die fast dem <Marsch> [unsichere Entzifferung] gleichen (da die einzigen Bilder, um das zu zeigen, bereits da sind, doch so könnte man nur andere davon haben, indem man das glückliche Leben »filmt« (?) und die Strategie selbst der sich realisierenden Revolution. Doch das Spektakel existiert noch: in das Spektakel ist diese Negation seiner Negation hineinzutragen).

3. Schließlich seine eigene »positive« Sprache als »revolutionärer« Film durch eine gewisse lächerliche Distanz in der Entwendung des Bestehenden bloßstellen (zum Beispiel den Angriff der Leichten Brigade zur Darstellung der Revolution oder der Situationistischen Internationale).

<Randnotiz mit Bleistift> Das reale Leben, das unter dem Spektakel zutage tritt (ein Thema, das ab der Widmung behandelt wird).

Dringend. 2. Juni

Nochmals den Basiskommentar lesen – und auswählen – jetzt unter Bedachtnahme auf die *Bilder*, auf den mehr oder weniger hörbaren und verstehbaren Kommentar, auf die bereits skizzierten Montageformen.

→ Kurz, nicht mehr das *Buch* verteidigen (seine Theorie, die ihre eigenen, gegen den Feind gerichteten Kraftlinien, Argumente und Entgegnungen entwickelt), sondern ausgehend vom Buch, ZUM (Debord'schen) KINO ZURÜCKKEHREN, zu seinem Gegenstand. Es gilt weniger zu überzeugen (*geschriebene* Entwendungen zu wiederholen und aneinanderzureihen), als vielmehr zu schockieren (auch durch die Bilder und vor allem deren Beziehungen untereinander). Und auch so zu »bewegen«.

Anmerkung: Viele der Thesen des Buches werden angeführt aus:
1. Notwendigkeit, alles zu sagen und alles zu nuancieren.
2. Selbstverteidigung der theoretischen Darlegung.

3. der »Schönheiten« wegen (zum Beispiel dieses oder jenes geschickt entwendeten Satzes von Marx oder Hegel).
Die ersten beiden Punkte sind im Film *viel weniger* zu berücksichtigen.
Der 3. Punkt ist weitgehend *geändert*. Viele dieser »Schönheiten« werden kraftlos sein, nutzlos, doch es gilt *andere Kräfte* zu entfalten.

Beziehung Bild – Ton

* *(sehr) selten*: eine direkte Beziehung, illustrativ (vor allem da, wo es schockieren kann: zum Beispiel Castro oder Lenin als Bürokraten).
* *Recht häufig*: eine Beziehung klaren *Widerspruchs*. Etwa wo vom bewussten historischen Leben die Rede ist: Mischung von Straßenschlachten, Angriff der Leichten Brigade, Landschaft Claude Lorrains (noch widersprüchlicher).
Die Komik *hilft sehr*, diesen Widerspruch zu unterstreichen.
* *Am häufigsten*: kein Widerspruch, sondern Diskrepanz. Etwa wo von Raumplanung die Rede ist: Panzer oder Polizisten. Wo es um Waren geht: Mädchen.

Nacht vom 4. auf 5. Juni 1973

Die Auswahl der Zwischentitel (Zitate und eigens verfasste Texte) ist wesentlich: denn es handelt sich dabei *nicht nur* um eine Hilfe für die Zeit, die im Kommentar fehlen mag.

Es ist vor allem das einzige Verfahren, das die *Montage* bestimmter »Attraktionen« *außerhalb* der Entwicklung des bloßen Kommentars *ermöglichen* kann.

(So die Möglichkeit, im Film – kontrapunktisch zum ablaufenden Kommentar – das zu bringen, was der Kommentar selbst nicht erlaubt; selbst äußerst »kritisch verfremdet« behandelt.)

So kann man gleichsam *Gegen-Sequenzen* bringen, Haltepunkte im Kommentar, als Kontrapunkt. [Ebenso durch das Verfahren der Untertitel ...] 1 oder 2 Chansons *könnten* in diesem Sinne eingebaut werden.

Text Debords zu *Widerlegung aller Urteile, der lobenden wie der feindlichen, die bislang über den Film* Die Gesellschaft des Spektakels *abgegeben wurden*

Technische Angaben

Der Schnitt wurde im September 1975 fertiggestellt.

Kurzfilm (20 Min.), 35 mm, schwarz-weiß
Produziert von Simar Films
Filmlabor: G.T.C.
Schnitt: Martine Barraqué
Schnittassistenz: Paul Griboff
Tonmischung: Paul Bertauld

Stimme aus dem Off: Guy Debord

Texte Debords zu
In girum imus nocte et consumimur igni

Technische Angaben

In girum imus nocte et consumimur igni (März 1978)
Langspielfilm von 105 Minuten, Format 35 mm, schwarz-weiß
Gedreht 1977. Produziert von Simar Films
Buch und Regie: Guy Debord
Regieassistenz: Élisabeth Gruet und Jean-Jacques Raspaud
Kamera: André Mrugalski
Kameraassistenz: Richard Copans
Dokumentalistin: Joëlle Barjolin
Technik: Bernard Largemain

Musik:
François Couperin, Vorspiel des *Concert Royal Nr. 4*, erster Satz des *Nouveau Concert Nr. 11*
Benny Golson, *Whisper not* (gespielt von Art Blakey & the Jazz Messengers)

Anmerkung über die Verwendung der geraubten Filme

Zur Frage der geraubten Filme, das heißt der Fragmente von außen kommender Filme, die in meine Filme hineingenommen wurden – vor allem in *Die Gesellschaft des Spektakels* – (ich denke hier hauptsächlich an die Filme, die mit ihren eigenen Worten den Text des dem Buch entnommenen »Kommentars« *unterbrechen* und akzentuieren), ist wie folgt anzumerken:

Man konnte bereits in »Gebrauchsanweisung für die Entwendung« (*Lèvres nues*, Nr. 8) lesen: »Man muß also ein parodistisch-ernstes Stadium ins Auge fassen, in dem die Anhäufung zweckentfremdeter Elemente … darum bemüht wäre, etwas Erhabenes wiederzugeben.«

Die »Entwendung« war kein Feind der Kunst. Die Feinde der Kunst waren vielmehr diejenigen, die die positiven Lehren der »entarteten Kunst« nicht zur Kenntnis nehmen wollten.

Im Film *Die Gesellschaft des Spektakels* werden die von mir entwendeten (Spiel-)Filme daher im Unterschied zu den Dokumentarfilmen und Nachrichtenberichten nicht als kritische *Illustrationen* einer Kunst der Spektakelgesellschaft eingesetzt. Diese geraubten Spielfilme, die meinem Film fremd sind, aber hineingenommen wurden, haben die Aufgabe, *unabhängig von ihrer früheren Bedeutung*, im Gegenteil, *die Umkehrung der »künstlerischen Umkehrung des Lebens«* darzustellen.

Hinter dem Spektakel gab es das wirkliche Leben, das hinter die Leinwand verschleppt worden war. Ich nahm mir vor, »die Expropriateure zu expropriieren«. *Johnny Guitar* beschwört die wirklichen Erinnerungen an die Liebe, *Shanghaï-Gesture* andere abenteuerliche Orte, *Wem die Stunde schlägt* die besiegte Revolution. Der Western *Rio Grande* soll jede historische Aktion und Reflexion in Erinnerung rufen. *Arkadin* ist zunächst ein Verweis auf Polen und dann auf das richtige Leben. Der in den Diskurs eingebaute russische Film wird in gewisser Weise wieder in den Dienst der Revolution gestellt. Der amerikanische Film über den Sezessionskrieg (über Custer) soll an alle Klassenkämpfe des 19. Jahrhunderts und auch deren Zukunft erinnern.

In *In girum* ... gibt es eine Verschiebung, die auf mehreren wichtigen Unterschieden beruht: ich habe einen Teil der Aufnahmen direkt gedreht, ich habe den Text direkt für *diesen* Film geschrieben, schließlich ist das Thema des Films nicht das Spektakel, sondern im Gegenteil das wirkliche Leben. Dabei verhält es sich so, dass die den Diskurs unterbrechenden Filme diesen eher positiv unterstützen, auch wenn eine gewisse ironische Dimension enthalten ist (Lacenaire, der Teufel, das Fragment von Cocteau oder die Vernichtung des Regiments von Custer). *Der Angriff der Leichten Brigade* soll sehr unbeholfen und anerkennend das Jahrzehnt der Tätigkeit der IS »darstellen«.

Und natürlich verfolgt der Einsatz der *Musik*, die so wie das Übrige entwendet ist, deren Einsatz jedoch von jedem als normal empfunden werden wird, immer eine positive, »lyrische« Absicht und wird nie eingesetzt, um einen Verfremdungseffekt zu erzielen.

31. Mai 1989 G. D.

Für den Tontechniker

Die Sätze des Kommentars sind überall auf die gleiche Tonhöhe einzurichten; das Gleiche gilt soweit möglich auch für Lautstärkeschwankungen innerhalb der Sätze selbst. Keinerlei rednerischer Effekt soll durch Anhebung der

Stimme bei bestimmten Worten erzielt werden. Das Ziel ist, einen monotonen, kalten Redefluss zu erhalten, der ein wenig entfernt klingt (und dabei natürlich hörbar bleibt).

Die Sätze, die bei weißer Leinwand zu hören sind (Zitate aus *Geheul* …), müssen in deutlich geringerer Lautstärke als der Kommentar selbst eingerichtet werden: gedämpfter, aus weiterer Ferne erklingen.

Bei den aus anderen Filmen stammenden Dialogen sind deren interne Tonschwankungen beizubehalten, aber eventuell ihre Helligkeit *ein wenig* zu dämpfen, damit sie nicht allzu sehr vom Tonfall des Kommentars entfernt sind.

Die Musik: normal, ziemlich laut. Möglichst kurze Lautstärkeabsenkung am Ende jedes Einsatzes.

Notizen zum Film

Der gesamte Film (auch mit Hilfe der Bilder, doch bereits im Text des »Kommentars«) ist auf dem Thema des *Wassers* aufgebaut. Darin werden daher die Dichter des *Fließens* von allem zitiert (Li Po, Omar Kháyyam, Heraklit, Bossuet, Shelley?), die alle vom Wasser sprachen: *das ist die Zeit*.

Das zweite Thema ist das *Feuer*; das *Aufblitzen des Augenblicks*: das ist die Revolution, Saint-Germain-des-Prés, die Jugend, die Liebe, die *Negation in der Nacht*, der Teufel, die Schlacht und die »unvollendeten Unternehmungen«, worin die Menschen sterben, geblendet als »durchziehende Reisende«; und das *Begehren in dieser Weltennacht* (»nocte consumimur igni«).

Aber das Wasser der Zeit bleibt, das das Feuer mitnimmt und es löscht. Und so wurden die strahlende Jugend von Saint-Germain-des-Prés, das Feuer der Attacke der flammenden »leichten Brigade« im fließenden Wasser des Jahrhunderts ertränkt, als sie »unter der Kanone der Zeit« vorrückten …

22. Dezember 1977 G. D.

Film Nr. 2, 9. Mai 1976

Diese *Generallinie* untersuchen:
Diesmal einen Film machen, der weniger politisch als »lyrisch« ist. Mit dieser *Kraft* des Kinos danach suchen, was eine Verwendung der Sprache auf der Ebene von Mallarmé wäre, etc. (das heißt zum »Totlachen« [wörtlich »Sich-auf-dem-Boden-Wälzen«], vgl. die halbe Dosis von *Hiroshima*).

So der Krieger-Troubadour dieser Zeit sein …

In diesem Geist – um die *Themen* des Films danach auszurichten – schauen, welche die (in allen Köpfen oder Herzen) tief verankerten Themen des menschlichen Lyrismus sind:

A. Permanente Themen:	das Vergehen der Zeit
	die Liebe
	(die Freundschaft)
	Handeln und Abenteuer
	(die Gewalt)
	(der Stolz und die Weisheit)
B. Aktuelle Themen:	die Umwelt
	(der Verlust jeder Qualität)
	die Kritik und die Revolution

– Ich habe mit der Zeit gespielt, und alle jene leugnen das.
– Ich will gerne zugeben, dass ich ein Abenteurer bin, aber kein Abenteurer ohne Prinzipien. Meine Prinzipien habe ich mir aufgestellt. Als Spieler habe ich die Regeln festgelegt.
– Ich hatte keine revolutionären Vorstöße mehr anzuführen. *Deus haec otia fecit*.

Film Nr. 2 / Basis
Idee vom 1. August 1976

Es wäre vielleicht gut, mit einer Art »Manifest« über das Kino zu beginnen. Seine erbärmliche Stellung (Bilder für eine Knechtschaft, die freiwillig akzeptiert wird: ein *Bild eines* …). Die Konventionen und Fiktionen, aus denen es besteht [ein Thema, das in *Passage* und *Critique kurz angeschnitten* wird]. Wie das *Übrige* als schwierig erachtet wird. Und von wem? Und warum?

Was ständig meine Auffassung davon war, in Verbindung mit allem Übrigen. Sprache, die ihre eigene Kritik enthält. Verweigerung des einseitigen Prestiges, etc.

Es heißt zwar, dieser oder jener Film sei eine Reflexion über dieses, eine Kritik von jenem, doch in Wirklichkeit reden sie alle im Hause der Macht; und haben mit ihm gemein seine Dürftigkeit, seine Fantasielosigkeit und seine Betrügereien.

Hier wird wirklich versucht werden, das Kino als ein Mittel gewöhnlicher

Kommunikation zu behandeln (wie **das Buch**/die Schrift oder **die Dichtung**/das Flugblatt – ?? *Aufpassen!*) Seien wir hier so frei wie es manchmal die Partei der Freiheit sein kann, die überall im Dunkeln kämpft.

Vielleicht könnte der erste Satz sein: die Kunst, Filme zu machen, die noch nicht [nicht entziffertes Wort], sondern …

Vielleicht beginnen mit: Was ist das Kino? Alle haben viele Filme gesehen, doch ist es nicht seltsam, dass sie einen so dürftigen Inhalt haben? (sogar die besten …)

Hinzufügen ließe sich dieser Rednertrick gegen dieses »spektakuläre Volk« (denn in der Tat ist das Kino mit der Magie (dem »Zauber«) der Macht, des Spektakels, der imaginären Vereinigung verbunden; es ist der *Tyrann, der euch anschaut und sieht!*): seid ihr wirklich so beschränkt, wie diese Fachleute behaupten (in der Manier von La Boétie). Alle *Künste* haben Wunderwerke hervorgebracht. (Wie kommt es, dass nur das Kino *nicht erwachsen sein will*, und nicht einmal jung – sondern kindisch? Die Kunst, Filme zu machen, wurde *noch nicht erfunden, aber sie ist im Begriff, es zu werden.* Dazu genügt es, zu beginnen, das gegenwärtige (historische) Leben und seine Kämpfe zu verstehen …

Diese Idee des vorangestellten »Manifests« könnte sehr gut einen Teil des Publikums berühren, überzeugen, erhellen; ihm einige Argumente liefern, um zu sagen, dass es den Film verstanden hat. Und es würde ankündigen, um welche Art von Reflexion über das Leben (über die Geschichte unserer verlorenen Generation …) es geht.

Und, über diese »Anti-Retro«: zurückblicken, kein Remake der überholten Konventionen, sondern das, was man Ihnen verborgen hat und das Ihre laufende Zeit selbst war …

Filmtheorie → Film Nr. 2. 2

In der Tat ermöglicht der Einsatz gesprochener Sprache (Kommentar) in (relativ) *distanter* Beziehung zu den Bildern – *über* die ersten Versuche ironischen Widerspruchs (Guitry) oder der Bezugslosigkeit (Isou) *hinaus* – eine neue *rhetorische Distanz*, eine andere *Dimension der Selbstkorrektur* der verwendeten

Sprache, wie im Zitat, die Figur der Ironie, die ernst-parodistische Anspielung: es ist eine andere Dimension, die für die reichhaltigen Möglichkeiten der Rede offen ist, die setzt und sich selbst entgegensetzt.

Dieser 2. Film – und vor allem, wenn er eher »subjektiv-lyrisch« ist, muss eine sehr heftig politisch-kritische Seite (sehr schockierend subversiv) aufweisen. Zum Beispiel: über den Horror der aktuellen Gesellschaft, ihr schmähliches Elend (Wohnverhältnisse, Ernährung, Illusionen und Neurosen), über die leitenden Angestellten, ihre Erklärungen, ihr Denken … (in der Art von »Über das Elend im Angestelltenmilieu«, in der Art der Anmerkungen von Alice …).

Der Übergang könnte so sein: wie die Zeit, die verstrichen ist, uns in eine andere Welt geführt hat: das »Gute« und das »Schlechte« daran:

1) das Gute: ich werde meiner Epoche diese Krankheit der Subversion übertragen haben;

2) das Schlechte: wie hässlich diese Welt geworden ist (und damit so sehr unsere Kritik bestätigt).

Zum Beispiel zeigen: das ist nicht mehr eine Frage der Ästhetik.

Die Fachleute kritisieren oder beruhigen.

Aber ihre Illusionen: was sie akzeptieren, glauben, lieben …

Die Zuschauer (darin Proletarier, doch beschämend) besitzen nicht einmal mehr eine Vergangenheit.

Guy Debord, seine Kunst und seine Zeit

Mittellangfilm von Guy Debord
Regie: Brigitte Cornand

1993

Anlässlich des Erscheinens von Kommentare zur Gesellschaft des Spektakels *im Jahr 1988 bringt Franz-Olivier Giesbert alles Schlechte vor, das er über Guy Debord denkt.*
Lino Léonardi spielt am Akkordeon Lézard von Aristide Bruant.

»Ich werde nie einen Finger rühren,
auch bei der Polente nicht
und sonstwo auch nicht.«

Musik von Lino Léonardi, Akkordeon, zu den Gedichten von François Villon.
Guy Debord, seine Kunst und seine Zeit

I. Seine Kunst

Die Wiedergabe des im Film in Schriftbildern zu lesenden Texts und der Bildbeschreibungen folgt der Fassung in Debord, *Quarto*, S. 1870–1876. Weitere Angaben zu den Bildern und die Übersetzung der in den Filmausschnitten gesprochenen Texte finden sich in den Kommentaren zu diesem Film (Teil 2, S. 84–102).

Ansichten des Pont-Neuf.

Paris, das alte ist dahin (noch schneller umgestalten
Als Menschenherzen kann sich, ach, die Form der Stadt).

Ansichten des Pont-Neuf, nachgestellt in einem Film von Leos Carax.

Guy Debord hat sehr wenig Kunst gemacht, die aber extrem.

Foto: Guy Debord.

1952 zeigte er, dass sich das Kino auf diese weiße Leinwand reduzieren ließ.
Die Leinwand bleibt zehn Sekunden lang weiß.

Und dann auf diese schwarze Leinwand.
Die Leinwand bleibt eine Minute und zwanzig Sekunden schwarz.

Debord ist seither den Vorlieben und Urteilen der öffentlichen Meinung gegenüber gleich unberührt geblieben. Und man hat ihm manch andere Immoralität vorgeworfen; darunter insbesondere die, fast immer ziemlich geringes Desinteresse zu zeigen, wenn es um leicht verdientes Geld ging: regelmäßig dem Grundsatz folgend: »Einem geschenkten Gaul schaut man nicht ins Maul.«

Seiten aus Mémoires. *Aufschrift: »Arbeitet nie«. Erste Manuskriptseite von* Die Gesellschaft des Spektakels. Direktive *Nr. 1,* Überschreitung der Kunst, *und Nr. 2,* Verwirklichung der Philosophie

Diese schönen Ganovenköpfe, die ihn fortwährend umgaben, beeinflussten ihn auch sehr in seinen Exzessen:

Fotos von Alice Becker-Ho, Ghislain de Marbaix des Noyers, Jacques Herbute, Ivan Chtcheglov, Gil J Wolman, Asger Jorn, Toñi Lopez-Pintor.
Ende der Musik.

II. Seine Zeit

Der von Christo verpackte Pont-Neuf.

»Und jetzt mache ich mich anheischig, so unfernsehmäßig in der Form zu sein, wie ich es im Inhalt sein konnte.«

Der fast völlig verschwundene Aralsee.
Waldbrände.

Ich werde meine Gedanken geordnet niederschreiben, in der Absicht, jede Verwirrung zu vermeiden. Wenn sie richtig sind, wird der erste die Folge der anderen sein. Das ist die wahre Ordnung.

Musik von Lino Léonardi.
Dieses Mädchen in den Anden, das unweigerlich von einer durch einen Vulkanausbruch verursachten Schlammlawine in die Tiefe gesaugt wurde, bot den Medienleuten der ganzen Welt Gelegenheit, die Ethik zu diskutieren, die sie

sich womöglich in einigen Extremfällen auferlegen sollten: Muss man solche Bilder zeigen? Oder warum sollte man darauf verzichten?

Die Fachleute kamen einhellig zu dem Schluss, dass nichts vom Unglück der Welt verborgen werden darf. Keine falsche Rührseligkeit des Publikums dürfe daran hindern, das zu zeigen, was man verdienstvollerweise bei der Gelegenheit filmte; umso mehr, als es sich einmal um eine wahre Sache handelt. Die *Medien* wollen damit beweisen, wie sie überall und bis zum Äußersten der Wahrheit verbunden sind. Und sie sind sich ziemlich sicher, dass ein aus nächster Nähe betrachtetes Detail gewöhnlich ein untrügliches und eindeutiges Modell der Wahrheit darstellt.
Ende der Musik.

Frauenringkampf in Japan.
Erdölbohrung im Pariser Becken.

Manchmal am Sonntag …

Implosionen von Türmen und Hochhäusern mit Sozialwohnungen.

Was derart schlecht gebaut wurde, muss schneller zerstört werden.

Wälder unter dem Einfluss des sauren Regens.

Man glaubte, die Ökonomie sei eine Wissenschaft; was natürlich ein Irrtum war. Wir wissen jetzt, dass sie weder die erste noch die letzte der *Wissenschaften des Feindes* ist, die sich als trügerisch erweist.

Aufmarsch der SA vor 1934.

1933 war eines der dunkelsten historischen Daten dieses Jahrhunderts; das kaum gute gekannt hat.

Attentat auf J.F. Kennedy in Dallas.
Der »demokratische« Staat ist seltsamer geworden.

Niederschlagung der Aufständischen am Tian'anmen-Platz in Peking im Jahr 1989.

Der damals in Peking regierende Kriegsherr meinte zu Recht, dass »das Schicksal der Partei und des Staates am Tian'anmen-Platz auf dem Spiel standen«. Er hat daher dementsprechend gehandelt; und regiert weiter dort, vollkommen unbeeindruckt von allen Ideologien der jüngsten medialen Moden.

Panzer in den Straßen von Moskau.
Tontons Macoutes in Haiti.
Schüsse bei einer Demonstration in Algier.

Die unverifizierbare Welt.

Eine Somalierin wird gelyncht, vor den unbewegten Augen jener Soldaten, die gekommen sind, um unter der Schirmherrschaft der UNO »die Hoffnung wiederherzustellen«.

Schülerinnen in einer Berufsschule. Verwüstungen von Schulen. Angriffe auf Professoren. Jugendliche, die dieses Prinzip verteidigen.

Musik von Lino Léonardi.
Es sind die modernsten Entwicklungen der historischen Realität, die aufs Genaueste illustrieren, was Thomas Hobbes als das Leben des Menschen beschrieben hat, bevor er Zivilisation und Staat kannte: einsam, schmutzig, freudlos, dumpf, kurz.
Ende der Musik.

»Radio Paris lügt, Radio Paris ist deutsch.« Das besetzte Paris. Pariser Stadtmobiliar heute.

Heute ist die Uhrzeit der Nazis zu der ganz Europas geworden.

Zeitumstellung auf Winterzeit.
Film der US-amerikanischen Atomenergiekommission über Radioaktivitätswarnung.
Tschernobyl, das sicher nie enden wird.
Start des Fernsehkanals mit Dauerinformation L.C.I.

Interview mit Georgina Dufoix von Anne Sinclair: verantwortlich, doch nicht schuldig.

Die Angestellten haben das Recht zu wählen.

Und Sie würden abwägen, wie viel es uns persönlich bringen muss?

Die Angestellten haben das Recht zu wählen.

Film über Arthur Cravan, der für einen Boxkampf trainiert. Foto von Arthur Cravan.

Musik von Lino Léonardi.
In den Anfängen des Dadaismus gab es den Boxer und Dichter Arthur Cravan, der im 1. Weltkrieg »von 17 Staaten desertierte«.
Ende der Musik.

Säulen von Buren im Palais Royal.
Strichcode.

Der Neodadaismus ist der Dadaismus des Staates, der eine kleine Schockwirkung nur bei seinem Auftreten in den Staatspalästen erreicht.

Nukleares Kunstwerk: Eine künstliche Schafherde weidet friedlich am Fuße des Kernkraftwerks Cattenom.

Die Nuklearenergie umgibt sich gerne mit der Darstellung ihres Fetischtiers. Magritte hätte Gelegenheit gehabt zu schreiben: »Das ist kein Schaf.«

Silvio Berlusconi unterbricht seine Ferien in Sardinien.
Begräbnis von Pierre Bérégovoy.
Lange Warteschlange vor dem Musée du Louvre.

Musik von Lino Léonardi.
Die Kultur der gesamten Vergangenheit ist Gegenstand weltweiten Einverständnisses und gleicher Bewunderung. Aber in jeder ihrer konkreten Manifestationen ist sie oft in Wirklichkeit ebenso wenig authentisch wie der heute neu rekonstituierte Pont-Neuf.

Lange Warteschlange vor dem Musée d'Orsay.

Es riecht nach Krebs in der Rue Daguerre.
Es riecht nach Krebs in der Rue de Buci.

Krebs wird von der Krankenversicherung zurückerstattet.
Ende der Musik.

Die Internationale, *gesungen von den chinesischen Demonstranten 1989 am Tian'anmen-Platz.*

Lob der Dialektik: Alles ist von neuem zu beginnen.

Interview mit Bernard Tapie von Claire Chazal.

Immer wenn Bernard Tapie von sich selbst redet, fragt man sich, welche Unredlichkeit ihm je hätte vorgeworfen werden können.

Ansprache von Jassir Arafat vor der UNESCO.
Philippe Alexandre, Serge July und Christine Ockrent in ihrer Sendung À la une sur la 3.

Drei Medienzare denken die aktuelle Weltlage neu und lassen uns ausführlich daran teilhaben.

Die neuen literarisch-politischen Salons von Paris.

Hier wird die Vortrefflichkeit eines jeden durch das ständige bewundernde Augenzwinkern der beiden anderen bestätigt.

»Kotz es ruhig aus, wir werden schon sehen, was es ist.«

Demonstration von Act Up und Intervention des Leiters von Act Up beim Welt-AIDS-Tag im Dezember 1991.

Mit der Pille weder Alkohol noch Tabak. Nicht zu viel verlangen!

Die Immunabwehr hat ausgedient auf Erden.

Direktbericht von der Wiedervereinigung der Familie Boutboul. Die gleiche Episode, das gleiche Zusammentreffen mit der Tonspur von »Nuits fantastiques du Loto«.
Katastrophale Überschwemmungen in Vaison-la-Romaine.
Virtuelle Landschaft
Werbevideo der D.R.S.P. (Direction régionale des services pénitentiaires) von Alsace-Lorraine.

Aber worauf möchte man schließlich hinaus?

Wofür will man uns begeistern?

Es geht schlicht und einfach um Gefangenenarbeit.

Diese D.R.S.P. präsentiert sich als der legitimste Erbe der Fabriksarbeit.

Leichenberge bei einer Epidemie in Ruanda.

Portraits.
Musik von Lino Léonardi.
Alice Becker-Ho
Autorin von: *L'essence du jargon.*

Ghislain-Gontran de Saint-Ghislain des Noyers de Marbaix
Autor von: *Monsieur Gontran.*

Jacques Herbute
Alias: Barate.

Ivan Vladimirovitch Chtcheglov
Autor von: *Formulaire pour un urbanisme nouveau* [Formular für einen neuen Urbanismus].

Gil J Wolman
Autor von: *L'anticoncept* [Das Anti-Konzept].

Asger Jorn
Autor von: *Pour la forme* [Plädoyer für die Form].

Toñi Lopez-Pintor
Alias: Die Andalusierin.
Ende der Musik.

Nach seiner Wahl 1981 schreitet Mitterand auf das Panthéon zu.
Bei einem Konzert werden Feuerzeuge entzündet und geschwenkt.
Eröffnung des G7-Gipfels in Neapel. Clinton und sein Gefolge beim Joggen.

Im Sommer 1994 halten die demokratischen Großmächte, die unter dem

Namen G7 gemeinsam die wesentlichen Aspekte der Verwaltung der neuen Weltgesellschaft bestimmen, triumphal Einzug in Neapel.

Letzte Erklärung Guy Debords, die Brigitte Cornand von Alice Debord übermittelt wurde, um am Ende des Films *Guy Debord, seine Kunst und seine Zeit* am 9. Januar 1995 gezeigt zu werden.

Die Krankheit heißt *Alkohol-Polyneuritis* und wurde im Herbst 90 bemerkt. Zunächst fast unwahrnehmbar, dann zunehmend stärker und wirklich beschwerlich erst ab Ende November 94. Wie bei jeder unheilbaren Krankheit gewinnt man viel dadurch, eine Behandlung weder zu versuchen noch zu akzeptieren. Sie ist das Gegenteil jener Krankheit, die man sich durch eine bedauerliche Unvorsichtigkeit zuziehen kann. Es bedarf dazu im Gegenteil der treuen Beharrlichkeit eines ganzen Lebens.

***

Am 14. November 1994 erteilte Guy Debord dem Generaldirektor des französischen Privatfernsehsenders Canal+ seine Zustimmung, dass dieser im Januar 1995 ein Sonderprogramm sendet, im Wissen, dass er dann nicht mehr anwesend sein werde. *Guy Debord, seine Kunst und seine Zeit* wurde am 9. Januar 1995 auf Canal+ im Rahmen des Abendprogramms mit dem Titel »Guy Debord, sur le passage de quelques personnes à travers une assez courte unité de temps« [Guy Debord, über den Durchgang einiger Personen durch eine ziemlich kurze Zeiteinheit] gezeigt, in dem auch der Langfilm *Die Gesellschaft des Spektakels* (1973) gefolgt vom Kurzfilm *Widerlegung aller Urteile, der lobenden wie der feindlichen, die bislang über den Film* Die Gesellschaft des Spektakels *abgegeben wurden* (1975) zu sehen war.

Technische Angaben
(Oktober 1994)

Film von Guy Debord
Regie: Brigitte Cornand
Mittellangfilm (60 Min.), schwarz-weiß
Dokumentalistin: Géraldine Gauvin
Schnitt: Jean-Pierre Baiesi
Musik von Lino Léonardi aus seinem den Gedichten von François Villon gewidmeten Album.

Geschäftsführender Produzent: INA, mit Beteiligung von CNC
Koproduktion: Canal+ / INA

***

Brief an Brigitte Cornand, die Guy Debord im Frühjahr 1992 für die Herstellung des Films *Guy Debord, seine Kunst und seine Zeit* getroffen hatte

27. März 1993

Liebe Brigitte,

Ich bestätige Ihnen die bei unserem jüngsten Treffen in der Normandie getroffenen Vereinbarungen. Ich billige unter genau diesen Bedingungen Ihr Projekt, eine historische Sendung von einer Stunde zu meiner Kunst und meiner Zeit zu gestalten.

Ich werde Ihnen alle Bild- und Tonelemente angeben – oder in einigen Fällen direkt liefern –, die richtigerweise erforderlich sind, um dieser Absicht zu entsprechen. Ich werde am Ende die Echtheit dieser Elemente und die Richtigkeit ihrer Verwendung zur wahrhaftigen Behandlung des Themas garantieren: ein kostbares Gut, da man weiß, wie viel es bis dato durch so viele Legenden in den Schmutz gezogen wurde. Sie werden mir gegenüber die Alleinverantwortung für den Einsatz geeigneter Mittel in der Umsetzung tragen; ohne dass es eine Intervention oder Einschränkung, noch einen Kommentar irgendeiner anderen Person gibt. Ich möchte von niemandem eine wie immer geartete Anmerkung, *und sei sie auch anerkennend*, hören und möchte auch, dass Sie selbst keine hören. Es wäre in der Tat undenkbar, dass ich implizit wem auch immer auch nur die geringste Kompetenz oder auch nur die geringste Befähigung zugestehe, mein Werk oder mein Verhalten in irgendeiner Weise zu beurteilen.

Sie werden auch darauf achten, dass die Produktion im Voraus genau und in ausreichender Höhe ihren Verpflichtungen in der Frage der Urheberrechte nachkommt.

Herzlichst
Guy Debord

Anmerkung des Übersetzers

Die Texte seiner ersten drei Filme publizierte Guy Debord unter dem Titel *Contre le cinéma* und kurz nach Fertigstellung seines letzten Films *In girum imus nocte et consumimur igni* veröffentlichte Debord 1978 auch die Texte aller seiner bis dahin gedrehten Filme mit Bildbeschreibungen und ausgewählten Bildern unter dem Titel *Œuvres cinématographiques complètes*. Diese Publikation zählt zu den wenigen als abgeschlossen bezeichneten Werken Guy Debords und ist gleichzeitig ein charakteristisches Beispiel der zwischen verschiedenen Genres changierenden Interventionen der Situationisten, die programmatisch als Handlungsanleitungen gedacht waren, um die Selbstgenügsamkeit der auf ästhetischen Genuss abzielenden Kunstproduktion in Form und Inhalt zu unterlaufen. Diesem Ziel diente auch das bekannte Verfahren des »détournement«[1], also der Umleitung eingefahrener Bahnen durch die Entwendung bekannter Wendungen, das in den Neuanordnungen der zahlreichen vorgefundenen Filmszenen und Texte ein strategisches Instrument ergibt. Da der Text in den Filmen Guy Debords einen bevorzugten Platz einnimmt, sind auch die von ihm selbst getrennt von den Filmen veröffentlichten verschriftlichten Texte seiner Filme als eigenständige Werke zu sehen, die dem Leser ergänzende Informationen wie Bildbeschreibungen bieten und eine eingehendere Auseinandersetzung mit den Texten ermöglichen, als es dem durch die Fülle komplexer Satzkonstruktionen in oft dialektischer Verklammerung mit den Bildern tendenziell überforderten Zuschauer möglich ist. Nicht zuletzt soll mit der vorliegenden Publikation der ersten vollständigen Übersetzung der Texte aller Filme Guy Debords dem nicht Französisch sprechenden deutschsprachigen Publikum die Möglichkeit gegeben werden, die Texte und ihre Beziehung zu den Bildern genauer zu erfassen, als es mit Untertiteln oder eingesprochener Übersetzung möglich ist. Die bereits in deutscher Sprache vorliegenden Übersetzungen der frühen drei Filme und des Films *In girum imus nocte et consumimur igni*[2] wurden für die vorliegende Publikation neu überarbeitet. Guy Debords

1 »Détournement« bezeichnet sowohl das übliche Verkehrsschild für eine Umleitung im Straßenverkehr als auch »Entführung«, »Veruntreuung« und »Verführung«, siehe auch den Kommentar zu Debords Text »Anmerkung über die Verwendung der geraubten Filme« (Teil 2, S. 82).

2 Die deutsche Übersetzung der Filme *Geheul für Sade* (1952), *Über den Durchgang einiger Personen durch eine ziemlich kurze Zeiteinheit* (1959) und *Kritik der Trennung* (1961) wurde publiziert in: Guy Debord, *Gegen den Film. Filmskripte*, übers. v. Pierre Gallissaires und Hanna Mittelstädt, Hamburg: Nautilus – Verlag Lutz Schulen-

Beschreibungen der in den Filmen zu sehenden Bilder sind wie in der französischen Ausgabe auch hier zwischen die Zeilen des gesprochenen Texts, der Musikangaben und der Untertitel entsprechend ihrer zeitlichen Abfolge eingefügt. An einigen wenigen Stellen wurde diese Anordnung den Bildfolgen der Filme in Abweichung vom französischen Text angepasst. Diese Bildbeschreibungen enthalten zwar Hinweise zu den Gründen der Wahl der Bilder durch den Autor, sie sind jedoch weder vollständig, noch beabsichtigen sie die getreue Wiedergabe des Inhalts und der Länge der zu sehenden Szenen. Sie stellen vielmehr eine Interpretation des Geschehens dar, die die Intentionen des Filmemachers verrät.

Um die Form der von Debord veröffentlichten Fassung weitgehend beizubehalten, wurden alle technischen Angaben, Texte, Arbeitsnotizen, Briefe und sonstigen Anmerkungen Debords ebenso wie der Text seines von ihm konzipierten und von Brigitte Cornand ausgeführten, unmittelbar vor seinem Tod fertiggestellten letzten Films erst im Anschluss an »Das filmische Gesamtwerk« (S. 285–325) zusammengestellt. Diese Dokumente stellen die Filme in ihren jeweiligen historischen Kontext und erläutern ihren Platz innerhalb des Gesamtwerks Debords.

Teil 2 enthält schließlich Angaben zu den Quellen der entwendeten Textzitate und Filme sowie Querverweise zu anderen Werken Debords und der Situationisten. Sie geben den Wortlaut der von Debord verwendeten Zitate in der Originalsprache in ihrem ursprünglichen Sinnzusammenhang wieder, was wieder Rückschlüsse auf die Intentionen Debords erlaubt. Die Quellenangaben der Zitate berücksichtigen Guy Debords eigene Angaben zu Herkunft und Bedeutung der Zitate[3] und wurden ergänzt. Im Falle weniger bekannter Quellen oder zur Darlegung der Bedeutung der Quelle im Kontext anderer situationistischer Publikationen und Aktionen werden auch Erläuterungen hinzugefügt.

Des Weiteren enthalten die Kommentare, das Personenverzeichnis und das Filmverzeichnis im Anhang auch Angaben zu im Text erwähnten Personen, Filmen und Ereignissen im Hinblick auf ihre besondere Rolle im Film. Um die genaue Wechselbeziehung zwischen Wort und Bild in den Filmen Debords zu verdeut-

burg 1978. Der Text des Films *In girum imus nocte et consumimur igni* (1978) wurde in deutscher Übersetzung publiziert in: Guy Debord, *In girum imus nocte et consumimur igni. Wir irren des Nachts im Kreis umher und werden vom Feuer verzehrt* [nicht als Übersetzer bezeichnet, doch »für das Zustandekommen dieses Buches« bedankt werden Dorothee Henkel, Rolf S. Henkel, Jean-Pierre Baudet, Matthias Frank, Brigitte Verchain], Verlag Klaus Bittermann: Berlin 1985. Der Text des Films *Widerlegung aller Urteile, der lobenden wie der feindlichen, die bislang über den Film »Die Gesellschaft des Spektakels« abgegeben wurden* (1975) wird in der vorliegenden Publikation erstmals in deutscher Übersetzung vorgelegt, ebenso wie die Zwischentitel, Bildbeschreibungen und Untertitel des Films *Die Gesellschaft des Spektakels* (1973), dessen gesprochener Text dem des 1967 veröffentlichten gleichnamigen Buches entnommen ist, das in deutscher Übersetzung vorliegt, siehe Literaturliste.

3 Quellenangaben Guy Debords wurden zu folgenden seiner Werke veröffentlicht: *Mémoires:* »Origines des détournements indiquées autant que possible, en mars 1986«, in: Debord, *Quarto*, S. 427–444; *Die Gesellschaft des Spektakels:* [Guy Debord], *Relevé des citations ou détournements de* La Société du Spectacle, Paris: Farândola 2003; und »Relevé provisoire des citations et des détournements de *La Société du spectacle*«, in: Debord, *Quarto*, S. 862–872; *In girum imus nocte et consumimur igni:* »Liste des citations ou détournements dans le texte du film *In girum …*«, in: Debord, *Quarto*, S. 1413–1420; und in: ders., *In girum*, S. 69–77, hier auch mit zusätzlichen Fußnoten Debords im Haupttext.

lichen, werden ausgewählte Szenen seiner Filme in einem Nachwort eingehender kommentiert. Wie in jedem Film entfalten auch in Debords Filmen die einen gewissen Vorrang vor den Bildern beanspruchenden Texte ihre Bedeutung erst im genau konzipierten Zusammenwirken mit den Bildern.

ZUR ÜBERSETZUNG

Da die von Debord verwendeten französischen Übersetzungen deutschsprachiger Autoren, etwa Marx oder Hegel, abgesehen von ihrer modernen Diktion auch andere, heute geläufigere Satzkonstruktionen verwenden als ihre Ausgangstexte, wurden in einigen Fällen nicht die deutschen Ausgangstexte verwendet, sondern die französischen Übersetzungen rückübersetzt. Die Rückübersetzung der deutschen Zitate aus ihrer französischen Übersetzung bietet in vielen Fällen den Vorteil, den bisweilen schwer verständlichen Originalwortlaut durch die doppelte Übersetzung zu verdeutlichen. Der Originalwortlaut der deutschen Zitate wird in den Quellenangaben in Teil 2 wiedergegeben. Sprachlich wie im Schriftsatz wurden die Eigenheiten des französischen Ausgangstexts berücksichtigt, ohne die Lesbarkeit einzuschränken. In den Zitaten wird die Rechtschreibung der Quelle beibehalten.

Dank

Ein großer Dank gilt Alice Debord für die freundliche Genehmigung der Übersetzung der Texte sowie Wolfgang Kukulies für die aufmerksame Überprüfung der Übersetzungen und Hilfe bei der Transkription und Dokumentation der gesprochenen Teile des TV-Films, Alexander Horwath für die Anregung, Anbahnung und Begleitung dieser Publikation mit wertvollen Hinweisen, Olivier Assayas für seine Unterstützung, Christopher Yggdre für Hilfe bei der Bildrecherche, Barbara Angerer (Gallimard) für die Gewährung der Übersetzungsrechte, Laurence Le Bras für die Konsultation der Dokumente des Fonds Guy Debord in der Bibliothèque nationale de France, dem Team des Österreichischen Filmmuseums um Michael Loebenstein: Alessandra Thiele, Ivana Miloš, Katharina Müller, Georg Wasner für seine zahlreichen Kadervergrößerungen und vor allem Eszter Kondor für das aufmerksame Lektorat und die Organisation der Textmengen. Weiters möchte ich mich bedanken bei Wolfram Pichler für wertvolle Hinweise zur Identifikation historischer Gemälde, Anton Fuxjäger für die elektronische Zurverfügungstellung von Dokumenten, Helmut Peschina und Klemens Gruber für wertvolle Hinweise, Ergänzungen und Anpassungen der Texte, Roberto Ohrt und Wolfgang Scheppe für Auskünfte zu Quellenmaterial. Dank an Gabi Adébisi-Schuster für die bravouröse Bewältigung der besonderen Herausforderungen der grafischen Gestaltung und der zahlreichen Änderungen im Laufe des Entstehungsprozesses. Ganz besonders gedankt sei *phileas – A Fund for Contemporary Art* für die Unterstützung.

Werner Rappl

phileas

A Fund for Contemporary Art

phileas ist eine unabhängige philanthropische Organisation mit Sitz in Wien,
die ambitionierte Projekte im Bereich der zeitgenössischen Kunst fördert und koproduziert.

In enger Zusammenarbeit mit KünstlerInnen, Museen und Biennalen ermöglicht
phileas die Produktion, das Ausstellen und das Sammeln zeitgenössischer Kunst
im Rahmen öffentlicher Institutionen.

FilmmuseumSynemaPublikationen

Band 34
GERHARD FRIEDL. EIN ARBEITSBUCH
Hg. Volker Pantenburg

Band 32
WERNER SCHROETER
Hg. Roy Grundmann

Band 31
THE REAL EIGHTIES. AMERIKANISCHES KINO DER ACHTZIGERJAHRE: EIN LEXIKON
Hg. Lukas Foerster und Nikolaus Perneczky

Band 30
ROBERT BEAVERS
Hg. Rebekah Rutkoff

Band 29
RUTH BECKERMANN
Hg. Alexander Horwath, Michael Omasta

Band 28
THE CINEMA HYPOTHESIS. TEACHING CINEMA IN THE CLASSROOM AND BEYOND
Alain Bergala

Band 27
SIEGFRIED MATTL – DIE STRAHLKRAFT DER STADT. SCHRIFTEN ZU FILM UND GESCHICHTE
Hg. Drehli Robnik

Band 26
JEAN-MARIE STRAUB & DANIÈLE HUILLET
Hg. Ted Fendt

Band 25
ABENTEUER ALLTAG ZUR ARCHÄOLOGIE DES AMATEURFILMS
Hg. Siegfried Mattl, Carina Lesky, Vrääth Öhner und Ingo Zechner

Band 24
BE SAND, NOT OIL THE LIFE AND WORK OF AMOS VOGEL
Hg. Paul Cronin

Band 23
HOU HSIAO-HSIEN
Hg. Richard I. Suchenski

Band 22
KOLLEKTION. FÜNFZIG OBJEKTE: FILMGESCHICHTEN AUS DER SAMMLUNG DES ÖSTERREICHISCHEN FILMMUSEUMS
Hg. Paolo Caneppele und Alexander Horwath

Band 21
DAS SICHTBARE KINO. FÜNFZIG JAHRE FILMMUSEUM: TEXTE, BILDER, DOKUMENTE
Hg. Alexander Horwath

Band 20
AUFBRECHEN. DIE GRÜNDUNG DES ÖSTERREICHISCHEN FILMMUSEUMS
Eszter Kondor

Band 19
JOE DANTE
Hg. Nil Baskar und Gabe Klinger

Band 18
DOMINIK GRAF
Christoph Huber und Olaf Möller

Band 17
A POST-MAY ADOLESCENCE. LETTER TO ALICE DEBORD
Olivier Assayas

Band 16
OLIVIER ASSAYAS
Hg. Kent Jones

Band 15
SCREEN DYNAMICS
MAPPING THE BORDERS OF CINEMA
Hg. Gertrud Koch, Volker Pantenburg und Simon Rothöhler

Band 14
WAS IST FILM. PETER KUBELKAS ZYKLISCHES PROGRAMM IM ÖSTERREICHISCHEN FILMMUSEUM
Hg. Stefan Grissemann, Alexander Horwath und Regina Schlagnitweit

Band 13
ROMUALD KARMAKAR
Hg. Olaf Möller und Michael Omasta

Band 12
APICHATPONG WEERASETHAKUL
Hg. James Quandt
Vergriffen

Band 11
GUSTAV DEUTSCH
Hg. Wilbirg Brainin-Donnenberg und Michael Loebenstein

Band 10
MICHAEL PILZ. AUGE KAMERA HERZ
Hg. Olaf Möller und Michael Omasta

Band 9
FILM CURATORSHIP. ARCHIVES, MUSEUMS, AND THE DIGITAL MARKETPLACE
Hg. Paolo Cherchi Usai, David Francis, Alexander Horwath und Michael Loebenstein
Vergriffen – 2. Auflage in Planung

Band 8
LACHENDE KÖRPER
KOMIKERINNEN IM KINO DER 1910ER JAHRE
Claudia Preschl

Band 7
JEAN EPSTEIN. BONJOUR CINÉMA UND ANDERE SCHRIFTEN ZUM KINO
Hg. Nicole Brenez und Ralph Eue

Band 6
JAMES BENNING
Hg. Barbara Pichler und Claudia Slanar

Band 5
JOSEF VON STERNBERG
THE CASE OF LENA SMITH
Hg. Alexander Horwath und Michael Omasta

Band 4
DZIGA VERTOV. DIE VERTOV-SAMMLUNG IM ÖSTERREICHISCHEN FILMMUSEUM
Hg. Österreichisches Filmmuseum, Thomas Tode und Barbara Wurm

Band 3
JOHN COOK
VIENNESE BY CHOICE, FILMEMACHER VON BERUF
Hg. Michael Omasta und Olaf Möller
Vergriffen

Band 2
PETER TSCHERKASSKY
Hg. Alexander Horwath und Michael Loebenstein
Vergriffen

Band 1
CLAIRE DENIS. TROUBLE EVERY DAY
Hg. Michael Omasta und Isabella Reicher
Vergriffen

Ein Buch von SYNEMA ≣ Publikationen
Guy Debord. Das filmische Gesamtwerk (Schriften, Fotos und Notizen)
Band 33 (I) der FilmmuseumSynemaPublikationen

FilmmuseumSynemaPublikationen ist eine gemeinsame Buchreihe
des Österreichischen Filmmuseums und SYNEMA – Gesellschaft für Film und Medien.

SYNEMA – Gesellschaft für Film und Medien
Neubaugasse 36/1/1/1
A-1070 Wien

Korrektur: Patrick Sabbagh, Joe Rabl
Grafisches Konzept, Gestaltung und Produktion: Gabi Adébisi-Schuster
Projektkoordination: Eszter Kondor (Österreichisches Filmmuseum)
Druck: Design und Druck UAB KOPA, Vilnius
Gedruckt auf FSC-zertifiziertem Papier
Verlags- und Herstellungsort: Wien

ISBN 978-3-901644-76-4

Diese Publikation wurde in Zusammenarbeit mit phileas – A Fund for Contemporary Art herausgegeben.

phileas
A Fund for Contemporary Art

Österreichisches Filmmuseum und SYNEMA – Gesellschaft für Film und Medien
sind vom Bundeskanzleramt Österreich/Kunst und Kultur – Abt. (II/3) Film
sowie von der Kulturabteilung der Stadt Wien geförderte Institutionen.

Bundeskanzleramt

Stadt Wien | Kultur

GUY DEBORD
DAS FILMISCHE GESAMTWERK
Kommentare, Quellen und Verweise

Werner Rappl (Hg.)

Österreichisches Filmmuseum
SYNEMA – Gesellschaft für Film und Medien

Inhalt

Alexander Horwath

Smoke on the Water

DIE EINLEITUNG, die der Retrospektive *Guy Debord*, Höhepunkt eines lange verfolgten Sammlungsprojekts im Österreichischen Filmmuseum, vorangestellt war, soll auch diesem Buchvorwort als Entree dienen. Wenn Filme und Schriften aus sogenannten vergangenen Zeiten durch Akte der Freilegung, Präsentation und Publikation wieder Sichtbarkeit erhalten, dann geschieht das einerseits um ihrer selbst willen: im Dienst der fremden, unbekannten oder halbvertrauten historischen Kräfte und Gestalten, die in diesen Werken wirken. Es geschieht aber auch zugunsten derer, die nachkommen und nicht alles sonstige Nachgekommene blind mitmachen wollen. Wenn die in irgendwas gut sind, dann im Sich-was-einfallen-Lassen. Für sie darf und soll man immer wieder von vorne beginnen.

Also, Replay: »*Demnächst in diesem Kino:* DIE GESELLSCHAFT DES SPEKTAKELS. *Und danach überall sonst:* IHRE ZERSTÖRUNG. Die Unbedingtheit, die aus Guy Debords Kino-Trailer für seinen Film *La Société du spectacle* spricht, mutet fast wie ein Witz an – und *ist* auch einer, nicht erst heute (in der noch viel extremeren ›Gesellschaft des Spektakels‹ Jahrgang 2015), sondern schon damals, 1973. Dieser Witz ergibt seinen schneidenden Sinn aber erst dann, wenn man ihn – so wie das gesamte schneidende Schaffen von Guy Debord (1931–1994) – nicht wie üblich als Muskel-Entspannung nach der Pose der Unbedingtheit begreift, sondern als deren ernsteste Zuspitzung. Es ist der härteste Galgenhumor, der in der Kunst, im Kino und in der Gesellschaftstheorie des 20. Jahrhunderts zu finden ist.

Zugleich steckt in Debords luzider Härte der Vorschein eines anderen Lebens, und sei es nur durch das emphatische Wachhalten jener (biografischen) Erfahrungen von Freiheit und Revolte, die er in den Filmen immer wieder beschwört. Er hat dieses andere Leben beschützt, indem er sich weigerte, ›das Spiel zu spielen‹. Er stellte lieber neue Spielregeln auf. Er wurde nicht zu einem der üblichen öffentlichen Intellektuellen (Hofnarren), die das Spektakel als ›kritische Geister‹ beleben, sondern machte sich nahezu unsichtbar. Schon 1959 heißt es in seinem zweiten Film: ›Ein Film über diese Generation kann nur ein Film über das Fehlen ihrer Werke sein.‹ Debord war damals keine dreißig, und ›diese Generation‹ ist die internationale Gruppe der Situationisten [und zuvor Lettristen], in deren Mitte er sich bewegte.

Heute scheint es fast, dass sich die Prophezeiung von 1959 vor allem für Debords *Filme* erfüllt hat. Sein postumer Ruhm als einer der zentralen Autoren revolutionärer Kulturkritik und radikaler Kunstpraxis bedeutet nicht, dass sein kinematografisches Œuvre zum Kanon gezählt würde. Seine drei Langfilme und drei

Kurzfilme, entstanden zwischen 1952 und 1978, sind kaum bekannt (auch aufgrund des vom Autor selbst verfügten Aufführungsverbots nach 1984), obwohl darin sein Denken wie auch seine Paradoxa *in nuce* dargelegt sind.

Sechs essayistische, sprachgewaltige, zwischen Fotografie, Bewegtbild und Stimme, zwischen Wut und Melancholie changierende Kinomonumente ›gegen das Kino‹. Werke, die den politisch-kulturellen Konsens der Medien- und Konsumgesellschaft frontal angreifen und dafür das Massenmedium ihrer Ära wählen – allerdings in Schwarzweiß. Filme, die zugleich ›strategisch‹ und ›maßlos‹ sind: strategisch nicht nur, wenn sie Clausewitz, *Johnny Guitar*, Karl Marx, *Die Kinder des Olymp* und Baltasar Gracián zitieren, maßlos nicht nur in ihrem Abzielen aufs große Ganze. Und Filme, die diesen ganzheitlichen Angriff durchwegs auf der Grundlage einer singulären, persönlichen Erfahrung führen. Das macht sie teilbar, mitteilbar, benutzbar – gerade weil sich kaum jemand mehr vorstellen mag, wie ein Leben, ein Alltag jenseits des Spektakels aussehen könnte.«[1]

GETRÄUMTE, UMSCHRIEBENE, PROJIZIERTE FILME

Es wurde beschlossen, dass die 7. S.I.-Konferenz in Wien stattfinden wird.[2]

Dieser Plan, ausgeheckt im November 1962 bei der 6. Konferenz der Situationistischen Internationale (S.I.) in Anvers, erfuhr keine Verwirklichung. Wäre er in die Tat umgesetzt worden, so träumte ich gestern, hätte die Geschichte einen anderen Verlauf genommen. Ich kann leider nicht sagen, welchen. Er hatte sich beim Erwachen schon wieder verlaufen. Und ich weiß nicht einmal, ob mit dem »Vienne« im Original tatsächlich Wien gemeint war oder vielleicht doch Vienne im Département Isère, am linken Ufer der Rhone – »Civitas Vienna Sancta«, wie es auf dem dortigen Stadtwappen heißt.

Träume solcher Art begleiten mich, seit ich zum ersten Mal auf die Aktivitäten und den »Sound« von Guy Debord bzw. der um ihn versammelten Gruppierungen stieß; auf ihre Schriften und Gangarten, ihre revolutionären Ansprüche und auf Begriffe wie »Psychogeografie«. Diese ersten Begegnungen fielen in die Zeit von Glasnost und Perestrojka; bezogen auf Debords *Filme* war Glasnost aber noch fern. Die Lektüre mancher seiner Filmskripte in frühen englischen oder deutschen Übersetzungen[3] und von Büchern über die Situationisten im Allgemeinen[4] erlaubte in der Folge eine gewisse Annäherung über die Bande (über die Maschek-Seite, wie man in Wien sagt). Doch dieser Zugang blieb unbefriedigend, nicht allein wegen der manchmal schwer (oder miss-)verständlichen Übersetzungen der Filmskripte, und auch nicht nur aufgrund des offensichtlichen Problems, dass das Lesen eines Skripts und die Wahrnehmung eines Films zwei eigenständige und sehr verschiedene Erfahrungsweisen darstellen – und nur das Vorhandensein beider

1 »Guy Debord«, *Programmheft Jänner/Februar 2016*, Wien: Österreichisches Filmmuseum 2015.

2 »Situationistische Nachrichten«, *IS*, Nr. 8, 1963. Was die 7. Konferenz der S.I. betrifft: Sie fand de facto erst im Juli 1966 in Paris statt.

3 Z. B. *Guy Debord – Gegen den Film. Filmskripte*, Hamburg: Edition Nautilus 1978; *In girum imus nocte consumimur igni – Wir irren des Nachts umher und werden vom Feuer verzehrt*, Berlin: Edition Tiamat 1985.

4 Vor allem: Greil Marcus, *Lipstick Traces: A Secret History of the Twentieth Century*, Cambridge: Harvard University Press 1989, und Roberto Ohrt, *Phantom Avantgarde – Eine Geschichte der Situationistischen Internationale und der modernen Kunst*, Hamburg: Edition Nautilus 1990.

eine brauchbare Bestimmung ihres Verhältnisses erlaubt. Störend war vor allem, dass im Schriftgut rund um Debord die Kräfte und Eigenarten des Filmmediums nicht in den Blick kamen und die damalige Unzugänglichkeit der Filme selbst daher kaum je bedauert wurde.[5] Zum einen verdankte sich dies vielleicht einer folgsamen Übernahme von Debords eigenem Bannfluch aus dem Jahr 1984 (der freilich nicht das Geringste mit einem Zweifel an den Filmen selbst zu tun hatte) sowie der in (Pro-)Situationistenkreisen verbreiteten Ansicht, der Film sei ein beliebiges – und daher quasi auf Text reduzierbares – Ausdrucksmittel für ihn gewesen. Ein zweiter Grund war aber gewiss auch die randständige Präsenz filmkritischer und filmtheoretischer Diskurse im größeren Betrieb der Kunst-, Kultur- und Gesellschaftskritik, gerade im deutschsprachigen Raum.[6]

Im Dezember 1994 erfuhr ich von Olivier Assayas, dass Guy Debord Selbstmord begangen, zuvor aber noch indirekt, aus der Verborgenheit, für Jänner 1995 einen Fernsehabend auf Canal+ »eingerichtet« hatte. Der spontan ausgeheckte Plan, Debords Filme gleich darauf im Rahmen der Viennale zu präsentieren und zu würdigen, blieb eine Illusion. Aber von der TV-Sendung auf Canal+ stammte vielleicht das Piraten-Tape, das Roberto Ohrt etwas später in Linda Bildas *Artclub Wien* in den historischen Räumen der Pathologie des Alten AKH zeigte, begleitet von seinem Versuch einer deutschen Live-Synchronisation.

Ab September 2001 wurden die Filme tatsächlich sichtbar – in ihrer Gesamtheit, als Projektionsereignisse im Originalformat und im Einvernehmen mit Alice Debord, der Witwe und Rechtsnachfolgerin des Autors. Und sie kamen mir, was den Zeitpunkt betrifft, buchstäblich entgegen: Die Debord-Retrospektive der Filmfestspiele von Venedig, die bei dieser Wiederbelebung den Anfang machte[7], fügte

5 Die Ausnahme in jeder Hinsicht war Tomas Y. Levins große Studie »Dismantling the Spectacle: The Cinema of Guy Debord«, in: *On the Passage of a few people through a rather brief moment in time: The Situationist International* 1957–1972, hg. v. Elisabeth Sussman, Cambridge: MIT Press 1989, S. 72–123; scholar.princeton.edu/sites/default/files/tylevin/files/dismantling_the_spectacle_debord.pdf (11.2.2019). Levins Arbeit wurde in Kenntnis der Filme und im Kontext eines persönlichen Austauschs mit Debord verfasst, wie der Autor in einer späteren Nachbemerkung – nach Debords Tod – dargelegt hat. Die Nachbemerkung ist am Ende der (stark gekürzten) deutschen Version seines Texts zu finden: Thomas Y. Levin, »›Ciné qua non‹: Guy Debord und die filmische Praxis als Theorie«, in: *Kunst/Kino*, hg. v. Gregor Stemmrich, Köln: Oktagon 2001, S. 17–29; www.medienkunstnetz.de/themen/kunst_und_kinematografie/debord/12/ (11.2.2019).

6 Dies macht sich teilweise bis heute bemerkbar, etwa bei der eindrucksvollen Ausstellung *The Most Dangerous Game. Der Weg der Situationistischen Internationale in den Mai* 68 (Haus der Kulturen der Welt, Berlin 2018) und ihrer auffälligen Unentschiedenheit und Floskelbzw. Fehlerhaftigkeit im Umgang mit Bewegtbildern. Zur Ausstellung ist ein sehr detailreicher Katalog/Reader erschienen (Wolfgang Scheppe und Roberto Ohrt, *The Most Dangerous Game*, 2 Bände, Leipzig: Merve 2018), der die bisher überzeugendsten Schlussfolgerungen im Feld zwischen Kunsttheorie, situationistischer Kunstpraxis und Debords Leben und Denken zieht – aber eben unter weitgehender Ausklammerung von Praxis, Geschichte, Soziologie und Theorie des Films (siehe v. a. Band 1, Kapitel VI: »Das Archiv der letzten Bilder«, S. 868–889).

7 Vgl. den Katalog bzw. Textband zu dieser Schau: *Guy Debord (contro) il cinema*, hg. v. Enrico Ghezzi & Roberto Turigliatto, Mailand/Venedig: Il castoro/La Biennale di Venezia 2001. Zehn Jahre später erschienen, in italienischer und französischer Sprache, zwei weitere Bücher über Debords Filme: *Consumato dal fuoco: il cinema di Guy Debord*, hg. v. Monica Dall'Asta und Marco Grosoli, Pisa: Edizioni ETS 2011, sowie Fabien Danesi, *Le cinéma de Guy Debord ou la négativité à l'œuvre (1952–1994)*, Paris: Éditions Paris expérimental 2011.

sich glücklich in den Anlauf zur Arbeit im Filmmuseum. In den folgenden Jahren konnten wir einzelne Debord-Filme ausleihen und in unterschiedlichen Kontexten zeigen, im Filmmuseum selbst wie auch im Kinoprogramm der Documenta 12. Der nächste Schritt, der 2012 zur Begegnung mit Alice Debord führte, war eine Buchpublikation des Filmmuseums: die englische Ausgabe von Olivier Assayas' autobiografischem Text *Une adolescence dans l'après-Mai*.[8] Und noch einmal vier Jahre später verwirklichte sich das Schlussbild des schummrigen Traums aus der Glasnost-Zeit: Von den sechs Filmen Debords konnten neu gezogene Kopien erworben und erstmals dauerhaft in einem Museum versammelt werden. Die scheinbaren wie die tatsächlichen Widersprüche und Widerhaken im Debord'schen Œuvre, die dessen Reichtum mitbestimmen und jegliche Arbeit damit erst recht affizieren, sind in diesen Filmen enthalten. Letztere »materialisieren« und entmaterialisieren sich in jeder Kinoaufführung aufs Neue. In dieser Zeitspanne verbrauchen sie sich, während sie ihre Brauchbarkeit argumentieren. Die erfahrene, aber begrenzte Zeit ist Teil des Arguments, aufseiten des Autors wie des Kinopublikums.

DAS VORLIEGENDE BUCH ist ein neuerlicher Widerspruch, der großen Reichtum birgt. Deshalb kommt es erst jetzt dran, nach dem Traum von den Filmen und ihrer Projektion. Debords gesammelte Filmskripte repräsentieren ein eigenständiges Druckwerk, das er 1978 nach Abschluss seines Filmschaffens herausgab und das sich während der langen Zeit der »Verbannung« der Filme gewissermaßen an ihre Stelle setzte. Es war mir im Rahmen der Filmmuseumsarbeit zumindest als Geste wichtig, das ursprüngliche »Danach« wieder zu restituieren, die deutschsprachige Ausgabe der Filmskripte also erst nach der Wiederbelebung, Verbreitung und Sicherung der Filme zu publizieren. Deren relative Zugänglichkeit heute (nicht nur im Kino-Originalformat, sondern auch faksimiliert auf DVD [ohne Untertitel] bzw. als Piratenbeute im Internet) erlaubt es nun, dass das Buchobjekt *Œuvres cinématographiques complètes – Das filmische Gesamtwerk* und das wirkliche filmische Gesamtwerk in ein produktives Verhältnis zueinander treten können, das eine also nicht mehr »anstelle« des anderen wahrgenommen werden muss.

Werner Rappl, Herausgeber und Mitinitiator dieses Bandes, hat, weit über die Arbeit der Übersetzung hinaus, eine wesentliche Grundlage dafür geschaffen, dass die Rezeption des Debord'schen Filmschaffens im deutschsprachigen Raum nun einige Schritte weiter gehen kann: durch seine akribische Kommentierung und Entschlüsselung vieler Text- und Bildstellen der sechs Filme; durch die Hinzunahme von Debords und Brigitte Cornands TV-Film *Guy Debord, son art et son temps* (1994/95) und dessen viel umfassendere Transkription als im französischen Original der Debord-Gesamtausgabe[9]; durch die Erweiterung der Filmskripte um andere Debord-Texte, die sich auf die Filme

8 Olivier Assayas, *Une adolescence dans l'après-Mai. Lettre à Alice Debord*, Paris: Cahiers du Cinéma 2005; ders., *A Post-May Adolescence. Letter to Alice Debord – and two essays on Guy Debord*, übers. u. kommentiert v. Adrian Martin und Rachel Zerner, Wien: Filmmuseum-SynemaPublikationen 2012. Assayas beschwört darin u. a. die Energien, die er als junger Mann und angehender Filmemacher aus Debords Werk und den Schriften der S.I. bezog.

9 Debord, *Quarto*.

beziehen; sowie durch sein ausführliches Nachwort, das die Bauweise und »Denkpraxis« der Filme analysiert. Für diese große Anstrengung möchte ich ihm aus ganzem Herzen danken.

Neben Werner Rappl gilt mein Dank Alice Debord, für alle Gespräche, Geschenke und Aufklärungen. Mit ihr gemeinsam wurde im Jänner 2016 in Wien beschlossen, dieses Buch zu publizieren; durch ihre Unterstützung wurde das Filmmuseum in die Lage versetzt, die Vereinbarung auch zu halten. Dies gelang, wie schon beim Erwerb der Filmkopien, dank der großzügigen Hilfe von *phileas – A Fund for Contemporary Art*. Olivier Assayas und Regina Schlagnitweit schließlich sind jene beiden Personen, deren großer indirekter Beitrag zur Entstehung des Buchs auf persönlicher Grundlage bemessen werden muss. Sie waren über dreißig Jahre hinweg die bestmöglichen Gesprächspartner und Komplizen angesichts der vielen politischen, künstlerischen und lebenspraktischen Fragen, die sich rund um Guy Debords Œuvre stellen.

ERINNERN, WIEDERHOLEN, DURCHARBEITEN

Erkennt man die Leere der Freizeit und die Unmöglichkeit der Ruhe, dann kann man die Frage auf eine realistischere Weise stellen: Was wäre eigentlich nicht verlorene Zeit?[10]

Mein erster, sehr bescheidener (und Debords gesamtgesellschaftlicher Frage daher wohl unwürdiger) Antwortvorschlag wäre folgender: Nicht verloren ist die Zeit, die es braucht, dieses Buch immer wieder zu lesen und die Filme immer wieder zu sehen, egal, wo man den Einstieg wählt. Und nicht verloren sind diese Zeiten und Aktivitäten, wenn sie über den »Mythos« Debord / S.I. bzw. deren Fetischisierung hinausgelangen (die Verführung, kreisend darin zu verharren, ist diesem glänzenden Elfenbeinturm des negativen Denkens fast inhärent). Das scheint seit zwei Jahrzehnten immer besser zu gelingen: Die Publikations- und Forschungstätigkeit zur S.I. und zu Debord ist nicht nur insgesamt stark angewachsen, es sind darin auch jene Strömungen immer stärker geworden, die die Notwendigkeit ihrer *Historisierung* betonen – nicht um ihre radikale Kapitalismuskritik »einzugemeinden«, »abzuhaken« oder im Bett der Geschichte schlafen zu legen (wie manche Verteidiger einer reinen Lehre befürchten), sondern im Gegenteil: um die Zeugnisse ihres Denkens und Handelns überhaupt erst als geschichtliches, verwendbares, in vielfältigen Relationen stehendes, kritik- und anschlussfähiges Material zu konstituieren.[11] *Avantgarden haben ihre Zeit und das Beste, was ihnen passieren kann, ist, im vollen Sinn des Wortes* ihre Zeit hingebracht *zu haben. Nach ihnen beginnen die Operationen auf einem weitläufigeren Schauplatz. … Ein Projekt von historischer Bedeutung kann gewiss keinen Anspruch auf ewige,*

10 Guy Debord, »Perspektiven einer bewussten Änderung des alltäglichen Lebens«, *IS*, Nr. 6, 1961.

11 Zur Frage der »Kritikfähigkeit« Debords und der S.I. sollte an dieser Stelle zumindest eine Forderung wiederholt werden, die mehrere Autor/inn/en in den letzten Jahren erhoben haben – auch wenn diese Forderung heute schon wieder »spektakelmodisch« erscheint: Eine feministische Lektüre und Kritik dieser »Bad Boy«-Geschichte steht immer noch weitgehend aus.

von Schlägen verschonte Jugend erheben.[12] Und so ein Projekt kann auch nur gewinnen, wenn es auf seine – manchmal bewussten, oft unbewussten – Verbindungen zu anderen Positionen befragt wird, die gleichfalls versuchten (oder intuitiv dazu beitrugen), die Mystifikationen der spektakulär-kapitalistischen Gesellschaft zu entschleiern.[13] Zu bedenken wären dabei sogar jene Positionen, für die Debord und die Situationisten nur feindselige Worte übrighatten – denn *dass* sie sie überhaupt namentlich anführten, wie etwa die Beat-Dichter oder Jean-Luc Godard, zeigt schon ihren Verdacht bezüglich möglicher (wenn auch aus ihrer Sicht völlig unzureichender) Parallelaktionen.

In diesem Sinne spricht das vorliegende Buch die Einladung an deutschsprachige Benutzer/innen aus, mit der Historisierung weiterzumachen: neue Linien zu ziehen und bisher übersehene Pfade zu erkunden, auf denen das Schaffen Debords und der S.I. sowohl »synchrone« wie auch »diachrone« Echos hat und Beziehungen zu anderen Autor/inn/en, Bewegungen und künstlerisch-politischen Projekten entfalten kann – zu jenen ihrer Zeitgenossen ebenso wie zu früheren und späteren. Wichtig erscheint mir dabei vor allem eine *Internationalisierung* der Untersuchungsgebiete, speziell was den Film betrifft. Denn hier fällt besonders auf, wie marginal die gegenseitige Rezeption zwischen den filmschaffenden Lettristen/Situationisten und den nichtfranzösischen Film-Avantgarden war. Diese doppelte Sehschwäche hat sich auch in die kritisch-kuratorische Arbeit und die historische Forschung zum unabhängigen, avantgardistischen Film eingeschrieben.[14]

In der Geschichte der Kunst und der Theorie/Praxis ästhetisch-politischer Revolutionen sind nichtfranzösische Kontexte der S.I. hingegen schon länger präsent; Letztere reklamierte ja auf diesen Gebieten von vornherein »Internationalität«. Auch die Verwandtschaftsbeziehungen zwischen Debord und den Schriften von Theodor W. Adorno oder Walter Benjamin werden seit Jahrzehnten untersucht[15] – und folgen werden vielleicht jene zwischen *La Société du spectacle* und Günther Anders' Beschreibung einer Gesellschaft, in der »sich die Lüge wahrlügt« und »das Geschehen der Welt selbst sich

12 Debord, *In girum imus nocte et consumimur igni* [1978], S. 183 im ersten Bandteil.

13 Was den Bereich alltäglicher, winziger Formen von kultureller und politischer Sabotage betrifft, sei nur ein kleiner *practical joke* aus dem deutschsprachigen Raum beispielhaft erwähnt (und weitergedacht), der 1962 in der Nr. 7 der Zeitschrift *Situationistische Internationale* sehr lobend hervorgehoben wurde: Wolfgang Neuss hatte vehementen Verrat an einem Dogma der Spektakelgesellschaft begangen, als er in der Zeitung *Der Abend* ganz gezielt den Namen des Mörders verriet, der im Finale des aktuellen TV-Krimis erst überführt werden sollte. Die gesamte BRD-Aufmerksamkeit war auf den Ausgang dieses »Straßenfegers« gerichtet, und nun verpuffte (allerdings nur für die Leser/innen des *Abend*) die erwartete Freizeit-»Spannung« in jene Leere, die ihre Wahrheit ist. Angesichts der heute noch viel weiter verbreiteten »Spoiler«-Ängste bei Filmen und TV-Serien ließe sich durch digital-viralen »Massenverrat« die gesellschaftliche Fetischfunktion solcher Pseudo-Sorgen und Pseudo-Spannungen vielleicht erneut einen Spalt weit decouvrieren.

14 Ausnahmen bestätigen wie immer die Regel, sie entstammen aber zumeist – nicht zufällig – subkulturellen Zonen. Ein bemerkenswertes Beispiel dafür ist das *Pirate Cinema Berlin* (begründet und betrieben u. a. von Sebastian Lütgert und Jan Gerber). In den »illegalen« Film-Download-Präsentationen des Pirate Cinema firmiert das Schaffen Debords und anderer Situationisten als zentraler Teil einer relativ weit gefächerten aktivistisch-avantgardistischen Filmgeschichte. Die Website www.piratecinema.org/screenings (22.2.2019) informiert über sämtliche Vorführungen seit 2004, vielfach begleitet durch »digital-situationistische« Überlegungen. Vgl. auch: »Piraterie als filmpolitische Praxis. Sebastian Lütgert im Gespräch mit Florian Krautkrämer und Guido Kirsten«, *montage AV*, Nr. 26, 1/2017; Lütgert betont hier,

eben bereits als arrangiertes Schauspiel abspielt«.[16] Adorno, Anders, Benjamin (und Hegel, Marx, Henri Lefebvre oder Jean Baudrillard) sind freilich nicht nur durch geistesgeschichtliche »Debord-Begegnungszonen« miteinander verbunden, sondern auch durch einen Aspekt, der sie von ihm dezidiert unterscheidet: Sie haben, und das mag man bedauern, keine Filme gemacht.

Jene hingegen, die so wie Debord ihr Denken zum Teil oder zur Gänze in Filmen artikulierten, die fehlen noch. All die (vor allem nichtfranzösischen) Autor/inn/en, Gruppierungen, Bewegungen, Subkulturen, die in den 50er bis 70er Jahren – oder auch: bis heute – anspruchsvolle filmische Projekte »gegen das Kino« vorgelegt haben, wurden von der historischen und transnationalen Beziehungsanalyse bisher kaum erfasst. Und damit auch der Umstand, dass die von Debord und den Lettristen / Situationisten evozierten »filmischen Räume« immer *shared spaces* waren.

Es lässt sich an dieser Stelle nur äußerst kursorisch andeuten, welche Reisen ins Gebiet des »Anti-Kinos«, des »anderen Kinos«, des internationalen Avantgarde- und Essayfilms in diesem Zusammenhang produktiv sein könnten.

Das könnte zum Beispiel, im Anschluss an Timothy Murphy, eine Reise ins Werk von William Burroughs sein, die auch dessen erstaunliche Filmarbeit mit Anthony Balch und Brion Gysin sichtbarer macht (*Towers Open Fire* [1963], *The Cut Ups* [1966]). Der Schriftsteller und Situationist Alexander Trocchi hatte sich schon Ende der 1950er Jahre in Paris als »Matchmaker« zwischen Debord und Burroughs versucht, weil er die intellektuelle Nähe zwischen den beiden erkannte, aber es kam offenbar nie zu einer persönlichen Begegnung.[17] Diese Nähe, etwa was »Détournement«- und »Cut-Up«-Verfahren betrifft, ist an Debords und Asger Jorns »Künstlerbuch« *Mémoires* (1958/59) ebenfalls ablesbar.

Interessante Erträge könnte auch ein kleiner Ausflug in die New Yorker Lower East Side des Jahres 1956 bringen, wo der Filmemacher Ken Jacobs und der Akteur Jack Smith (als vogelfreier »Spirit Not of Life But of Living«) in ruinösen *back alleys* mit ihren wilden *dérives* und

dass es um eine Neufassung des sozialen Orts »Kino« im Zeichen der frühen Download- und *Sharing*-Kultur ging: »Was wäre eigentlich Kino, wenn man das Internet in seinen Potenzialen wirklich ernst nähme?« (S. 82).

15 Was Benjamin/Debord und stärkere Bezugnahmen auch auf das Medium Film betrifft, vgl. etwa Jörn Etzold, *Die melancholische Revolution des Guy-Ernest Debord*, Zürich: Diaphanes 2009; Monica Dall'Asta, »Montage as Allegory: On the Concept of ›Historical Truth‹ in Walter Benjamin and Guy Debord«, in: *At the Borders of (Film) History. Temporality, Archaeology, Theories*, hg. v. Alberto Beltrame, Giuseppe Fidotta, Andrea Mariani, Udine: Forum 2015, S. 297–304; sowie Catherine Russell, *Archiveology: Walter Benjamin and Archival Film Practices*, Durham: Duke University Press 2018.

16 Günther Anders, *Die Antiquiertheit des Menschen Band 1. Über die Seele im Zeitalter der zweiten industriellen Revolution*, München: Beck 1956, S. 195. Solche Untersuchungen zum Verhältnis Anders-Debord sollten allerdings jenseits der manichäisch (und vor allem online) geführten Insider-Debatte stattfinden, in der für Debord nur zwei Rollen vorgesehen sind: jene des schrecklichen »Plagiators« von Anders' Schriften oder des reinen Saubermanns, an dessen hundertprozentiger Originalität nicht gerüttelt werden darf.

17 Vgl. Timothy S. Murphy, »Exposing the Reality Film: William Burroughs Among the Situationists«, in: *Retaking the Universe: William S. Burroughs in the Age of Globalization*, hg. v. Davis Schneiderman & Philip Walsh, London/Sterling, Virginia: Pluto Press 2004 (onscenes.weebly.com/film/exposing-the-reality-film-williamsburroughs-among-the-situationists) und die Ausstellung *Eyes For Blowing Up Bridges* in der John Hansard Gallery, Southampton, Herbst 2015 (www.jhg.art/event-detail/188-eyes-for-blowing-up-bridges-joining-the-dots-from-the-situationist-international-to-malcolm-mclaren) (10.2.2019).

»performativen« Interventionen beginnen (von *Saturday Afternoon Blood Sacrifice* und *Little Cobra Dance* [beide 1956] bis zu den frühen Teilen von *Star-Spangled to Death* [1957–2003]).

Oder ein Ausflug in die schon erwähnte *Beat Culture* der US-Westküste, wo ebenfalls 1956, ein paar Jahre nach Debords *Geheul für Sade,* Allen Ginsbergs *Howl* ertönte, zuvor aber schon der Film *The End* (1953) des Dichters und Speed-Freaks Christopher Maclaine den »grand suicide of the human race« ausgerufen hatte. Während längerer Schwarzfilmpassagen spricht eine männliche Off-Stimme Sätze wie diesen in den Zuschauerraum: »The person next to you is a leper.«

Oder, wie Werner Rappl mit seinem Verweis auf H.C. Artmanns »poetischen Act« (1953)[18] anregt: eine Reise zur *Wiener Gruppe,* deren Umherschweifen in einem »g'fäuden Wien« (Friedrich Achleitner) an die gleichzeitigen Praktiken der Lettristen und Situationisten erinnert. In den Blick kämen so auch die Anfänge und späteren Entwicklungen des avancierten *Wiener Films*, dessen Protagonist/inn/en zum Teil mit der Wiener Gruppe und danach mit den Aktionisten in Kontakt standen. Schon das erste Hauptwerk des Wiener Films, Peter Kubelkas und Ferry Radax' *Mosaik im Vertrauen* (1955, mit Konrad Bayer), wäre – nicht nur, was den Einsatz von Autocrash-Found-Footage betrifft – ein guter Kandidat für solche Erkundungen der Kunst/Film-Boheme in Wien und Paris und ihrer möglichen Schnittstellen. Elisabeth Büttner hat mit Verweis auf die Situationisten gezeigt, dass diese Arbeit entlang der Filme von Kurt Kren, Hans Scheugl (und Ernst Schmidt jr.) in die 60er Jahre weitergeführt werden kann.[19] Dabei würde auch sichtbar, wie unterschiedlich die Wiener und Pariser Künstler- bzw. Antikünstlergruppen später mit der entscheidenden Frage verfuhren, nämlich jener nach *Kunst & Revolution* (1968, Aktion im Neuen Institutsgebäude der Universität Wien, Film von Ernst Schmidt jr.).[20]

ALS TEIL EINES GRÖSSEREN TERRAINS widerständiger oder »destruktiver« Filmpraktiken, die zu den herrschenden Kinobegriffen und gesellschaftlichen Vereinbarungen größtmöglichen Abstand halten (bzw. diesen Abstand deutlich markieren)[21], bliebe Guy Debord auch für jene Periode im Spiel, in der er selbst gar keine Filme vorlegte, von 1962 bis 1972. Dass er die revolutionären Ansprüche, die einige andere Filmmacher damals formulierten, systematisch belächelt hat oder hätte, sagt einiges aus über die innere Logik seines Denkgebäudes. Aber es täuscht nicht über die stillen, manchmal komplexen, oft nur partiellen Allianzen hinweg, die

18 Siehe S. 134 in diesem Bandteil.

19 Vgl. Elisabeth Büttner, »Form als Protest. Stichproben im Wiener Avantgardefilm«, in: *Wiener Linien*, hg. v. Christian Dewald, Michael Loebenstein, Werner Michael Schwarz, Wien: Czernin-Verlag/Wien Museum 2010, S. 154–161. Büttner zitiert auch Friedrich Achleitners damalige Stadtwahrnehmung im Umfeld von Artmann und der Wiener Gruppe: »Wir haben richtige ›Zu-Fuß-Wien-Ausflüge‹ gemacht … Dabei entstand das Stadtbild des ›g'fäudn‹ Wien. Semantisch ist für mich das G'fäude eine Mischung aus verfault und verfehlt. Alles, was sozusagen etwas weggekippt war vom Normalen, war g'fäud. Das hat man unheimlich geschätzt und [es] bedeutete eine surreale Komponente im Wahrnehmen von Situationen.« (S. 158 f.).

20 Vgl. auch: Eszter Kondor & Alexander Horwath, »Aktion und Demonstration«, in: Eszter Kondor, *Aufbrechen*, Wien: FilmmuseumSynemaPublikationen 2014, S. 164–186.

21 Ein zarter Vorschlag in diese Richtung war das Programm mit Filmen von Debord, Kubelka, Robert Breer, Bruce Conner und Burroughs/Gysin/Balch im Rahmen der Documenta 12: documenta12.de/de/100-tage/100-tage-archiv/filmprogramm/cut-ups.html (10.2.2019).

zwischen den Vorstellungen Debords und der S.I. und manchen Filmen oder Filmpolitiken dieser Ära erkennbar sind. Denn: »Unsere Ideen sind – wie allgemein bekannt – in allen Köpfen.« Der Film, der »als neuestes und zweifellos brauchbarstes Ausdrucksmittel unserer Epoche fast 75 Jahre lang nicht von der Stelle gekommen« und »zur lieben ›7. Kunst‹ von Filmliebhabern, Kinoklubs und Elternverbänden geworden« ist, »eignet sich« dennoch »besonders gut zur Untersuchung der Gegenwart als eines historischen Problems. ... Wie ein Artikel, ein Buch, ein Flugblatt oder ein Plakat macht der Film es möglich, alles auszudrücken. ... Eignen wir uns diese neue, stammelnde Schrift an, vor allem ihre vollendetsten und modernsten Beispiele – diejenigen, die noch mehr als die amerikanischen Filme der B-Kategorie der Kunstideologie entgangen sind: die Wochenschau, die Vorschau und Werbefilme.« (René Viénet)[22]

Die »Appropriationsfilme« des US-Amerikaners Bruce Conner ab 1958 und manche Arbeiten der Berliner (Ex-)Filmstudent/inn/en in den politisch aufgeheizten Jahren 1967–1969 (zum Beispiel Harun Farockis *Worte des Vorsitzenden* [1967] und *Nicht löschbares Feuer* [1969] oder ihre Störaktionen beim Filmfestival EXPRMNTL 4 in Knokke-le-Zoute, Dezember 1967) sind nur zwei der Pole, die das Bezugsgeflecht zwischen der »Filmtheorie« der Situationisten und anderen militanten, avantgardistischen, theorieaffinen, aber nicht zwingend »situationistischen« Filmaktivitäten der 60er Jahre einrahmen.[23] Falls es dafür ein Zentrum braucht, wäre dies vielleicht Conners *Report* (1963–1967), ein herausragender Kommentar zum Kennedy-Attentat und dessen medialer bzw. konsumkultureller »Umgebung«. René Viénets zuvor zitierter Text erschien, als *Report* gerade seine letzte von acht Fassungen gefunden hatte – und er liest sich wie eine nachträgliche Anleitung zu Conners Film.

Mit dem Namen (und dem späteren Werk von) Harun Farocki blendet sich zuletzt eine weitere, weniger »destruktive« Filmtradition ein, in der Debords eigene Filme einen bedeutenden Platz behaupten, wiewohl ihnen dieser Platz bis vor kurzem kaum je gewährt wurde: der Essayfilm. Hier berührt Debords Werk auch unmittelbar jenes von Chris Marker und Jean-Luc Godard, zwei Angehörigen derselben Filmkultur und der (ungefähr) gleichen Generation. Das Verhältnis zwischen Godard und Debord ist schon länger Gegenstand der Debatte: von den sarkastischen bis hasserfüllten Bemerkungen über Godard und die Nouvelle Vague in der S.I.-Revue und in Debords Film *Sur le passage ...* (1959); über die Reverenz, die Godard seinen Kontrahenten – vor allem

22 René Viénet, »Die Situationisten und die neuen Aktionsformen gegen Politik und Kunst«, *IS*, Nr. 11, 1967

23 Harun Farocki hat sein Interesse an Debord und den Situationisten öfters angedeutet und sich selbst einen »Cabaret-Situationisten« genannt. In ganz anderer Weise, nämlich was die negationistische Härte und den scharfen Witz seiner Schriften über Kino und Gesellschaft betrifft, erinnert auch einer von Farockis damaligen Kommilitonen manchmal an Debord: Günter Peter Straschek (vgl. sein Heft »Straschek 1963–74 Westberlin«, *Filmkritik*, Nr. 212, 1974, und sein *Handbuch wider das Kino*, Frankfurt a. M.: Suhrkamp 1975). Zu diesen und den anderen militanten Berliner Filmstudenten vgl. auch Volker Pantenburg, »Die Rote Fahne. Deutsche Film- und Fernsehakademie, 1966–1968«, in: *1968. Handbuch zur Kultur- und Mediengeschichte der Studentenbewegung*, hg. v. Martin Klimke & Joachim Scharloth, Stuttgart: Metzler 2007, S. 199–206; www.filmmuseum.at/jart/prj3/filmmuseum/data/uploads/Downloads/Reading%20Room/4_Pantenburg_DFFB_1968.pdf (22.2.2019).

Debord – später mehrfach erwies (vielleicht ist schon *Alphaville* [1965] eine heimliche Verbeugung vor der frühen Urbanismus-Kritik der S.I.); bis hin zu Giorgio Agambens Engführung der beiden Filmmacher in einem Vortrag von 1995, der sich der »messianischen Situation des Kinos« und den filmisch-politischen Geschichtsethiken widmet, welche Debord und Godard (nebst Benjamin) miteinander teilen.[24] Dass es heute im größeren Rahmen des Essayfilms und in der rasch wachsenden Literatur dazu nicht mehr als Unverfrorenheit erscheint, eine dichte, ineinander verstrickte Trias Marker-Debord-Godard zu postulieren, das ist aber auch dem Filmmacher und Lehrer Jean-Pierre Gorin zu verdanken, der in seiner einflussreichen Filmschau zum essayistischen Kino die Schlüssigkeit dieser Setzung auf internationaler Ebene vorgeführt hat.[25]

CINEPHOBIE ALS CINEPHILIE

Die spezifischen Bedingungen des Kinos erlaubten die Unterbrechung der Anekdote durch Unmengen leeren Schweigens.[26]

Guy Debords Filme stehen, was das Kino im Ganzen betrifft, nicht in einem luftleeren Raum. Diese Sichtweise wird durch die bisher genannten Beispiele vielleicht etwas plastischer. Bezogen auf die biografischen und kulturellen Hintergrundströme, die Debords frühes Filminteresse umspielten, ist sein Kino gleichfalls in einem *shared space* angesiedelt. Auf diesem Terrain, das er mit vielen anderen französischen Cinephilen der späten 1940er und frühen 1950er Jahre teilte, demonstrierte er seine Begeisterungsfähigkeit für das klassische und das aktuelle Kino (inklusive der Hollywood-Produktion) ebenso wie den »kontraistischen« Willen zum Skandal und zur raschen Herausarbeitung der eigenen Einzigartigkeit. Das Eigentum des Einzigen musste sukzessive und immer schärfer abgegrenzt werden gegenüber den anderen damals aufstrebenden, meist gleichaltrigen »Rebellen« und ihren Kampfansagen (etwa jener von François Truffaut gegen das *cinéma de papa*).

Man muss die Höflichkeitsformeln revolutionieren, schrieb Debord schon am 23.9.1951, noch bevor er richtig in Paris angekommen war, an den Lettristen Marc'O [Marc-Gilbert Guillaumin] und bot im selben Brief seine Hilfe beim Vertrieb von Isidore Isous Film *Traité de bave et d'éternité* (1951) an.[27] Bald nachdem er 1952 sein eigenes Filmdebüt vorgestellt hatte, sagte er sich von der Lettristen-Gruppe um Isou wieder los. Der Anlass für diesen Split war ein Musterbeispiel für das »Revolutionieren von Höflichkeitsformeln« und zugleich ein Akt negationistischer Cinephilie: Am 29.10.1952 störte eine Gruppe linker Lettristen rund um Debord die Pressekonferenz von Charles Chaplin im Pariser Hotel Ritz und verteilte ein Flugblatt,

24 Vgl. Giorgio Agamben, »Repetition and Stoppage. Guy Debord's Technique of Montage/Wiederholung und Stillstellung. Zur Kompositionstechnik der Filme Guy Debords«, in: documenta GmbH (Hg.), *documenta X documents 2,* Ostfildern-Ruit: Cantz 1997, S. 68–75.

25 Vgl. *Der Weg der Termiten: Beispiele eines Essayistischen Kinos* 1909–2004, hg. v. Astrid Ofner, Wien: Viennale 2007 (Katalog zur Retrospektive, darin u. a. Jean-Pierre Gorins Einleitung, »Proposal for a Tussle«). Die Schau wurde nicht nur im Filmmuseum in Wien, sondern in verschiedenen Varianten auch in anderen Städten gezeigt.

26 Guy Debord, »Hinweis für den Verband der französischen Filmklubs. Klarstellungen zum Film *Geheul für Sade*«, 1952/53, siehe S. 296 im ersten Bandteil.

27 Debord, *Corr., Volume »0« septembre* 1951 – *juillet* 1957, S. 13f. Der zitierte Brief in englischer Übersetzung: www.notbored.org/debord-23September1951.html (10.2.2019). Zum Kino der Lettristen vgl. etwa Kaira Cabañas, *Off-Screen Cinema: Isidore Isou and the Lettrist Avant-Garde*, Chicago: University of Chicago Press 2014.

das Chaplin – und indirekt den Mainstream-Hype um dessen Remigration nach Europa – frontal angriff: »Chaplin, Erpresser der Gefühle, Meistersinger des Leidens.«[28] Isou distanzierte sich umgehend von der Aktion und verteidigte Chaplin. Dieser »feindliche« Akt Isous führte am 7.12.1952 zur Gründung der *Lettristischen Internationale* durch Debord und Gil Wolman. Wie Jennifer Wild jüngst in einem faszinierenden Text gezeigt hat, illustriert der »Fall Chaplin 1952« sehr gut, welche Lesarten des Verhältnisses von Kino und Politik/Geschichte sich zu diesem Zeitpunkt in Paris begegneten. Debords Visavis ist hier André Bazin, Co-Chefredakteur der erst eineinhalb Jahre zuvor gegründeten *Cahiers du cinéma*, der anhand von Chaplins Pariser Live-Auftritt (und dessen Film *Limelight*, 1952) seine Ideen über den »Tod im Bild« und die Ontologie des Kinos weiterführt. Debord hingegen befindet sich damals am Beginn einer Entwicklung, die den »Tod *des* Bildes« zugunsten der Materialität des geschichtlichen Lebens fordern wird.[29]

Ähnliche Überlegungen ließen sich rund um den Begriff des *film maudit* anstellen. Die Erneuerungsversuche der französischen Filmclub-Bewegung (die Debord schon während seiner Jugendjahre an der Côte d'Azur kennengelernt hatte) fanden einen ersten Höhepunkt im Sommer 1949, als der Filmclub *Objectif 49* in Biarritz das unabhängige *Festival du film maudit* organisierte – in Anlehnung an Mallarmés Begriff der *poètes maudits*, der verfemten Dichter.[30] André Bazin war neben Alexandre Astruc, Robert Bresson, Jean Cocteau und anderen einer der Hauptakteure des Filmclubs, der sich sowohl einer »Verteidigung der Avantgarde« als auch der (Wieder-)Befreiung des populären Kinos aus den Fängen der Geschäftemacher verschrieben hatte. Obwohl in Biarritz auch ein Film wie Kenneth Angers *Fireworks* (1947) gezeigt und Jean Vigos Wiederentdeckung gefeiert wurde, war der Hauptteil des Programms schon von jenem »Geschmacksbild« geprägt, das bald ins Zentrum der *politique des auteurs* und der französischen Cinephilen-Kultur rücken würde: industriell gefertigtes Erzählkino von interessanten Regisseuren, denen mehrheitlich ein romantischer Außenseiterstatus anhaftete (oder angeheftet wurde). Schon zehn, fünfzehn Jahre später hätte kein ernstzunehmender Kritiker mehr den Begriff *maudit* – »verfemt, verhasst, verworfen« – für Filme von Renoir, Visconti, Ford, Bresson oder Sternberg gebraucht.

Noch schneller als die breite Durchsetzung dieses Filmgeschmacks und der modernen Lesart von »Filmkunst/Autorenfilm« verlief aber die Entwicklung von Guy Debord. Wie aus seinen Briefen an den Jugendfreund Hervé Falcou (1949–1953) und den Lettristen Ivan Chtcheglov (1953) hervorgeht[31], war er zunächst auf dem besten Weg, ein »typischer« Cinephiler der ersten Nachkriegsgeneration zu werden: Er lernt im Filmclub den Filmhistoriker Georges Sadoul kennen, fährt zu einem Eisenstein-Double-Feature nach Nizza (»wir waren vielleicht 30,

28 Serge Berna, Jean-Louis Brau, Guy-Ernest Debord und Gil J. Wolman, »Finis les pieds plats«, *Internationale lettriste*, Nr. 1, 11/1952; dt. in: *Potlatch*, S. 253–254.

29 Vgl. Jennifer Wild, »The Chaplin Files, 1952«, in: *October*, Nr. 160, Spring 2017, S. 51–78.

30 Vgl. etwa Ralph Eue, »Festival du Film Maudit – Biarritz 1949«, *Programmheft Mai/Juni* 2009, Wien: Österreichisches Filmmuseum 2009; Arnaud Gourmelen & Ralph Eue, »Die Stunde Null der Cinephilie – Das Festival du Film Maudit (1949) und das Rendez-Vous de Biarritz (1950)«, *Recherche Film und Fernsehen*, Nr. 7+8, 2010.

31 Vgl. Debord, *Yeux de fille*.

darunter Montand, Signoret«), legt seinem Freund Luis Buñuels *Los Olvidados* (1950) ans Herz und unterschreibt Briefe u.a. mit dem Pseudonym »Le Chien Andalou«. Noch 1953 inspirieren ihn John Fords *Rio Grande* (1950), den er schon zweimal gesehen hat, und vor allem der britische Abenteuerfilm *The Prisoner of Zenda* (1952) zu ausführlichen Briefkommentaren. Er empfiehlt Chtcheglov ganz dringend das mexikanische Melodram »Femmes interdites« (*Sensualidad*, 1951, Alberto Gout) und formuliert eine – durchaus ambivalente – Verteidigung von Griffiths *The Birth of a Nation* (1915) und Bressons *Journal d'un curé de campagne* (1950), den er gegen Attacken der gealterten Surrealisten in Schutz nimmt.

Interessen wie diese hätten ihn auch für den Kreis der »Jungtürken« in den *Cahiers du cinéma* qualifiziert, aber 1953 war Debord schon in die Gegenrichtung unterwegs. Als Filmemacher wie als Protagonist einer radikalen Neo-Avantgarde würde er nie mehr kompatibel sein mit der reformistischen Kinobewegung, die dann um 1960 weltweit zur »Neuen Welle« der Filmkunst erklärt wurde. Als er 1964 unter dem Titel *Contre le cinéma* die Scripts seiner ersten drei Filme (1952, 1959, 1961) veröffentlichte, machte ihm Asger Jorn die Freude eines einleitenden und bis heute lesenswerten Aufsatzes: »Guy Debord et le problème du maudit«.[32] Aber der oder das »Verfemte, Verhasste, Verworfene« hat hier einen anderen Sinn als 1949 in Biarritz: Es wird zum Rollennamen eines Abenteurers, Piraten oder Banditen, der, um den Kräften des Lebens ihre schöpferische Freiheit zurückzugeben, selber eine ganze Welt verwirft, jene des offen kommerziellen und des offiziell kunstmodernen Spektakels.

Auch das »Verwunschene« ist im Wort *maudit* enthalten – und, was Debord betrifft, erneut mit doppelter Schneide. Er verwünscht eine Welt, deren spektakuläre (Kino-)Waren ihn selber verwunschen, verzaubert haben: Von der ersten Drehbuchversion zu *Hurlements ...* (1952) und ihrem Spiel mit den Titeln populärer Kinofilme[33] bis zum letzten Akt von *In girum ...* (1978) genießt er den piratenhaften Umgang mit Western, Krimis, Kriegs- und Abenteuerfilmen und findet sich und seine Zeit in ihren Geschichten und Figuren wieder – vom Dichter und Dieb Lacenaire in *Les Enfants du paradis* (1945) bis zum Sternberg'schen »Doktor in Nichts« aus *The Shanghai Gesture* (1941), der im Übrigen auch 1949 in Biarritz zu sehen war. Entscheidend für das Verständnis dieser ausgiebigen Filmzitate ist allerdings, dass man sie weder als entlarvende Kommentare, als »böse Kritik am Kommerzkino«, noch als kennerisch-cinephile Ergötzung an den Feinheiten der Mise-en-scène begreift – sondern ganz unmittelbar über ihren Inhalt. Jacques Rancière hat das in seinem Aufsatz über Debords Filme treffend als »Versuch einer Identifikation mit den Protagonisten« herausgearbeitet: »Man muss sich den *Inhalt* des Bildes wieder aneignen: die repräsentierte, von sich selbst getrennte Handlung. Man muss sich den Inhalt von den Enteignern zurückholen. Das Kino ist aus zwei Gründen das privilegierte Feld einer solchen Operation. Weil es sein Wesen ist, Handlungen in Bildern zu repräsentieren, und weil es die-

32 Asger Jorn, »Guy Debord et le problème du maudit«, in: Debord, *Contre le cinéma;* dt. S. 5–16 (»Guy Debord und das Problem des Verworfenen«) und im Beiheft der DVD-Edition der Filme Debords.

33 Vgl. S. 9–18 im ersten Bandteil.

jenige Form der Freizeitbeschäftigung ist, die sich am perfektesten in die architektonischen Formen der spektakulären Besetzung des Raums integrieren lässt.« Das Entscheidende, so Rancière über Debords Aneignung von *Johnny Guitar*, »steckt im Inhalt: die Größe der Reise, des Spiels, des Gesangs und der Liebe«.[34]

ETWAS BESSERES

Der einzige von allen anerkannte Grundsatz war, dass es eben keine Dichtung und keine Kunst mehr geben konnte und dass es galt, etwas Besseres zu finden.[35]

»The Movies are a revolution«[36] – so einfach war es für Debord bekanntlich nicht. Aber die ästhetisch-politische *Utopie*, die so viele Intellektuelle der 1920er und 1930er Jahre mit dem Kino assoziiert hatten (ähnlich wie ihre Urenkel in den 90er Jahren, die für diese Sehnsucht das Internet fanden), die gab er nicht auf. Es bedurfte dafür eines Kinos, das zwar »im Kino« (*The Movies*) stattfinden sollte, das aber zugleich so konsequent »missbräuchlich« war, dass der eigentliche Missbrauch, der weltweit mit den *movies* getrieben wird, auf Publikumsseite durchschlägt – zumindest als Magen- und Hirnschmerz, und zumindest in nichtrevolutionären Zeiten.

»Sicherlich können wir Medien benutzen, um zu kommunizieren, aber wir können die Medien auch benutzen, um uns zu *exkommunizieren.*«[37] – Das war Debords Ansinnen, und nicht nur das seine. Eine Chance dazu bot ihm das Kino; die Kunst war für solche Zwecke nicht mehr geeignet. Deshalb ist es auch falsch gedacht, wenn man sein strenges Selbstbild als »Anti-Künstler« durch seine Filmarbeit konterkariert sieht. Wenn, dann war Debord ein Anti-Künstler nicht *obwohl*, sondern *weil* er Filme drehte. Denn das Kino – verstanden nicht als Ware, sondern als konkrete, geliehene Zeit-Raum-Erfahrung, als Vorschein einer Unterbrechung des gesellschaftlichen Immer-so-weiter – ist im großen Kaufhaus der Kunstfetische nie angekommen und nie vollständig käuflich geworden. Daran ändert auch nichts, dass es sich selbst – verstanden als Ware – nur allzu gern als »Arthouse«-Produkt echter *auteurs* »aufwertet« oder zufrieden in seiner generellen *Abwertung* einrichtet: Der seit 120 Jahren erhobene Simpel-Vorwurf der gebildeten Kreise, es handle sich beim Kino um eine »billige Illusion«, einen »Massenbetrug« im Dienst des herrschenden Stillhaltegebots, wird von seinen interessierten Geschäftsträgern (noch viel simpler) in die Entrüstung gewendet, dass alles ja nur zur Befriedigung »legitimer«, weil weithin vorhandener und demnach wohl naturgegebener Bedürfnisse so geschehe, wie es geschieht.

Was in diesem Zusammenhang dennoch unproduktiv ist, das ist die Angst vor der »Reku-

34 Jacques Rancière, »›Als wir auf dem Shenandoa waren‹ (Debord)« [2005], in: ders., *Und das Kino geht weiter. Schriften zum Film*, hg. v. Sulgi Lie und Julian Radlmaier, übers. v. Julian Radlmaier, Berlin: August Verlag 2012, S. 69–77.

35 Debord, *Panégyrique* [1989], Bd. 1, S. 37, dt. S. 34; magazinredaktion.tk/docs/heft8.pdf (10.2.2019), S. 68.

36 Taylor Mead, »The Movies Are A Revolution«, in: *Film Culture*, Nr. 19, 1963. »The Movies are a revolution. … Listen to our mad crazy audiences which are you — babies — you beautiful ones — even our haters — all of you have got to dig — we are the bank robbers, rapists, sodomists, all the yearning mad desires of the populace which the government has to let be seen or else wow an explosion — what if Truman arrested James Dean?«

37 Boris Groys in Thomas Waitz, »Die Position des Betrachters – Ein Gespräch mit Boris Groys«, im Rahmen des Themenschwerpunkts »Gegen das Kino. Guy Debord und die Situationistische Internationale«, *Der Schnitt*, Nr. 50, Heft 2/2008, Hervorhebung: A.H.

peration«, der nachträglichen Kanonisierung, der Eingemeindung kritischer oder umstürzlerischer Impulse ins herrschende System. Sie ist nichts anderes als eine Angst vor der Geschichte, und Letzterer ist nicht zu entkommen. Stattdessen könnte man den Begriff der Rekuperation vielleicht anders verstehen: Nicht nur im Sinn des »Einspannen[s] vormals widerständiger Momente für ihre Befriedung«[38], sondern als individuellen oder gesellschaftlichen *act of recovery*: als Wiedererlangen bzw. Wiedererkennen von Fakten und Optionen, die in der »Geschichte der Sieger« verschüttgegangen sind. Im Sinn jener *lost causes* der Geschichte, die nie *ganz* verloren gehen sollen (Kracauer), als Würdigung der »geheimen Verabredung zwischen den gewesenen Geschlechtern und unserem« (Benjamin). Dazu braucht es, wie Benjamin im Jahr 1940 anführt, eine ganze Menge weiterer Qualitäten, die im »Kampf lebendig« sind: Zuversicht, Mut, Humor, List, Unentwegtheit; »sie wirken in die Ferne der Zeit zurück« und »werden immer von neuem jeden Sieg, der den Herrschenden jemals zugefallen ist, in Frage stellen.«[39]

Wie die Kämpfe heute und demnächst weitergehen, vermag niemand abzusehen. Ich dachte lange, man könne »Öl ins Feuer« gießen, wenn man Debord-Filme zeigt. Aber ich wüsste zurzeit nicht einmal, wo das Feuer sich aufhält. Das Öl muss deshalb über dem Wasser verspritzt werden, auf dem es sich ausbreiten wird, ohne selbst zu verdunsten. Vielleicht werden dann Rauchsäulen über dem offenen Meer irgendwann kundtun, wo es sich neu entzündet hat.

FILMMACHER

Auch Asger Jorn wünscht sich in seinem frühen Text über Debord, dass man ihn nicht als Filmmacher (und auch sonst nicht) »kanonisieren« solle – man bestätige damit nur das Spektakel und seine Mechanismen der Kultur-Überlieferung. Gleichzeitig spürt Jorn, worauf das Kino im Ganzen verzichten würde, wenn es Debords Beitrag nicht wahrnähme: »Am meisten könnte in dieser Angelegenheit nur die Weiterentwicklung der Filmkunst verlieren.«[40]

Es handelt sich also um ein Nehmen und Geben. Indem Debord dem Kino so viel von dem nahm, was scheinbar unumgänglich »dazugehört«, gab er ihm auch etwas zurück. Weshalb seine Filme und ihre Resonanzräume, ihre Anschlussfähigkeit, auch der Erzählung von einer »Weiterentwicklung der Filmkunst« zurückzugeben sind. Sie sind *als Filme* und vor allem als *Kino* zu diskutieren, nicht nur als zufällige Quellen für sein Denken. Dem »Gesamtkunstwerk GD« (sofern man eines haben möchte) wird damit gar nichts genommen. Denn niemand wird abstreiten wollen, dass Debord viel von sich hielt – und dass er gleichzeitig, als Waffe gegen das korrumpierte »Metier-Gerechte«, ein glorreiches »Nichtgenügen« kokett für sich reklamierte. So wird es wohl, was Debords unvermeidliche Rekuperation betrifft, nicht nur der Kunstavantgarde- und der Revolutionskanon, sondern auch der »Antikino-Kanon« sein, in dem sich künftige Reku-

38 Scheppe & Ohrt, op. cit., S. 12.

39 Walter Benjamin, »Über den Begriff der Geschichte« [1940], in: *Gesammelte Werke*, Band I/2, Frankfurt a. M.: Suhrkamp 1991, S. 690–708 (www.textlog.de/benjamin-begriff-geschichte.html).

40 »Guy Debord et le problème du maudit«, op. cit.

peranten herumzutreiben haben. Um ehrlich zu sein, das sei ohne Koketterie gesagt, wird solch ein Antikino-Kanon ohnehin das einzige größere Gräberfeld sein, das vom Kino langfristig bleibt. Der Rest ist Content für andere Maschinen.

»Anscheinend mag sie keiner«, schreibt Jorn 1964 über die bisherigen Filme von Debord, »was sie wahrscheinlich ihrer Wirkung als Bomben mit Zeitzünder zu verdanken haben. Debord kennt alle filmischen Effekte und setzt sie gänzlich ungeniert, mit Meisterschaft ein.«[41] Debord selbst, der »Doktor in Nichts«, hat diesen Begriff der Meisterschaft bereitwillig angenommen. *Gemessen natürlich nicht an meinen Einkünften, sondern nur an meinen Kompetenzen, bin ich, was niemand bestreiten kann, stets äußerst professionell vorgegangen. Doch wobei? Dies wird in den Augen einer tadelnswerten Welt mein Geheimnis bleiben.*[42] Das Lüften des Geheimnisses besteht gewiss aus mehreren Operationen. Aber wer will, kann mit Debords eigener Einladung beginnen. Unter den kursierenden »Kurzbiografien« und Charakterisierungen seines Tuns fand er kaum eine adäquat, aber diese ließ er gelten: »Laut eigener Aussage Filmemacher«.[43]

So wörtlich darf man ihn auch verstehen – in genau der Art nämlich, in der er selber die Macher von *Johnny Guitar*, *Les Enfants du paradis* oder *The Shanghai Gesture* verstand: über eine Wiederaneignung des *Inhalts*, im Sinn einer nur scheinbar naiven Identifikation mit dem Protagonisten. Nur so lassen sich Debords Filme auch wieder »zurückholen von den Enteignern« und Rekuperanten (den Autor dieses Texts und alle anderen Kommentatoren miteingeschlossen): indem man sich auf nächsthöherer Ebene den Inhalt dessen aneignet, was Debord in seinem persönlichen Spiel und auf seiner persönlichen Reise aus den vorgefundenen Spielen gemacht hat.

41 Ebd. Übersetzung geändert, A.H.
42 Debord, *Panégyrique*, S. 73, dt. S. 70 (online, S. 77).
43 »Se disant cinéaste«, so die von Debord selbst verfasste biografische Angabe am Back-Cover der 2. Auflage von Debord, *SdS* Champ Libre 1971, und in: Debord, *Quarto*, S. 764, 1279, siehe auch den Klappentext der vorliegenden Ausgabe.

Quellenangaben und Kommentare zum filmischen Gesamtwerk

Geheul für Sade

11. **Artikel 115. – Wenn eine Person an dem Orte ihres Wohnsitzes oder gewöhnlichen Aufenthaltes nicht mehr erscheint und seit vier Jahren keine Nachricht von ihr eingegangen ist: so können die Betheiligten sich an das Gericht erster Instanz wenden, damit die Abwesenheit erklärt werde.** → *Code Civil* (1804), dt. Übersetzung in: *Les Cinq Codes. Die fünf französischen Gesetzbücher. Mit gegenüberstehendem französischen Text*. Hg. v. Johann Cramer. Neue Stereotyp-Ausgabe, Koblenz: Bädeker [ca. 1872], S. 12–13.

11. **»Unmittelbar vor der Projektion sollte Guy-Ernest Debord auf die Bühne steigen und ein paar einleitende Worte sprechen. Dabei hätte er lediglich gesagt: Es gibt keinen Film. Das Kino ist tot. Es kann keinen Film mehr geben. Gehen wir, wenn Sie wollen, zur Diskussion über.«** → Isidore Isou, »Esthétique du cinéma«, in: *Ion*, S. 7–155, hier S. 148. Debord ergänzt in seinem Zitat seine beiden Vornamen und lässt nach »Es gibt keinen Film« folgenden Satz Isous aus: »Ich beabsichtigte, mich einzumischen und ihrem destruktiven Skandal die Theorie der konstruktiven **reinen Diskussion** hinzuzufügen.« Außerdem hatte Isou seinem Text zwei Fußnoten hinzugefügt: Die erste Fußnote nach »Es kann keinen Film mehr geben« lautet: »Der Skandal würde damit im Gesamtüberblick eine neue Bedeutung erhalten.« Am Ende der zitierten Stelle fügt Isou folgende Fußnote hinzu: »Jedenfalls mussten die Journalisten, da die Diskussion als Werk präsentiert wurde, die Premiere einer neuen Form von Werk festhalten.« Schon Dziga Vertov hatte dreißig Jahre davor eine ähnliche Forderung erhoben: »Wir bekräftigen die Zukunft der Filmkunst durch die Ablehnung ihrer Gegenwart. Der Tod des ›Kinematographen‹ ist notwendig für das Leben der Filmkunst. *Wir rufen dazu auf, seinen Tod zu beschleunigen*.« → »My. Variant manifesta«, in *Kino-Fot*, Nr. 1, 1922, dt. »Wir. Variante eines Manifests«, übers. v. Hermann Herlinghaus, in: Dziga Vertov, *Schriften zum Film*, hg. v. Wolfgang Beilenhoff, München: Hanser 1973, S. 7–10.

11. **Artikel 516. – Alle Sachen sind beweglich oder unbeweglich.** → *Code Civil*, op. cit., S. 50.

12. **Die Künste der Zukunft werden entweder Umwälzungen von Situationen sein oder sie werden nicht sein.** – »La beauté sera CONVULSIVE ou ne sera pas.« [»Die Schönheit wird KONVULSIV sein oder sie wird nicht sein.«] → Breton, *Nadja*, S. 190, dt. S. 139. Der Satz erinnert an den Ausspruch von Adolphe Thiers, dem Ministerpräsidenten der Dritten Republik Frankreichs, 1872 vor dem Abgeordnetenhaus, um die Royalisten und gemäßigten Kräfte zu beruhigen: »La République sera conservatrice ou elle ne sera pas.« [Die Republik wird konservativ sein oder sie wird überhaupt nicht sein.].

12. **Das Glück ist eine neue Idee in Europa.** – »Le bonheur est une idée neuve en Europe.«

→ Louis Antoine de Saint-Just, »Rapport à la Convention, 3 mars 1794«, in: ders., *Œuvres complètes*, Paris: Gallimard 2004, S. 673.

12. **»Ich kenne nur die Handlungen der Menschen, doch sind die Menschen in meinen Augen gegeneinander austauschbar. Letztlich unterscheiden wir uns nur durch unsere Werke.«** Aus einem Brief Isidore Isous an Guy Debord → vgl. *Guy Debord. Complete Cinematic Works. Scripts, Stills, Documents*, hg. u. übers. v. Ken Knabb, Oakland, CA: AK Press 2003, S. 225.

12. **Artikel 488. – Die Großjährigkeit ist auf das Alter von vollen einundzwanzig Jahren festgesetzt; mit diesem Alter ist man zu allen Handlungen des bürgerlichen Lebens fähig.** → *Code Civil*, op. cit., S. 47.

13. **Die Kälte des interstellaren Raums, tausende von Graden unter dem Gefrier- beziehungsweise dem absoluten Nullpunkt von Fahrenheit, Celsius oder Réaumur: die ersten Anzeichen der nahenden Dämmerung.** – »The cold of interstellar space, thousands of degrees below freezing point or the absolute zero of Fahrenheit, Centigrade or Réaumur: the incipient intimations of proximate dawn.« → James Joyce, *Ulysses* (1922), Student's Edition, Middlesex: Penguin 1986, S. 578 (17. Kapitel: »Ithaka«); dt. ders., *Ulysses*, übers. v. Hans Wollschläger, Frankfurt a. M. 1979, S. 893.

13 f. **Das schnelle Vorüberziehen Jacques Vachés […] im Golf von Mexiko verschlungen …** »Le passage rapide de Jacques Vaché sur le ciel de la guerre, ce qu'il y a en lui sur tous les rapports d'extraordinairement pressé, cette hâte catastrophique qui le fait lui-même s'anéantir; les coups de fouet de charretier d'Arthur Cravan, enseveli lui-même à cette heure dans la baie de Mexico, […].« → André Breton, *Les pas perdus* (1924), Paris: Gallimard 1969, S. 160–161; dt. ders., *Die verlorenen Schritte. Essays, Glossen, Manifeste*. Aus dem Französischen und mit einem Nachwort von Holger Fock, Berlin: Verlag Klaus Bittermann 1989, S. 155; Übersetzung geändert.

14. **Artikel 1793. – Hat ein Baumeister oder ein Unternehmer […] mit dem Eigenthümer verabredet worden ist.** → *Code Civil*, op. cit., S. 171. Im Unterschied zu den anderen Auszügen aus dem *Code Civil*, die Debord anscheinend ihres Inhalts wegen ausgewählt hat (Verrücktheit, Verschwinden, etc.), wurde dieser Artikel vermutlich wegen der Zahl 1793, dem Jahr der Schreckensherrschaft während der Französischen Revolution, gewählt. → Vgl. *Guy Debord. Complete Cinematic Works*, op. cit., S. 225.

14. **Die Ordnung herrscht, aber sie regiert nicht.** – »Der König regiert, aber er herrscht nicht.« Das System der »Goldenen Freiheit« der Zeit der polnisch-litauischen Adelsrepublik bezeichnet ein in Europa einzigartiges aristokratisch-politisches System im Königreich Polen und später, nach der Union von Lublin 1569, in Polen-Litauen, das jedem Adeligen außerordentliche Rechte und Privilegien zusicherte. Jeder Adelige war einem anderen, auch dem Magnaten, rechtlich gleichgestellt. Der polnisch-litauische Adel kontrollierte die Legislative im Sejm, dem polnischen Parlament, und hatte ein Stimmrecht bei der Wahl der polnisch-litauischen Wahlkönige. Der Kanzler Jan Zamoyski prägte dafür den Satz »Rex regnat, sed non gubernat!« (Der König regiert, aber er herrscht nicht!) → zit. n. Ernst Lautenbach, *Latein-Deutsch: Zitaten-Lexikon*, Münster-Hamburg-London: Lit-Verlag 2002, S. 636. Der Satz wird von Guy Debord bereits in einem Brief an Hervé Falcou aus dem Jahr 1951 zitiert → in: Debord, *Yeux de fille*, S. 117.

15. **Was für eine Liebesherausforderung, wie Madame de Ségur sagte.** → Comtesse Sophie de Ségur, *Quel amour d'enfant!* (1867), Debord wandelt

»amour d'enfant« (Kinderliebe) zu »amour-défi« (Liebesherausforderung) ab.

15. **Meine liebe Ivich, es gibt leider weniger chinesische Viertel, als Sie glauben. Sie sind fünfzehn Jahre alt. Die grellsten Farben wird man eines Tages nicht mehr tragen.** – Der Name »Ivich« ist dem halbbiografischen, unvollendeten vierteiligen Romanzyklus *Les chemins de la liberté* (1945–1949, dt. *Die Wege der Freiheit*, 1985/86) von Jean-Paul Sartre entnommen, in dem die gleichnamige Figur einen rebellischen Charakter verkörpert, der Olga Kosakiewicz, einer Studentin von Simone de Beauvoir und Freundin Sartres, nachempfunden ist. Der Name wird von den Lettristen und Debord mehrmals zur Bezeichnung unberechenbarer Frauenfiguren verwendet. Anfang 1951 schreibt er in einem Brief an Hervé Falcou: »Lies möglichst rasch l'âge de raison [der erste Teil des oben genannten Romanzyklus] (Sartre ist mir egal) und versuche den Mythos von Ivich zu verstehen, der in diesem Buch recht klar zum Ausdruck kommt, ein Mythos, den ich vielleicht ganz allein gemacht habe (Sartre ist mir egal), aber ich finde mich darin wieder.« (→ in: Debord, *Yeux de fille*, S. 91). Dieser Liebesmythos findet sich auch in seiner Korrespondenz mit Ivan Chtcheglov aus dem Jahr 1953. Und vor allem wird auch Michèle Bernstein, die er 1952 traf und 1954 heiratete und die bei der Projektion des Films am 13. Oktober anwesend war, in den ersten Nummern der Zeitschrift *Potlatch* den Vornamen Michèle-Ivich tragen.

15. **Der Urwald ist unberührt, doch weniger als Sie.** – Wortspiel »forêt vierge« (Urwald), wörtlich »jungfräulicher Wald«.

15. ***Der Dämon der Waffen.*** – Übersetzung des französischen Verleihtitels, *Le Démon des armes*, des Films → *Gun Crazy*.

15. **Ihr erinnert Euch. Genau das. Niemand war uns gut genug. Und dennoch … Der Hagel auf den Glasbannern. Man wird sich dieses Planeten erinnern.** – »Eh bien, je me souviendrai de cette planète.« [Nun gut, ich werde mich an diesen Planeten erinnern] sind die vermeintlich letzten Worte des französischen Schriftstellers Auguste de Villiers de l'Isle-Adam (1838–1889). Der Satz »On se souviendra de cette planète« ist einem Schreiben Guy Debords an Hervé Falcou vom 26. November [1950] vorangestellt → in: Debord, *Yeux de fille*, S. 70.

16. **Artikel 489. – Der Großjährige, […] lichte Zwischenräume eintreten.** → *Code Civil*, op. cit., S. 47.

16. **»Die poetischen Welten schließen und vergessen sich in sich selbst.«** – »Les mondes poétiques se ferment et s'oublient en eux-mêmes.« → Jean-Isidore Isou, *Précisions sur ma poésie et moi, suivies de Dix poèmes magnifiques.* Paris: Aux Escaliers de Lausanne 1950; Paris: Editions Exils 2003, S. 52.

17. **»Als wir am Shenandoah waren.«** – »When we were on the Shenandoah.« Zitat aus dem Film → *Rio Grande*. Colonel York (John Wayne) erinnert seinen Vorgesetzten, General Sheridan, daran, dass dieser ihm im Sezessionskrieg im Kampf gegen die Südstaaten befahl, die Felder im Shenandoah-Tal anzuzünden, in dem auch das Anwesen von Yorks Frau lag. Nun befiehlt er ihm, gegen Bundesgesetze zu verstoßen und Indianer über die Grenze bis auf mexikanisches Staatsgebiet zu verfolgen. Debord zeigt diese Szene auch in seinem Film *Die Gesellschaft des Spektakels*, siehe Kommentar auf S. 46.

18. **Als enfants perdus erleben wir unsere unvollkommenen Abenteuer.** – Der vom 17.–19. Jahrhundert verwendete französische Ausdruck »enfants perdus« bezeichnet eine Soldatentruppe der leichten Infanterie, die im Kampf für besonders riskante Militärmanöver eingesetzt wurde. Die deutsche Entsprechung dazu ist der »Verlorene Haufen«, eine besondere Truppe von Landsknechten, die außer-

halb der Schlachtordnung als faktisch zum Tode verdammte Vorhut agierten. Guy Debord verwendet den Ausdruck mehrmals in verschiedenen Schriften. Siehe auch Debords Erläuterung dieses Ausdrucks in seinem Text »Die große Nachtfete« (Bandteil 1, S. 296 f.). Boris Donné gibt das Geschichtslehrbuch von Albert Malet und Jules Isaac, das die Heere des Dreißigjährigen Krieges beschreibt, als Quelle an und zitiert daraus: »En bataille, les piquiers étaient formés en rectangles allongés sur dix ou douze hommes de profondeur; les mousquetaires prenaient position aux angles. Pour l'offensive, ils se déployaient devant les piquiers en ›enfants perdus‹, c'est-à-dire en tirailleurs.« (»In der Schlacht formierten sich die Pikeniere in tiefgestaffelten Gevierten, den sogenannten ›Gewalthaufen‹, die sechs oder zwölf Männer tief waren, die Musketiere nahmen an den Ecken Aufstellung. Beim Angriff marschierten sie vor den Pikenieren als ›Verlorener Haufen‹, das heißt sie schwärmten als Einzelschützen aus.«) → vgl. Donné, S. 101. Debord entnahm den Ausdruck vermutlich dem Gedicht »Belle leçon aux enfants perdus« aus *Le Testament* (1461/62) von François Villon, das er in seinen Notizen handschriftlich aus folgender Ausgabe exzerpierte: → François Villon, *Œuvres complètes*, hg. v. Louis Moland, Paris: Garnier Frères 1893; zit. n. Gabriel Ferreira Zacarias, »Les enjeux de la poésie dans le cinéma de Guy Debord« in: *Lire Debord*, S. 377–388, hier FN auf S. 386.

Über den Durchgang einiger Personen durch eine ziemlich kurze Zeiteinheit

Während des Vorspanns sind die folgenden Auszüge der dritten Konferenz der Situationistischen Internationale in München 1959 zu hören, einige Wortmeldungen erfolgen gleichzeitig, an manchen Stellen sind in der Konferenz eingesprochene Übersetzungen anderer Wortmeldungen zu hören:

»Voglio chiedere il programma posibilmente piu preciso del centro studii di Amsterdam …« [Ich möchte um das möglicherweise genauere Programm des Studienzentrums Amsterdam bitten …] • »si« [ja] • »Non alors c'est eux.« [Nein, sie sind jetzt an der Reihe.] • »… an irgendeinem bestimmten Punkt nicht übereinstimmen.« • »… peut-être Armando devrait parler la-dessus.« [… vielleicht sollte Armando dazu etwas sagen.] • »Vielleicht könnte einer von denen etwas darüber sagen, von den Holländern da.« • »Ich möchte etwas dazu sagen, das ist so grob gefasst, dass man von Punkten noch gar nicht sprechen kann.« • »C'est conçu si largement qu'on ne peut pas parler maintenant de points, c'est trop vaste.« [französische Übersetzung des vorigen Satzes] • »Ce n'est pas l'affaire du, ce n'est pas l'affaire du centre d'Amsterdam d'engager l'avidité des autres, c'est la tâche des autres de s'intéresser aux problèmes urbanistes.« [Es ist nicht Aufgabe des Zentrums Amsterdam, die Begierde der anderen zu wecken, es ist die Aufgabe der anderen, sich für die urbanistischen Probleme zu interessieren.] • »Es ist nicht die Aufgabe des Zentrums von Amsterdam …« • »C'est à nous ici d'engager le centre d'Amsterdam dans une direction.« [Es liegt an uns hier, das Zentrum Amsterdam in eine Richtung zu lenken.] • »Oui, mais, mais, oui, mais, mais eux, il sait beaucoup plus que nous.« [Ja, aber, sie, er weiß viel mehr als wir.] • »Eco!!« [Genau!] • [Debord:] »Le souvenir est lié au monde des œuvres permanentes.« [Die Erinnerung ist an die Welt der beständigen Werke gebunden.] • »… ist immer verbunden auf der Welt mit dauernden Werten« • [Debord:] »Le souvenir de Rembrandt, ce sont les tableaux dans les musées.« [Die Erinnerung an Rembrandt, das sind die Gemälde in den Museen.] • »Die Erinnerung an Rembrandt ist, das sind eben die Gemälde in den Museen.« • [Debord:] »Alors, nous, nous avons beaucoup d'orgueil.« [Wir besitzen auch viel Stolz.] • »Und wir haben sehr viel Ehrgeiz und Stolz.« • [Debord:] »... mais ce n'est pas celui d'être Rembrandt dans les musées.« [... doch wir sind nicht stolz darauf, Rembrandt in den Museen zu sein.] • »... nicht den von Rembrandt in den Museen« • »Ah, moi non plus.« [Ja, ich auch nicht.] • »... parce que lui, il ne traduit pas dans la nef, audience« [... denn er übersetzt nicht ins Publikum].

21. ***Häuserfassaden im Viertel von Saint-Germain-des-Prés.*** – Paris, Boulevard Saint-Germain, Diderot-Statue, Odéon → Guy Debord, »Arbeitsdokument für *Über den Durchgang einiger Personen durch eine ziemlich kurze Zeiteinheit*«, in: *Art de la guerre*, S. 108.
21. ***Eine Fotografie von zwei Paaren, die an einem Cafétisch Wein trinken, wird von der Kamera im Stil des Kunstfilms erkundet.*** – Die Fotografie von André Mrugalski zeigt v.l.n.r.: Michèle Bernstein, Asger Jorn, Colette Gaillard, Guy Debord → zit. n. *F. Danesi*, S. 35.
21 f. **Die Menschen sind sich ihres wirklichen Lebens [...].** – »Les êtres humains ne sont pas pleinement conscients de leur vie réelle; ils ne la connaissent pas; et c'est précisément pourquoi il faut une science – ou des sciences – de la réalité humaine ... Les hommes agissent le plus souvent en tâtonnant; leurs actes les suivent, les entraînent, les débordent par leurs conséquences; à chaque moment donc les groupes et les individus se trouvent devant des résultats qu'ils n'avaient pas voulus.« – »Die Menschen sind sich ihres wirklichen Lebens nicht voll bewußt; sie kennen es nicht; und eben deshalb bedarf es einer Wissenschaft – oder der Wissenschaften – von der menschlichen Wirklichkeit. Das Handeln der Menschen ist zumeist ein Tasten; sie werden von den Konsequenzen ihrer Akte verfolgt, nachgeschleift, überflügelt; in jedem Augenblick stehen so die Individuen und Gruppen vor Resultaten, die sie nicht gewollt hatten.« → Henri Lefebvre, *Problèmes actuels du marxisme*. PUF 1960, S. 74, dt. ders., *Probleme des Marxismus, heute*. Übers. v. Alfred Schmidt, Frankfurt am Main: Suhrkamp 1965, S. 80.
22. **Sie sagten, das Vergessen sei ihre große Leidenschaft.** – »L'oubli est notre passion dominante.« – »Das Vergessen ist unsere große Leidenschaft.« → G. E. Debord, »Déclaration sur l'expérience de la dérive«, 1953, zit. n. Asger Jorn, *Pour la forme*, Paris: Internationale Situationniste 1958, in: Gérard Berreby (Hg.), *Documents relatifs à la fondation de l'Internationale Situationniste*, Paris: Allia 1985, S. 403–551, hier S. 539; dt. Asger Jorn, *Plädoyer für die Form*, übers. v. Inge Leipold, München: Boer 1990, S. 200. Jean-Marie Apostolidès schreibt die Urheberschaft an diesem Satz Ivan Chtcheglov zu. → Vgl. Jean-Marie Apostolidès und Boris Donné, *Ivan Chtcheglov. Profil Perdu*, Paris: Allia, S. 68 (»Informations, Juin 1954«).
22. ***Andere Gesichter.*** – Isidore Isou, Éliane Papaï (Fotografie von Ed van der Elsken → Elsken, S. 95. Debord verwendet diese Fotografie nochmals, siehe Kommentar S. 27 und auch in seinem Film *In girum imus nocte et consumimur igni*, siehe Kommentare auf S. 68 und 69. Filmstill → in: Debord, *OCC*, S. 283, und in Debord, *Panégyrique*. Bd. 2), Michèle Bernstein, Asger Jorn, Colette Gaillard.
22. **Herren und Besitzer ihres eigenen Lebens werden.** – »[...] au lieu de cette philosophie spéculative, qu'on enseigne dans les écoles, on en peut trouver une pratique, par laquelle connaissant la force et les actions du feu, de

l'eau, de l'air, des astres, des cieux et de tous les autres corps qui nous environnent, aussi distinctement que nous connaissons les divers métiers de nos artisans, nous les pourrions employer en même façon à tous les usages auxquels il sont propres, et ainsi nous rendre comme maîtres et possesseurs de la nature.« – »[…] daß man im Gegensatz zu der spekulativen Philosophie, die man in den Schulen lehrt, eine praktische finden kann, durch die wir die Kraft und Wirkungsweisen des Feuers, des Wassers, der Luft, der Sterne, der Himmelsmaterie und aller anderen uns umgebenden Körper ebenso deutlich kennen lernen wie die verschiedenen Tätigkeiten unserer Handwerker und die wir auf eben diese Weise zu allen Zwecken, für die sie geeignet sind, anwenden und so zu Herren und Eigentümern der Natur werden könnten.« → René Descartes, *Discours de la Méthode/Bericht über die Methode*. Französisch/Deutsch. Übers. u. hg. v. Holger Ostwald, Stuttgart: Reclam 2001, S. 114–116 (6. Teil).

22. **Sowenig man den Wert eines Menschen nach der Vorstellung misst, […].** – »Sowenig man das, was ein Individuum ist, nach dem beurteilt, was es sich selbst dünkt, ebensowenig kann man eine solche Umwälzungsepoche aus ihrem Bewußtsein beurteilen, sondern muß vielmehr dies Bewußtsein aus den Widersprüchen des materiellen Lebens, aus dem vorhandenen Konflikt zwischen gesellschaftlichen Produktivkräften und Produktionsverhältnissen erklären.« → Karl Marx, »Zur Kritik der politischen Ökonomie« (1859), Vorwort, *MEW*, Bd. 13, S. 7–11, hier S. 7. Dieses Zitat wird von Debord auch in seinem Buch *Die Gesellschaft des Spektakels* entwendet (These 202).

22. ***Der Papst und andere Geistliche.*** – Papst Pius XII. (1876–1958) war von 1939 bis 1958 Papst.

23. ***Schulschluss vor einem Mädchengymnasium.*** – Schülerinnen des Lycée Fénelon in der Rue de l'Éperon an der Ecke zur Rue Serpente im Pariser Quartier Latin.

23. ***Eine Sequenz in der Art einer Film- oder Fernsehreportage: Cafétische in Saint-Germain-des-Prés.*** – Neben einigen nicht entzifferten Namen werden in den handschriftlichen Aufzeichnungen Debords folgende Namen genannt: »Edith Hafid«, »Jill« [Jill Olivier, eine Schauspielerin, die auch in dem ebenfalls 1959 gedrehten Film *Le signe du lion* (F 1962, Eric Rohmer) mitspielte], »Jackson«, »Biosca«; »Martine [Ferré] trinkend«, »Barate [Jacques Herbute] trinkend« und »Claude spricht« [vermutlich Claude Brabant, die Sprecherin der 3. Stimme] sowie »Großaufnahme Jill«, »Großaufnahme Claude« [Brabant]; am Cafétisch sitzend werden folgende Personen genannt (linke Seite; v.l.n.r): »Biosca«, »Michelle« [Bernstein], »Schweizer Pin-Up«, »Michel K.«, »Miss Val de Grâce«, »Christiane K.«, »Schweizer«, »Schwester«, »Colette«, »Roland Vaugirard«, »Martine«; (rechte Seite, v.l.n.r.): »Jill«, »Claude F.«, »Jackson«, »Edith Hafid«, »Barate« [Jacques Herbute], »Intellektueller«, »seine Blonde«, »Pierre-François«, »Martine« → Guy Debord »Arbeitsdokument für *Über den Durchgang einiger Personen durch eine ziemlich kurze Zeiteinheit*«, in: *Art de la guerre*, S. 108, und Fonds Guy Debord, Bibliothèque nationale de France.

23. **Die Erkenntnis der empirischen Tatsachen […] zu seiner Bedeutung zu gelangen.** – »Partant du principe fondamental de la pensée dialectique, que la connaissance des faits empiriques reste abstraite et superficielle, tant qu'elle n'a pas été concrétisée par son intégration à l'ensemble qui seule perm et de dépasser le phénomène partiel et abstrait pour arriver à son essence concrète, et implicitement à sa signification, nous ne croyons pas que la pensée et

l'œuvre d'un auteur puissent se comprendre par elles-mêmes en restant sur le plan des écrits et même sur celui des lectures et des influences.« – »Ausgehend vom Grundprinzip des dialektischen Denkens, demzufolge die Erkenntnis empirischer Fakten abstrakt und oberflächlich bleibt, solange sie nicht durch Integration in das umfassende Ganze konkretisiert worden ist, was allein erlaubt, über das abstrakte und partielle Phänomen hinauszugehen und zu seinem konkreten Wesen und implizit zu seiner Bedeutung zu gelangen, glauben wir nicht, daß Denken und Werk eines Autors aus sich heraus verständlich sind, wenn man auf der Ebene der Schriften, ja selbst noch auf der Ebene der Lektüren und der Einflüsse stehen bleibt.« → Lucien Goldmann, *Le Dieu caché. Étude sur la vision tragique dans les ›Pensées' de Pascal et dans le théâtre de Racine.* Paris: Gallimard 1955, S. 16; dt. ders., *Der verborgene Gott. Studie über die tragische Weltanschauung in den Pensées Pascals und im Theater Racines.* Neuwied: Luchterhand 1973, und Frankfurt a. M.: Suhrkamp 1985, S. 21. Debord ersetzt das Wort »Phänomen« im Original durch »Problem«.

24. **»Unser Leben ist eine Reise [...].«** – »Unser Leben gleicht der Reise / Eines Wandrers in der Nacht; / Jeder hat in seinem Gleise / Etwas, das ihm Kummer macht.« – Erste Strophe des sogenannten »Beresinalieds« nach dem Gedicht »Die Nachtreise« (1792) von Karl Ludwig Giesecke. Das Lied wurde angeblich von Schweizer Söldnern 1812 in der Schlacht an der Beresina beim Rückzug der Grande Armée Napoleons vor den Truppen des Zaren Alexander I. über die Beresina angestimmt und wurde zu einem Symbol für die Aufopferung der Schweizer in fremden Kriegsdiensten. – »Unser Leben ist eine Reise / Durch den Winter und die Nacht. / Wir suchen, was den Weg uns weise, / Am Himmel, wo kein Stern uns lacht. (Lied der Schweizer Garden, 1793)«. Vorangestelltes Epitaph → in: Louis-Ferdinand Céline, *Voyage au bout de la nuit* (1932), dt. *Reise ans Ende der Nacht*, übers. v. Hinrich Schmidt-Henkel, Reinbek bei Hamburg: Rowohlt 2003, S. 6.

25. **So wie die Augen viele Dinge verschwommen wahrnehmen [...] lieben.** – »XXXII. Que, comme les yeux regardent beaucoup de choses confusement, & n'en peuvent voir distinctement qu'une; de mesme la volonté peut imparfaittement / tendre à divers objets, & ne peut parfaitement en aimer qu'un à la fois.« → Adrien de Monluc, *Les Pensées Du Solitaire, Paris: Anthoine de Sommaville, Augustin Courbé 1629–1630*, 1. Teil, S. 267 f., und in: ders., *Œuvres. Œuvres Versifiées; Les Pensées Du Solitaire, Les Jeux De L'inconnu, Fable Des Amours Du Jour Et De La Nuit* (1630). Kritische Ausgabe v. Michael Kramer und Véronique Garrigues, Paris: Honoré Champion 2007, S. 218. Von Debord ohne Veränderung übernommenes Zitat (Übersetzung W.R.).

25. ***Zwei sehr junge Paare tanzen auf einem Strand neben einem Gitarrenspieler.*** – Der Gitarrenspieler ist Pierre Assier, der auch im ebenfalls 1959 gedrehten Film *La Ligne de mire* (F 1960, Jean-Daniel Pollet) mitwirkt.

26. ***Kamerafahrt in einem Café.*** – Martine Ferré, Edith Hafid, Colette Gaillard, Barate [Jacques Herbute], Michèle Bernstein, Claude Brabant und andere.

26. ***Zwischentext: »Im Laufe der Bewegung und infolgedessen von deren vergänglicher Seite.«*** – »In ihrer mystifizierten Form ward die Dialektik deutsche Mode, weil sie das Bestehende zu verklären schien. In ihrer rationellen Gestalt ist sie dem Bürgertum und seinen doktrinären Wortführern ein Ärgernis und ein Greuel, weil sie in dem positiven Verständnis des Bestehenden zugleich auch das Verständnis seiner Negation,

seines notwendigen Untergangs einschließt, jede gewordne Form im Flusse der Bewegung, also auch nach ihrer vergänglichen Seite auffaßt, sich durch nichts imponieren läßt, ihrem Wesen nach kritisch und revolutionär ist.« Debord paraphrasiert → Karl Marx, »Nachwort der 2. Auflage von *Das Kapital*«, *MEW*, Band 23, »Das Kapital«, Bd. I, S. 18–28, hier S. 27f.

26. **Die Stimmung des Spiels ist ihrer Art nach labil. [...] Jedes Spiel bewegt sich innerhalb seines Spielraums.** – »Auffallender noch als seine zeitliche Begrenzung ist die räumliche Begrenzung des Spiels. Jedes Spiel bewegt sich innerhalb seines Spielraums, seines Spielplatzes, der materiell oder nur ideell, absichtlich oder wie selbstverständlich im voraus abgesteckt worden ist. [...] Die Spielstimmung ist ihrer Art nach eine labile. Jeden Augenblick kann das ›gewöhnliche Leben‹ seine Rechte zurückfordern, sei es durch einen Stoß von außen, der das Spiel stört, oder durch einen Verstoß gegen die Regeln oder von innen heraus durch einen Ausfall des Spielbewußtseins, durch Enttäuschung und Ernüchterung.« → Johan Huizinga, *Homo ludens* (1938), Amsterdam: Pantheon Akademische Verlagsanstalt ^{2}1940, S. 16, S. 34.

30. **Es ist der Mensch, der die Einheit der Welt herstellt, [...]. Selbst ihre Landschaft ist lebendig.** – Karl Marx zugeschriebene Sätze in Simone de Beauvoirs Antwort auf Maurice Merleau-Pontys Kritik an Jean-Paul Sartre, in der diese Sätze paraphrasiert werden: → Maurice Merleau-Ponty, *Les aventures de la dialectique*, Paris: Gallimard 1955, S. 209; dt. ders., *Die Abenteuer der Dialektik*, Frankfurt a. M.: Suhrkamp 1968, S. 172; Simone de Beauvoir, »Merleau-Ponty et l'anti-sartrisme«, in: dies., *Faut-il brûler Sade*, Paris: Gallimard 1955, S. 232. Der zweite Teil des Zitats (ab »Die Menschen können nichts um sich herum sehen«) wird von Debord auch in seinem Text »Théorie de la dérive« zitiert → in: *Les lèvres nues*, Nr. 9, 11/1956, S. 6–10, hier S. 7, und in Debord, *Quarto*, S. 251–257, hier S. 253; dt., »Theorie des Umherschweifens«, in: *Beginn einer Epoche*, S. 64–67, hier S. 65.

31. **Die Diktatur des Proletariats [...].** – »Die Diktatur des Proletariats ist ein zäher Kampf, ein blutiger und unblutiger, gewaltsamer und friedlicher, militärischer und wirtschaftlicher, pädagogischer und administrativer Kampf gegen die Mächte und Traditionen der alten Gesellschaft.« → Wladimir Iljitsch Lenin, »Der ›linke Radikalismus‹, die Kinderkrankheit im Kommunismus« (1920), in: ders., *Werke*, Berlin: Dietz 1966, Bd. 31, S. 5–106, hier S. 29. Debord ersetzt »Gesellschaft« durch »Welt«.

32. ***Hauptdarstellerin eines Werbefilms für »Monsavon«.*** – Anna Karina.

32. ***Gesicht eines anderen Mädchens.*** – Die Fotografie von Ed van der Elsken zeigt Éliane Papaï, siehe Kommentar S. 24.

32. ***Starlet in einer Badewanne*** – Anna Karina.

33. ***Das Filmteam rund um eine Kamera.*** – Die Fotografie zeigt das Filmteam an der Kreuzung der Rue de Seine mit der Rue Mazarine.

35. ***Ein Auto hält. Zoom auf die Hauptdarstellerin von »Monsavon«, die dem Auto entsteigt.*** – Anna Karina.

35. ***Zwei Bilder der »Klappe« dieses Films, hochgehalten zu Beginn zweier bereits gesehener Einstellungen.*** – Edith Hafid, Martine Ferré.

Kritik der Trennung

Vor dem Vorspann ist ohne Ton die Fotografie der Schauspielerin Béatrice Altariba (*1939) im Bikini zu sehen (Detail eines Zeitungsberichts über den

Film → *Le Triporteur/Anton der Querschläger* → vgl. F. Danesi, S. 37), die später im Film mehrmals zu sehen ist, gefolgt vom Zwischentitel (dieser und alle folgenden in weißer Schrift auf schwarzem Hintergrund) »Demnächst auf dieser Leinwand«. Es folgen Filmaufnahmen von einzelnen bewaffneten Ordnungskräften, die auf offenem Wiesengelände gegen eine im Hintergrund sichtbare Menschenmenge vorgehen. Weitere Ausschnitte dieser Aufnahmen sind später im Film zu sehen und werden im Text als »Aufstand im Kongo« bezeichnet. Es sind Dokumentaraufnahmen der Unruhen nach der Unabhängigkeitserklärung des Kongo am 30. Juni 1960. Die kongolesischen Soldaten, die weiterhin keine Offiziersämter ausüben durften, meuterten gegen die Offiziere der ehemaligen Kolonialmacht Belgien, das die Kontrolle über die Rohstoffe Kongos behalten wollte. Der von Belgien und den USA als Kommunist verdächtigte Ministerpräsident Patrice Lumumba wurde ein Jahr später ermordet. Unmittelbar darauf folgt eine Kamerafahrt entlang der Passanten vor dem Zaun des Pariser Musée de Cluny (siehe Nachwort auf S. 114) und entlang einer Reihe am Straßenrand parkender Autos, Einblendung des Titels »CRITIQUE DE LA SÉPARATION« gefolgt vom Zwischentitel »Einer der größten Antifilme aller Zeiten!«. Währenddessen ist das von Caroline Rittener gesprochene Zitat (siehe die Technischen Angaben zum Film auf S. 302 in Bandteil 1) zu hören, gefolgt von: »Das ist ein Zitat aus dem Buch *Grundzüge der allgemeinen Sprachwissenschaft* von André Martinet.« Filmaufnahme Londons mit der Themse im Vordergrund, gefolgt vom Zwischentitel »ECHTE Figuren! Eine WAHRE Geschichte«, Fortsetzung der Filmaufnahmen aus dem Kongo: Schwarze Soldaten in Uniform nehmen einen Zivilisten fest. Während dieser Aufnahmen ist die Stimme Caroline Ritteners zu hören: »Der Dokumentarfilm, den Sie jetzt sehen werden, heißt *Kritik der Trennung*. Er wurde von Guy Debord gedreht. Die Bilder stammen von André Mrugalski. Chantal Delattre hat den Schnitt gemacht.« Es folgt der Zwischentitel »Über einen Stoff, den das Kino noch nie zu behandeln wagte ...«, zunächst ohne Ton, dann fährt Caroline Rittener fort: »Dieser Film wurde im Februar 1961 fertiggestellt und von der Dansk-Fransk Experimentalfilms Kompagni produziert.« Die Filmaufnahmen zeigen Caroline Rittener, die die Treppen einer Metrostation nach oben geht. Es folgen der Titel des Films und die Namen der Produktionsfirma und der Gestalter des Films, wie in den Technischen Angaben zum Film auf S. 302 (Bandteil 1) angeführt, als Textbilder, ohne Ton.

43. **Der Film ist ein Spektakel, [...].** – Das französische Wort »spectacle« bezeichnet im Unterschied zum deutschen »Spektakel« jede Art theatralischer Darbietung und Zurschaustellung, nicht nur deren spektakuläre Spielart, verweist also bereits auf die von Debord intendierte erweiterte Bedeutung des Begriffs als »gesellschaftliches Verhältnis zwischen Personen«.

43 f. **Untertitel: In der Mitte unseres Lebenswegs kam ich zu mir in einem dunklen Wald. Der rechte Weg war da verfehlt.** – »Nel mezzo del cammin di nostra vita / mi ritrovai per una selva oscura, ché la diritta via era smarrita.« → Dante, *Commedia*, 1. Gesang, Verse 1–2; dt. S. 9.

43. **Couperin: Marsch der Graugekleideten.** → François Couperin, »La Marche des Gris-Vêtus (Régiment de Champagne)«, Stücke für Cembalo, 1. Buch, Ordre Nr. 4.

44. ***Foto aus einem Film: Ein Funker der US-Kriegsmarine. Hinter ihm stehen ein Offizier und die Heldin.*** – Standbild aus dem Film → *The Court Martial of Billy Mitchell*. Hinter dem Funker ist Gary Cooper in der Rolle des Offiziers zu sehen.

45. ***Bild von der Titelseite eines Science-Fiction-Buchs.*** – Giovanni Benvenuti, Umschlagbild des Romans von Andrew North (Andre Alice Norton), *Fusée en quarantaine* (*Plague Ship*, 1956), Paris: Frédéric Ditis 1960 → vgl. F. Danesi, S. 134.

46. **Das einzige Abenteuer besteht, wie wir sagten, darin, das Ganze in Frage zu stellen, dessen Mittelpunkt diese Lebensweise ist, die uns zwar erlaubt, unsere Kraft auszuprobieren, nicht aber, sie anzuwenden.** – »[…] Car pour vous parler franchement de la Géométrie, je la trouve le plus haut exercice de l'esprit, mais en même temps je la connois pour si inutile, que je fais peu de différence entre un homme qui n'est que Géomètre et un habile artisan. Aussi je l'appelle le plus beau métier du monde, mais enfin ce n'est qu'un métier: et j'ay dit souvent qu'elle est bonne pour faire l'essay, mais non pas l'emploi de nôtre force: de sorte que je ne ferois pas deux pas pour la Géométrie, […].« – »Denn, um Ihnen ein offenes Wort über die Geometrie zu sagen: Ich halte sie für die höchste Übung des Geistes; sehe aber zugleich in ihr etwas so Unnützes, daß ich wenig Unterschied sehe zwischen einem geschickten Handwerker und einem Menschen, der nur sie betreibt. Ich halte sie für das schönste Metier, das es gibt, aber schließlich ist sie nur ein Metier, und ich habe schon oft gesagt, daß sie für Versuche taugt, aber nicht dazu, daß wir ihr unsere Kräfte opfern: so möchte ich nicht zwei Schritte um der Geometrie willen tun […].« → Blaise Pascal, »Lettre de Pascal à Fermat« (10.8.1660), in: *Œuvres de Blaise Pascal*, Bd. X, hg. v. Léon Brunschvicg, Pierre Boutroux et Félix Gazier, Paris: Hachette 1914, S. 4–5 (CLVIII *Lettres de Fermat à Pascal et de Pascal à Fermat*); dt. *Briefe des Blaise Pascal*. Übers. v. Wolfgang Rüttenauer, Leipzig: Hegner 1935, S. 146–147; Übersetzung geändert, W.R.

46. ***Standfoto aus einem Film: Tafelrunde, ein König und Ritter.*** – Standbild aus dem Film → *Knights of the Round Table*.

46. ***Zwei Situationisten.*** – Giuseppe Pinot-Gallizio, Asger Jorn.

46. ***Ein Situationist, der aus einem Glas trinkt.*** – Patrick Straram.

46. ***Totale einer Gruppe an einem Tisch eines Cafés der Montagne-Sainte-Geneviève.*** – V.l.n.r.: Patrick Straram, Caroline Rittener, Guy Debord, Maurice Wyckaert.

47. ***Weitere Situationisten.*** – Alexander Trocchi, Patrick Straram.

47. **Untertitel: Die Leidenschaften sind hinreichend interpretiert worden. Es gilt nun, andere zu finden.** »Die Philosophen haben die Welt nur verschieden *interpretiert*; es kömmt darauf an, sie zu *verändern*.« → Karl Marx, »Thesen über Feuerbach« (1845), 11. These, *MEW*, Bd. 3, S. 7.

47. **Untertitel: Die neue Schönheit wird eine der Situation sein.** – »La beauté sera CONVULSIVE ou ne sera pas.« – »Die Schönheit wird KONVULSIV sein oder sie wird nicht sein.« → Breton, *Nadja*, S. 190; dt. S. 139. Siehe Kommentar auf S. 20. [Nicht als Bildtext angeführt:] *Rückenbild einer Frau im Bikini* – »flash BARDOT«, handschriftliche Notiz Guy Debords im Shooting Script → vgl. F. Danesi, S. 39.

49. ***Luftbild der Allée des Cygnes in Paris.*** – Die Allée des Cygnes (dt. Schwanenallee) auf der 1825 künstlich angelegten unbewohnten Insel in der Seine wurde von den Situationisten als Ort eines nach dem Vorbild der Forschungsstationen in der Antarktis zu erbauenden Gebäudes für situationistische Zwecke beschrieben. → Vgl. *IS*, Nr. 3, 12/1959, S. 69–108, hier S. 81.

49. **[…] Klandestinität des Privatlebens, […].** –

»Se conduire sérieusement avec ses rêves, c'est pour l'homme métaphysique, s'effacer devant l'homme de besoin qu'il est aussi bien. Si le jeu naturel des besoins qui cherche leur satisfaction n'aboutit pas à réaliser les valeurs imaginées, c'est que ces valeurs étaient de toute éternité imaginaires. Une chose est sûre en tout cas, c'est qu'aucune valeur n'aura de réalité dans le monde en coexistence avec un besoin non satisfait. C'est donc cela ou rien, ou rien significant: ou le refuge dans la particularité absolue, dans la clandestinité de la vie privée.« – »Sich ernsthaft seinen Träumen zu stellen, bedeutet für den metaphysischen Menschen, vor dem Bedarfsmenschen zurückzustehen, der er genauso ist. Wenn es dem natürlichen Spiel der Bedürfnisse, das nach deren Befriedigung sucht, nicht gelingt, die imaginierten Werte zu verwirklichen, so weil diese Werte seit aller Ewigkeit imaginär waren. Eines ist jedenfalls klar, nämlich dass kein Wert in der Welt in Koexistenz mit einem nicht befriedigten Bedürfnis Realität gewinnen wird. Es ist also das oder nichts, oder nichts bedeutet: oder die Zuflucht in der absoluten Eigentümlichkeit, in der Klandestinität des Privatlebens.« → Dionys Mascolo, *Le communisme. Révolution et communication ou la dialectique des valeurs et des besoins.* Paris: Gallimard 1953, S. 425 (Übersetzung W.R.).

50. ***Aufstand im Kongo; Soldaten schlagen ihn mit Gewehrkolben nieder.*** – Siehe Kommentar auf S. 28.

50. ***Foto von Djamila Bouhired in einem Büro der Polizei. Im Blickfeld erscheinen die Hände des Fallschirmjäger-Journalisten Lartéguy. Zoom auf das Gesicht der Gefangenen.*** – Djamila Bouhired war eine algerische Aufständische, die 1957 von den französischen Behörden gefangen genommen, gefoltert und zum Tode verurteilt wurde. Im Gerichtsverfahren wurde sie vom französischen Anwalt Jacques Vergès verteidigt. Aufgrund internationaler Interventionen wurde das Todesurteil in eine Gefängnisstrafe umgewandelt. Jean Lartéguy (Pseudonym von Jean Pierre Lucien Osty) war ein französischer Kriegsberichterstatter und Armee-Offizier, der an den Verhören beteiligt war und über den Fall berichtete. Der in der Zeitschrift *Internationale Situationniste* (Nr. 2, S. 33) abgebildete Ausschnitt des Pressefotos zeigt nur den unteren Teil des Bildes, auf dem neben Bouhired nur die Hände Lartéguys zu sehen sind. Der im Film verwendete Bildausschnitt ist abermals kleiner und wird mittels Zoom weiter auf das Gesicht Bouhireds und die Hand Lartéguys beschränkt.

52. **En enfants perdus** – Siehe Kommentar auf S. 22 f.

53. **Untertitel: Wer wünschte, einen Menschen zum Freunde zu haben, der also redet? Wer wird ihn unter anderen auswählen, um ihm seine Angelegenheiten mitzuteilen? Wer würde zu ihm seine Zuflucht nehmen in seiner Betrübnis? Und endlich: wozu im Leben könnte man ihn gebrauchen?** – »Qui souhaiterait d'avoir pour ami un homme qui discourt de cette manière? Qui le choisirait entre les autres pour lui communiquer ses affaires? Qui aurait recours à lui dans ses afflictions? Et enfin à quel usage de la vie on le pourrait destiner?« → Blaise Pascal, *Pensées, opuscules et lettres*, hg. v. Philippe Sellier, Paris: Éditions Classiques Garnier 2010, S. 681 (Preuves par discours II, Fragment n° 1/7); dt. ders., *Gedanken*. Hg. u. übers. v. Wolfgang Rüttenauer, Leipzig: Dieterich'sche Verlagsbuchhandlung o. J., S. 6.

53. **Dieses Paradox gilt es umzukehren.** – »[...] und damit wurde die Hegelsche Dialektik auf den Kopf, oder vielmehr vom Kopf, auf dem sie stand, wieder auf die Füße gestellt.« → Friedrich

Engels, »Ludwig Feuerbach und der Ausgang der klassischen deutschen Philosophie« (1888), *MEW*, Bd. 21, S. 293.

53. ***Kamerafahrt vorbei an zahlreichen parkenden Autos.*** – Hinter den parkenden Autos gehen Passanten vor dem Zaun des Pariser Musée de Cluny, siehe Nachwort S. 114.

54. **[…] närrisch, voller Klang und Wut […].** – »Life is a tale told by an idiot, full of sound and fury, signifying nothing.« – »Das Leben ist ein Märchen, erzählt von einem Narren, voller Klang und Wut, das nichts bedeutet.« → Shakespeare, *Macbeth*, Akt V, Szene 5, Übersetzung Dorothea Tieck; Übersetzung geändert.

54. **Untertitel: Ärmliche Rebellion, ohne Sprache, aber nicht ohne Grund.** – In der französischen Formulierung »Rébellion pauvre, sans langage mais non sans cause« klingt der Originaltitel des Films → *Rebel Without a Cause* mit James Dean an.

54. ***Zwei der enfants perdus von Saint-Germain-des-Prés.*** – Die Fotografie von Garans zeigt Jean-Claude Guilbert (mit dem Rücken zur Kamera) und Jean-Michel Mension; Abbildung → in Jean-Michel Mension, *La Tribu*, Paris: Allia 1998, S. 41; dt. ders., *Wir haben unsere unfertigen Abenteuer gelebt. Eine Jugend im Paris der fünfziger Jahre*. Übers. v. Dorothee Knab, Berlin: Edition Tiamat – Verlag Klaus Bittermann 2002, S. 39.

54. **Untertitel: Anhänger der Macht des Vergessens.** – »L'oubli est notre passion dominante.« – »Das Vergessen ist unsere große Leidenschaft.« Siehe Kommentar auf S. 24.

55. ***Das Mädchen, das bereits oft zu sehen war.*** – Michèle Bernstein, Caroline Rittener.

55. ***Kamerafahrt über ausgeschnittene Sätze: »Auch die Regie verrät die Merkmale der Jugend.« »Ihre schreckliche, großartige und verzweifelte Unordnung.« »Alle Elemente des amerikanischen Kriminalromans wie Gewalt, Sex und Grausamkeit sind darin vereint, doch die Szene …«*** – Die Sätze stammen aus Debord, *Mémoires*. Im Film ist ein Ausschnitt der siebenten Seite zu sehen. Als Quelle der entwendeten Sätze gibt Debord für den ersten Satz »Filmkritik«, für den zweiten »Literaturkritik« und für den dritten »Klappentext eines Science-Fiction-Buchs« an. → Guy Debord, »Origines des détournements indiquées autant que possible, en mars 1986«, in: Debord, *Quarto*, S. 427–444, hier S. 431. Donné, S. 153, gibt folgende Quelle des letzten Satzes an: Roger Giroux, Rezension von *L'Homme démoli* [The Demolished Man, 1952] von Alfred Bester, in: *Les Lettres nouvelles*, Nr. 32 (11/1955), S. 652.

56. ***Fotografien einiger Situationisten.*** – Michèle Bernstein, Giuseppe Pinot-Gallizio.

56. **Auf dem Rückweg von einem Unternehmen legt jeder Mensch von Welt weniger Eifer als auf dem Hinweg an den Tag.** – »[…], mais à la retraite d'une entreprise toutes gens du monde ont moins de cœur, qu'au partir de leur maisons.« – »Doch beim Rückzug von einer Unternehmung gebricht es aller Welt mehr an Mut als beim Aufbruch aus ihren Häusern.« → Philippe de Commynes, *Les mémoires de messire Philippe de Commines, chevalier, seigneur d'Argenton, sur les principaux faicts de Louis XI et de Charles VIII son fils, Rois de France* [Erinnerungen an die wichtigsten Handlungen und Taten der französischen Könige Ludwig XI. und Karl VIII., seines Sohnes, Könige von Frankreich], Rouen: Jean Berthelin 1625, S. 737. Philippe de Commynes (1447–1511) war ein mehrmals seine Loyalitäten wechselnder Berater mehrerer Herrscher. In den von ihm verfassten Erinnerungen (1489–1498; postum 1524 publiziert) legte er seine Gründe dafür dar und beschrieb die Motive und Psychologie der Auseinandersetzungen. Sein im Laufe des Jahrhunderts nach seinem Tod in

über hundert Ausgaben erschienenes Werk gilt daher als frühes Beispiel von Memoiren im heutigen Sinne und wichtige Quelle zum Verständnis der Politik und Diplomatie (Übersetzung W.K.).

56. ***Bild des Covers eines Kriminalromans mit dem Titel: »Betrug«. Eine Frau im Profil. Dahinter ein Mann mit einem Glas in der Hand.*** → Doris Miles Disney, *Imposture*, Paris: Editions Ditis Collection La Chouette 1957; Original: *Straw Man*, 1951.

57. ***Kamerafahrt über den ausgeschnittenen Satz: »Der Lebenswein ist ausgeschenkt, nur Hefe blieb noch zu prahlen dem Gewölbe.«*** – Der Satz stammt aus → Debord, *Mémoires*, S. [5]. Debord verwendet eine französische Übersetzung von Shakespeares »Macbeth«, 2. Akt, Szene 3: »The wine of life is drawn, and the mere lees is left this vault to brag of.« Die hier verwendete deutsche Übersetzung stammt von Dorothea Tieck.

57. ***Zwei – bereits gesehene – Fotografien von Situationisten abwechselnd in Schuss und Gegenschuss, ein und derselbe Untertitel bringt ihr Gespräch zum Ausdruck.*** – Giuseppe Pinot-Gallizio, Michèle Bernstein.

57. **Untertitel: Die »Geheimnisse New Yorks« der Entfremdung.** – *Les Mystères de New York* ist der Titel der französischen Fassung der US-amerikanischen Actionfilmserie → *The Exploits of Elaine*.

Die Gesellschaft des Spektakels

Als Vorspann sind am Anfang des Films folgende Schriftbilder in weißer Schrift auf schwarzem Hintergrund zu sehen:

»simar films präsentiert«

»die gesellschaft des spektakels
© Copyright MCMLXXIII by Simar-Films S.A.
Alle Rechte vorbehalten«

»ein film, geschrieben und gedreht
von
guy debord
nach seinem buch
›die gesellschaft des spektakels‹
(éditions champ libre)«

»schnitt
martine barraqué«

»kamera tricktisch
antonis georgakis
kameraassistenz tricktisch
philippe delpont
schnittassistenz
manoela ferreira«

»regieassistenz
jean-jacques raspaud
und gianfranco sanguinetti«

»dokumentalistin
suzanne schiffmann
toningenieur
antoine bonfanti
produktionsleiter
christian lentretien«

»Vorspann und Labor
GTC Joinville
Tonmischung
sis
la garenne
visa de contrôle cinématographique no. 40.980«

»in der entwendung
bestehender filme
wurden folgende werke verwendet

john ford
rio grande
nicholas ray
johnny guitar
josef von sternberg
shanghaï gesture
raoul walsh
la charge fantastique
orson welles
arkadin
sam wood
pour qui sonne le glas

sowie die filme mehrerer bürokratischer filmemacher der sogenannten sozialistischen länder.

der kommentar des vorliegenden, im oktober 1973 fertiggestellten films besteht ausschließlich aus auszügen der ersten auflage von ›die gesellschaft des spektakels‹ (1967)
die musik ist von
michel corrette«

»regie
guy debord«

65. ***Sequenz über Alice.*** – Diese Serie von Polaroid-Fotografien von Alice Becker-Ho, die seit 1972 mit Guy Debord verheiratet war, wurde eigens für den ansonsten ganz aus vorgefundenen Elementen bestehenden Film aufgenommen. → Vgl. GC. Marie, S. 79. Die Fotografien werden im Fonds Guy Debord der Bibliothèque nationale de France aufbewahrt.
65. **Michel Corrette: Sonate in D-Dur für Violoncello und Cembalo.** → Michel Corrette (1707–1795), »Les délices de la solitude« (1738/39) [Die Wonnen der Einsamkeit], op. 20, 6 Cellosonaten.
65. **Untertitel: Da jedes einzelne Gefühl nur ein Teil des Lebens und nicht das ganze Leben ist, brennt das Leben darauf, sich über die Mannigfaltigkeit der Gefühle zu verbreiten und sich in diesem Ganzen der Mannigfaltigkeit wiederzufinden … In der Liebe gibt es das Getrennte noch, aber nicht mehr als Getrenntes, sondern als Vereintes, und das Lebendige fühlt das Lebendige.** → Kostas Papaioannou, *Hegel*, Paris: Seghers 1962, S. 117; Rückübersetzung aus dem Französischen von W.R. In einem Brief an Gérard Lebovici vom 16.4.1972 schreibt Debord: »Die schönsten Texte des jungen Hegel sind in *Theologische Jugendschriften*, herausgegeben von Nohl, 1907. Einige Stellen wurden von Papaioannou – wieder er – im hervorragenden kleinen *Hegel* übersetzt, den er bei Seghers 1962 gemacht hat. Mir scheint, dass fast alles in Französisch unbekannt bleibt.« → Debord, *Corr.*, Bd. 4, S. 541–543, hier S. 541. – »Sie [die Liebe] schließt alle Entgegensetzungen aus, sie ist nicht Verstand, dessen Beziehungen das Mannigfaltige immer als Mannigfaltiges lassen und dessen Einheit selbst Entgegensetzungen sind; sie ist nicht Vernunft, die ihr Bestimmen dem Bestimmten schlechthin entgegensetzt; sie ist nichts Begrenzendes, nichts Begrenztes, nichts Endliches; sie ist ein Gefühl, aber nicht ein einzelnes Gefühl; aus dem einzelnen Gefühl, weil es nur ein Teilleben, nicht das ganze Leben ist, drängt sich das Leben durch Auflösung zur Zerstreuung in der Mannigfaltigkeit der Gefühle und um sich in diesem Ganzen der Mannigfaltigkeit zu finden; in der Liebe ist dies Ganze nicht als in der Summe vieler Besonderer, Getrennter enthalten; in ihr findet sich das Leben

selbst, als eine Verdoppelung seiner selbst und Einigkeit desselben; das Leben hat, von der unentwickelten Einigkeit aus durch die Bildung den Kreis zu einer vollendeten Einigkeit durchlaufen; der unentwickelten Einigkeit stand die Möglichkeit der Trennung und die Welt gegenüber; in der Entwicklung produzierte die Reflexion immer mehr Entgegengesetztes, das im befriedigten Triebe vereinigt wurde, bis sie das Ganze des Menschen selbst ihm entgegensetzte, bis die Liebe die Reflexion in völliger Objektlosigkeit aufhebt, dem Entgegengesetzten allen Charakter eines Fremden raubt und das Leben sich selbst ohne weiteren Mangel findet. In der Liebe ist das Getrennte noch, aber nicht mehr als Getrenntes, als Einiges; und das Lebendige fühlt das Lebendige.« → Herman Nohl (Hg.), *Hegels theologische Jugendschriften*, Tübingen: J.C.B. Mohr (Paul Siebeck) 1907, S. 378 f.

65. **Das ganze Leben der Gesellschaften, in welchen die modernen Produktionsbedingungen herrschen, erscheint als eine ungeheure Akkumulation von *Spektakeln*.** – »Der Reichtum der Gesellschaften, in welchen kapitalistische Produktionsweise herrscht, erscheint als eine ›ungeheure Warensammlung‹, [...].« → Karl Marx, »Das Kapital« (Bd. 1, 1867), *MEW*, Bd. 23, S. 49.

66. **[...] wo das Verlogene sich selbst belogen hat.** – »Mit dem praktischen Künstler ist am besten sprechen, denn das Wahre bewahrheitet sich sogleich in der That.« → Johann Wolfgang von Goethe, »1419. An Josef Carl Stieler«, Brief vom 26.1.1829, in: ders., *Briefe, Kommentare und Register. Hamburger Ausgabe in 4 Bänden*, Bd. 4: *Briefe der Jahre 1821–1832*, hg. v. Karl Robert Mandelkow und Bodo Morawe, München: C.H. Beck 1976, S. 318.

66. **Das Spektakel im Allgemeinen, als konkrete Verkehrung des Lebens, ist die autonome Bewegung des Unlebendigen.** – »[...] das Geld ist dieser materielle existirende Begriff die Form der Einheit, oder der Möglichkeit aller Dinge des Bedürfnisses. Das Bedürfniß und die Arbeit in diese Allgemeinheit erhoben bildet so für sich in einem grossen Volk ein ungeheures System von Gemeinschafftlichkeit und gegenseitiger Abhängigkeit; ein sich in sich bewegendes Leben des todten, das in seiner Bewegung blind und elementarisch sich hin und herbewegt, und als ein wildes Thier einer beständigen strengen Beherrschung und Bezähmung bedarf.« → Hegel, *Werke*, Bd. 6, *Jenaer Systementwürfe I*, S. 324.

66. ***Oswald geht vorüber, umgeben von Polizisten aus Dallas; ein patriotischer Spitzel springt hervor und erschießt »live« vor den Augen von Millionen Fernsehzuschauern den, von dem es hieß, er habe Kennedy ermordet.*** – Das Attentat auf den US-amerikanischen Präsidenten John F. Kennedy in Dallas fand am 22.11.1963 statt. Als Tatverdächtiger wurde Lee Harvey Oswald verhaftet, der zwei Tage später vor laufenden Kameras von Jack Ruby erschossen wurde.

67. **Das Spektakel ist kein Ensemble von Bildern, sondern ein durch Bilder vermitteltes gesellschaftliches Verhältnis zwischen Personen.** – »Zunächst entdeckte Wakefield in den Kolonien, daß das Eigentum an Geld, Lebensmitteln, Maschinen und andren Produktionsmitteln einen Menschen noch nicht zum Kapitalisten stempelt, wenn die Ergänzung fehlt, der Lohnarbeiter, der andre Mensch, der sich selbst freiwillig zu verkaufen gezwungen ist. Er entdeckte, daß das Kapital nicht eine Sache ist, sondern ein durch Sachen vermitteltes gesellschaftliches Verhältnis zwischen Personen.« → Karl Marx, »Das Kapital« (Bd. 1, 1867), *MEW*, Bd. 23, S. 793.

67. **In seiner Totalität begriffen, ist das Spektakel zugleich Ergebnis und Projekt der bestehenden**

Produktionsweise. – »Car la compréhension ›dialectique‹ n'est rien d'autre que la compréhension historique ou temporelle du réel. La dialectique révèle la structure *trinitaire* de l'Être. En d'autres termes, dans et par sa dialectique, le réel se révèle non pas *sub specie aeternitatis*, c'est-à-dire en dehors du Temps ou en tant qu'éternellement identique à lui-même, mais comme un Présent situé entre le Passé et l'Avenir, c'est-à-dire comme une Bewegung, comme un mouvement créateur, ou bien encore comme le *résultat* qui est un projet et comme un *projet* qui est un résultat, – qui naît du projet et un projet engendré par un résultat; en un mot, le réel se révèle dans sa vérité dialectique comme une *Synthèse*.« – »Denn das ›dialektische‹ Begreifen ist nichts anderes als das geschichtliche oder zeitliche Begreifen des Wirklichen. Die Dialektik offenbart die *trinitarische* Struktur des Seins. Mit anderen Worten, in und durch seine Dialektik offenbart sich das Wirkliche nicht *sub specie aeternitatis*, d. h. außerhalb der Zeit oder als ewig mit sich selbst identisch, sondern als eine Gegenwart zwischen Vergangenheit und Zukunft, d. h. als eine schöpferische Bewegung oder auch als ein *Ergebnis*, das ein Entwurf ist, und als ein *Entwurf*, der ein Ergebnis ist – ein Ergebnis, das aus dem Entwurf entsteht, und ein Entwurf, der von einem Ergebnis hervorgebracht wird; mit einem Wort, das Wirkliche offenbart sich in seiner dialektischen Wahrheit als eine *Synthese*.« → Alexandre Kojève, *Introduction à la lecture de Hegel*, Paris: Gallimard »Bibliothèque des Idées« 1968, S. 442 (Cours de l'année scolaire 1938–1939), dt. ders., *Hegel*, übers. v. Iring Fetscher und Gerhard Lehmbruch, hg. v. Iring Fetscher, Frankfurt a. M.: Suhrkamp 1975, S. 310.

67. **Es ist kein Zusatz zur wirklichen Welt, kein ihr aufgesetzter Zierrat.** – »Die Religion ist die allgemeine Theorie dieser Welt, ihr enzyklopädisches Kompendium, ihre Logik in populärer Form, ihr spiritualistischer Point-d'honneur, ihr Enthusiasmus, ihre moralische Sanktion, ihre feierliche Ergänzung, ihr allgemeiner Trost- und Rechtfertigungsgrund.« → Karl Marx, »Zur Kritik der Hegelschen Rechtsphilosophie« (1844), *MEW*, Bd. 1, S. 378–391, hier S. 378.

68. **Die Trennung ist selbst Teil der Einheit der Welt, Teil der gesellschaftlichen Gesamtpraxis, die sich in Realität und Bild aufgespalten hat.** – »In der Philosophie ist es von jeher um nichts anderes zu tun gewesen als um die denkende Erkenntnis der Idee, und allem, was den Namen der Philosophie verdient, hat stets das Bewußtsein einer absoluten Einheit dessen, was dem Verstand nur in seiner Trennung gilt, zugrunde gelegen.« → Hegel, *Werke*, Bd. 8: *Enzyklopädie der philosophischen Wissenschaften im Grundrisse (1830). Erster Teil. Die Wissenschaft der Logik*, S. 369.

68. **In der *wirklich verkehrten* Welt ist das Wahre ein Moment des Falschen.** – »So wie der Ausdruck der *Einheit* des Subjekts und Objekts, des Endlichen und Unendlichen, des Seins und Denkens usf. das Ungeschickte hat, daß Objekt und Subjekt usf. das bedeuten, was sie *außer ihrer Einheit* sind, in der Einheit also nicht als das gemeint sind, was ihr Ausdruck sagt, ebenso ist das Falsche nicht mehr als Falsches ein Moment der Wahrheit.« → Hegel, *Werke*, Bd. 3: *Phänomenologie des Geistes*, S. 41.

69. **»Was erscheint, ist gut; was gut ist, erscheint.«** – »Was vernünftig ist, das ist wirklich; und was wirklich ist, das ist vernünftig.« → Hegel, *Werke*, Bd. 7: *Grundlinien der Philosophie des Rechts oder Naturrecht und Staatswissenschaft im Grundrisse*, S. 24.

70. **Da, wo die wirkliche Welt sich in bloße Bil-**

der verwandelt, werden die bloßen Bilder zu wirklichen Wesen und zu wirksamen Motivationen eines hypnotischen Verhaltens. – »Der maître d'école beschreibt richtig den Zustand, worin die Isolierung von der Außenwelt den Menschen stürzt. Der Mensch, dem die *sinnliche Welt* zu einer *bloßen Idee wird,* ihm verwandeln sich dagegen bloße Ideen in *sinnliche Wesen.* Die Gespinste seines Gehirns nehmen körperliche Form an.« → Friedrich Engels und Karl Marx, »Die heilige Familie« (1845), *MEW*, Bd. 2, S. 3–224, hier S. 195.

70. **Das Spektakel ist der schlechte Traum der gefesselten modernen Gesellschaft, der letztendlich nur ihren Wunsch zu schlafen zum Ausdruck bringt. Das Spektakel ist der Wächter dieses Schlafes.** – »In gewissem Sinne sind alle Träume – *Bequemlichkeitsträume*; sie dienen der Absicht, den Schlaf fortzusetzen, anstatt zu erwachen. *Der Traum ist der Wächter des Schlafes, nicht sein Störer.*« → Sigmund Freud, *Die Traumdeutung* (1899), Studienausgabe, Bd. 2, Frankfurt a. M.: S. Fischer 1989, S. 240.

70. **Die Tatsache, dass die praktische Macht der modernen Gesellschaft sich von sich selbst abgehoben und sich ein eigenes Reich im Spektakel erbaut hat, lässt sich nur durch jene andere Tatsache erklären, dass es dieser mächtigen Praxis weiter an Zusammenhalt mangelte und sie mit sich selbst im Widerspruch geblieben war.** – »Aber daß die weltliche Grundlage sich von sich selbst abhebt und sich ein selbständiges Reich in den Wolken fixiert, ist nur aus der Selbstzerrissenheit und Sichselbstwidersprechen dieser weltlichen Grundlage zu erklären.« → Karl Marx, »Thesen über Feuerbach« (1845), *MEW*, Bd. 3, S. 5–7, hier S. 6.

71. **Im Spektakel *repräsentiert sich* ein Teil der Welt vor der Welt und ist über sie erhaben.** – »Die materialistische Lehre von der Veränderung der Umstände und der Erziehung vergißt, daß die Umstände von den Menschen verändert und der Erzieher selbst erzogen werden muß. Sie muß daher die Gesellschaft in zwei Teile – von denen der eine über ihr erhaben ist – sondieren.« → Karl Marx, »Thesen über Feuerbach« (1845), *MEW*, Bd. 3, S. 5–6.

72. ***Ein Paar liegt auf dem Bett und sieht fern.*** – Werbeanzeige des italienischen Herstellers von Unterhaltungselektronik Voxson in der Zeitschrift → *Lui*, Nr. 101, 6/1972, S. 45; vgl. F. Danesi, S. 71.

72. **Das Spektakel vereint das Getrennte, aber es vereint es *als Getrenntes.*** – »In der Liebe ist das Getrennte noch, aber nicht mehr als Getrenntes, als Einiges; und das Lebendige fühlt das Lebendige.« → Herman Nohl (Hg.), *Hegels theologische Jugendschriften*, op. cit., S. 378 f.

72. **Der Arbeiter produziert nicht sich selbst, sondern eine unabhängige Macht.** – »Der Gegenstand, den die Arbeit produziert, ihr Produkt, tritt ihr als ein *fremdes Wesen*, als eine von dem Produzenten *unabhängige Macht* gegenüber.« → Karl Marx, »Ökonomisch-philosophische Manuskripte« (1844), *MEW*, Bd. 40, S. 465–590, hier S. 511.

72. ***Arbeitsimmigranten am Fuß der riesigen Gebäude, die sie im »La Défense«-Viertel bauen; Kameraschwenks zu den Spitzen ihrer Bauwerke.*** – Zu sehen ist die Tour Aurore (1971 erbaut, das Projekt der Neuerrichtung einer Tour Aire 2 an ihrer Stelle wurde 2018 aufgegeben, die Tour Aurore soll nun erweitert und erneuert werden) der Architekten Claude Damery, Pierre Vetter und Gilbert Weil → vgl. *Art de la guerre*, S. 147.

72 f. **Der von seinem Produkt getrennte Mensch produziert immer wirksamer alle Einzelheiten seiner Welt und sieht sich so zusehends von sei-**

ner Welt getrennt. Je mehr sein Leben jetzt sein Produkt ist, umso mehr ist er von seinem Leben getrennt. – »In der Bestimmung, daß der Arbeiter zum Produkt seiner Arbeit als einem fremden Gegenstand sich verhält, liegen alle diese Konsequenzen. Denn es ist nach dieser Voraussetzung klar: Je mehr der Arbeiter sich ausarbeitet, um so mächtiger wird die fremde, gegenständliche Welt, die er sich gegenüber schafft, um so ärmer wird er selbst, seine innre Welt, um so weniger gehört ihm zu eigen. Es ist ebenso in der Religion. Je mehr der Mensch in Gott setzt, je weniger behält er in sich selbst. Der Arbeiter legt sein Leben in den Gegenstand; aber nun gehört es nicht mehr ihm, sondern dem Gegenstand. Je größer also diese Tätigkeit, um so gegenstandsloser ist der Arbeiter. Was das Produkt seiner Arbeit ist, ist er nicht. Je größer also dieses Produkt, je weniger ist er selbst. Die Entäußrung des Arbeiters in seinem Produkt hat die Bedeutung, nicht nur, daß seine Arbeit zu einem Gegenstand, zu einer äußern Existenz wird, sondern daß sie außer ihm, unabhängig, fremd von ihm existiert und eine selbständige Macht ihm gegenüber wird, daß das Leben, was er dem Gegenstand verliehn hat, ihm feindlich und fremd gegenübertritt.« → Karl Marx, »Ökonomisch-philosophische Manuskripte« (1844), *MEW*, Bd. 40, S. 512.

73. **Das Spektakel ist das *Kapital* in einem solchen Grad der Akkumulation, dass es Bild wird.** – »Diese *sachlichen* Abhängigkeitsverhältnisse im Gegensatz zu den *persönlichen* erscheinen auch so (das sachliche Abhängigkeitsverhältnis ist nichts als die den scheinbar unabhängigen Individuen selbständig gegenübertretenden gesellschaftlichen Beziehungen, d. h. ihre ihnen selbst gegenüber verselbständigten wechselseitigen Produktionsbeziehungen), daß die Individuen nun von *Abstraktionen* beherrscht werden, während sie früher voneinander abhingen.« → Karl Marx, »Grundrisse der Kritik der politischen Ökonomie (1857–1858)«, *MEW*, Bd. 24, S. 47–770, hier S. 97.

73. ***Während des russischen Bürgerkriegs sieht eine Abteilung Partisanen ein Regiment Weißgardisten auf sich zumarschieren, […].*** – Dieser und die folgenden Ausschnitte sind dem Film → *Čapajev* entnommen.

73. **Sie ist kein »Nullpunkt der Literatur«, sondern deren Umkehrung. Sie ist nicht die Negation des Stils, sondern der Stil der Negation.** → Roland Barthes, *Le Degré zéro de l'écriture*, Paris: Seuil 1953, dt. ders., *Am Nullpunkt der Literatur*, übers. v. Helmut Scheffel, Hamburg: Claassen 1959.

73 f. **Schon ihrem bloßen Stil nach ist die Darlegung der dialektischen Theorie ein Ärgernis und ein Gräuel nach den Regeln der herrschenden Sprache und für den von ihnen herangebildeten Geschmack, weil die positive Verwendung bestehender Begriffe zugleich auch das Verständnis ihrer wiedergefundenen *Flüssigkeit*, ihres notwendigen Untergangs einschließt.** – »In ihrer mystifizierten Form ward die Dialektik deutsche Mode, weil sie das Bestehende zu verklären schien. In ihrer rationellen Gestalt ist sie dem Bürgertum und seinen doktrinären Wortführern ein Ärgernis und ein Greuel, weil sie in dem positiven Verständnis des Bestehenden zugleich auch das Verständnis seiner Negation, seines notwendigen Untergangs einschließt, jede gewordne Form im Flusse der Bewegung, also auch nach ihrer vergänglichen Seite auffaßt, sich durch nichts imponieren läßt, ihrem Wesen nach kritisch und revolutionär ist.« → Karl Marx, »Das Kapital« (Nachwort zur zweiten Auflage, 1873), *MEW*, Bd. 23, S. 25–28, hier S. 27–28.

74. **Dieser Stil, der seine eigene Kritik enthält, muss die Herrschaft der heutigen Kritik *über ihre gesamte Vergangenheit* zum Ausdruck bringen.** – »In der bürgerlichen Gesellschaft herrscht also die Vergangenheit über die Gegenwart, in der kommunistischen die Gegenwart über die Vergangenheit.« → Karl Marx, Friedrich Engels, »Manifest der kommunistischen Partei« (1848), *MEW*, Bd. 4, S. 459–493, hier S. 476. Siehe auch die Entwendung dieser Stelle auf S. 45 und 49.

74. **»Die Wahrheit ist nicht wie das fertige Erzeugnis, in dem sich keine Spur des Werkzeugs findet.«** – »Es wird etwas falsch gewußt, heißt, das Wissen ist in Ungleichheit mit seiner Substanz. Allein eben diese Ungleichheit ist das Unterscheiden überhaupt, das wesentliches Moment ist. Es wird aus dieser Unterscheidung wohl ihre Gleichheit, und diese gewordene Gleichheit ist die Wahrheit. Aber sie ist nicht so Wahrheit, als ob die Ungleichheit weggeworfen worden wäre wie die Schlacke vom reinen Metall, auch nicht einmal so, wie das Werkzeug vom fertigen Gefäße wegbleibt, sondern die Ungleichheit ist als das Negative, als das Selbst im Wahren als solchem selbst noch unmittelbar vorhanden.« → Hegel, *Werke*, Bd. 3: *Phänomenologie des Geistes*, S. 40.

75. **Die Ideen verbessern sich. Die Bedeutung der Worte hat Anteil daran. Das Plagiat ist notwendig. Der Fortschritt schließt es ein. Es folgt eng dem Satz eines Autors, bedient sich seiner Ausdrücke, tilgt eine falsche Idee, ersetzt sie durch eine richtige Idee.** – »Les idées s'améliorent. Le sens des mots y participe. Le plagiat est nécessaire. Le progrès l'implique. Il serre de près la phrase d'un auteur, se sert de ses expressions, efface une idée fausse, la remplace par l'idée juste.« → Lautréamont, *Poésies*, S. 306; dt. S. 46.

76. **Die Entwendung hat ihre Sache auf nichts gestellt, was außerhalb ihrer eigenen Wahrheit als gegenwärtige Kritik liegt.** – »Ich hab' mein' Sach' auf Nichts gestellt.« → Max Stirner (Johann Caspar Schmidt), *Der Einzige und sein Eigentum* (1844), Berlin: Rothgiesser & Possekiel 1924, S. 22, und Johann Wolfgang von Goethe, »Vanitas! Vanitatum Vanitas«, in: ders., *Poetische Werke*, Band 1, *Gedichte*, Berlin: Aufbau Verlag 1960 ff., S. 92–93.

77. ***Zwischentitel: »Was das Spektakel der Wirklichkeit genommen hat, gilt es, ihm wieder abzunehmen. Die spektakulären Expropriateure sind ihrerseits zu expropriieren. Gefilmt wurde die Welt bereits. Es geht nun darum, sie zu ändern.«*** – »Mit der beständig abnehmenden Zahl der Kapitalmagnaten, welche alle Vorteile dieses Umwandlungsprozesses usurpieren und monopolisieren, wächst die Masse des Elends, des Drucks, der Knechtschaft, der Entartung, der Ausbeutung, aber auch die Empörung der stets anschwellenden und durch den Mechanismus des kapitalistischen Produktionsprozesses selbst geschulten, vereinten und organisierten Arbeiterklasse. Das Kapitalmonopol wird zur Fessel der Produktionsweise, die mit und unter ihm aufgeblüht ist. Die Zentralisation der Produktionsmittel und die Vergesellschaftung der Arbeit erreichen einen Punkt, wo sie unverträglich werden mit ihrer kapitalistischen Hülle. Sie wird gesprengt. Die Stunde des kapitalistischen Privateigentums schlägt. Die Expropriateurs werden expropriiert.« → Karl Marx, »Das Kapital« (Bd. 1, 1867), *MEW*, Bd. 23, S. 790–791. – »Die Philosophen haben die Welt nur verschieden *interpretiert*, es kömmt drauf an, sie zu *verändern*.« → Karl Marx, »Thesen über Feuerbach« (1845), *MEW*, Bd. 3, S. 5–7, hier S. 7.

77. ***Zwei Häfen bei Sonnenuntergang, gemalt von***

Claude Le Lorrain. → Claude Lorrain (Claude Gellée), »Hafen mit der Villa Medici« (1638), Öl auf Leinwand, Galleria degli Uffizi, Florenz, Detail; »Odysseus übergibt Chryseis ihrem Vater« (1644), Öl auf Leinwand, Musée du Louvre, Paris, Detail. In der Zeitschrift *Potlatch* Nr. 2 vom 29.6.1954 wird Lorrain als eine »Ausübung der Psychogeografie« angeführt: »Claude Lorrain ist psychogeografisch in der Gegenüberstellung eines Palastviertels und des Meers.« → *Potlatch*, S. 20, dt. S. 16.

77. **Wenn die unabhängig gewordene Kunst ihre Welt in leuchtenden Farben darstellt, dann ist ein Moment des Lebens alt geworden, und mit leuchtenden Farben lässt er sich nicht verjüngen. Er lässt sich lediglich in der Erinnerung wachrufen. Die Größe der Kunst beginnt erst mit der einbrechenden Dämmerung des Lebens zu erscheinen.** – »Wenn die Philosophie ihr Grau in Grau malt, dann ist eine Gestalt des Lebens alt geworden, und mit Grau in Grau lässt sie sich nicht verjüngen, sondern nur erkennen; die Eule der Minerva beginnt erst mit der einbrechenden Dämmerung ihren Flug.« → Hegel, *Werke*, Bd. 7: *Grundlinien der Philosophie des Rechts oder Naturrecht und Staatswissenschaft im Grundrisse*, S. 28 (1820, Vorrede).

77 f. ***Nachts in Viennas Saloon, Johnny Guitar trinkt alleine […].*** – Ausschnitt aus dem Film → *Johnny Guitar* (franz. Synchronfassung). Guy-Claude Marie hebt in seiner Detailanalyse des Films die Bedeutsamkeit der Auslassung des hier im Filmtext in eckiger Klammer angeführten Satzes in der französischen Verschriftlichung des Films hervor. Er meint, die Auslassung sei von Debord bewusst vorgenommen worden, um die für Debord inakzeptable darin zum Ausdruck kommende verächtliche Erwähnung des Alkohols zum Vertreiben der Zeit nicht auch noch schriftlich zu wiederholen. → Vgl. GC. Marie, S. 127–128.

78. ***Zwischentitel: »Nachdem so die unmittelbare Kunstpraxis aufgehört hatte, das Vortrefflichste zu seyn, und dieses Prädicat der Theorie als solcher zugefallen war, so fällt dasselbe nunmehr wiederum von dieser ab, indem sich die synthetische nachtheoretische Praxis erzeugt, welche erst die Bestimmung hat, Grund und Wahrheit sowohl der Kunst als auch der Philosophie zu seyn.« August von Cieszkowski,* Prolegomena zur Historiosophie.** → August von Cieszkowski, *Prolegomena zur Historiosophie*, Hamburg: Meiner 1981, S. 112.

79. **[Es ignoriert, dass in seiner Welt der Konflikt der Vater aller Dinge ist.]** – »Krieg ist aller Dinge Vater, aller Dinge König. Die einen macht er zu Göttern, die anderen zu Menschen, die einen zu Sklaven, die anderen zu Freien. (Πόλεμος πάντων μὲν πατήρ ἐστι, πάντων δὲ βασιλεύς, καὶ τοὺς μὲν θεοὺς ἔδειξε τοὺς δὲ ἀνθρώπους, τοὺς μὲν δούλους ἐποίησε τοὺς δὲ ἐλευθέρους.)« – Dieser in den veröffentlichten schriftlichen Versionen des Films enthaltene Satz wird im Film nicht gesprochen. → Heraklit, Fragment 53 (nach Hippolytos von Rom, *Refutatio ominum haeresium* IX, 9,4), *Die Fragmente der Vorsokratiker.* Griechisch und Deutsch von Hermann Diels. 1. Band, Berlin: Weidmann [4]1922, S. 87.

79 f. **An dieser wesentlichen Bewegung des Spektakels, die darin besteht, alles in sich aufzunehmen, was die menschliche Tätigkeit *in flüssigem Zustand* beinhaltete, um es in geronnenem Zustand als Dinge zu besitzen, die durch ihre *Formulierung ex negativo* des erlebten Wertes ausschließlich zu Wert geworden sind, an dieser Bewegung erkennen wir unsere alte Feindin wieder, die auf den ersten Blick so leicht ein selbstverständliches, triviales Ding zu sein scheint, während sie doch im Gegenteil so vertrackt und voll metaphysischer Spitzfindigkeit ist: *die Ware.* –**

»In unsern Tagen scheint jedes Ding mit seinem Gegenteil schwanger zu gehen. Wir sehen, daß die Maschinerie, die mit der wundervollen Kraft begabt ist, die menschliche Arbeit zu verringern und fruchtbarer zu machen, sie verkümmern läßt und bis zur Erschöpfung auszehrt. Die neuen Quellen des Reichtums verwandeln sich durch einen seltsamen Zauberbann zu Quellen der Not. Die Siege der Wissenschaft scheinen erkauft durch Verlust an Charakter. In dem Maße, wie die Menschheit die Natur bezwingt, scheint der Mensch durch andre Menschen oder durch seine eigne Niedertracht unterjocht zu werden. [...] In den Anzeichen, die die Bourgeoisie, den Adel und die armseligen Rückschrittspropheten in Verwirrung bringen, erkennen wir unsern wackern Freund *Robin Goodfellow**, den alten Maulwurf, der so hurtig wühlen kann, den trefflichen Minierer – die Revolution.« → Karl Marx, »Rede auf der Jahresfeier des ›People's Paper‹ am 14. April 1856 in London«, *MEW*, Bd. 12, S. 3–4. – »Eine Ware scheint auf den ersten Blick ein selbstverständliches, triviales Ding. Ihre Analyse ergibt, daß sie ein sehr vertracktes Ding ist, voll metaphysischer Spitzfindigkeit und theologischer Mucken.« → Karl Marx, »Das Kapital« (Bd. 1, 1867), *MEW*, Bd. 23, S. 85.

80. **Es ist das Prinzip des Warenfetischismus, der Beherrschung der Gesellschaft durch »sinnlich übersinnliche Dinge«, [...].** – »4. *Der Fetischcharakter der Ware und sein Geheimnis.* [...] Es ist sinnenklar, daß der Mensch durch seine Tätigkeit die Formen der Naturstoffe in einer ihm nützlichen Weise verändert. Die Form des Holzes z. B. wird verändert, wenn man aus ihm einen Tisch macht. Nichtsdestoweniger bleibt der Tisch Holz, ein ordinäres sinnliches Ding. Aber sobald er als Ware auftritt, verwandelt er sich in ein sinnlich übersinnliches Ding.« → Karl Marx, »Das Kapital« (Bd. 1, 1867), *MEW*, Bd. 23, S. 85.

80. ***Eine Reihe von Covergirls im Badeanzug.*** – Werbefoto für Badeanzüge, Quelle unbekannt → vgl. F. Danesi, S. 100–101, und »Laisse les gondoles à Venise« [Lasse die Gondeln in Venedig], Fotografie in der Zeitschrift → *Lui*, Nr. 113, 6/1973, S. 132; vgl. F. Danesi, S. 149.

80 f. **Und die Warenwelt wird auf diese Weise gezeigt, *wie sie ist,* denn ihre Bewegung ist identisch mit der *Entfernung* der Menschen voneinander und von ihrem Gesamtprodukt.** – »Religiös sind die Glieder des politischen Staats durch den Dualismus zwischen dem individuellen und dem Gattungsleben, zwischen dem Leben der bürgerlichen Gesellschaft und dem politischen Leben, religiös, indem der Mensch sich zu dem seiner wirklichen Individualität jenseitigen Staatsleben als seinem wahren Leben verhält, religiös, insofern die Religion hier der Geist der bürgerlichen Gesellschaft, der Ausdruck der Trennung und der Entfernung des Menschen vom Menschen ist.« → Karl Marx, »Zur Judenfrage« (1843), *MEW*, Bd. 1, S. 347–377, hier S. 360.

81. **[...] und unverstanden blieb, wie das Wohlbekannte, das dennoch nicht erkannt wird.** – »Das Bekannte überhaupt ist darum weil es *bekannt* ist, nicht *erkannt*.« → Hegel, *Werke,* Bd. 3: *Phänomenologie des Geistes*, S. 35.

82. **Das Spektakel ist ein permanenter Opiumkrieg, [...].** – In den beiden sogenannten »Opiumkriegen« Mitte des 19. Jahrhunderts versuchte Groß-

* Robin Goodfellow – sagenhaftes Wesen, das nach englischem Volksglauben die Rolle eines Schutzpatrons und Helfers der Menschen spielt; eine der Hauptgestalten aus Shakespeares Lustspiel »Ein Sommernachtstraum« [Fußnote im Text von Marx].

britannien sein Handelsbilanzdefizit gegenüber dem Kaiserreich China dadurch zu beseitigen, dass die britische East India Company große Mengen Opiums in China vertrieb, um ihre Absätze in China durch die Abhängigkeit der Bevölkerung zu steigern. Als China Ausländern den Opiumhandel verbot, erzwangen Großbritannien, Frankreich, Russland und die USA mit kriegerischen Mitteln eine Aufhebung des Verbots und eine Ausweitung ihres Einflusses in China.

88 f. ***Deutsche Arbeiter verlassen ihre Fabrik, kurz nach der Machtergreifung der Anhänger Hitlers; aus einer Dachluke werden ihnen klandestine Flugblätter zugeworfen, die sie aufsammeln und lesen.*** – Ausschnitt aus dem Film → *Stärker als die Nacht*.

89. **In beiden Fällen ist es lediglich das Bild einer glücklichen Vereinigung, umgeben von Verheerung und Grauen, im stillen Zentrum des Unglücks.** – »And thus, though surrounded by circle upon circle of consternations and affrights, did these inscrutable creatures at the centre freely and fearlessly indulge in all peaceful concernments; yea, serenely revelled in dalliance and delight. But even so, amid the tornadoed Atlantic of my being, do I myself still for ever centrally disport in mute calm; and while ponderous planets of unwaning woe revolve round me, deep down and deep inland there I still bathe me in eternal mildness of joy.« – »Und so gaben sich denn diese unerforschlichen Geschöpfe, umgeben von Verwirrung und Entsetzen, hier in der stillen Mitte frei und furchtlos allem friedlichen Tun und Trachten hin, ja sie tändelten und scherzten und freuten sich des Lebens. Aber nicht anders freue auch ich mich, mitten im sturmumtosten Atlantik meines Daseins, auf ewig meiner stillen, inneren Ruhe, und während mich gewaltige Gestirne unverwandten Leids umkreisen, bade ich tief unten, tief in mir, in ewig linder Wonne.« → Herman Melville, *Moby Dick or The Whale* (1851), Boston: The St. Botolph Society 1892, S. 366; dt. ders., *Moby-Dick oder Der Wal*, übers. v. Matthias Jendis, München-Wien: Hanser 2001, S. 606.

91. ***[…] Alte Malerei; […]*** → Giovanni Battista Tiepolo, »Die Begegnung von Antonius und Kleopatra« (1743–1750), Fresko, 650 × 300 cm, Venedig, Palazzo Labia, Ballsaal, Detail.

91. ***[…] exotische Mädchen in Käfigen; […].*** – Ausschnitt aus dem Film → *The Shanghai Gesture*.

92. ***Eine Reihe nackter oder wenig bekleideter Covergirls.*** – »Nadia, la Belle Aristochatte« [Nadja, die schöne Aristokatze], Fotografie in der Zeitschrift → *Lui*, Nr. 101, 6/1972, S. 114; vgl. F. Danesi, S. 94, und Werbefotografie für das Sonnenschutzmittel Coppertone in der Zeitschrift → *Marie France*, Nr. 208, 6/1973, S. 64; vgl. F. Danesi, S. 112.

92. **Statt der Männer und ihrer Waffen besingt das Spektakel die Waren und ihre Leidenschaften.** – »Arma virumque cano, Troiae qui primus ab oris Italiam, fato profugus, Laviniaque venit litora, …« → Vergil, *Aeneis*, Buch 1, Proömium.

92. **In diesem blindwütigen Kampf vollbringt jede Ware, indem sie ihrer Leidenschaft folgt, im Grunde unbewusst etwas Höheres: […].** – »Diese unermeßliche Masse von Wollen, Interessen und Tätigkeiten sind die Werkzeuge und Mittel des Weltgeistes, seinen Zweck zu vollbringen, ihn zum Bewußtsein zu erheben und zu verwirklichen; und dieser ist nur, sich zu finden, zu sich selbst zu kommen und sich als Wirklichkeit anzuschauen. Daß aber jene Lebendigkeiten der Individuen und der Völker, indem sie das Ihrige suchen und befriedigen, zugleich die Mittel und Werkzeuge eines Höheren und Weiteren sind, von dem sie nichts wissen, das sie bewußtlos vollbringen, das ist es, was zur

Frage gemacht werden könnte, auch gemacht worden, und was ebenso vielfältig geleugnet wie als Träumerei und Philosophie verschrieen und verachtet worden ist.« → Hegel, *Werke*, Bd. 12: *Vorlesungen über die Philosophie der Geschichte*, S. 40.

92. **[…] das Welt-Werden der Ware, das zugleich das Zur-Ware-Werden der Welt ist.** – »So ergibt sich die Konsequenz, daß das Philosophisch-Werden der Welt zugleich ein Weltlich-Werden der Philosophie, daß ihre Verwirklichung zugleich ihr Verlust, daß, was sie nach außen bekämpft, ihr eigener innerer Mangel ist, daß gerade im Kampfe sie selbst in die Schäden verfällt, die sie am Gegenteil als Schäden bekämpft, und daß sie diese Schäden erst aufhebt, indem sie in dieselben verfällt.« → Karl Marx, »Differenz der demokritischen und epikureischen Naturphilosophie« (1840/41), *MEW*, Bd. 40, S. 257–373, hier S. 328.

92. **Durch eine *List der Warenvernunft* nutzt sich so das *Besondere* der Ware kämpfend ab, während die Warenform ihrer absoluten Verwirklichung zustrebt.** – »Das besondere Interesse der Leidenschaft ist also unzertrennlich von der Betätigung des Allgemeinen, denn es ist aus dem Besonderen und Bestimmten und aus dessen Negation, daß das Allgemeine resultiert. Es ist das Besondere, das sich aneinander abkämpft, und wovon ein Teil zugrunde gerichtet wird. […] Das ist die *List der Vernunft* zu nennen, daß sie die Leidenschaften für sich wirken läßt, wobei das, durch was sie sich in Existenz setzt, einbüßt und Schaden leidet.« → Hegel, *Werke*, Bd. 12: *Vorlesungen über die Philosophie der Geschichte*, S. 49. Siehe auch Debords Film *In girum imus nocte et consumimur igni*, in dem diese Stelle ebenfalls entwendet wird, siehe Kommentar S. 73 f.

95 f. **Nichts steht still für das Spektakel; das ist sein natürlicher Zustand, der gleichwohl seiner Neigung am stärksten widerstrebt.** – »Voilà notre état véritable. C'est ce qui nous rend incapables de savoir certainement et d'ignorer absolument. Nous voguons sur un milieu vaste, toujours incertains et flottans, poussés d'un bout vers l'autre. Quelque terme où nous le suivons, il échappe à nos prises, nous glisse et fuit d'une fuite éternelle. Rien ne s'arrête pour nous. C'est l'état qui nous est naturel, et toutefois le plus contraire à notre inclination: nous brûlons de désir de trouver une assiette ferme et une dernière base constante, pour y édifier une tour qui s'élève à l'infini; mais tout notre fondement craque, et la terre s'ouvre jusqu'aux abîmes.« – »Siehe da unsern wahren Zustand. Das ists, was unsere Einsicht in gewisse Schranken schließt, über die wir nicht hinaus können; gleich unfähig, alles und nichts zu wissen. Ein weitausgedehntes Medium ist unser Standpunkt; allzeit ungewiß schwanken wir zwischen Unwissenheit und Erkenntniß und denken wir weiter zu gehen, so verrückt sich unser Gegenstand, und entgeht unserer Bemächtigung; er wird unsichtbar, und fliehet von uns auf immer: nichts kann ihn festhalten. Dieser unser natürlicher Zustand ist gar oft unserer Neigung ganz entgegen. Unser Verlangen brennt, alles zu ergründen, und einen Thurm aufzuführen, der sich im Unendlichen verliert. Aber unser Gebäude zerkracht, und die Erde öffnet sich bis in ihre Abgründe.« → Blaise Pascal, *Œuvres complètes de Blaise Pascal*, Paris: Hachette 1871, Bd. 1, S. 248; dt. ders., *Gedanken Paskals*, Bremen: Johann Heinrich Cramer 1777, S. 193–194.

96 f. ***»Leben wir, Proletarier, leben wir? […] mit den Jahren verlieren?«*** – »Vivons nous, CHRÉTIENS, vivons-nous? Cet âge que nous comptons, et où

tout ce que nous comptons n'est plus à nous, et-ce une vie? et pouvons-nous n'apercevoir pas ce que nous perdons sans cesse avec les années?« → Jacques Bénigne Bossuet, »Oraison funèbre de Marie-Thérèse d'Autriche« (»Trauerrede auf Ihre Königliche Majestät, Maria Theresia von Österreich, Infantinn von Spanien, Königinn von Frankreich und Navarra«), in: Bossuet, *Oraisons*, S. 205–239, hier S. 236; dt. S. 179–180.

97. ***Großaufnahme eines revolutionären Matrosen aus »Oktober«, […]*** – Ausschnitt aus dem Film → *Oktjabr'*.

97. ***»Sind vielleicht die Ruhe und Nahrung nicht schwache Mittel […] eine Verdoppelung des Übels, das wir mit uns selbst auf die Welt gebracht?«*** – »Le repos et la nourriture ne sont-ils pas de faibles remèdes de la continuelle maladie qui nous travaille? et celle que nous appelons la dernière, qu'est-ce autre chose, a le bien entendre qu'un redoublement, et comme le dernier accès du mal que nous apportons au monde en naissant?« → Jacques Bénigne Bossuet, »Oraison funèbre de Marie-Thérèse d'Autriche«, in: Bossuet, *Oraisons*, S. 205–239, hier S. 236; dt. S. 179–180.

97. ***Stacheldraht verwehrt den Zugang zu den Konzessionen, bewacht von französischer Kolonialinfanterie.*** – Die Konzessionen der Kolonialzeit (z. B. die französische Konzession in Shanghai 1849–1943) hatten eigene Verwaltungen, Polizei und eine eigene Gerichtsbarkeit, die Chinesen besaßen nur Residenzrecht.

98. **Diese Homogenisierungsmacht ist die schwere Artillerie, die alle chinesischen Mauern in den Grund geschossen hat.** – »Die Bourgeoisie reißt durch die rasche Verbesserung aller Produktionsinstrumente, durch die unendlich erleichterten Kommunikationen alle, auch die barbarischsten Nationen in die Zivilisation. Die wohlfeilen Preise ihrer Waren sind die schwere Artillerie, mit der sie alle chinesischen Mauern in den Grund schießt, mit der sie den hartnäckigsten Fremdenhaß der Barbaren zur Kapitulation zwingt.« → Karl Marx, Friedrich Engels, »Manifest der kommunistischen Partei« (1848), *MEW*, Bd. 4, S. 459–493, hier S. 466.

100. ***Zwischentitel: »Der Mensch kehrt in die Höhlenwohnung zurück aber … der Arbeiter bewohnt seine nur mehr ›prekär‹, als eine fremde Macht, die sich ihm täglich entziehen, aus der er täglich, wenn er nicht zahlt, herausgeworfen werden kann … Dieses Totenhaus muss er bezahlen.« Marx,* Manuskripte 1844.** – »Selbst das Bedürfnis der freien Luft hört bei dem Arbeiter auf, ein Bedürfnis zu sein, der Mensch kehrt in die Höhlenwohnung zurück, die aber nun von dem mephytischen Pesthauch der Zivilisation verpestet ist und die er nur mehr prekär, als eine fremde Macht, die sich ihm täglich entziehn, aus der er täglich, wenn er nicht zahlt, herausgeworfen werden kann, bewohnt. Dies Totenhaus muß er bezahlen.« → Karl Marx, »Ökonomisch-philosophische Manuskripte aus dem Jahre 1844«, *MEW*, Bd. 40, S. 465–590, hier S. 548.

100 f. ***Modelle und Realisierungen moderner Architektur für Urlaubsorte, sogenannter »Marinas«, am Meer, die man aber ebenso in den Bergen finden kann; das neue Viertel von »La Défense« im Westen von Paris.*** – Fotografie eines der vom Architekten Jean Balladur entworfenen terrassenförmigen, »Pyramiden« genannten Hochhäuser im Département Hérault in Südfrankreich, Quelle unbekannt → vgl. F. Danesi, S. 82, und Fotografie des vom Architekten Morris Lapidus entworfenen Hotels Fontainebleau Miami Beach, ca. 1960, Quelle unbekannt → vgl. F. Danesi, S. 81.

101 f. **»[…]** ***In seinem spektakulären Stadium baut der Kapitalismus alles*** **in einer Talmiversion** ***wieder***

auf und gebiert Brandstifter. Sein Dekor wird dadurch überall leicht entflammbar, so wie ein Gymnasium in Frankreich.« – Am 6. Februar 1973 setzten zwei Schüler ihre Schule, das Collège Édouard-Pailleron in Paris, in Brand. Auch aufgrund der schlechten Bauweise des Gebäudes starben dabei 20 Personen.

102. ***Der Kreuzer »Aurora« fährt vor dem Morgengrauen die Newa hoch; bei Tagesanbruch geht seine Marineinfanterie an Land.*** – Ausschnitt aus dem Film → *Oktjabr'*.

102. ***Der Turmbau zu Babel.*** – Pieter Bruegel der Ältere, »Turmbau zu Babel (kleine oder Rotterdamer Version)« (1563), Öl auf Eichenholz, Museum Boijmans van Beuningen, Rotterdam; Detail. Diese Fassung ist kleinformatiger als die im Wiener Kunsthistorischen Museum befindliche, zeigt jedoch einen im Verhältnis zu den im Gemälde dargestellten Menschen weit größeren Turm, der die Unfertigkeit des Baus weniger in den Vordergrund stellt. Diese lange verschollene Version gelangte erst in den 1930er Jahren in den Kunsthandel und wurde 1958 dem Museum Rotterdam überlassen. Im Archiv Debords in der Bibliothèque nationale de France befindet sich im Fonds Guy Debord im Dossier »Architecture« auch eine für den Film mit Ausschnittmarkierungen versehene Fotografie eines Teils des Freskos von Benozzo Gozzoli über den Turmbau zu Babel (»La Torre de Babele«, 1470, Camposanto Monumentale, Pisa). Der von Debord gewählte Ausschnitt zeigt die Handwerker und die Aufbauarbeiten → vgl. Tom McDonough, »Tours de Babel et chantiers de construction. Guy Debord et l'architecture«, in: *Art de la guerre*, S. 140–147.

102. ***Gebäude und Landschaften auf dem Bild eines italienischen Meisters des ausgehenden Mittelalters.*** → Florentinischer Meister, »Thebaide« (»Thebaïs«, erstes Viertel 15. Jahrhundert), Tempera auf Holz, 80×216 cm, Galleria degli Uffizi, Florenz. Dieses außergewöhnliche Gemälde wurde traditionell dem florentinischen Maler Gherardo Starnina (1354–1413) zugeschrieben, der aufgrund seiner Beteiligung an einem Umsturzversuch aus seiner Heimat nach Spanien fliehen musste. Neuere Zuschreibungen nennen Lorenzo Monaco und Fra Angelico als Urheber. Das Panoramabild in extremem Breitformat zeigt in einer Vielfalt einzelner Handlungsszenen, die in der Komposition wie in einem Brettspiel miteinander in Verbindung stehen, wie Mönche in frühchristlicher Zeit in die Felswüste um die ägyptische Stadt Theben (»Thebais«) fliehen, um dort als Eremiten zu leben. Die gleichrangig nebeneinander gezeigten Personen und Ereignisse entfalten in der Breite der Szenerie eine Vision menschlichen Lebens auf Erden, in der die Figuren in all ihrer Mannigfaltigkeit zusammenwirken.

103. ***Johnny Guitar reitet durch Wüste und Sturm [...] bestellt beim Barmann einen Drink.*** – Ausschnitt aus dem Film → *Johnny Guitar* (franz. Synchronfassung).

103. ***In der Bar der Spielhölle von »Shanghai Gesture« beschreibt ein Europäer, [...] alles ist hier möglich, jederzeit.*** – Ausschnitt aus dem Film → *The Shanghai Gesture* (engl. Originalfassung mit franz. UT); die Beschreibung gibt die vom gesprochenen englischen Text leicht abweichenden französischen Untertitel wieder. Der gesprochene englische Dialog lautet: »Javanese, Sumatrans, Hindus, Chinese, Portuguese, Filipinos, Russians, Malayans ... what a witch's sabbath!« Antwort der Frau (Poppy): »If anyone saw us coming in here, I'd certainly hear plenty! The other places are like a kindergarten compared with this. The smell is so incredibly evil. I didn't think such a thing existed except in my own imagination. It has a ghastly familiarity, like a half-remembered dream. Anything could happen here, at any moment.«

105. ***Pärchen vor Fernsehgeräten und »HiFi-Anlage«.*** – Werbeanzeige des japanischen Herstellers

von Unterhaltungselektronik Clarion in der Zeitschrift → *Lui*, Nr. 107, 12/1972, S. 214, vgl. F. Danesi, S. 78.

105. ***Erneut die Menge in Saint-Tropez; Spaziergängerinnen, oben ohne.*** – »Elle est nue la divine enfant« [Sie ist nackt, das göttliche Kind], Fotografie in der Zeitschrift → *Lui*, Nr. 97, 2/1972, S. 88, vgl. F. Danesi, S. 102.

107. **Da die tote weiterhin die lebendige Arbeit beherrscht, beherrscht in der spektakulären Zeit die Vergangenheit die Gegenwart.** – »In der bürgerlichen Gesellschaft herrscht also die Vergangenheit über die Gegenwart, in der kommunistischen die Gegenwart über die Vergangenheit.« → Karl Marx, Friedrich Engels, »Manifest der kommunistischen Partei« (1848), *MEW*, Bd. 4, S. 459–493, hier S. 476. Siehe auch die Entwendungen dieser Stelle im Kommentar auf S. 38 und 49.

107. ***Liebende Frauen, als Erinnerungen.*** – Darunter Fotografien von Alice Becker-Ho (Alice Debord). Die Fotografien werden im Fonds Guy Debord der Bibliothèque nationale de France aufbewahrt.

108 ff. ***An der Theke desselben gottverlassenen Saloons, […] und sagt barsch: »Spielen Sie etwas anderes.«*** – Ausschnitt aus dem Film → *Johnny Guitar* (franz. Synchronfassung).

110. ***Franquistische Kavallerie, erst eine Patrouille, dann eine ganze Schwadron, reitet, langsam und ohne es zu bemerken, nahe am Maschinengewehr spanischer Partisanen vorbei, die sich in der Sierra versteckt haben (»Wem die Stunde schlägt«).*** – Im Spanischen Bürgerkrieg (1936–1939) spielender Film nach dem gleichnamigen Roman Ernest Hemingways: → *For Whom the Bell Tolls*.

110 f. ***Im Winterpalast, unmittelbar vor dem Angriff: Eine kleine Eule, Teil eines Uhrwerks, dreht den Kopf. Zwischentitel: »Bald war es Mitternacht«. Die Eule der Minerva bewegt sich erneut.*** → Ausschnitt aus dem Film *Oktjabr'*.

111. **Untertitel: Und darum, weil ich nicht als ein Verliebter kann kürzen diese fein beredten Tage, bin ich gewillt, ein Bösewicht zu werden und feind den eitlen Freuden dieser Tage.** – »And therefore, since I cannot prove a lover, / To entertain these fair well-spoken days, / I am determined to prove a villain / And hate the idle pleasures of these days.« → William Shakespeare, *The Life and Death of Richard the Third*, 1. Akt, Szene 1; Übersetzung von August Wilhelm Schlegel.

111 f. ***In der Bar von »Shanghai Gesture« […].*** – Ausschnitt aus dem Film → *The Shanghai Gesture* (engl. Originalfassung mit franz. UT); die Beschreibung gibt die vom gesprochenen englischen Text leicht abweichenden französischen Untertitel wieder. Der gesprochene englische Dialog lautet: »This is my very best friend Omar.« Die Frau: »Are you an Egyptian comprador?« Der Mann: »No, a doctor – Doctor Omar of Shanghai … and Gomorrah.« Die Frau: »Any relation to the poet Omar?* ›A book of verses underneath the bough …‹« Er setzt das Zitat fort:

* Die folgende Antwort des Mannes zitiert einen Vierzeiler des persischen Gelehrten und Dichters Omar Khayaam (1048–1131) in der ersten Übersetzung durch den englischen Privatgelehrten Edward Fitzgerald von 1859: »A Book of Verses / underneath the Bough. / A jug of Wine, a Loaf / of Bread, and Thou / Beside me singing in / the Wilderness – /Ah, Wilderness were / Paradise enow!« → Omar Khayaam, *Rubaiyyat*, Leipzig: Miniaturbuchverlag 1998, S. 166. In neuerer Übersetzung: »Should our day's portion be one mancel loaf, / A haunch of mutton and a gourd of wine, / Set for us two alone on the wide lain, / No Sultan's bounty could evoke such joy.« → Omar Khayaam, *The Authentic Rubaiyyat*. Translated by Syed Omar Ali-Shah, Berlin: Peacock 2008, S. 32; dt. »Und sei unsere Tagesration ein Stück Brot, / eine Hammelkeule und eine Kürbisschale voll Wein; / angerichtet für uns beide allein auf der weiten Ebene – / keines Sultans Güte könnte solche Freude wecken.« → Omar Khayaam, *Die authentischen Rubaiyyat*. Übersetzung von Syed Omar Ali-Shah. Deutsch von Kathleen Göpel. Prosodie von Marielise Göpel. Berlin: Peacock 2007, S. 29. Siehe auch die Zitate von Chayyam in Debords Film *In girum imus nocte et consumimur igni*: Kommentare auf S. 67 und 75.

»›…a loaf of bread, a jug of wine, and thou beside me singing in the wilderness …‹« Die Frau: »You said ›Doctor‹ Omar … doctor of what?« Der Mann: »Doctor of Nothing, Miss Smith. It sounds important and hurts no one, unlike most doctors.« Die Frau: »And your burnoose, is it real? Where were you born?« Der Mann: »My birth took place under a full moon on the sands near Damascus. My father was an Armenian tobacco dealer and was far away. And my mother – the less said about her, the better. She was half French and the other half is lost in the dust of time. In short, I am a thoroughbred mongrel. I'm related to all the Earth and nothing human is foreign to me.« Die Frau: »Then perhaps you can explain how our friends suddenly vanished.« Der Mann: »We were alone since I first saw you.«

112. ***Details aus Uccellos Triptychon: »Die Schlacht von San Romano«.*** → Paolo Uccello (1397–1475), »Die Schlacht von San Romano« (1456–1460), Triptychon, Eitempera auf Holz. Die drei Teile befinden sich in drei verschiedenen Museen: National Gallery, London; Musée du Louvre, Paris; Galleria degli Uffizi, Florenz. Hier Details aller drei Teile in folgender Reihenfolge: Louvre, London, Florenz, Louvre.

113. ***Die Marineinfanteristen, die man an Deck der »Potemkin« hat kommen lassen, weigern sich, die Hinrichtung ihrer meuternden Kameraden zu vollstrecken; als »Montage der Attraktionen« bringen englische Schülerinnen intensiv ihre Zustimmung zum Ausdruck.*** – Ausschnitt aus dem Film → *Bronenosec Potemkin*. Die »Montage der Attraktionen« ist ein von Sergei Eisenstein entwickeltes Konzept der im Schnitt kombinierten Abfolge sensationeller Darbietungen, die durch ihren Schockeffekt auf die Zuschauer Assoziationsketten in Gang setzen sollen, die dabei helfen, vom affektiven Erfassen des Gezeigten zum intellektuellen Verständnis der dargestellten Zusammenhänge zu gelangen. – Im Text unerwähnt, ist nach den englischen Schülerinnen in einem sehr kurzen Ausschnitt ein junger Mann zu sehen, der seine Kappe abnimmt und außerhalb des Bilds befindlichen Personen etwas zuruft. Ausschnitt aus dem Film → *Novyj Vavilon*.

114. ***Ein Kavallerieregiment kurz vor der Attacke, im Augenblick, da es den Säbel zieht.*** – Ausschnitt aus dem Film → *They Died with Their Boots On*.

114. **»Herodot von Halikarnass legt hier die Ergebnisse seiner Untersuchung vor, damit die Zeit nicht die Werke der Menschen auslöscht […].«** – »Herodot von Halikarnaß veröffentlicht hiermit seine Forschung, auf daß die menschlichen Werke bei der Nachwelt nicht in Vergessenheit geraten, und damit große und wunderbare Taten der Griechen und der Barbaren nicht ohne Gedenken bleiben.« → Herodot, *Historien* (5. Jh. v. Chr.), Düsseldorf: Artemis und Winkler 2006, S. 7 (Proömium).

114 f. ***General Sheridan reitet in ein Grenzfort ein, […] über den Shenandoah sagen werden.«*** – Ausschnitt aus dem Film → *Rio Grande* (franz. Synchronfassung); siehe auch das Zitat aus dem Film in *Geheul für Sade* und den entsprechenden Kommentar auf S. 22.

115. ***»Der Ballhausschwur.«*** → Jacques Louis David, »Der Ballhausschwur« (1791), Öl auf Leinwand, Musée Carnavalet, Paris.

115. ***Chinesisches Festmahl in der internationalen Konzession von Shanghai.*** – Ausschnitt aus dem Film → *The Shanghai Gesture* (engl. Originalfassung mit franz. UT).

116 f. **Es hat also »eine Geschichte gegeben, aber es gibt keine mehr«, weil die Klasse der Ökonomiebesitzer, die mit der Wirtschaftsgeschichte nicht zu brechen vermag, auch jeden anderen irreversiblen Gebrauch der Zeit als unmittelbare Bedrohung verdrängen muss.** – »Wenn die Öko-

nomen sagen, daß die gegenwärtigen Verhältnisse – die Verhältnisse der bürgerlichen Produktion – natürliche sind, so geben sie damit zu verstehen, daß es Verhältnisse sind, in denen die Erzeugung des Reichtums und die Entwicklung der Produktivkräfte sich gemäß den Naturgesetzen vollziehen. Somit sind diese Verhältnisse selbst von dem Einfluß der Zeit unabhängige Naturgesetze. Es sind ewige Gesetze, welche stets die Gesellschaft zu regieren haben. Somit hat es eine Geschichte gegeben, aber es gibt keine mehr; es hat eine Geschichte gegeben, weil feudale Einrichtungen bestanden haben und weil man in diesen feudalen Einrichtungen Produktionsverhältnisse findet, vollständig verschieden von denen der bürgerlichen Gesellschaft, welche die Ökonomen als natürliche und demgemäß ewige angesehen wissen wollen.« → Karl Marx, »Das Elend der Philosophie. Antwort auf Proudhons ›Philosophie des Elends‹«, *MEW*, Bd. 4, S. 63–182, hier S. 139–140.

120. ***Hegel.*** → Gemälde von Jakob Schlesinger, 1831, Öl auf Leinwand, 36×28,8 cm, Alte Nationalgalerie, Berlin.

120. ***Die »Internationale« singend, geht eine Abteilung Kronstädter Matrosen mit aufgepflanztem Bajonett unter Artilleriefeuer vor.«*** – Ausschnitt aus dem Film → *My iz Kronštadta*.

120. ***Lange Schlachtenszene aus dem amerikanischen Bürgerkrieg.*** – Ausschnitt aus dem Film → *They Died with Their Boots On*.

121. ***Plan des Winterpalasts im Jahr 1917, auf dem ein Stift die Stoßrichtungen des Angriffs einzeichnet.*** – Ausschnitt aus dem Film → *Oktjabr'*.

121. ***Während des spanischen Bürgerkriegs […].*** – Ausschnitt aus dem Film → *For Whom the Bell Tolls* (engl. Originalfassung mit franz. UT).

121. ***Fortsetzung derselben Schlacht aus dem Sezessionskrieg.*** – Ausschnitt aus dem Film → *They Died with Their Boots On*.

122. **Vernachlässigt man die *Originalität* der geschichtlichen Rolle der Bourgeoisie, dann verschleiert man dadurch die konkrete Originalität dieses proletarischen Projekts, das nur etwas erreichen kann, wenn es seine eigenen Farben trägt und sich der »gewaltigen Größe seiner Aufgaben« bewusst ist.** – »Proletarische Revolutionen […] schrecken stets von neuem zurück vor der unbestimmten Ungeheuerlichkeit ihrer eignen Zwecke, […].« – Gemeint sind die besonderen Farben, die ein Ritter auf seinem Schild trug. → Karl Marx, »Der achtzehnte Brumaire des Louis Bonaparte« (1852), *MEW*, Bd. 8, S. 111–207, hier S. 118.

123. ***Die Kronstädter Matrosen setzen ihren Angriff siegreich fort.*** – Ausschnitt aus dem Film → *My iz Kronštadta*. Der Film bezieht sich jedoch nicht, wie es der gesprochene Text nahelegen würde, auf den 1921 von Leo Trotzki niedergeschlagenen Kronstädter Matrosenaufstand gegen die Regierung Sowjetrusslands unter dem Motto »Alle Macht den Sowjets – Keine Macht der Partei«, sondern auf den Matrosenaufstand von Kronstadt, einer Festung in einer Bucht nahe Petrograd, der den Bolschewiki 1917 maßgeblich mit zum Sieg verhalf.

124. ***Der Winterpalast wird im Sturm genommen.*** – Ausschnitt aus dem Film → *Oktjabr'*.

124. **Und die höchste theoretische Wahrheit bereits der Internationalen Arbeiterassoziation war ihr eigenes Dasein in der Praxis.** – »Wie groß die Verdienste der einzelnen Maßregeln der Kommune auch sein mögen, ihre größte Maßregel war die Schaffung der Kommune selbst, die in einem Zeitpunkt geboren wurde, da der äußere Feind vor dem einen Tor stand und der Klassenfeind vor dem andern; und sie beweist durch ihr Dasein ihre Lebenskraft, be-

stätigt ihre Theorien durch ihre Taten.« → Karl Marx, »Erster Entwurf zum ›Bürgerkrieg in Frankreich‹«, *MEW*, Bd. 17, S. 493–571, hier S. 545.

124. ***Die umgestürzte Vendômesäule.*** – Die von Napoleon Bonaparte nach dem Vorbild der Trajanssäule in Rom errichtete Siegessäule auf der Place Vendôme in Paris wurde während der Pariser Commune 1871 umgerissen.

124. **Untertitel: Du wirst erfahren, wie salzig das Brot der Fremden schmeckt und wie hart der Weg ist, den man auf fremden Treppen gehen muss. Und deine schwerste Last wird die boshafte und uneinige Gesellschaft sein, mit welcher du in dieses Tal des Exils fallen wirst. Und so wird es dir zum Ruhm gereichen, dass du dich allein dir selbst zur Partei gemacht hast.** – »Tu proverai sì come sa di sale / lo pane altrui, e come è duro calle / lo scendere e 'l salir per l'altrui scale. / E quel che più ti graverà le spalle, / sarà la compagnia malvagia e scempia / con la qual tu cadrai in questa valle; / che tutta ingrata, tutta matta ed empia / si farà contr'a te; ma, poco appresso, / ella, non tu, n'avrà rossa la tempia. / Di sua bestialitate il suo processo / farà la prova; sì ch'a te fia bello / averti fatta parte per te stesso.« – »Du wirst spüren, wie das Brot der anderen nach Salz schmeckt und wie bitter es ist, fremde Treppen zu steigen, auf und ab. Und was am meisten auf deinen Schultern lasten wird, das ist die schlechte und dumme Gesellschaft, mit der du ins Tal des Exils fallen wirst. Ganz undankbar, verrückt und schuftig wird sie sich zu dir verhalten, aber bald wird sie, nicht du, rote Schläfen bekommen. Ihr Vorgehen wird ihre tierische Dummheit beweisen, und für dich wird es schön sein, daß du für dich deine eigene Partei geworden bist.« → Dante, *Commedia* (1321), 17. Gesang, Verse 58–69.

126. ***Auf den Treppen von Odessa, zaristische Truppen schießen auf die Demonstrantenmenge.*** – Ausschnitt aus dem Film → *Bronenosec Potemkin*.

128. ***Zwischentitel: »Je höher wir steigen in dieser Bürokratie der Intelligenz, um so wundervollere Köpfe begegnen uns.« Marx,* Bemerkungen über die neueste preußische Zensurinstruktion.** → Karl Marx, »Bemerkungen über die neueste preußische Zensurinstruktion« (1842), *MEW*, Bd. 1, S. 3–27, hier S. 20.

130. **Nur in der Person Stalins finden die bürokratischen Atome das gemeinsame Wesen ihres Rechts.** – »Die freie Macht des Inhalts bestimmt sich so, daß die Zerstreuung in die absolute *Vielheit* der persönlichen Atome durch die Natur dieser Bestimmtheit zugleich in *einen* ihnen fremden und ebenso geistlosen Punkt gesammelt ist, der einesteils gleich der Sprödigkeit ihrer Personalität rein einzelne Wirklichkeit ist, aber im Gegensatze gegen ihre leere Einzelheit zugleich die Bedeutung alles Inhalts, dadurch des realen Wesens für sie hat und gegen ihre vermeinte absolute, an sich aber wesenlose Wirklichkeit die allgemeine Macht und absolute Wirklichkeit ist.« → Hegel, *Werke*, Bd. 3: *Phänomenologie des Geistes*, S. 357.

131. **»Der Herr der Welt hat das wirkliche Bewußtsein dessen, was er ist, der allgemeinen Macht der Wirklichkeit, in der zerstörenden Gewalt, die er gegen das ihm gegenüberstehende Selbst seiner Untertanen ausübt.«** → Hegel, *Werke*, Bd. 3: *Phänomenologie des Geistes*, S. 358.

131. **Zur gleichen Zeit, wie er die Macht ist, die den Boden der Herrschaft bestimmt, ist er *»das diesen Boden verwüstende Wühlen«.*** – »Das zerstörende Wühlen in diesem wesenlosen Boden gibt sich dagegen das Bewußtsein seiner Allherrschaft, aber dieses Selbst ist bloßes Ver-

wüsten, daher nur außer sich und vielmehr das Wegwerfen seines Selbstbewußtseins.« → Hegel, *Werke*, Bd. 3: *Phänomenologie des Geistes*, S. 359.

131. ***Während der Reichstag brennt, […] die die »Internationale« singen.*** – Ausschnitt aus dem Film → *Stärker als die Nacht* (dt. Originalfassung ohne UT).

131 f. **Untertitel: In Spanien ist ein Tal, das heißt »Jarama«. Diesen Ort kennen wir alle nur zu gut. Dort verloren wir unsere Jugend und einen Großteil unserer alten Tage.** – Ausschnitt aus dem Lied des Lincoln-Bataillons US-amerikanischer Freiwilliger, das unter dem Oberbefehl der XV. Internationalen Brigaden während des Spanischen Bürgerkriegs in einer Schlacht im Tal des Jarama-Flusses im Jahr 1937 zahlreiche Verluste hinnehmen musste.

132. ***Spanische Partisanen, verfolgt von franquistischen Soldaten, verteidigen sich auf einer letzten Hügelkuppe.*** – Ausschnitt aus dem Film → *For Whom the Bell Tolls*.

132. ***Appell politischer Gefangener in einem deutschen Konzentrationslager.*** – Ausschnitt aus dem Film → *Stärker als die Nacht* (ohne Ton).

133. **Es trägt *die Revolution, die nichts außerhalb ihrer selbst lassen kann*, die Forderung nach der permanenten Herrschaft der Gegenwart über die Vergangenheit […].** – »In der bürgerlichen Gesellschaft herrscht also die Vergangenheit über die Gegenwart, in der kommunistischen die Gegenwart über die Vergangenheit.« → Karl Marx, Friedrich Engels, »Manifest der kommunistischen Partei« (1848), *MEW*, Bd. 4, S. 459–493, hier S. 476. Siehe auch zu den Entwendungen dieser Stelle im Kommentar auf S. 38 und 45.

133. **Keine quantitative Verbesserung seines Elends, keine Illusion hierarchischer Integration sind ein dauerhaftes Heilmittel für seine Unzufriedenheit, denn das Proletariat kann sich nicht wirklich in einem besonderen Unrecht wiedererkennen, das es erlitten hätte und folglich ebenso wenig *in der Wiedergutmachung eines besonderen Unrechts* oder vieler solcher Unrechte, sondern nur in dem *Unrecht schlechthin*, an den Rand des Lebens gedrängt zu sein.** – »Wo also die *positive* Möglichkeit der deutschen Emanzipation? *Antwort*: In der Bildung einer Klasse mit *radikalen Ketten*, einer Klasse der bürgerlichen Gesellschaft, welche keine Klasse der bürgerlichen Gesellschaft ist, eines Standes, welcher die Auflösung aller Stände ist, einer Sphäre, welche einen universellen Charakter durch ihre universellen Leiden besitzt und kein *besondres Recht* in Anspruch nimmt, weil kein *besondres Unrecht*, sondern das *Unrecht schlechthin* an ihr verübt wird, welche nicht mehr auf einen *historischen*, sondern nur noch auf den *menschlichen* Titel provozieren kann, welche in keinem einseitigen Gegensatz zu den Konsequenzen, sondern in einem allseitigen Gegensatz zu den Voraussetzungen des deutschen Staatswesens steht, einer Sphäre endlich, welche sich nicht emanzipieren kann, ohne sich von allen übrigen Sphären der Gesellschaft und damit alle übrigen Sphären der Gesellschaft zu emanzipieren, welche mit einem Wort der *völlige Verlust* des Menschen ist, also nur durch die *völlige Wiedergewinnung* des Menschen sich selbst gewinnen kann. Diese Auflösung der Gesellschaft als ein besonderer Stand ist das *Proletariat*.« → Karl Marx, »Zur Kritik der Hegelschen Rechtsphilosophie« (1844), *MEW*, Bd. 1, S. 378–391, hier S. 390.

134. ***Zwischentitel: »Und es wird von heute bis zum Ende der Welt des Spektakels kein Mai vergehen, ohne dass man sich unserer erinnert.«* – Untertitel: We few, we happy few; we band of brothers.** – »And Crispin Crispian shall ne'er go by, / from this day to the ending of the world, / But we in

it shall be rememberèd – / We few, we happy few, we band of brothers« – »Und nie von heute bis zum Schluß der Welt / Wird Crispin Crispian vorübergehn, / Daß man nicht uns dabei erwähnen sollte, / Uns wen'ge, uns beglücktes Häuflein Brüder« → William Shakespeare, »Henry V« (1600), 4. Akt, Szene 3, deutsch von August Wilhelm Schlegel; »St. Crispins-Tag-Rede«, mit der Heinrich V. von England vor der Schlacht von Azincourt am den Heiligen Crispinus und Crispinianus geweihten 25. Oktober 1415 seine Truppe anfeuert.

135. ***Zwischentitel: »Schmeichelt Euch nicht […] ein Sieg macht siegesdurstig.« Machiavelli,* Brief an Francesco Vettori.** – »Né si fidi alcuno che non pensino a questo, perché gli è necessario che ci pensino, et quando e' non vi pensassero, ve gli farà pensare l'ordine delle cose; che è che l'uno accquisto, l'una victoria dà sete dell'altra.« – »Niemand verlasse sich darauf, sie dächten nicht hieran: es ist nothwendig, daß sie dran denken, und wenn sie nicht daran dächten, so würde sie die Ordnung der Dinge daran denken machen, wonach eine Eroberung, ein Sieg Durst nach dem zweiten erregt.« → Niccolò Machiavelli, *Opere complete,* Florenz: Tipografia Borghi e compagni 1833, S. 882, dt. ders., »Siebenunddreißigster Brief an Francesco Vettori in Rom« (1514), in: *Niccolo Machiavelli's Sämmtliche Werke*. Aus dem Italienischen übersetzt v. Joh. Ziegler. Bd. 8. *Freundschaftliche Briefe des Niccolo Machiavelli.* Karlsruhe: Christian Theodor Groos 1841, S. 105–116, hier S. 111.

135 f. ***Zwischentitel: »Bereits vom 25. Februar an dachten sich die Neuerer […] Übel der Arbeit, von dem die Menschheit geplagt wird, seit sie besteht.« Tocqueville,* Erinnerungen.** – »Dès le 25 février, mille systèmes étranges sortirent impétueusement de l'esprit des novateurs, et se répandirent dans l'esprit troublé de la foule. Tout était encore debout sauf la royauté et le parlement, et il semblait que du choc de la révolution, la société elle-même eût été réduite en poussière, et qu'on eût mis au concours la forme nouvelle qu'il fallait donner à l'édifice qu'on allait élever à sa place; chacun proposait son plan; celui-ci le produisait dans les journaux; celui-là dans des placards, qui couvrirent bientôt les murs; cet autre en plein vent par la parole. L'un prétendait détruire l'inégalité des fortunes, l'autre l'inégalité des lumières, le troisième entreprenait de niveler la plus ancienne des inégalités, celle de l'homme et de la femme; on indiquait des spécifiques contre la pauvreté et des remèdes à ce mal du travail, qui tourmente l'humanité depuis qu'elle existe.« → Alexis de Tocqueville, *Souvenirs*, Paris: Calmann Lévy 1893, S. 108–109, dt. ders., *Erinnerungen*, übers. v. Dirk Forster, Wien und Leipzig: Karolinger Verlag 2010, S. 84.

136. **Untertitel: Jedoch beruhigt, beschwichtigt noch begnügt sich je weder Feuer noch Holz bei keiner Wärme, Hitze oder Gleichheit, bis daß das Feuer sich selbst in das Holz gebiert und ihm seine eigene Natur und sein eigenes Sein übermittelt …** – »doch gestillet noch geswîget noch genüeget niemer weder viure noch holze an keiner wermde noch hitze noch glîchnisse, biz daz viur gebirt sich selben in daz holz und gibet im sîne eigen natûre und ouch ein wesen sîn selbes, alsô daz allez ein viur gliche eigen ist, ungescheiden, weder minner noch mê.« → Meister Eckhart, »1. Liber ›Benedictus‹ I. Daz buoch der gœtlîchen trœstunge« / »Traktat I. Das Buch der Göttlichen Tröstung« (1308–1311), in: *Meister Eckharts Traktate*, hg. u. übers. v. Josef Quint, Stuttgart: Kohlhammer 1963, S. 1–136, hier S. 33–34, und S. 471–504, hier S. 482.

136 f. ***Zwischentitel: »Doch dann zeiht man sie des***

Vandalismus und tadelt sie ob ihres mangelnden Respekts vor der Maschine. Diese Kritiken wären berechtigt, wenn die Arbeiter von systematischer und zielloser Zerstörungslust getrieben würden. Das ist nun aber nicht der Fall! Wenn die Arbeiter die Maschinen angreifen, so geschieht dies nicht zum Spaß oder aus Dilettantismus, sondern weil eine zwingende Notwendigkeit sie dazu drängt.« Emile Pouget, **Die Sabotage.** – »Mais alors il arrive qu'on les accuse de vandalisme et qu'on blâme et flétrit leur irrespect de la machine. Ces critiques seraient fondées s'il y avait de la part des ouvriers volonté systématique de détérioration, sans préoccupation de but. Or, ce n'est pas le cas! Si les travailleurs s'attaquent aux machines c'est, non par plaisir ou dilettantisme, mais parce qu'une impérieuse nécessité les y oblige.« → Emile Pouget, *Le Sabotage* (1910), Paris: Mille et une nuits 2004, dt. ders., *Die Revolution ist Alltagssache: Schriften zur Theorie und Praxis des revolutionären Syndikalismus*. Lich: Edition AV 2014, S. 211–261, hier S. 240.

137. ***Die Ordnungshüter in Aktion, auf den Feldern von Flins, auf den Straßen von Nantes, junge Lumpenproletarier verteidigen die Dächer der Rue Saint-Jacques.*** – Darunter auch ein Ausschnitt aus dem Film → *Novyj Vavilon*.

138. ***Eine Karte von Polen, […].*** – Hier wie auch im folgenden Ausschnitt aus dem Film → *Mr. Arkadin* und dem daran anschließenden Zwischentitel verweist die Erwähnung Polens auf die blutig niedergeschlagenen Arbeiteraufstände im Dezember 1970 in der Volksrepublik Polen. Bei den Streiks und Demonstrationen in Gdingen, Danzig und Stettin wurden über 80 Personen getötet.

138. ***[…] ein von Aufständischen angegriffenes Panzerfahrzeug fängt Feuer, eine aufständische Menge erklimmt das Tor eines Palastes.*** – Ausschnitt aus dem Film → *Novyj Vavilon* und dann aus dem Film → *Oktjabr'*.

138. ***In einem Café in Tanger nähert sich eine junge Frau einem Tisch, an dem ein gut bewachter Ganove seine Geschäfte tätigt, und fragt ihn: »Erkennen Sie mich wieder?« Dieser antwortet: »Ich erinnere mich nie an schöne Frauen. [Nur gesprochen, nicht in frz. UT: »Das ist zu teuer.«] Hat Van Stratten eine neue Jacht?« Sie: »Es geht nicht um Geschäfte, Herr Thaddeus [Nur gesprochen, nicht in frz. UT: »Wir wollen nur, dass Sie uns einen Gefallen erweisen.« Er: »Ich erweise nie Gefälligkeiten.« Sie: »Wir wollen nur ein paar Informationen über Polen.«], sondern um Polen.« Er sofort: »Ich gebe nie Inf…« Er hält inne und während eine Musik aus der Vergangenheit anschwillt, sagt er bewegt: »Polen. [Auf Deutsch]«*** – Ausschnitt aus dem Film → *Confidential Report* (engl. Originalfassung mit franz. UT).

139. **[…] dann hat die revolutionäre Organisation lernen müssen, dass sie *die Entfremdung nicht mehr in entfremdeten Formen bekämpfen* kann.** – »Die Kirche hat den Kampf mit der Wildheit der rohen Sinnlichkeit auf ebenso wilde, terroristische Weise bestanden, sie hat sie durch die Kraft der Schrecken der Hölle zu Boden geworfen und sie fortdauernd unterworfen gehalten, um den wilden Geist zur Abstumpfung zu bringen und zur Ruhe zu zähmen.« → Hegel, *Werke*, Bd. 12: *Vorlesungen über die Philosophie der Geschichte*, S. 487.

140. ***Zwischentitel: »Die Weltgeschichte wäre allerdings sehr bequem zu machen, wenn der Kampf nur unter der Bedingung unfehlbar günstiger Chancen aufgenommen würde. […]«*** – Marx an Ludwig Kugelmann in Hannover [London], 17.4.1871 → *MEW*, Bd. 33, S. 209.

140. ***Während einer Schlacht des Sezessionskrieges***

setzt sich ein Offizier an die Spitze des 7. Michigan-Kavallerieregiments und befiehlt: »7. Michigan, vorwärts … Im Trab, vorwärts! … Im Galopp, vorwärts! … Attacke!« – Ausschnitt aus dem Film → *They Died with Their Boots On*.

141. ***Auf einem Fest, das er in einem seiner spanischen Schlösser gibt, […] »Trinken wir auf die Freundschaft!«*** – Ausschnitt aus dem Film → *Confidential Report* (engl. Originalfassung mit franz. UT).

141. ***Nach dem Scheitern der vorangegangenen Attacke führt derselbe Offizier das 5. und 6. Michigan-Kavallerieregiment heran und wirft sie in eine neue Attacke.*** – Ausschnitt aus dem Film → *They Died with Their Boots On*.

141. ***Arkadin erzählt eine andere Geschichte zu Ende: »Logik?, schrie der Frosch, als er mit dem Skorpion ertrank, wo liegt hier die Logik? – Ich kann nichts machen, antwortete der Skorpion, das ist eben mein Charakter … Trinken wir auf den Charakter!«*** – Ausschnitt aus dem Film → *Confidential Report* (engl. Originalfassung mit franz. UT).

142. ***Zwischentitel: »Nicht was wir gedacht haben, halten wir für ein Verdienst um die Theorie, sondern die Art, wie wir es gedacht haben. Überdies wiederholen wir noch einmal, daß hier, wie in allen praktischen Dingen, die Theorie mehr da ist, den praktischen Mann zu bilden, sein Urtheil zu erziehen, als ihm in der Ausübung seines Geschäfts unmittelbar beizustehen.« Clausewitz,* Der Feldzug von 1814.** → Carl von Clausewitz, »Strategische Kritik des Feldzugs von 1814 in Frankreich. Plan des Feldzuges nach der Schlacht von Leipzig«, in: *Hinterlassene Werke des Generals Carl von Clausewitz über Krieg und Kriegsführung*, Berlin: Ferdinand Dümmler 1835, Bd. 7, S. 357–470, hier S. 361.

Widerlegung aller Urteile, der lobenden wie der feindlichen, die bislang über den Film Die Gesellschaft des Spektakels *abgegeben wurden*

Vorspann am Anfang des Films (Schriftbilder in weißer Schrift auf schwarzem Hintergrund):

»SIMAR FILMS
präsentiert«

»drehbuch und regie des films
GUY DEBORD
oktober 1975«

»WIDERLEGUNG
ALLER URTEILE,
DER LOBENDEN WIE DER FEINDLICHEN,
DIE BISLANG ÜBER DEN FILM
›DIE GESELLSCHAFT DES SPEKTAKELS‹
ABGEGEBEN WURDEN«

»Schnitt
MARTINE BARRAQUÉ«

»Schnittassistenz
PAUL GRIBOFF
Tonmischung
PAUL BERTAULD«

[Es folgt die im Text angeführte Quellenangabe der Kritiken]

»regie
GUY DEBORD«

[Ton während des Vorspanns: Verkehrsstaumeldungen]

155. ***Zwischentitel: »Es gibt Zeiten, wo man der großen Zahl der Bedürftigen wegen die Verachtung nur sparsam austheilen muß.«*** – »Il y a des temps où l'on ne doit dépenser le mépris qu'avec économie, à cause du grand nombre de nécessiteux.« → François-René, vicomte de Chateaubriand, *Mémoires d'outre-tombe* (1848), Bd. 6, Paris: Eugène et Victor Penaud Frères 1849, S. 262; dt. *Chateaubriand's Memoiren*, dt. v. Dr. Gottlob Fink, Bd. 4, Stuttgart: Franckh'sche Verlagsbuchhandlung 1850, S. 126.

157. ***Britische Truppen begleiten einen Katafalk.*** – Begräbnis von King George VI. (1895–1952).

159 f. ***Auf dem Podium des Filmfestivals von Cannes erhalten die besten Schauspieler, Drehbruchschreiber usw. ihre Auszeichnungen.*** – Yves Montand und Claudia Cardinale überreichen bei den Internationalen Filmfestspielen von Cannes 1969 die Goldene Palme an Lindsay Anderson für seinen Film *If....*, Bo Widerberg erhält den Großen Preis der Jury für seinen Film *Ådalen '31*, Costa-Gavras erhält den Sonderpreis der Jury für seinen Film *Z*.

161. **Da sich aber schon seit einigen Jahren der Wald der Geschichte gegen ihr Schloss aus gezinkten Karten in Marsch gesetzt hat [...].** – »Macbeth shall never vanquished be until / Great Birnam Wood to high Dunsinane Hill / Shall come against him.« – »Macbeth wird nie besiegt, bis einst hinan / Der große Birnams-Wald zum Dunsinan / Feindlich emporsteigt.« → William Shakespeare, »Macbeth« (ca. 1606), 4. Akt, 1. Szene. Übersetzung Dorothea Tieck.

164. **[...] damit sie – wie Machiavelli sagte – »wenigstens den Namen dessen bewahrten, was sie verloren hatten«.** – »Chi vuole riformare uno stato anticato in una città libera, ritenga almeno l'ombra de' modi antichi. Colui che desidera o che vuole riformare uno stato d'una città, a volere che sia accetto, e poterlo con satisfazione di ciascuno mantenere, è necessitato a ritenere l'ombra almanco de' modi antichi, acciò che a' popoli non paia avere mutato ordine, ancorché, in fatto, gli ordini nuovi fussero al tutto alieni dai passati; perché lo universale degli uomini si pascono così di quel che pare come di quello che è: anzi, molte volte si muovono più per le cose che paiono che per quelle che sono.« – »Will man einem Staat eine neue Verfassung geben, und soll diese Neuerung angenommen und zur Zufriedenheit eines jeden erhalten werden, so muß man unbedingt einen Schatten der alten Einrichtungen beibehalten, damit die Staatsordnung dem Volk unverändert erscheint, auch wenn sie völlig verändert ist. Denn die Mehrzahl der Menschen läßt sich mit dem Schein so gut abspeisen wie mit der Wirklichkeit, ja oft wird sie mehr durch den Schein als durch die Dinge selbst bewegt.« → Niccolò Machiavelli, *Discorsi sopra la prima Deca di Tito Livio* (1531), Milano: Nicolò Bettoni 1824, S. 100 (1. Buch, Kap. 25); dt. Niccolò Machiavelli, *Politische Betrachtungen über die alte und die italienische Geschichte*, übers. v. Friedrich von Oppeln-Bronikowski, Berlin: Reimar Hobbing 1922, S. 60 (1. Buch, Kap. 25, »Wer einem alten Staat eine freie Verfassung geben will, behalte wenigstens den Schatten der alten Einrichtungen bei.«).

164. ***Während der ersten Tage der portugiesischen Revolution unterzeichnen der Stalinist Cunhal, der Sozialist Soares, der General Spinola und was sonst noch ein Quäntchen Autorität besitzt, einer nach dem andern, öffentlich unter den Kronleuchtern eines Staatspalastes ihr Versprechen, alles in ihrer Macht Stehende zu tun, um zu verhindern, dass diese Revolution weitergeht.*** – Als »Nelkenrevolution« bezeichneter Militärputsch einer linksgerichteten

Armeegruppe 1974 in Portugal, der von breiten Teilen der Bevölkerung unterstützt wurde. Alvaro Cunhal (1913–2005), Vorsitzender der portugiesischen kommunistischen Partei. Mário Soares (1924–2017), Gründungsmitglied der sozialistischen Partei Portugals, Außenminister, Premierminister und Präsident Portugals. António de Spínola (1910–1996), General und Politiker, erster Präsident Portugals nach der Nelkenrevolution, der kurz danach zurücktrat und in der Folge wiederholt Putschversuche mit konservativen Kräften unternahm.

166. **Überall beharrt die alte Kanaille der Epoche auf »ihrer Manie, *zu leugnen, was ist, und zu erklären, was nicht ist*«.** – »C'est une manie commune aux philosophes de tous les âges de nier ce qui est, & d'expliquer ce qui n'est pas.« – »Es ist eine Thorheit, welche die Philosophen aller Zeitalter gemein haben, das zu läugnen, was ist, und das zu erklären, was nicht ist.« → *Lettres de deux amans, Habitans d'une petite Ville au pied des Alpes. Recueillies et Publiées par J.J. Rousseau*, Amsterdam: Marc Michel Rey 1761, Bd. 6, S. 260 (11. Brief); dt. *Die Neue Heloise, oder Briefe zweyer Liebenden, aus einer kleinen Stadt am Fusse der Alpen; gesammelt und herausgegeben durch Johann Jacob Rousseau.* Sechster Teil. Aus dem Französischen übersetzt [von J. G. Gellius]. Mit allergnädigsten Freyheiten. Leipzig: Weidmannische Handlung 1761, S. 224 (Der eilfte Brief).

169. **[…] die in Italien danach streben, sich »historisch zu kompromittieren«, […].** – Als »Historischer Kompromiss« (»compromesso storico«) wurde die Zusammenarbeit der kommunistischen und der christlich-demokratischen Partei Italiens in den 1970er Jahren bezeichnet.

169. **[…] die unter dem Namen »Volksfront« die Streiks von 1936 und die spanische Revolution zerschlugen.** – Als Volksfront (Front populaire) wird die Zusammenarbeit mehrerer linker Parteien in einer Regierung in Frankreich von 1936 bis 1938 bezeichnet. Die vor dem Wahlsieg der linken Parteien 1936 begonnenen und auch nach der Regierungsbildung fortgesetzten Streiks und Besetzungen werden von der Regierung als beendet erklärt. Die Regierung unterstützt zunächst im Spanischen Bürgerkrieg (1936–1939) die Republikaner, weicht jedoch in der Folge außenpolitischem Druck, zieht diese Unterstützung zurück und betreibt eine Nicht-Interventions-Politik.

173 f. **Ein derart zersetztes Denken konnten natürlich nur die trostlosen Wände von Vincennes ausschwitzen. Seit Vincennes-Studentengedenken hat man noch nie eine Theorie entstehen sehen. Und gerade dort fordert man, zumindest vorläufig, wie es scheint, die Anti-Theorie ein.** – Die Universität Vincennes (heute: Universität Paris 8 Vincennes-Saint-Denis) ist eine 1969 gegründete staatliche französische Hochschule bei Paris, an der Philosophen wie Michel Foucault, Jean-François Lyotard und Gilles Deleuze lehrten.

In girum imus nocte et consumimur igni

185. **Ich werde in diesem Film keinerlei Zugeständnisse an das Publikum machen.** – »1978 illustrierte ein Film tatsächlich diesen Diskurs. Es ist sicher, dass eine solche Art Film nicht wirklich seinen Platz im Kino hat; wie man aktuell sieht, dass das Kino selbst kaum seinen Platz in der Gesellschaft hat. Die Worte alleine sind jedoch aufschlussreich, sofern einige Anmerkungen hinzugefügt werden, die helfen, sie zu verstehen. Unsere Zeit wird wenige Schriften hinterlassen haben, die so deutlich die großen Umwälzungen betrachten, die sie kennzeichneten. Was hätten denn davon die sehen und

sagen können, die einige ihrer Illusionen und Bestrebungen teilten?« Fußnote Guy Debords → in: Debord, *In girum*, S. 13, und Debord, *Quarto*, S. 1761.

185. ***Das heutige Publikum eines Kinosaals starrt gebannt nach vorn und sitzt in genauer Gegenschuss-Einstellung den Zuschauern gegenüber, die so auf dieser Leinwand nur sich selbst erblicken.*** – Werbeanzeige aus dem Jahr 1978 des seit 1971 unter anderem aus den Werbeagenturen Havas und Publicis bestehenden Werbeunternehmens Médiavision mit dem Ziel der Förderung des Kinobesuchs in der Zeit der durch steigende Erdölpreise ausgelösten sogenannten »Ölkrise« in den 1970er Jahren. Der unter dem Foto abgebildete Text lautet: »Man kann uns das Benzin [›essence‹ bedeutet auch die ›Essenz‹, das ›Wesen‹; A. d. Ü.] nehmen, es wird uns immer eine Fluchtmöglichkeit bleiben. Die Abendländer, die wir sind, laufen immer Gefahr, dass ihre Autos nicht mehr fahren können, ihre Züge in den Bahnhöfen festsitzen, ihre Flugzeuge am Boden festgehalten werden. Sie laufen Gefahr, dass ihr Horizont an der Wand gegenüber endet. Glücklicherweise wird uns immer ein Mittel bleiben, sehr weit weg zu gehen und sehr rasch dorthin zu gelangen: das Kino. Diese Fluchtmöglichkeit ist weniger verwundbar als die anderen. Kann man sich denn ein Embargo vorstellen, das die in einem Western leuchtende Sonne betrifft? Lassen sich das Lachen und die Tränen im dunklen Saal rationieren? Wenn man uns das Benzin nimmt, wird uns immer das Kino bleiben. Wer das Leben liebt, geht ins Kino.« (»On peut nous priver d'essence, il nous restera toujours un moyen d'évasion. Les Occidentaux que nous sommes risquent chaque jour de voir leurs automobiles immobilisées, leurs trains arrêtés dans les gares, leurs avions cloués au sol. Ils risquent de voir leur horizon se limiter au mur d'en face. Heureusement, il nous restera toujours un moyen d'aller très loin, et d'y aller très vite: le cinéma. Ce moyen d'évasion-là est moins vulnérable que les autres. Imagine-t-on, en effet, un embargo sur le soleil qui brille dans un western? Conçoit-on le rationnement des rires et des larmes qui jaillissent dans une salle obscure? Si on nous prive d'essence, il nous restera toujours le cinéma. Quand on aime la vie, on va au cinéma.«) – Der letzte Satz wird von Debord auch im Text zitiert. Die Anzeige ist abgebildet → in: F. Danesi, S. 59.

186. **[...] verkünden die Manipulatoren der Werbung ihnen heute in aller Ruhe, dass »wer das Leben liebt, ins Kino geht«.** – »Rund um den idiotischen Slogan gestaltete man soeben die Werbekampagne, die das Publikum nicht davon überzeugte, in die Kinosäle zurückzukehren.« Fußnote Guy Debords → in: Debord, *In girum*, S. 14, und Debord, *Quarto*, S. 1761.

187. ***Kleiderboutique mit zwei jungen Kundinnen.*** – Ausschnitt aus dem Film → *Le désordre à vingt ans*.

187. ***Reklamefoto eines modernen Angestelltenpaares in seinem Wohnzimmer, in dem seine beiden Kinder herumtollen.*** – Katalog des französischen Möbelherstellers Roche Bobois, 1977–1978 → zit. n. F. Danesi, S. 62.

188. **[...] in jenem modernisierten Analphabetentum und spektakulären Aberglauben gehalten, [...].** – »Das modernisierte Analphabetentum bedeutete zu diesem Zeitpunkt nichts anderes als die einfache Spektakelkultur. Einige Jahre später konnte man feststellen, dass diese auch den Analphabetismus im engeren Sinne in atypischer Form zurückbringt.« Fußnote Guy Debords → in: Debord, *In girum*, S. 15, und Debord, *Quarto*, S. 1762.

189. **[...]** ***Eingeborenentänze an einem Strand in Tahiti.*** – Ausschnitt aus dem Film → *Les Isles de France*.

190. **[…] von ihren eigenen Kindern getrennt, einst noch der einzige Besitz derer, die nichts haben.** – »Bedeutung der Bezeichnung ›Proletarier‹ bei den Römern.« Fußnote Guy Debords → in: Debord, *In girum*, S. 16, und Debord, *Quarto*, S. 1763. Gemäß der ursprünglichen Wortbedeutung von *proletarius:* »die Nachkommenschaft betreffend« unterstützen die Proletarier den Staat nur mit ihrer Nachkommenschaft und nicht mit ihrem Vermögen.

190. ***Konsumentin mit Kind in einem Supermarkt, das Kind schiebt ein noch halbleeres »Wägelchen« vor sich her.*** – Werbeanzeige der Co-op-Supermärkte, 1970 → zit. n. F. Danesi, S. 61.

191. ***Angestelltenpaar mit Telefon auf Schaumstoffsofa.*** – Werbeanzeige des französischen Möbelherstellers Ligne Roset in der Zeitschrift → *La Maison de Marie Claire*, Nr. 106, 12/1975, S. 4 → zit. n. F. Danesi, S. 72.

191. ***Ein Angestelltenpaar empfängt Besuch eines anderen; ihre feindseligen Blicke weichen einander aus.*** – »Du grès pour les paysans du dimanche« [Steinzeug für die Sonntagsbauern], in der Zeitschrift → *La Maison de Marie Claire*, Nr. 110, 4/1976, S. 51 → zit. n. F. Danesi, S. 68.

192. ***Geschäftsreisende in einem »T.E.E.«-Zug.*** – T.E.E.: Abkürzung für Trans Europ Express, eine Schnellzugverbindung von 1957 bis 1987 zwischen den Staaten der EWG (Europäische Wirtschaftsgemeinschaft), Österreich und der Schweiz, hauptsächlich für internationale Geschäftsreisende gedacht, mit ausschließlich erster Wagenklasse.

192. ***Schwenk nach unten über die Fassade eines Neo-Hauses vom Typ »Wohnturm« bis zu einem Häuschen mit der Aufschrift »Verbesserungsvorschläge«, das dort zur Aufnahme der Lobeshymnen aufgestellt wurde.*** – »Vivre dans les tours« [In den Türmen leben], Fotografie in der Zeitschrift → *Elle*, Nr. 1658, 17.10.1977, S. 63 → zit. n. F. Danesi, S. 79.

192 f. **Genauer noch ähnelt ihre wirtschaftliche Lage jedoch dem besonderen System der »Peonage«, […].** – Peonage bezeichnet eine besonders in Lateinamerika auftretende Form der Schuldknechtschaft des »peón« (span.: Hilfsarbeiter), eines an sich Lohnabhängigen, der jedoch gezwungen ist, alles auf Kredit und ohne Konkurrenz in den Geschäften seines Dienstgebers zu kaufen.

194. ***Auslage mit Neo-Lebensmitteln, die industriell verarbeitet wurden, jedoch mit einem roten Gütesiegel »Label Rouge« ausgezeichnet sind.*** – Werbeanzeige *Label Rouge* [Gütesiegel der Qualitätssicherung in Frankreich] in der Zeitschrift → *Marie France*, Nr. 261, 11/1977, S. 234 → zit. n. F. Danesi, S. 92.

194. ***Große Tischgesellschaft mit Angestellten vor einem Fernsehgerät, dem alle dieselbe Aufmerksamkeit widmen.*** – »La télévision – où la mettre? Comment vivre avec elle?« [Der Fernseher – wohin damit? Wie mit ihm leben?] in der Zeitschrift → *La Maison de Marie Claire*, Nr. 93, 11/1974, S. 117 → zit. n. F. Danesi, S. 60.

194. **[…] wenn viele versichern, es sei ihnen peinlich, in Saus und Braus zu leben, während die Völker ferner Länder darben müssen.** – »Genau diesem gesellschaftlichen Bedürfnis kommt ein ziemlich großer Teil der aktuellen Information entgegen, ebenso wie die kommerziellen Tätigkeiten der sogenannten ›karitativen‹ Vereinigungen.« Fußnote Guy Debords → in: Debord, *In girum*, S. 18, und Debord, *Quarto*, S. 1764.

196. **Gerade jene, die nie einen Spatz in der Hand hatten, haben ihn für eine Taube auf dem Dach losgelassen.** – Die im französischen Text verwendete sprichwörtliche Wendung »lâcher la proie pour l'ombre« bedeutet wörtlich »die Beute für den Schatten aufgeben« und geht auf eine von Jean de La Fontaine übernommene Fabel Äsops zurück, in

der ein Hund seine Beute fallen lässt, da ihm deren Spiegelbild im Wasser verlockender erscheint: »Hier ist alles eitel Schaum: / nach 'nem Schatten sieht man jagen / So viel Narren, daß man kaum / Ihre Zahl vermag zu sagen. / Äsopens Hündchen mag für sie 'ne Lehre sein. // Ein Hund sah seinen Raub sich spiegeln in den Wellen, / Er lässt ihn fahren für das Bild und springt hinein. / Plötzlich beginnt der Strom zu brausen und zu schwellen; / Mit aller Müh erreicht das Ufer er / Und hat nicht Bild noch Beute mehr.« → Jean de La Fontaine, »Der Hund, der seinen Raub für ein Schattenbild fahren läßt«, in: ders., *Sämtliche Fabeln*, übers. v. Ernst Dohm und Gustav Fabricius, München: Deutscher Taschenbuch Verlag 1995, S. 233 (Buch VI, Fabel 17).

197. ***Eine Angestellte versucht verzweifelt eine verstopfte Autostraße zu überqueren.*** – Werbeanzeige für *Vitatop Fitness Club* in der Zeitschrift → *Le Point*, Nr. 266, 24.10.1977, S. 130 → zit. n. F. Danesi, S. 139.

198. **Texteinblendung: *»Der schwarze Pfeil des Robin Hood.«*** → *La Flèche Noire de Robin des Bois*, französischer Titel des Films *Capitan Fuoco*.

198 f. **[...] sträubt sich dieses Publikum erst dann gegen eine Veränderung, wenn es um den Film geht, an den es gewöhnt ist; und offenbar ist dies die einzige seiner Gewohnheiten, die respektiert worden ist.** – »Das stimmt nicht mehr. Man hat gesehen, wie durch den wirtschaftlichen Fortschritt nach vielen anderen Dingen auch das Kino beseitigt wurde, an dem der Zuschauer ziemlich blödsinnig hing. Den neuen Erfordernissen, von denen dieser Zuschauer überall abhängig ist, war es gelungen, eine genauere Darstellung ihrer Rationalität in Umlauf zu bringen: er musste den *Clip* lieben.« Fußnote Guy Debords → in: Debord, *In girum*, S. 20, und Debord, *Quarto*, S. 1766.

199. **[...] verschiedene Arten von Stars, die an seiner Stelle gelebt haben und die es durch das Schlüsselloch einer kanaillenhaften Familiarität beobachtet.** – »Nur wenn man oben steht, kann man die Sachen recht übersehen und jegliches erblicken, nicht wenn man von unten herauf durch eine dürftige Öffnung geschaut hat.« → Hegel, *Werke*, Bd. 12: *Vorlesungen über die Philosophie der Geschichte*, S. 14. »›Durchs Schlüsselloch‹: Ausdruck Hegels; in Deutsch ›Flaschenarsch‹.« Zitatnachweis Guy Debords → in: Debord, *In girum*, S. 69, und Debord, *Quarto*, S. 1413.

200. **Das Kino, von dem ich hier rede, ist jene unsinnige Nachahmung eines unsinnigen Lebens, eine fein ausgeklügelte Darstellung erfinderisch darin, nichts zu sagen, gut geeignet, eine Stunde Langeweile durch die Widerspiegelung eben dieser Langeweile totzuschlagen; jene feige Nachahmung, die sich von der Gegenwart täuschen lässt und einen falschen Zeugen der Zukunft abgibt, die mit großem Aufwand an Fiktionen und großen Unterhaltungsspektakeln weiter nichts tut, als sich unnütz zu verzehren, indem sie Bilder anhäuft, welche die Zeit fortträgt.** – »Ne vous étonnez pas si le même Ecclésiaste méprise tout en nous, jusqu'à la sagesse, & et ne trouve rien de meilleur que de goûter en repos le fruit de son travail. La sagesse dont il parle en ce lieu, est cette sagesse insensée, ingénieuse à se tourmenter, habile à se tromper elle-même, qui se corrompt dans le présent, qui s'égare dans l'avenir, qui par beaucoup de raisonnements & de grands efforts, ne fait que se consumer inutilement en amassant des choses que le vent emporte.« – »Bewundern wir nicht, daß der Prediger [das Buch Kohelet] in uns alles, ja sogar die Weisheit, verachtet, und nichts für besser hält, als die Frucht seiner Arbeit im Frieden geniessen. Die Weisheit, von der er

redet, ist jene stolze Weisheit, welche sinnreich sich zu quälen, und geschickt ist, sich selbst zu verführen; die sich in dem Gegenwärtigen verderbt und über die Zukunft betrüget, welche durch viele Schlüße und große Bestrebungen die Zeit alleine unnütz verschwendet, und Dinge verbindet, die der Wind zerstreuet.« → Bossuet, *Oraisons* S. 175–176; dt. S. 93–94 (»Trauerrede auf Ihre Königliche Hoheit Henriette Anna von England«).

201 f. **Übrigens bezeichnet die intellektuelle Dienerschaft der Saison neidisch als »Herrendiskurs«, was ihre Knechtschaft beschreibt; [...].** – »Die Medien nannten sie eine Weile die ›Neue Philosophie‹.« Fußnote Guy Debords → in: Debord, *In girum*, S. 21, und Debord, *Quarto*, S. 1766.

202. **Bewiesen wird etwas stets nur durch die wirkliche Bewegung, die die herrschenden Zustände auflöst, das heißt, die Organisation der Produktionsverhältnisse einer Epoche und die Formen des auf dieser Grundlage gewachsenen falschen Bewusstseins.** – »Der Kommunismus ist für uns nicht ein *Zustand*, der hergestellt werden soll, ein *Ideal*, wonach die Wirklichkeit sich zu richten haben [wird]. Wir nennen Kommunismus die *wirkliche* Bewegung, welche den jetzigen Zustand aufhebt. Die Bedingungen dieser Bewegung ergeben sich aus der jetzt bestehenden Voraussetzung.« → Karl Marx, Friedrich Engels, »Die deutsche Ideologie«, *MEW*, Bd. 3, S. 9–532, hier S. 35.

202. ***Die Führung der französischen Stalinisten.*** – »PC: qu'est-ce qu'il va faire?« [Kommunistische Partei: Was wird sie tun?] in der Zeitschrift → *Le Point*, Nr. 87, 21.5.1974, S. 58 → zit. n. F. Danesi, S. 95.

203. ***Mao Tse-tung gegen Ende seiner Herrschaft.*** – Fotografie in der monatlichen Publikation der Volksrepublik China → *La Chine*, ohne Datum → zit. n. F. Danesi, S. 93.

203. **Es hätte der Film sein können, den ich jetzt gerade mache.** – »Les descriptions sont une prairie, trois rhinocéros, la moitié d'un catafalque. Elles peuvent être le souvenir, la prophétie. Elles ne sont pas le paragraphe que je suis sur le point de terminer.« – »Die Schilderungen sind eine Wiese, drei Nilpferde, die Hälfte eines Katafalks. Sie können Erinnerung und Prophezeiung sein. Sie sind nicht der Absatz, den ich gerade beenden will.« → Isidore Ducasse / Comte de Lautréamont, »Poésies II«, in: *Œuvres complètes*, Paris: Gallimard 1973, S. 309; dt. Isidore Ducasse (Lautréamont), *Poesie*, übers. v. Pierre Gallissaires und Hanna Mittelstädt, Hamburg: Nautilus 1979, S. 49

203 f. ***Zorro im Faustkampf auf Eisenbahngleisen. Sein Fuß wird zwischen zwei Schienen eingeklemmt. Der Zug nähert sich. Der Verräter verschwindet. Zorro macht vergeblich Zeichen; er sieht eine Peitsche in Reichweite und ergreift sie; mit einem geschickten Schlag schaltet er die Weiche um. Er befreit sich. Der Zug rattert vorbei.*** – Ausschnitt aus der zwölfteiligen Filmserie → *Zorro Rides Again*, Episode 4: *Unmasked.*

203. **[...] ein Film, der den Bilderstaub verachtet, aus dem er gemacht ist.** – »Je méprise la poussière qui me compose et qui vous parle; on pourra la persécuter et faire mourir cette poussière! Mais je défie qu'on m'arrache cette vie indépendante que je me suis donnée dans les siècles et dans les cieux ...« – »Ich verachte den Staub, aus dem ich gemacht bin und der zu euch spricht. Ihr könnt ihn verfolgen und diesen Staub zum Schweigen bringen. Aber ich wehre mich dagegen, dass ihr mir dieses unabhängige Leben entreißt, das ich mir im Laufe

der Jahrhunderte und unter diesem Himmel erworben habe.« → Charles Vellay (Hg.), *Œuvres complètes de Saint-Just*, Band II, Paris: Librairie Charpentier et Fasquelle 1908, S. 494 (Übersetzung W. R.).

204. ***Eine lange Kamerafahrt begleitet den Angriff von Truppen, die am 6. Juni 1944 an einem Strand landen.*** – Ausschnitt aus dem Film → *The Longest Day*.

204 f. **Man hat den Abscheu sogar so weit getrieben, mich dort viel weniger häufig zu plündern als anderswo, bis jetzt jedenfalls.** – »Man wollte 1982 damit beginnen. Zu spät also, um in dieser Kunst vor ihrer Beseitigung Karriere zu machen.« Fußnote Guy Debords → in: Debord, *In girum*, S. 23, und Debord, *Quarto*, S. 1767.

205. **So ist es mir, wie Swift sagte, »keine geringe Befriedigung, ein Werk vorzustellen, das über alle Kritik erhaben ist«.** – »I am not a little pleased that this work of mine can possibly meet with no censurers: for what objections can be made against a writer, who relates only plain facts, that happened in such distant countries, where we have not the least interest, with respect either to trade or negotiations?« – »Es freut mich nicht wenig, dass dieses mein Werk unmöglich Tadler finden kann; denn welche Einwände kann man gegen einen Schriftsteller erheben, der nichts berichtet, als einfache klare Tatsachen, wie sie in jenen fernen Ländern vorfielen, in denen wir nicht die geringsten kommerziellen oder diplomatischen Interessen haben.« → Jonathan Swift, »Travels of Lemuel Gulliver«, in: *The Works of Jonathan Swift*, Bd. 1, London: Henry G. Bohn York Street Coven Garden 1859, S. 1–82, hier S. 80 (Buch IV, Kap. 12); dt. ders., *Reisen in verschiedene ferne Länder der Welt in vier Teilen von Lemuel Gulliver*, übers. v. Fritz Thurow, Berlin: Erich Reiss 1910, S. 316.

206. ***Dann galoppiert er davon, von den Komplizen verfolgt, von denen er von Zeit zu Zeit einen niederstreckt wie ein Parther, ohne sich auch nur die Mühe zu machen, sich umzudrehen.*** – Das Parthische Manöver (auch Partherschuss) ist eine Bogenschusstechnik, bei der der reitende Bogenschütze in vollem Galopp nach hinten schießt. Benannt ist sie nach dem iranischen Volk der Parther. Ausschnitt aus der Filmserie → *Zorro Rides Again*, Episode 1: *Death From the Sky*.

206. **Und man kann sogar grundlegender mit Gewissheit behaupten, dass [...] keine wirkliche Infragestellung von Individuen getragen werden kann, die, indem sie diese zur Schau stellen, gesellschaftlich ein wenig höher aufgestiegen sind, als wenn sie darauf verzichtet hätten.** – »Dieses historische Gesetz kennt keine Ausnahme. Auf ihm beruht die zentrale Schwierigkeit antikapitalistischer Revolutionen, wie dies Robert Michels bereits 1912 zeigte, in seinem Werk *Zur Soziologie des Parteiwesens in der modernen Demokratie. Untersuchungen über die oligarchischen Tendenzen des Gruppenlebens*. Leipzig: Werner Klinkhardt 1911 (4. Aufl., Stuttgart: Kröner 1989).« Fußnote Guy Debords → in: Debord, *In girum*, S. 24, und Debord, *Quarto*, S. 1768.

208. ***Zorro reitet neben einem fahrenden Zug her und springt auf den letzten Wagen auf. Er erklettert eine Mauer, bemächtigt sich eines Maschinengewehrs und richtet es auf irgendwelche Bösewichte, die sich ergeben. Ein alter Intellektueller, Opfer eines Mordanschlags, sagt zu Zorro: »Darf ich, bevor ich sterbe, wissen, wer Ihr seid?« Zorro schiebt die Anwesenden beiseite und nimmt seine Maske ab.*** – Ausschnitt aus der Filmserie → *Zorro Rides Again*, Episode 1: *Death From the Sky*.

208. ***Totale und Nahaufnahmen vom Brett eines »Kriegsspiels«, auf dem zwei Armeen einander gegenüberstehen.*** – Dieses Brettspiel wurde nach

dem Entwurf von Guy Debord angefertigt → vgl. Alice Becker-Ho et Guy Debord, *Le Jeu de la Guerre*, Paris: Éditions Gérard Lebovici 1987, Gallimard 2006, dt. dies., *Kriegsspiel*, übers. v. Ronald Voullié, Berlin: Merve 2016.

210. ***Colonel Custer führt den letzten Angriff des 7. Kavallerieregiments am Little Bighorn an.*** – Ausschnitt aus dem Film → *They Died with Their Boots On*.

210 f. **Von der Revolution lässt sich sagen, was Jomini vom Krieg behauptete; nämlich dass sie »keine positive und dogmatische Wissenschaft, sondern eine wenigen allgemeinen Grundsätzen unterworfene Kunst und weit mehr, ein leidenschaftliches Drama ist«.** – »Cette sévère leçon prouve que la guerre n'est point *une science positive* et dogmatique, mais *un art* soumis à quelques principes généraux, et plus que cela encore un drame passionné, dans lequel l'esprit et le moral des masses, ainsi que les talents et le caractère des chefs, exercent une influence décisive.« – »Diese harte Lektion beweist, dass der Krieg keine *positive* und dogmatische *Wissenschaft*, sondern eine einigen allgemeinen Grundsätzen unterworfene *Kunst* und weit mehr, ein leidenschaftliches Drama ist, in dem der Geist und die Moral der Massen sowie die Talente und der Charakter der Führer einen entscheidenden Einfluss haben.« → Général Baron de Jomini [Antoine-Henri Jomini], *Traité des grandes opérations militaires ou Histoire Critique des Guerres de Frédéric le Grand* (1811), Bd. 1, 4. Aufl., Paris: Librairie Militaire de J. Dumaine 1851, S. 162 (Übersetzung W. R.).

211. **Der Hang der Menschen, gebieterischen Routinen zu folgen, ist in der Regel so groß, […].** – »[…] perchè, camminando li uomini quasi sempre per le vie battute da altri, e procedendo nelle azioni loro con le imitazioni, né si potendo le vie d'altri al tutto tenere, né alla virtù di quelli che tu imiti, aggiugnere, debbe uno uomo prudente intrare sempre per vie battute da uomini grandi, e quelli che sono stati eccellentissimi imitare, acciò che se la sua virtù non vi arriva, almeno ne renda qualche odore: e fare come gli arcieri prudenti, a' quali parendo el loco, dove disegnono ferire troppo lontano, e conoscendo fino a quanto va la virtù del loro arco, pongono la mira assai più alta che il loco destinato, non per aggiugnere con la loro freccia a tanta altezza, ma per potere con lo aiuto di sí alta mira pervenire al disegno loro.« – »Denn da die Menschen fast immer gebahnte Wege gehen und in ihren Handlungen andre nachahmen, so muss bei allem Unvermögen, denen gleichzukommen, die man nachahmt, ein Mann von Geist doch immer sich die edelsten Menschen vorsetzen, damit er, wenn seine Energie auch nicht zum Ziel führt, doch wenigstens in gutem Geruch bleibe; er muss es machen, wie kluge Schützen, die erkennen, dass das Ziel zu weit entfernt und der Bogen zu schwach ist, und deswegen die Richtung höher nehmen: nicht um mit ihrer Anstrengung so hoch zu kommen, sondern um mit Hilfe des hohen Visiers ihr Ziel zu erreichen.« → Machiavelli, *Principe*, S. 18; dt. S. 24 (Kap. VI).

211. **[…] um anschließend irgendwelche Funktionen zu bekleiden oder diversen Lohnarbeiten nachzugehen, die auf ihrem Kompetenzniveau oder sogar ein wenig darüber liegen.** – »In a hierarchy every employee tends to rise to his level of incompetence.« – »In einer Hierarchie [neigt] jeder Beschäftigte dazu, bis zu seiner Stufe der Unfähigkeit aufzusteigen.« → Laurence J. Peter, Raymond Hull, *The Peter Principle*, New York: Wil-

liam Morrow & Co Inc 1969, S. 22, dt. *Das Peter-Prinzip oder die Hierarchie der Unfähigen*, Reinbek bei Hamburg: Rowohlt 1972, S. 19.

212. **Ich jedoch, der ich all jenen nicht gleiche, kann meinerseits nur von den »Damen, Rittern, Waffen, Liebschaften, Unterhaltsamkeiten und kühnen Unternehmungen« einer einzigartigen Epoche erzählen.** – »Di donne e cavallier li antiqui amori le cortesie, l'audaci imprese io canto.« – »Von Frauen sing ich euch, von Rittern und von Schlachten, / Von Edelsitte, von der Liebe Glück und Qual, / Von Thaten, die erstaunen machten, [...].« → Ludovico Ariosto, *Orlando Furioso*, Ferrara: Giovanni Mazzocchi 1516, S. 3; dt. ders., »Ariosts rasender Roland«, übers. v. Friedrich Schiller, in: *Neue Thalia. 1792–93*, Band 3, Leipzig: G. J. Göschen'sche Verlagsbuchhandlung 1793, S. 83–107.

213. **Wer sonst könnte von den Mühen und Freuden wissen, die wir an diesem Ort gekannt haben, wo alles so schlecht geworden ist?** – »Federigo Tignoso e sua brigata, / la casa Traversara e li Anastagi / (e l'una gente e l'altra è diretata), // le donne e ' cavalier, li affanni e li agi / che ne 'nvogliava amore e cortesia / là dove i cuor son fatti sì malvagi.« – »[...] Federigo Tignoso und seine Leute, an das Haus Traversara und Anastago – beide Geschlechter sind ausgestorben –, an die Damen und Ritter, an die Kämpfe und die Feste, zu denen uns Liebe und höfische Sitte luden, dort, wo jetzt die Herzen so böse geworden sind.« → Dante, *Commedia*, Purgatorio, XIV, 111; dt. S. 199 f.

214. **»Hier stand einst der Palast des Königs von Wu. [...] Fluten des Jangtsekiang, die sich im Meer verlieren.«** – »Ici fut la demeure antique du roi de Ou. L'herbe fleurit en paix sur ses ruines. / Là, ce profond palais des Tsin, somptueux jadis et redouté. / Tout cela est à jamais fini, tout s'écoule à la fois, les événements et les hommes, / Comme ces flots incessants du Yang-tseu-kiang, qui vont se perdre dans la mer.« – »Hier, wo das müde Gras auf den Ruinen wuchert und Libellen / Wie Schleier schwirren, türmte sich das Kaiserschloß. / Die Freundin winkte hoch vom Turm. Im Marstall wieherte das Roß. / Wo sind Burg und Kaiser, Pferd und kleine Freundin? ... ach, dahin wie Wellen / In dem großen Strom des Jang-tse-kiang ...« → *Poésies de l'époque des Thang, traduites du chinois et présentées par le Marquis d'Hervey-Saint-Denys*, Paris: Amyot 1862, und Paris: Champ Libre 1977, S. 117; dt. Li Bai, »Ode auf Nanking«, in: *Li-Tai-Pe, Nachdichtungen von Klabund*, Frankfurt a. M.: Insel 1986, S. 42.

214. **Das Paris von damals, innerhalb seiner zwanzig Bezirke, schlief nie ganz [...].** – »Fiorenza dentro da la cerchia antica, / ond'ella toglie ancora e terza e nona, / si stava in pace, sobria e pudica. / Non avea catenella, non corona, / non gonne contigiate, non cintura / che fosse a veder più che la persona. // Non faceva, nascendo, ancor paura / la figlia al padre, che 'l tempo e la dote / non fuggien quinci e quindi la misura.« – »Fiorenza im alten Mauerring, / in dem ihr heute noch die Terz und Non ertönt, / lebte in Frieden, nüchtern und keusch. / Sie besaß kein Kettchen, keine Krone, / keine perlengeschmückten Röcke, keinen Gürtel, / der mehr ins Auge stach als die Frau. / Noch weckte eine Tochter bei der Geburt dem Vater nicht Angst, / denn Zeit und Mitgift überschritten weder nach oben noch nach unten das Maß.« → Dante, *Commedia*, Paradiso, XV, 96–106; dt. S. 339.

214. **Noch hatte man seine Einwohner nicht verjagt und in alle Winde zerstreut.** – »E chi diviene padrone di una città consueta a vivere libera, e

non la disfaccia, aspetti di essere disfatto da quella; perchè sempre ha per refugio nella ribellione il nome della libertà, e gli ordini antichi suoi, li quali nè per lunghezza di tempo, nè per beneficii mai si scordano; e per cosa che si faccia o si provvegga, se non si disuniscono o dissipano gli abitatori, non si dimentica quel nome, nè quelli ordini, ma subito in ogni accidente vi si ricorre, come fe' Pisa dopo tanti anni che ella era stata posta in servitù da' Fiorentini.« – »Und wer sich zum Herrn einer Stadt macht, die gewohnt gewesen ist, in Freiheit zu leben, ohne dass er sie ganz auflöst, mag nur darauf gefasst sein, selbst von ihr zugrunde gerichtet zu werden. Denn der Name der Freiheit dient immer zum Vorwande des Aufstandes, und die alte Staatsverfassung wird weder über langer Dauer noch über Wohltaten vergessen. Was man auch immer für Vorkehrungen treffen mag, es kommen, wenn die Einwohner nicht zerstreut und getrennt werden, immer der alte Name und die alte Verfassung wieder zum Vorschein, so wie in Pisa nach einem vollen Jahrhundert, das es unter der Herrschaft von Florenz gestanden hatte.« → Machiavelli, *Principe*, S. 16–17; dt. S. 22–23.

214. ***Einige Einstellungen der Menschenmenge auf dem für die »Kinder des Olymp« nachgebauten Boulevard du Crime.*** – Ausschnitt aus dem Film → *Les Enfants du paradis*.

215. **Noch waren die Häuser des Stadtzentrums nicht verwaist oder weiterverkauft an Kinozuschauer, die anderswo geboren waren, unter anderen Balkendecken. Noch hatte die moderne Ware uns nicht gezeigt, was man aus einer Straße machen kann. Niemand musste der Städteplaner wegen weit weg schlafen gehen.** – »Non avea case di famiglia vòte; / non v'era giunto ancor Sardanapalo / a mostrar ciò che 'n camera si puote. / Non era vinto ancora Montemalo / dal vostro Uccellatoio, che, com'è vinto / nel montar sù, così sarà nel calo.« – »Noch gab es keine Häuser, die leer waren von Familie, / Sardanapal war noch nicht angekommen, / um zu zeigen, was man im Schlafzimmer alles machen kann. / Noch war Montemalo nicht übertroffen von eurem Uccellatoio, / aber wie er beim Aufstieg übertroffen ist, so wird er es im Fall sein.« → Dante, *Commedia*, Paradiso, XV, 107–111; dt. S. 339 f.

215. **[…] in diesem Jammertal.** – »O Maria, hilf uns all / hier in diesem Jammertal!« – Refrain des Kirchenliedes »Maria, wir dich grüßen«, Text: P. Martin Cochen (1712).

216. **Es hätte damals in Paris ebenso verwundert, all die seither in Beton und Asbest verfassten Bücher und all jene aus platten Sophismen gemauerten Gebäude vorzufinden, wie man es heute wäre, sähe man einen Donatello oder einen Thukydides wieder auftauchen.** – »Saria tenuta allor tal maraviglia / una Cianghella, un Lapo Salterello, / qual or saria Cincinnato e Corniglia.« – »Damals hätte man sich sehr gewundert / über eine Cianghella, einen Lapo Salterello, / wie man heute staunt über Cincinnatus oder Cornelia.« → Dante, *Commedia*, Paradiso, XV, 127–129; dt. S. 340. Diese wie auch die beiden anderen von Debord zitierten Stellen des Paradiso der *Commedia* sind der Rede Cacciaguidas entnommen, zu der Kurt Flasch in seinem Kommentar anmerkt: »Aus dieser wohlgeformten Gruppe löst sich der Geist Cacciaguidas, eines Urahnen Dantes, der 1147 beim zweiten Kreuzzug ums Leben kam, also Märtyrer war. Seine Vorstellungen gehören noch ganz in die florentinische Welt vor dem ökonomischen Boom seit der zweiten Hälfte des

12. Jahrhunderts. Damals war Florenz noch bescheiden und klein, es lebte noch innerhalb der alten römischen Mauern des kleinen Kastells. […] Er lobt die vergangenen Zeiten. Sein Florenz gibt es schon lange nicht mehr.« → Kurt Flasch, *Einladung Dante zu lesen*, Frankfurt a. M.: Fischer 2011, S. 136–137.

216 f. **Musil bemerkt in seinem *Mann ohne Eigenschaften*, dass »es geistige Aktivitäten [gibt], wo nicht die großen Bücher, sondern die kleinen Abhandlungen den Stolz eines Mannes ausmachen. Wenn jemand beispielsweise entdecken würde, dass die Steine unter bisher noch nicht beobachteten Umständen zu sprechen vermögen, er würde nur wenige Seiten zur Darstellung und Erklärung einer so umwälzenden Erscheinung brauchen.«** – »Ihren bedeutendsten Ausdruck gewinnt diese Geistesverfassung, die für das Nächste so scharfsichtig und für das Ganze so blind ist, in einem Ideal, das man das Ideal eines Lebenswerks nennen könnte, das aus nicht mehr als drei Abhandlungen besteht. Es gibt geistige Tätigkeiten, wo nicht die großen Bücher, sondern die kleinen Abhandlungen den Stolz eines Mannes ausmachen. Wenn jemand beispielsweise entdeckte, daß die Steine unter bisher noch nicht beobachteten Umständen zu sprechen vermögen, er würde nur wenige Seiten zur Darstellung und Erklärung einer so umwälzenden Erscheinung brauchen. Über die gute Gesinnung dagegen kann man immer wieder ein Buch schreiben, und das ist durchaus nicht bloß eine gelehrte Angelegenheit, denn es bedeutet eine Methode, bei der man mit den wichtigsten Lebensfragen niemals ins klare kommt. Man könnte die menschlichen Tätigkeiten nach der Zahl der Worte einteilen, die sie nötig haben; je mehr von diesen, desto schlechter ist es um ihren Charakter bestellt.« → Robert Musil, *Der Mann ohne Eigenschaften*, Reinbek bei Hamburg: Rowohlt 1970, Bd. 1, S. 245 (Kap. 61).

217. **Es ist ein großes Glück, in dieser Stadt jung gewesen zu sein, als sie zum letzten Mal in so intensivem Glanz erstrahlte.** – »Bliss was it in that dawn to be alive, / But to be young was very heaven!« – »Ein Fest in diesem Aufgang einer neuen Zeit / Zu leben. Und dabei noch jung zu sein, / War wie der Himmel.« → William Wordsworth, *The Prelude or, Growth of a Poet's Mind; An Autobiographical Poem*, London: Edward Moxon, Dover Street 1850, S. 317. (Book X: »Residence in France and French Revolution«, Line 693–694); dt. ders., *Präludium oder Das Reifen eines Dichtergeistes – Ein autobiographisches Gedicht*, aus dem Englischen, kommentiert und mit einer Einleitung hg. v. Hermann Fischer, Stuttgart: Reclam 1974 (Buch X: »Aufenthalt in Frankreich und Französische Revolution«, Zeile 598–600).

217 f. **[…] man steigt nicht zweimal in denselben Fluss und berührt nicht zweimal eine vergängliche Substanz in demselben Zustand […].** – »Man kann nicht zweimal in denselben Fluß steigen [nach Heraklit und nicht zweimal eine ihrer Beschaffenheit nach identische vergängliche Substanz berühren, sondern durch das Ungestüm und die Schnelligkeit ihrer Umwandlung] zerstreut sie sich und sammelt sich wiederum und naht sich und entfernt sich.« → Heraklit, »Fragment 91 B12«, in: *Die Fragmente der Vorsokratiker. Griechisch und Deutsch von Hermann Diels*, hg. v. Walter Kranz, Berlin: Weidmannsche Buchhandlung 1922, 4. Aufl., Bd. 1, S. 95.

218. **[…] ein Viertel, in dem das Negative Hof hielt.** – »1952, im Zentrum des VI. Arrondissements.« Fußnote Guy Debords → in: Debord, *In girum*, S. 30, und Debord, *Quarto*, S. 1772; – »for within the hollow crown / That rounds the

mortal temples of a king / Keeps Death his court;« – »denn in der holen Crone, die eines Königs sterbliche Schläfe umfaßt, hält der Tod seinen Hof;« – William Shakespeare, »The Tragedy of King Richard the Second« (1597), 3. Akt, Szene 2; dt. ders., »Leben und Tod Königs Richard des zweyten«, in: *Shakespear Theatralische Werke*, übers. v. Christoph Martin Wieland, Zürich: Orell, Geßner und Companie 1764, Bd. 5, 3. Aufzug, 4. Szene.

218. ***Tänze Jugendlicher.*** – Ausschnitt aus dem Film → *Le désordre à vingt ans*.

218. ***Comic: Prinz Eisenherz an einem Tisch in der »Höhle der Zeit«. Ein Mädchen sagt zu ihm: »Diese Höhle ist die Trophäenkammer der Zeit, die niemand zu betreten wagt.«*** – »This cave is the trophy-room of ›time‹ which no one dare enter.« → Harold Foster, *Prince Valiant* (1939–40), Bd. 2, Seattle: Fantagraphics Books 2016. Dt. ders., *Prinz Eisenherz. Hal Foster Gesamtausgabe*, übers. v. Wolfgang J. Fuchs, Bd. 2, Jahrgang 1939/1940, Klotten: Bocola 2017, S. 115. Der Langweile an Thules Hof entflohen, ist Eisenherz als fahrender Ritter unterwegs. Er sucht in einer Höhle Schutz vor einem Unwetter: Es ist die Höhle der Zeit. Dort bietet ihm eine schöne Hexe Wein an und erzählt ihm, dass im hinteren Teil der Höhle die Trophäenkammer sei, in die sich niemand wage. Eisenherz ist natürlich mutig und geht hinein. Dort trifft er auf einen Greis, der von sich selbst sagt: »Ich bin der Bezwinger aller Dinge, und meine Trophäen sind die Altäre vergessener Götter, die Throne von Königen, prächtige Städte und uneinnehmbare Burgen. Niemand hält der ›Zeit‹ stand … Am Ende besiege ich jeden … Möchtet Ihr mit mir kämpfen?« Eisenherz meint, den Kampf gewinnen zu können, und lässt sich darauf ein. Der Greis klammert sich an ihn. Eisenherz' Kräfte schwinden, sein Haar wird grau und sein Gang krumm. Der Greis kann ihn von sich und zu den weggeworfenen Gütern der Welt schleudern. Ein weiterer Becher Wein der schönen Dame bringt ihm seine Jugend wieder zurück, aber er hat Ehrfurcht vor der Zeit bekommen. Voll Angst verlässt er die Höhle.

218. ***Wandinschrift: »Arbeitet nie!«*** – »Diese Schrift auf einer Wand der Rue de Seine geht auf die ersten Monate des Jahres 1953 zurück (eine daneben stehende Inschrift traditionellen politischen Inhalts hilft, die Spur der uns interessierenden Schrift objektiv zu datieren, da sie zu einer Demonstration gegen General Ridgway [Matthew B. Ridgway, General der US Army während des 2. Weltkriegs und des Koreakriegs] aufrief und daher nicht nach Mai 1952 geschrieben worden sein konnte). Die hier abgebildete Inschrift scheint die wichtigste je in Saint-Germain-des-Prés gefundene Spur zu sein, die von der besonderen Lebensart zeugt, die sich hier zu behaupten versuchte.« Bildlegende in der Zeitschrift → *IS*, Nr. 8, Januar 1963, und in Debord, *Quarto*, S. 89.

218. ***Eine Gruppe an der Theke eines Cafés, am Ende der Nacht.*** – Ausschnitt aus dem Film → *La nuit de Saint-Germain-des-Prés*.

218. ***Prinz Eisenherz antwortet dem Mädchen: »Der Sinn Eurer Worte ist mir unklar, doch Euer Wein ist schwer und steigt mir zu Kopf.«*** → Harold Foster, *Prinz Eisenherz*, Bd. 2, op. cit., S. 115.

219. ***Die Menschen von Saint-Germain-des-Prés auf der Terrasse eines Cafés, und im Innern: Gitarrenmelodie, Begegnungen, Gespräche.*** – Anfangssequenz des Films → *Orphée*, in der Mitglieder der Lettristen als Statisten mitwirkten.

219 f. ***Lacenaire sagt zu einigen Besitzern: »Man braucht von allem etwas, um eine Welt zu schaffen oder um sie abzuschaffen.« Diese antworten: »Es ist nur ein Wortspiel, aber amüsant.« »Sehr amüsant.« »Wirklich.«*** – Ausschnitt aus dem Film → *Les Enfants du paradis*.

220. ***Eine Kotoko-Ansieldung am Ufer des Niger.*** – Die Kotoko-Stadtstaaten liegen südlich des Tschadsees im Norden des heutigen Kamerun. Die Details der Luftaufnahmen zeigen die Städte Divel und Logone-Birni. Sie wurden von Marcel Griaule im Zuge einer Gruppenexpedition 1936 aufgenommen → vgl. Marcel Griaule, »L'Homme et le Milieu Naturel. 1. L'Éthnographie«, in: Paul-Henry Chombart de Lauwe, *Découverte aérienne du monde*, Paris: Horizons de France 1948, S. 177–208, hier S. 184–85, 195.

220. ***Erneut die Trinkergruppe im Morgengrauen.*** – Ausschnitt aus dem Film → *La nuit de Saint-Germain-des-Prés*.

220. ***Fortsetzung der Tänze Jugendlicher.*** – Ausschnitt aus dem Film → *Le désordre à vingt ans*.

220. **[…] Salz der Erde; Menschen, die ernsthaft dazu bereit sind, die Welt in Brand zu stecken, um ihr mehr Glanz zu verleihen.** – »Ihr seid das Salz der Erde. Wenn das Salz seinen Geschmack verliert, womit kann man es wieder salzig machen? Es taugt zu nichts mehr, außer weggeworfen und von den Leuten zertreten zu werden. Ihr seid das Licht der Welt. Eine Stadt, die auf einem Berg liegt, kann nicht verborgen bleiben. Man zündet auch nicht eine Leuchte an und stellt sie unter den Scheffel, sondern auf den Leuchter; dann leuchtet sie allen im Haus. So soll euer Licht vor den Menschen leuchten, damit sie eure guten Taten sehen und euren Vater im Himmel preisen.« → Neues Testament, Matthäus 5, 13–16, Einheitsübersetzung 2016.

220. **Artikel 488. Die Großjährigkeit ist auf das Alter von vollen einundzwanzig Jahren festgesetzt; mit diesem Alter ist man zu allen Handlungen des bürgerlichen Lebens fähig.** → Zitat aus dem Text des Films *Geheul für Sade*. Siehe Kommentar auf S. 21.

221. **»Eine Wissenschaft der Situationen ist zu schaffen, die der Psychologie, der Statistik, des Städtebaus und der Moral Elemente entlehnen wird. Diese Elemente müssen auf ein völlig neues Ziel hinarbeiten: eine bewusste Schaffung von Situationen.«** → Zitat aus dem Text des Films *Geheul für Sade*. Siehe S. 13 und 287 (Bandteil 1).

221. **»Aber man spricht in diesem Film nicht über Sade.«** → Zitat aus dem Text des Films *Geheul für Sade*. Siehe S. 13 (Bandteil 1).

221. **»Die Ordnung herrscht, aber sie regiert nicht«.** → Zitat aus dem Text des Films *Geheul für Sade*. Siehe Kommentar auf S. 21.

221. **»*Der Dämon der Waffen*. Ihr erinnert euch. Genau das. Niemand war uns gut genug. Und dennoch … Der Hagel auf den Glasbannern. Man wird sich dieses Planeten erinnern.«** → Zitat aus dem Text des Films *Geheul für Sade*. Siehe Kommentar auf S. 22.

221. **»Artikel 489. Der Großjährige, der sich gewöhnlich in einem Zustande von Blödsinn, Wahnsinn oder Raserei befindet, muß interdicirt werden, selbst wenn in diesem Zustande lichte Zwischenräume eintreten.«** → Zitat aus dem Text des Films *Geheul für Sade*. Siehe Kommentar auf S. 22.

222. **»Nach all den ungelegenen Antworten und der Jugend, die langsam alt wird, fällt abermals die Nacht aus allen Wolken.«** → Zitat aus dem Text des Films *Geheul für Sade*. Siehe S. 18 und 294 (beide Bandteil 1).

222. **»Als enfants perdus erleben wir unsere unvollkommenen Abenteuer.«** → Zitat aus dem Text des Films *Geheul für Sade*. Siehe Kommentar auf S. 22 f.

222. ***Von den Rängen eines Theaters herab skandiert eine empörte Menge: »Vorhang!«*** – Ausschnitt aus dem Film → *Les Enfants du paradis*.

222. ***Eine moderne Fabrik stößt durch verschiedene Auslässe dicke weiße Rauchwolken aus, die fast die***

ganze Leinwand ausfüllen. – Ausschnitt aus dem Film → *Il deserto rosso.*

223. **Alles, was dermaßen schlecht war, kann nie wirklich besser werden. Mag es auch heißen: »Er ist älter geworden, er hat sich geändert« ; er ist auch derselbe geblieben.** – »Les enfants qui s'effrayent du visage qu'ils ont barbouillé. Ce sont des enfants ; mais le moyen que ce qui est si faible étant enfant soit bien fort étant plus âgé ! on ne fait que changer de fantaisie. Tout ce qui se perfectionne par progrès périt aussi par progrès. Tout ce qui a été faible ne peut jamais être absolument fort. On a beau dire : il est crû, il est changé, il est aussi le même.« – »Die Kinder, die vor der Fratze, die sie sich malten, erschrecken, sind Kinder, aber, was so harmlos in der Kindheit ist, wird gewaltig im Alter. Man wechselt nur die Richtung der Phantasie. Alles, was sich durch Entwicklung vervollkommnet, geht auch durch Entwicklung zugrunde, etwas, das schwach war, kann niemals wirklich stark sein. Man hat gut reden, er ist größer geworden, er hat sich geändert; er ist zugleich derselbe geblieben.« → Blaise Pascal, *Pensées, opuscules et lettres*, hg. v. Philippe Sellier, Paris: Éditions Classiques Garnier 2010, S. 643 (Pensées diverses); dt. ders., *Über die Religion und über einige andere Gegenstände (Pensées)*, übers. u. hg. v. Ewald Wasmuth, Heidelberg: Lambert Schneider 1972, S. 61 (Nr. 88).

223 f. ***Lacenaire zu Garance: […] Immer auf seine Eltern hören!*** – Dieser Ausschnitt und die folgenden stammen aus dem Film → *Les Enfants du paradis.*

225. **Keiner verließ diese paar Straßen und Tische, wo der Kulminationspunkt der Zeit entdeckt worden war.** – »If in time, as in place, there were degrees of high and low, I verily believe that the highest of time would be that which passed between the years of 1640 and 1660.« – »Wenn es ebenso wie im Raum auch in der Zeit Höhen und Tiefen gäbe, so möchte ich wahrhaft glauben, dass der Höhepunkt der Zeit zwischen 1640 und 1660 liegt.« → Thomas Hobbes, *Behemoth or The Long Parliament* (1681), hg. v. Ferdinand Tönnies, London: Simpkin, Marshall and Co. 1889, S. 1 (Dialogue 1); dt. ders., *Behemoth oder Das Lange Parlament.* Übers. u. hg. v. Peter Schröder, Hamburg: Meiner 2015, S. 3.

226. ***Zwei Mannschaftswagen der Polizei halten vor der Terrasse eines »Café der Poeten«. Die Polizisten laufen herbei, untersagen allen, das Lokal zu verlassen, und verlangen die Ausweise.*** – Ausschnitt aus dem Film → *Orphée.*

227. ***Ein Mädchen geht nachts auf einer Straße.*** – Hermine Karagheuz in einem Ausschnitt aus dem Film → *Le désordre à vingt ans.*

227. **»Da sind die kleinen Mädchen, die dir alles geben, – erst ein ›Guten Abend‹ und dann die Hand … – In der Via Filangieri gibt es eine Glocke; – jedes Mal, wenn sie läutet, wird ein Urteil gefällt … – Die schönste Jugend stirbt im Gefängnis.«** – »Porta Rumana bella, porta Rumana, / ci stan le ragazzine che te la danno: / prima la buonasera e poi la mano. […] In via Filangieri gh'é una campana: / 'gni volta che la sona l'è 'na cundana […] la gioventù più bella morì in galera.« – »Porta Romana bella« ist ein milanesisches Volkslied aus dem 19. Jahrhundert. Porta Romana bezeichnet neben einem der Eingangstore Mailands auch einen der sechs historischen Bezirke der Stadt. In der im Text genannten Via Filangeri befindet sich das 1879 eröffnete San-Vittore-Gefängnis.

227. ***Eine verführte Minderjährige.*** – Fotografie im Beitrag »Je défends l'érotisme à l'ancienne« [Ich verteidige die Erotik nach alter Art] von Denise Dubois-Jallais in der Zeitschrift → *ELLE*, Nr. 1648, 8.8.1977, S. 55 → zit. n. F. Danesi, S. 109.

227. ***Andreas Baader und Gudrun Ensslin.*** – Fotografie in der Zeitschrift → *Le Point*, Nr. 266, 24.10.1977 → zit. n. F. Danesi, S. 70.

227. ***In einem Bistro von Saint-Germain-des-Prés, ein Mann mit Hut tritt ein und unterhält sich lange mit dem Wirt.*** – Ausschnitt aus dem Film → *La nuit de Saint-Germain-des-Prés*.

228. ***Mehrere Trinker philosophieren in einer Spelunke.*** – Ausschnitt aus Debords Film → *Über den Durchgang mehrerer Personen durch eine ziemlich kurze Zeiteinheit*.

228. ***Eine Schauspielerin resümiert in einem anderen Film die Diskussion: »Die einen glauben, es denke an uns, andere, es denke uns; andere wiederum, es schlafe und wir seien sein Traum, sein Albtraum.«*** – Ausschnitt aus dem Film → *Orphée*.

228. ***Kamerafahrt über andere Tische, an denen die gleiche Unterwelt sitzt.*** – Ausschnitt aus Debords Film → *Über den Durchgang mehrerer Personen durch eine ziemlich kurze Zeiteinheit*.

228. **Ich habe ihren Wein getrunken. Ich bleibe ihnen treu.** – »*You* are my master, I have eaten your bread, but by *that* bread! (an usual oath).« – »Ihr seid mein Herr. Ich habe Euer Brot gegessen; aber bei diesem Brote (ein üblicher Schwur).« Paraphrase eines mittelalterlichen Treueschwurs → vgl. Lord Byron »Childe Harold's Pilgrimage«, in: *The Works of Lord Byron*, London: John Murray Albemarle Street 1842, S. 763; dt. ders., »Ritter Harolds Pilgerfahrt«, in *Lord Byrons Sämmtliche Werke*, dt. v. Adolf Böttger, Leipzig: Otto Wigand 1845, S. 46.

229. ***Eine Schülerin auf der Flucht, auf den Straßen, in der Nacht.*** – Ausschnitt aus dem Film → *David and Lisa*.

229. ***Die Türe eines ärmlichen Cafés.*** – Fotografie von Ed van der Elsken → vgl. Donné, S. 89.

229. ***Ein venezianischer Verschwörer zu seiner Gefährtin: »Bald sind wir auf dem Festland, dann können wir uns ein wenig öfter sehen.«*** – Ausschnitt aus dem Film → *Il terrorista*.

229. ***Menschen in einer Bar, im Keller.*** – Ausschnitt aus dem Film → *La nuit de Saint-Germain-des-Prés*.

229. **»Suff und der Teufel holten den Rest.«** – »Drink and the devil had done for the rest.« »Dead man's chest«, Lied → in: Robert Louis Stevenson, *Treasure Island* (1883), London/Glasgow: Collins Clear Type Press, S. 9.

229. **Auf dem halben Weg des wahren Lebens waren wir von dunkler Melancholie umgeben, […].** – »Nel mezzo del cammin di nostra vita / mi ritrovai per una selva oscura, / ché la diritta via era smarrita.« – »In der Mitte unseres Lebenswegs kam ich zu mir in einem dunklen Wald. Der rechte Weg war da verfehlt.« → Dante, *Commedia*, Inferno, I, 1–2, dt. S. 9.

229. ***Ein Mädchen geht langsam durch eine Drehtür, im selben Viertel.*** – Ausschnitt aus dem Film → *Le désordre à vingt ans*.

229. ***Die Kulisse und die Gesellschaft, Ensemble.*** – Fotografie → in: Elsken.

230. **»Lass es mich sagen und nicht sinnbildlich: Wir sind doch bloß Marionetten unseres Meisters, Spielzeug wir, das der Himmel spielt – Schabernack treibt man mit uns auf dem Schachbrett des Seins – und dann kehren wir, einer nach dem anderen, zurück in die Schachtel des Nichts.«** → Debord zitiert die Übersetzung von Charles Grolleau in: *Les Quatrains d'Omar Kháyyám*, Paris: Éditions Champs Libre 1978, Nr. XCIV; dt. *Die authentischen Rubaiyyat von Omar Khayaam*, op. cit. S. 60 (Nr. 73). Übersetzung geändert, W. K.

230. ***Ein Treffen im bereits gezeigten Keller.*** – Ausschnitt aus dem Film → *La nuit de Saint-Germain-des-Prés*.

230. ***Schachspieler.*** – Fotografie → in: Elsken.

230. **Wie oft im Lauf der Zeiten wird man dies erhabene Schauspiel, das wir erschaffen, wiederholen, in unbekannten Sprachen, vor noch nicht entstandenen Völkern!** – »How many ages hence / Shall this be our lofty scene be acted over / In states unborn and accents yet unknown.« – »In wie entfernter Zeit / Wird man dies hohe Schauspiel wiederholen, / In neuen Zungen und mit fremdem Pomp!« → William Shakespeare, *The Tragedy of Julius Caesar* (1599), Act 3, Scene 1; dt. ders., »Julius Caesar«, in: *Shakspeare's dramatische Werke*. Übers. v. August Wilhelm Schlegel, Bd. 2, Berlin: Johann Friedrich Unger 1797, 3. Aufzug, 1. Szene.

230. **»Was ist die Schrift? Die Hüterin der Geschichte ... Was ist der Mensch? Der Sklave des Todes, ein Reisender, der vorüberzieht, Gast eines einzigen Ortes ... Was ist die Freundschaft? Die Gleichheit der Freunde.«** – »I. Pippinus. Quid est littera? Albinus. Custos historiae ... 8. P. Quid est homo? A. Mancipium mortis, transiens viator, loci hospes ... 82. P. Quid est amicitia? A. Aequalitas animorum.« – »Qu'est-ce que l'écriture [...] Qu'est-ce que l'amitié? La similitude des âmes.« → »Disputatio regalis et nobilissimi juvenis Pippini cum Albino scholastico«, in: *Zeitschrift für deutsches Altertum*, Bd. 14 (1869), S. 530–555, hier S. 531, 532, 540. *Œuvres d'Alcuin*, Bd. 2, S. 352–354, zit. n. François Guizot, *Histoire de la civilisation en France: depuis la chute de l'Empire romain*. Paris: Didier 1840, S. 191–194. Bei Debord lautet die letzte Antwort nicht wie hier »Die Ähnlichkeit der Seelen«, sondern »L'égalité des amis« [Die Gleichheit der Freunde].

231. **»Bernard, wonach trachtest du in der Welt? Siehst du darin etwas, das dich zufriedenstellen könnte? ... Sie flieht, sie flieht wie ein Gespenst, das, solange es bei uns weilte, uns mit gewisser Zufriedenheit erfüllte und dessen Fortgang nur Unruhe in uns hinterlässt ... Bernard, Bernard, sagte er, diese blühende Jugend wird nicht ewig dauern.«** – »... combien dure cette félicité? Elle fuit, elle fuit comme un fantôme qui, nous ayant donné quelque espèce de contentement pendant qu'il demeure avec nous, ne nous laisse en nous quittant que du trouble. Bernard, Bernard, disait-il, cette verte jeunesse ne durera pas toujours: cette heure fatale viendra, qui tranchera toutes les espérances trompeuses par une irrévocable sentence; la vie nous manquera, comme un faux ami, au milieu de nos entreprises. Là tous nos beaux desseins tomberont par terre; là s'évanouiront toutes nos pensées.« – »... wie lange dauert diese Glückseligkeit? Sie flieht, sie flieht wie ein Gespenst, das, solange es bei uns weilte, uns mit gewisser Zufriedenheit erfüllte und dessen Fortgang nur Unruhe in uns hinterlässt. Bernard, Bernard, sagte er, diese blühende Jugend wird nicht ewig dauern: Diese unvermeidliche Stunde wird kommen, die all unsere trügerischen Hoffnungen durch einen unwiderruflichen Schuldspruch zerschlagen wird; das Leben wird uns verderben wie ein falscher Freund, mitten in unserer Geschäftigkeit. Da werden all unsere schönen Vorhaben über den Haufen geworfen; da werden all unsere Gedanken schwinden.« → Jacques-Bénigne Bossuet, »Panégyrique de Saint Bernard«, in: ders., *Œuvres de Bossuet*, Paris: Firmin Didot Frères 1852, Bd. 3: *Sermons. – Panégyriques. – Méditations sur l'Évangile*, S. 486, und in: ders., *Bernard, que prétends-tu dans le monde?*, Paris: Allia 1999, S. 26–27 (Übersetzung W. R.).

231. ***Die, die in jenem Jahr die Schönste war.*** → Elsken. Die Fotografie zeigt Eliane Papaï.

231. ***Kamerafahrt über eine menschenleere Pariser Grünanlage, nachts.*** – Fotografie von André Kertész, »Montparnasse, Square Jolivet«, gelatin silver print, 1926–1927.

231. ***Die Gleiche nochmals.*** → Elsken. Die Fotografie zeigt Eliane Papaï.

231 f. **»Ein Geschlecht vergeht, das andere kommt; […] in all der Zeit, welche dahinfährt wie ein Schatten?«** → Altes Testament, Kohelet 1, 4–7; 3, 1–7; 6, 9–12 (Lutherbibel 1912; Übersetzung geändert).

231 f. ***Lange Kamerafahrt, die einer Gruppe Soldaten folgt, die aus einer Nebenstraße herauskommen und einen Kanal entlanglaufen; unter gegnerischem Feuer vorrücken, starke Verluste erleiden und schließlich eine Brücke überqueren.*** – Ausschnitt aus dem Film → *The Longest Day*.

233. **»Nein, lasst uns den Fluss überqueren und uns im Schatten der Bäume dort ausruhen.«** – »Let us cross the river and rest under the shade of the trees.« – Letzte Worte des in der Schlacht verwundeten Generals Thomas Jonathan »Stonewall« Jackson (1824–1863), die Ernest Hemingway als Titel seines Buches *Across the River and into the Trees* (1950) verwendete, dessen Held ein alternder Oberst des US-Heeres ist.

233. **[…] und all die Jahre lebte ich stets sozusagen mit gezücktem Messer.** – »Onde e da notare che nel pigliare uno stato, debbe l'occupatore di esso discorrere tutte quelle offese che li è necessario fare; e tutte farle a un tratto, per non le avere a rinovare ogni dí, e potere, non le innovando, assicurare li uomini e guadagnarseli con benificarli. Chi fa altrimenti, o per timidità o per mal consiglio, e sempre necessitato tenere il coltello in mano;« – »Es ist also wohl zu merken, dass derjenige, der sich der Herrschaft in einem Staate bemächtigen will, alle Grausamkeiten mit einem Mal vollführen muss, um nicht alle Tage wieder anzufangen, und dass er wohl tut, die Freundschaft der Menschen zu erwerben, indem er von seiner Macht, ihnen wehe zu tun, keinen Gebrauch macht. Wer anders handelt, sei es aus Furcht oder aus Mangel an gutem Rate, muss das Schwert beständig in der Hand halten […].« → Machiavelli, *Principe*, S. 32; dt. S. 39 (Achtes Kapitel).

236. **[…], dass ich mir nach wie vor überhaupt nicht vorstellen kann, was ich, so wie ich nun einmal bin, anderes hätte tun können.** – »Man erörterte eine müßige Frage: ob eine solche Schlussfolgerung eher Ausdruck von Bescheidenheit oder von Stolz sei? Ich glaube, meine Fehler und meine Laster mit viel Objektivität bedacht zu haben.« Fußnote Guy Debords → in: Debord, *In girum*, S. 38, und Debord, *Quarto*, S. 1778.

236. ***Custers Regiment hat sich im Kreis formiert […]. Schließlich brechen die Indianer in die Stellung ein und machen die Verteidiger nieder.*** – Ausschnitt aus dem Film → *They Died with Their Boots On*.

238. **»Wer Genie besitzt, soll davon Gebrauch machen, dies ist ganz in der Regel.«** → Carl von Clausewitz, »Bemerkungen über die reine und angewandte Strategie des Herrn von Bülow«, in: *Neue Bellona*, IX (1805), Nr. 3, S. 252–287, hier S. 276.

238. **»Nur durch die weiten Räume der Zeit gelangt man zum Mittelpunkt der Gelegenheit.«** – »Hase de caminar por los espacios del tiempo al centro de la ocasión.« → *Balthasar Gracians Handorakel. Die Kunst der Weltklugheit*, übers. v. Arthur Schopenhauer, Wien-Berlin: Paul Neff o. J., S. 45 (Nr. 55, »Warten können«); dt. Baltasar Gracián, *Oráculo manual* (1647), Heidelberg: Carl Winter 1946, S. 20 (»Hombre de espera«).

238. ***Custer, der als Letzter noch aufrecht steht, wirft seine leeren Revolver fort, ergreift den vor sich***

im Boden steckenden Säbel und erwartet den Angriff der Sieger. – Ausschnitt aus dem Film → *They Died with Their Boots On*.

238. **Aber wie könnte ich ihn vergessen, den ich überall im großartigsten Moment unserer Abenteuer erblicke; [...]** – »Mais puis-je oublier celui que je vois partout dans le récit de nos malheurs?« – »Allein kann ich jenes vergessen, was ich allenthalben in der Erzählung unserer Unglücksfälle sehe?« – »Dieser Absatz und der folgende sind eine Lobrede auf Ivan Vladimirovitch Chtcheglov.« Fußnote Guy Debords → in: Debord, *In girum*, S. 39, und Debord, *Quarto*, S. 1778. Ivan Chtcheglov (1933–1998) war ein enger Weggefährte Debords und ist auch in *Die Gesellschaft des Spektakels* sowie in *Guy Debord – seine Kunst und seine Zeit* zu sehen, siehe S. 141, 318 und S. 323 (alle Bandteil 1). → Bossuet, »Oraison Funèbre de Messire Michel Le Tellier, Chevalier, Chancelier de France«, in: ders., *Œuvres* Paris: Gallimard, bibliothèque de la Pléiade, S. 175 (auf den Cardinal de Retz bezogen); dt. *Jacob Benignus Bossuet Bischoffes von Meaux und Königl. Staatsrathes, Trauerreden*, Wien: Kraus 1764 S. 287 f. (»Trauerrede auf den erlauchten und hochwohlgebohrnen Herrn Michel Tellier, Ritter, Kanzler von Frankreich«).

238. ***Comic: Prinz Eisenherz reitet [indessen fröhlich] querfeldein, für jedes Abenteuer bereit; »er bahnt sich einen Weg zu dem geheimnisvollen Feuer, das an einer Stelle brennt, an der keine Menschenseele sein sollte.«*** → Harold Foster, *Prinz Eisenherz*, Bd. 2, op. cit., S. 114, Bd. 1, op. cit., S. 6.

238. ***Horizontaler Schwenk über einen Palast, nachts. Der Schatten einer nicht im Bild zu sehenden Figur zeichnet sich an einer Kreuzung zweier Straßen ab.*** – Ausschnitt aus dem Film → *The Third Man*.

238. ***»Der dritte Mann«, kurz eingeblendet, auf einer Türschwelle.*** – Ausschnitt aus dem Film → *The Third Man*.

238 f. ***Comic: Prinz Eisenherz und ein anderer, in Verkleidung. »Unheilvolle Stille verrät, wie unglücklich die Bewohner der Stadt sind. Die beiden Freunde gehen Richtung Palast, als Trompeten erschallen.«*** → Harold Foster, *Prinz Eisenherz*, Bd. 2, op. cit., S. 141.

239. ***Prinz Eisenherz reitet vor einer Feuersbrunst.*** → Harold Foster, *Prinz Eisenherz*, Bd. 1, op. cit., S. 66.

239. **Strandräuber schreiben ihren Namen nur auf Wasser.** – »Here lies One Whose Name was writ in Water.« → Inschrift am Grabstein von John Keats (1795–1821). – Der französische Ausdruck »naufrageur« bezeichnet einen sogenannten »aktiven« Strandräuber, also jemanden, der sich nicht wie der »passive« Strandräuber damit begnügt, ein gestrandetes Schiff zu plündern, sondern der die Schiffe bewusst in Untiefen oder auf Riffe lockt, um sie dann auszuplündern.

239 f. ***Sequenz von Comics: Prinz Eisenherz in einen Mantel gehüllt: [...] (Nächste Woche: Rom ist gefallen).*** → Harold Foster, *Prinz Eisenherz*, Bd. 2, op. cit., S. 117.

240. ***Morgengrauen in der Rue des Innocents.*** – Ausschnitt aus Debords Film → *Über den Durchgang einiger Personen durch eine ziemlich kurze Zeiteinheit*.

240. ***Comic: »Im Morgengrauen erreichen sie eine abweisende Burg in einem zwischen den Hügeln gelegenen Tal.«*** → Harold Foster, Prinz Eisenherz, Bd. 1, op. cit., S. 30.

241. **[...] und so waren wir erneut auf das Geheimnis gestoßen, zu trennen, was vereint war.** – »Ihr sollt nicht meinen, dass ich gekommen bin, Frieden zu bringen auf die Erde. Ich bin nicht gekommen, Frieden zu bringen, sondern das Schwert. Denn ich bin gekommen, den Menschen zu entzweien mit seinem Vater und

die Tochter mit ihrer Mutter und die Schwiegertochter mit ihrer Schwiegermutter. Und des Menschen Feinde werden seine eigenen Hausgenossen sein.« → Neues Testament, Mt 10, 34–36, in: *Die Bibel nach Martin Luthers Übersetzung – Lutherbibel revidiert* 2017, Stuttgart: Deutsche Bibelgesellschaft 2016. Das Verb διχάζειν (dichazein) wird bei Matthäus nur an dieser Stelle verwendet. Es bedeutet »in zwei Teile schneiden«, »trennen«, »spalten«, »teilen, was vereint war«, zum Beispiel wie die Eifersucht, die Zwietracht sät, wo Einheit herrschte. Vgl. Pierre Bonnard, *L'évangile selon saint Matthieu*, Genf: Labor et Fides 2002. Ein weiteres griechisches Verb für »entzweien« ist »diaballein«, von dem sich kirchenlateinisch »diabolus«, griechisch »diábolos«, französisch »diable« und deutsch »Teufel« herleitet. Siehe auch weiter unten die von Debord für den Teufel verwendeten Bezeichnungen »Fürst der Spaltung« und »Fürst der Finsternis«.

241. ***Aufpasser und Geheimtransport in einem Arbeiterviertel von Venedig.*** – Ausschnitt aus dem Film → *Il terrorista*.

241. **Und so haben wir uns endgültig der Partei des Teufels verschrieben, […].** – » The reason Milton wrote in fetters when he wrote of Angels & God, and at liberty when of Devils & Hell, is because he was a true Poet and of the Devil's party without knowing it.« – »Merke, der Grund, warum Milton in Fesseln schrieb, wenn er von Engeln & Gott schrieb, und in Freiheit, wenn von Teufeln & Hölle, ist, daß er ein wirklicher Dichter war und von des Teufels Partei, ohne es zu wissen.« → William Blake, *The Marriage of Heaven and Hell* (1790–1793), »The Voice of the Devil«, plate 6; dt. ders., »Die Hochzeit von Himmel und Hölle«, übers. v. Thomas Eichhorn, in: ders., *Zwischen Feuer und Feuer*, München: dtv 1996, S. 217.

242. **[…] jener »schlechten Seite«, die dadurch Geschichte macht, dass sie jede etablierte Zufriedenheit zerrüttet.** – »Auch der Feudalismus hatte sein Proletariat – die Leibeigenschaft, welche alle Keime des Bürgertums enthielt. Auch die feudale Produktion hatte zwei antagonistische Elemente, die man gleichfalls als *gute* und *schlechte Seite* jedes Feudalismus bezeichnet, ohne zu berücksichtigen, daß es stets die schlechte Seite ist, welche schließlich den Sieg über die gute Seite davonträgt. Die schlechte Seite ist es, welche die Bewegung ins Leben ruft, welche die Geschichte macht, dadurch, daß sie den Kampf zeitigt.« → Karl Marx, »Das Elend der Philosophie. Antwort auf Proudhons ›Philosophie des Elends‹«, *MEW*, Bd. 4, S. 63–182, hier S. 140.

242. ***Der Teufel in »Les Visiteurs du Soir« […] das ist des Reisenden Los.*** – Ausschnitt aus dem Film → *Les Visiteurs du Soir*.

243. **Kurz, sie warten darauf, dass sie Zugang erhalten zu dem, was sie in der verkehrten Bilderwelt des Spektakels bewundernd betrachtet haben: eine ewig gegenwärtige glückliche Einheit.** – »Während natürlich eine unglückliche Trennung diese Einheit überdeckt, und sie stets auflöst.« Fußnote Guy Debords → in: Debord, *In girum*, S. 41, und Debord, *Quarto*, S. 1780.

243. ***Schwenk über die nächtliche Beleuchtung des Boulevard Saint-Germain von heute.*** – Ausschnitt aus dem Film → *Le désordre à vingt ans*.

243 f. ***Der Teufel sagt zu zwei Schachspielern: »[…] Schach ist so einfach.«*** – Dieser und die folgenden beiden Filmausschnitte stammen aus → *Les Visiteurs du Soir*.

244. **So wurden wir denn zu Gesandten des Fürsten der Spaltung, desjenigen, dem »Unrecht geschah«, […].** – »Einige chiliastische Sekten verwen-

deten diese Umschreibung für den Teufel, mit der später auch Bakunin von seinen italienischen Anhängern bezeichnet wurde, aufgrund seines Loses in der Internationalen Arbeiterassoziation.« Fußnote Guy Debords → in: Debord, *In girum*, S. 42, und Debord, *Quarto*, S. 1780.

245. ***Truppen stehen gestaffelt auf einem Schlachtfeld. Langsame Truppenbewegungen, gefilmt aus der Vogelperspektive.*** – Ausschnitt aus dem Film → *The Charge of the Light Brigade* (1968).

246. **Deshalb hatte kein anderer revolutionärer Versuch jener Zeit auch nur den geringsten Einfluss auf die Verwandlung der Welt.** – »Es war das Jahrhundert der Konterrevolutionen und der fortschreitenden Versklavung. Die wirklich in einem gegenteiligen Sinn ins Gewicht fallenden Unternehmungen sind selten geblieben. In den meisten gesellte sich zu ihrem Nichts an Theorie ein Nichts an Praxis, sie hatten nicht verstanden, was aus der Klassengesellschaft wurde; und was fortan ihre Schwachpunkte wären.« Fußnote Guy Debords → in: Debord, *In girum*, S. 43, und Debord, *Quarto*, S. 1781.

246. ***Sequenz einer Seeschlacht des Zweiten Weltkriegs.*** – Ausschnitt aus dem Film → *Sink the Bismarck!*

246. **[…] so groß ist die Kraft des zur rechten Zeit gesprochenen Wortes.** – »Ein Wort, geredet zu rechter Zeit, ist wie goldene Äpfel auf silbernen Schalen.« → Altes Testament, Sprüche 25,11, in: *Die Bibel nach Martin Luthers Übersetzung – Lutherbibel revidiert* 2017, Stuttgart: Deutsche Bibelgesellschaft 2016.

247. ***Eine weitere Umherirrende.*** – Auf der Rückseite dieser im Fonds Guy Debord in der Bibliothèque nationale de France aufbewahrten Fotografie steht »Arlette 1962«. Vermutlich handelt es sich um Arlette Reinerg, die in den 1950er und 1960er Jahren in Paris den Club de la Contrescarpe betrieb, eine Brasserie, in der sie auch Konzerte organisierte, Theateraufführungen inszenierte und als Schauspielerin mitwirkte. Vgl. Gilles Schlesser, *Le Cabaret »Rive Gauche« (1946–1974)*, Paris: L'Archipel 2006.

247. ***Fortsetzung der Ansichten von Paris.*** – Ausschnitt aus dem Film → *Le désordre à vingt ans*.

247. **»Oh Elend! Oh Schmerz! Paris zittert.«** – »Ô misère! Ô douleur! Paris tremble.« → Victor Hugo, »Le sacre«, in: *Les Châtiments*, Paris: Henri Samuel et Cie. 1852.

248. **[…] nicht ohne einmal versucht zu haben, uns ihrer mit offener Gewalt zu bemächtigen;** – »Anspielung auf Mai 1968.« Fußnote Guy Debords → in: Debord, *In girum*, S. 44, und Debord, *Quarto*, S. 1781.

248. ***Kamerafahrt über ein »Kriegsspiel«, auf dem zwei Armeen einander gegenüberstehen.*** – Dieses Brettspiel wurde nach dem Entwurf von Guy Debord angefertigt, siehe Kommentar auf S. 59 f.

248. ***Kamerafahrt über eine Karte der antiken Welt, vom Römischen bis zum Chinesischen Kaiserreich.*** – »The Realms of Civilisation c. 200 A.D. and the natural conditions affecting their relations« → in: Muir Ramsay, *Muir's Historical Atlas*, 1. Aufl. 1929, zit. n. F. Danesi, S. 87.

249. ***Der Oberst und Kommandant der Kadettenschule: […], während die, die gehen, vorbeiziehen.*** – Ausschnitt aus dem Film → *They Died with Their Boots On* (franz. Synchronfassung).

249. **Es ist ein großartiger Augenblick, wenn ein Sturm gegen die Ordnung der Welt losbricht.** – »Dieser und die vier folgenden Absätze wollen die Geschichte der Situationistischen Internationale (1957–1972) zusammenfassen.« Fußnote Guy Debords → in: Debord, *In girum*, S. 45, und Debord, *Quarto*, S. 1782.

249. ***Die Leichte Brigade, in Schlachtordnung hinter ihren Standarten aufgestellt, setzt zu ihrer berühm-***

ten Attacke im »Tal des Todes« von Balaklawa an. – Ausschnitt aus dem Film → *The Charge of the Light Brigade* (1936; ohne Ton).

250. **Und genau das taten wir, als wir, aus der Nacht hervorgetreten, erneut das Banner der »guten alten Sache« entfalteten und unter dem Kanonenfeuer der Zeit vorrückten.** – »The good old cause«: retrospektiv geprägte Bezeichnung der Anliegen der demokratischen Gruppe der »Levellers« der »New Model Army«, der Parlamentsarmee, in ihrem Kampf gegen das Königshaus im englischen Bürgerkrieg (1642–1651). Als Berater des Verlags Champ Libre edierte Debord das Werk *Killing no murder* (1657) des Levellers Edward Sexby (1616–1658) und verfasste ein Vorwort.

250. ***Der russische Generalstab ist über die seltsame Tollkühnheit dieses Frontalangriffs verwundert. Die Kanonen beginnen zu feuern. Die Kavalleristen reiten geradewegs auf sie zu und fallen zu Dutzenden. Die Leichte Brigade fällt in den Galopp und setzt ihren Angriff in aufgelöster Ordnung querüberfeld fort. Sie wird fast vollständig aufgerieben.*** – Ausschnitt aus dem Film → *The Charge of the Light Brigade* (1936; ohne Ton).

252. **Der Stratege Sun Tse fand schon vor langer Zeit heraus, dass »Vorteil und Gefahr beide dem Manöver untrennbar verbunden sind«.** – »4. Or, l'avantage et le danger sont tous deux inhérents à la manœuvre.« – »Daher bringt der Kampf im Kriege Vorteile, der Kampf im Kriege bringt aber auch Gefahren.« → Sun Tzu, *L'art de la guerre*, ins Franz. übers. aus dem Engl. v. Francis Wang, Paris: Flammarion 1972, S. 55 (Kap. VII); dt. ders., *Die dreizehn Gebote der Kriegskunst*, München: Rogner & Bernhard 1972, S. 66 (Kap. VII. »Der Kampf im Kriege«).

252. **Und Clausewitz räumt ein, dass »man im Kriege immer in Ungewissheit über die gegenseitige Lage ist. […]«** – »Da man im Kriege immer in Ungewißheit über die gegenseitige Lage ist, so muß man sich daran gewöhnen, immer nach allgemeinen Wahrscheinlichkeiten zu handeln, und es ist ganz vergebens, je auf einen Augenblick zu warten, wo man ohne alle Ungewißheit wäre, und aller Voraussetzungen entbehren könnte.« → Carl von Clausewitz, *Nachrichten über Preußen in seiner großen Katastrophe*, Kriegsgeschichtliche Einzelschriften, Heft 10, Berlin: Mittler 1888, S. 518.

253. **Man muss also Risiken eingehen und mit barer Münze zahlen, um das Blatt zu sehen.** – »Die Waffenentscheidung ist für alle großen und kleinen Operationen des Krieges, was die bare Zahlung für den Wechselhandel ist; wie entfernt diese Beziehungen auch sein, wie selten die Realisationen eintreten mögen, ganz können sie niemals fehlen.« – »Der Satz verweist gleichzeitig auf das Pokerspiel, in dem man ›zahlen muss, um zu sehen‹; und auf den Vergleich von Clausewitz, wenn er im Kriegsgeschäft auf den Moment der Schlacht hinweist, in dem der Kredit abläuft und es gilt, bar zu zahlen, mit Blut.« Fußnote Guy Debords → in: Debord, *In girum*, S. 46, und Debord, *Quarto*, S. 1783; Carl von Clausewitz, *Vom Kriege* (1832), Hamburg: Nikol 2008, S. 62 (1. Buch, 2. Kapitel).

255. **Das Besondere nutzt sich kämpfend aneinander ab und ein Teil davon geht zugrunde.** – »Das besondere Interesse der Leidenschaft ist also unzertrennlich von der Betätigung des Allgemeinen, denn es ist aus dem Besonderen und Bestimmten und aus dessen Negation, daß das Allgemeine resultiert. Es ist das Besondere, das sich aneinander abkämpft, und wovon ein Teil zugrunde gerichtet wird. […] Das ist die *List der Vernunft* zu nennen, daß sie die Leidenschaften für sich wirken läßt, wobei das, durch was sie

sich in Existenz setzt, einbüßt und Schaden leidet.« → Hegel, *Werke*, Bd. 12: *Vorlesungen über die Philosophie der Geschichte*, S. 49. Siehe auch die Kommentare zu diesem Zitat in Debords Film *Die Gesellschaft des Spektakels*, auf S. 42.

255. **»[...] und deine Knochen in der Erde Troias langsam verfaulen, ohne daß wir auch nur das Geringste erreicht hätten!«** → Homer, *Ilias*, übertragen von Raoul Schrott, München: Hanser 2008, S. 83 (IV, 174–175).

256. **»Freund, wenn wir, diesem Krieg entkommen, für immer dem Alter und dem Tod entronnen wären, würde ich selber hinten bleiben ... Doch tausend Tode schweben ständig über unsern Köpfen; es ist uns weder gegeben, ihnen zu entrinnen, noch sie zu fliehen. Auf denn, gehen wir!«** – »mann! wenn wir wüßten, daß wir nach diesem krieg weiterleben könnten, alterslos, bis in alle ewigkeit – glaubst du etwa ich ginge freiwillig als vorkämpfer? ... aber da nun mal die dämonen des todes zu tausenden über uns schweben und ihnen keiner entgeht, ist ruhm das was von uns bleibt – oder was wir dem gegner lassen!« → Homer, *Ilias*, übertragen von Raoul Schrott, München: Hanser 2008, S. 254 (XII, 322–328).

256. ***Kriegsschiffe im Gefecht ändern ihren Kurs und gehen wieder auf Distanz, einen Rauchvorhang hinter sich lassend.*** – Ausschnitt aus dem Film → *Sink the Bismarck!*

257. ***Ein Mann überquert eine menschenleere Kreuzung in Venedig.*** – Ausschnitt aus dem Film → *Il terrorista*.

257. ***Während er den Kampf seines Geschwaders [...] Crescendo der Begleitmusik.*** – Ausschnitt aus dem Film → *Sink the Bismarck!*

258. **[...] nach einigen historischen Erfolgen ebenso arm an Macht und Prestige bleiben kann wie zuvor (was ich von Haus aus davon besaß, war mir immer genug).** – »Eine schon immer vorhandene Art persönlicher Autorität, die gewiss nicht der Gefahr ausgesetzt war, durch irgendeine Form gesellschaftlicher Anerkennung vermehrt zu werden.« Fußnote Guy Debords → in: Debord, *In girum*, S. 49, und Debord, *Quarto*, S. 1785.

259. **[...] verschiedenen naiven Ambitionen [...], die auch ohne, dass man sie berührt, in sich zusammenfallen.** – »Abschließendes Urteil über die ›Pro-Situs‹ und die Jahre, in denen sie davon träumten, vielleicht die I.S. imitieren zu können.« Fußnote Guy Debords → in: Debord, *In girum*, S. 49, und Debord, *Quarto*, S. 1785.

259. **Sie hatten nicht begriffen, dass die Zeit nicht stehenbleibt; dass guter Wille allein nicht ausreicht [...].** – »[...] non sapeva, que 'l tempo non si puo aspettare, la bontà non basta, [...].« – »Soderini glaubte, mit der Zeit durch Güte, durch sein Glück, durch Wohltaten gegen einzelne den Neid zu besiegen. Er war noch jung und sah sich mit so viel neuer Gunst überhäuft, die ihm sein Benehmen erwarb, daß er alle, die sich ihm aus Neid widersetzten, ohne Ärgernis, Gewalttaten und Unruhen zu überwinden glaubte. Er wußte nicht, daß sich die Zeit nicht abwarten läßt, daß Güte nicht hinreicht, daß das Glück wechselt und daß die Bosheit durch keine Wohltat versöhnt wird.« → Niccolò Machiavelli, *I Discorsi, Sopra La Prima Deca Di Tito Livio*, 3. Buch, Palermo: Gli heredi d'Antoniello degli Antonielli 1584, S. 180 (Kap. XXX); dt. ders., *Politische Betrachtungen über die alte und die italienische Geschichte*, übers. v. Friedrich von Oppeln-Bronikowski, Berlin: Reimar Hobbing 1922, S. 281.

260. ***Einige Nahaufnahmen der Kampfhandlungen in einem »Kriegsspiel«.*** – Dieses Brettspiel wurde nach dem Entwurf von Guy Debord angefertigt, siehe Kommentar auf S. 59 f.

260. **Es ist dies ein Studium, in dem man es, um mit den Worten eines Mannes zu sprechen, dem es keineswegs an Fähigkeiten mangelte, niemals zu einem Doktortitel bringen wird.** – »Monsieur le Prince, qui n'était dans la faction que par force, n'étudiait pas avec assez d'application les principes d'une science dans laquelle l'amiral de Coligni disait que l'on ne pouvait jamais être docteur.« – »Der Fürst, der nur gewaltsam in die Faktion getreten war, studierte allzu nachlässig die Grundsätze einer Wissenschaft, in welcher, wie der Admiral Coligny sagte, keiner jemals Doktor werden kann.« – »Zu diesem Schluss kam der von Retz in seinen Mémoires zitierte Admiral Coligny hinsichtlich der Wissenschaft der Faktionen und der Bürgerkriegsunruhen.« Fußnote Guy Debords → in: Debord, *In girum*, S. 50, und Debord, *Quarto*, S. 1785; Retz, *Œuvres*, S. 822; dt. 3. Band, S. 133.

260. **[…] werde ich nicht in Form eines Films liefern.** – »Schon 1978 wurde also bekannt gegeben, dass dieser Film mein letzter sei.« Fußnote Guy Debords → in: Debord, *In girum*, S. 50, und Debord, *Quarto*, S. 1785.

261. ***Inmitten eines kostbaren Dekors mit Holztäfelungen, eine Flasche armseligen Neo-Biers der neuesten industriechemischen Produktion.*** – Reklamefoto für die Biermarke »1664« mit der Aufschrift »Les chefs-d'œuvre défient le temps« [Die Meisterwerke trotzen der Zeit] → in: *Le Point*, Nr. 85, 6.5.1974, S. 13, Fonds Guy Debord, Bibliothèque nationale de France → zit. n. F. Danesi, S. 162.

261. **Die räumliche Anordnung einer der besten Städte, die es jemals gab, […].** – »Florenz«, Fußnote Guy Debords → in: Debord, *In girum*, S. 50, und Debord, *Quarto*, S. 1786.

262. (**»Jede ist Bürgerin einer einzigen wirklichen Stadt, aber du wolltest sagen: diejenige, die als Fremde in Italien lebte.«**) – »O frate mio, ciascuna è cittadina / d'una vera città; ma tu vuo' dire / che vivesse in Italia peregrina.« – »O mein Bruder, jede Seele ist Bürgerin der einzigen wirklichen Stadt, aber du wolltest sagen: eine Seele, die als Fremde in Italien lebte.« → Dante, *Commedia*, Purgatorio, XIII, 94–96; dt. S. 195.

262. **Ich sehe »am Ufer des Arno lauter Abschiede« wieder.** – »Lâche, lâche, – ruffian, – le petit maigre, les pères, les filles, – des adieux, des adieux sans fin, – les rives de l'Arno pleines d'adieux ! – les gamins l'écrivent sur les murs.« – »Schwächling, Feigling, Kuppler – Giftzwerg und Schlappschwanz – Väter, Töchter – Abschied, Abschied ohne Ende – am Ufer des Arno lauter Abschiede – miserabler Schuft, elender Schurke – die Gassenjungen schreiben es an die Wände.« → Alfred de Musset und George Sand, »Lorenzaccio« (1834) 3. Akt, Szene 1; dt. Alfred de Musset, *Lorenzaccio*, übers. v. Lydia Tschakert, Wien: Universal Edition 1973, S. 79 (XIII. Bei Lorenzo).

262. ***Das Gesicht von Celeste; dann andere entkleidete Mädchen.*** – Darunter eine Fotografie, liegender Akt, die im Fonds Guy Debord der Bibliothèque nationale de France aufbewahrt wird, mit Aufschrift auf der Rückseite: »Aus: La Principessa nuda«.

263. **»Einst in den Kindertagen saßen wir zu Füßen unseres Lehrers mit wachsendem Verständnis zufrieden werdend mit dem was er uns lehrte. Wie die Geschichte endet? Was geschah uns? Wie Wasser kamen wir, wie der Wind sind wir gegangen.«** Debord zitiert die Übersetzung von Charles Grolleau → in: *Les Quatrains d'Omar Kháyyám*, Paris: Éditions Champs Libre 1978, Nr. CXXI; *Die authentischen Rubaiyyat von Omar Khayaam*, op. cit., S. 43 (Nr. 28).

263. ***Die Dadaisten, Gruppenbild.*** – Anonyme Fotografie der Gruppe Dada bei ihrer ersten Exkursion

im Garten der Kirche Saint-Julien-le-Pauvre in Paris am 14. April 1921, auf der René Hilsum, André Breton, Paul Éluard, Philippe Soupault, Tristan Tzara und andere Gruppenmitglieder zu sehen sind.

263. ***Kamerafahrt aus einem Flugzeug, das auf einem Strand gelandete Truppen mit MG-Feuer belegt und sie zerstreut.*** – Ausschnitt aus dem Film → *The Longest Day* (ohne Ton).

263 f. ***Als Jahre vergangen sind […] wäre mir ein eklatanter literarischer Erfolg doch lieber gewesen.*** – Ausschnitt aus dem Film → *Les Enfants du paradis*.

264. **»Wo sind die holden Kavaliere, denen ich dereinst folgte?«** – »Où sont les gratieux gallans / Que je suyvoye au temps jadis, / Si bien chantans, si bien parlans, / Si plaisans en faictz et en dictz ?« – »Wo seid ihr hin, Gesellen mein, / die ich vor Zeiten so geliebt, / mit süßem Sang und Schelmereien / in Wort und Tat ihr's munter triebt?« → François Villon, »Le Grand Testament« (ca. 1461), in: ders., *Œuvres complètes de François Villon*, Paris: Lemerre 1876 (XXIX), S. 30; dt. ders., *Sämtliche Werke französisch und deutsch*, übers. v. Carl Fischer, München: Dt. Taschenbuch Verl. 1992, S. 51.

264. ***Comic: Prinz Eisenherz wird von Wächtern überwältigt.*** → Harold Foster, *Prinz Eisenherz*, Bd. 2, op. cit., S. 144.

264. ***In Ketten im Gefängnis liegend, singt Gilles in »Les Visiteurs du Soir«: […]*** – Ausschnitt aus dem Film → *Les Visiteurs du Soir*.

264. ***Eine Unbekannte.*** – Ausschnitt aus dem Film → *David and Lisa*.

264 f. ***Die Leichte Brigade reitet zum Kampfplatz (Remake).*** – Ausschnitt aus dem Film → *The Charge of the Light Brigade* (1968).

265. ***Andere Freundinnen vergangener Zeiten.*** – Detail einer Fotografie von Ed van der Elsken, in: → Elsken. Das Bild zeigt das Café Moineau, in der Mitte Michèle Bernstein (mit weißer Bluse), auf ihren Knien sitzend Éliane Papaï, zu ihrer Rechten Meziane, ein Erdnussverkäufer am Boulevard Saint-Germain, zu ihrer Linken Joël, ein Freund von Jean-Michel Mension → zit. n. *Art de la guerre*, S. 59.

265. ***Das letzte Selbstporträt Rembrandts.*** → Rembrandt Harmensz. van Rijn, Selbstbildnis mit zwei Kreisen (Self portrait with two circles), ca. 1665–1669, Öl auf Leinwand, 114,3 × 94 cm, Kenwood House, London.

265. ***Eine Reihe gigantischer Türme umzingelt das alte Paris.*** – Fotografie aus dem Text »Et vous, que pensez-vous des tours?« [Und was halten Sie von den Türmen?] in der Zeitschrift → *La Maison de Marie Claire*, Nr. 93, 11/1974, S. 72, mit der Bildunterschrift »Les tours semblent dominer et cerner la ville traditionnelle. Vont-elles l'étouffer un jour?« [Die Türme scheinen die alte Stadt zu beherrschen und zu umzingeln. Werden sie sie eines Tages ersticken?] → zit. n. F. Danesi, S. 77.

265 f. ***Ein paar Ansichten von Neu-Paris und andere für die Zwecke des Warenüberflusses verheerte Landschaften.*** – Zu Beginn Ausschnitt aus dem Film → *Il deserto rosso*.

266. **Nur weil der Feind seine Irrtümer derart weit trieb, begannen wir zu siegen.** – »Man wagt noch nicht, die Bedeutung der Atomkatastrophe von Tschernobyl von 1986 für den Zusammenbruch der totalitären Bürokratie in Russland zu ermessen, die drei Jahre später begann; noch bis zu welchem Punkt die zunehmende Leichtigkeit der spektakulär-demokratischen Regierungsmethoden und ihr exzessiver Einsatz die schlagartige Verkümmerung des strategischen Denkens bei denen nach sich zog, die unter diesen Bedingungen regieren.« Fußnote Guy Debords → in: Debord, *In girum*, S. 53, und Debord, *Quarto*, S. 1787.

266. **Die wahrste Ursache dieses Krieges, für den man so viele falsche Erklärungen gegeben hat,**

[…]. – »Den letzten und wahren Grund, von dem man freilich am wenigsten sprach, sehe ich im Machtzuwachs der Athener, der den Spartanern Furcht einflößte und sie zum Krieg zwang;« → Thukydides, *Der Peleponnesische Krieg*, übers. u. hg. v. Helmuth Vretska, Stuttgart: Reclam 1966, S. 57 (I, 23, 6).

267. **Der Hass auf die Dialektik hat ihre Schritte bis zu dieser Jauchegrube gelenkt.** – »Was hie und da als zufällige Unglücksfälle der Umweltverschmutzung bezeichnet wird; die jedoch in der Tat logische Notwendigkeiten sind, die in dem von der spektakulären Warengesellschaft gewählten ›Glück‹ überall dunkel präsent sind.« Fußnote Guy Debords → in: Debord, *In girum*, S. 53, und Debord, *Quarto*, S. 1788.

267. ***Landung schottischer Truppen zu den Klängen des Dudelsacks.*** – Ausschnitt aus dem Film → *The Longest Day*.

267. **[…] dieses »wüste Land«, […]** – »›Terre gâtée‹: mittelalterlicher Ausdruck der Artusromane (›cycle breton‹); ›terre gastée‹, das heißt ›verwüstet‹. Das englische Äquivalent ist der Titel von T. S. Eliot, *The Waste Land* [(1922), dt. Eva Hesse, *T. S. Eliot und Das Wüste Land. Eine Analyse.* Frankfurt am Main: Suhrkamp 1973]«, Guy Debords Anmerkungen für den Übersetzer (Mitteilung an den Niederländer Jaap Kloosterman vom 9.4.1981) → in: Debord, *Quarto*. S. 1413–1420, hier S. 1420.

267. **Verstört erwachen sie und suchen tastend nach dem Leben.** – »Il gronda sur l'édit du tariffe; et aussitôt qu'il eut seulement murmuré, tout le monde s'éveilla. On chercha en s'éveillant, comme à tâtons, les lois: l'on ne les trouva plus; l'on s'effara, l'on cria, l'on se les demanda; et dans cette agitation les questions que leurs explications firent naître, d'obscures qu'elles étaient et vénérables par leur obscurité, devinrent problématiques; et dès là, à l'égard de la moitié du monde, odieuses.« – »Das Tarifedikt ward von ihm angegriffen, und kaum hatte es zu murmeln angefangen, so folgte ein allgemeines Erwachen. Vom Schlaf erwacht, tappte man noch wie im Dunkeln nach den Gesetzen, und sie waren nicht mehr vorhanden. Vergebens erschrak man. Es schrie, es forderte sie einer von dem andern, in dieser Bewegung wurden die Fragen, die ihre Auslegung, da sie dunkel und durch ihre Dunkelheit ehrwürdig waren, entstehen ließen, selbst zweifelhaft und unsicher und so der Hälfte des Publikums verhaßt.« → Retz, *Œuvres*, S. 201; dt. 1. Band, S. 124.

267. ***Zerstörungen und Brände an Bord eines Kriegsschiffes, Verletzte werden evakuiert.*** – Ausschnitt aus dem Film → *Sink the Bismarck!*

268. ***Ein Panzerkreuzer bekommt Schlagseite und sinkt.*** – Ausschnitt aus dem Film → *Sink the Bismarck!*

268 f. **»Ich stieg vom Pferd; ich reichte ihm den Abschiedswein, – ich fragte ihn nach dem Ziele seiner Reise. – Er antwortete mir: Kein Erfolg war mir beschieden in den Dingen dieser Welt; – ich kehre um und ziehe wieder zurück in die Nan-Tschan-Berge, um dort Ruhe zu suchen.«** – »Je descendis de cheval; je lui offris le vin de l'adieu, / Et je lui demandai quel était le but de son voyage. / Il me répondit: Je n'ai pas réussi dans les affaires du monde; / Je m'en retourne aux monts Nan-chan pour y chercher le repos. / Vous n'aurez plus désormais à m'interroger sur de nouveaux voyages, / Car la nature est immuable, et les nuages blancs sont éternels.« – »Ich stieg vom Pferd und reichte ihm den Trunk / Des Abschieds dar. Ich fragte ihn wohin / Und auch warum er reisen wolle. Er / Sprach mit umflorter Stimme: Du, mein Freund, / Mir war das Glück in dieser Welt

nicht hold. // Wohin ich geh? Ich wandre in die Berge, / Ich suche Ruhe für mein einsam Herz. / Ich werde nie mehr in die Ferne schweifen. – / Müd ist mein Fuß, und müd ist meine Seele, – / Die Erde ist die gleiche überall, / Und ewig, ewig sind die weißen Wolken ...« → Ouang-oey (Wang Wei) »En se séparant d'un voyageur«, in: *Poésies de l'époque des Thang. Traduites du chinois et présentées par le Marquis d'Hervey-Saint-Denys*, Paris: Amyot 1862, S. 201 (Reprint Paris: Ivréa 1977); dt. Wang-Wie, »Der Abschied des Freundes«, in: Hans Bethge, *Die chinesische Flöte. Nachdichtungen chinesischer Lyrik.* Wiesbaden: Insel Verlag 1955, S. 17. Eine adaptierte Version dieses Gedichts wurde von Gustav Mahler in seinem sinfonischen Liederzyklus »Das Lied von der Erde« (1907/08) verwendet.

269 f. **»Sie werden nicht sagen, ich hielte die Gegenwart zu hoch, und wenn ich dennoch nicht an ihr verzweifle, so ist es nur ihre eigene verzweifelte Lage, die mich mit Hoffnung erfüllt.«** → Karl Marx, »Brief an Arnold Ruge, Köln im Mai 1843«, in: »Briefe aus den ›Deutsch-Französischen Jahrbüchern‹«, *MEW*, Bd. 1, S. 337–347, hier S. 342.

270. **[...] Reflexionen über die Gewalt [...].** → Georges Sorel, *Réflexions sur la violence.* Paris 1908, dt. ders., *Über die Gewalt*. Übers. v. Ludwig Oppenheimer, Frankfurt a. M.: Suhrkamp 1969.

270. **Untertitel: Von Beginn an wiederaufzunehmen.** – À reprendre depuis le début. – Zu diesem letzten Untertitel gibt Debord in seinen Anmerkungen für den Übersetzer (Mitteilung an den Niederländer Jaap Kloosterman vom 9.4.1981 → in: Debord, *In girum*, S. 77, und Debord, *Quarto*, S. 1420) an: »Das Wort ›reprendre‹ hat hier mehrere miteinander zusammenhängende Bedeutungen, die möglichst alle beibehalten werden sollen. Zunächst: ›noch einmal zu lesen‹, ›noch einmal zu sehen‹, von Anfang an (gemäß der zirkulären Struktur des titelgebenden Palindroms). Dann: ›noch einmal zu machen‹ (den Film oder das Leben des Autors). Dann: ›zu kritisieren, korrigieren, tadeln‹«. In der Fußnote der Édition critique des Texts schreibt Debord an dieser Stelle: »Im Gegensatz zu den herkömmlichen Ausdrücken am Ende eines Films wie ›Ende‹ oder ›Fortsetzung folgt‹ ist dieser Satz in allen Bedeutungen des Worts ›reprendre‹ zu verstehen. Er bedeutet zunächst, dass der Film, dessen Titel ein Palindrom ist, gewinnen würde, wenn man ihn sofort noch einmal ansieht, um seine trostlose Wirkung voller zu erreichen: erst wenn man das Ende kennt, kann man wissen, wie der Anfang zu verstehen war. Der Satz weist auch darauf hin, dass von neuem zu beginnen sein wird, sowohl mit der erwähnten Aktion als auch mit den diesbezüglichen Kommentaren. Schließlich besagt er auch, dass alles von Anfang an neu zu überdenken, zu korrigieren, vielleicht zu tadeln ist, um eines Tages zu Ergebnissen zu gelangen, die bewunderungswürdiger sind.« → In: Debord, *In girum*, S. 55, und Debord, *Quarto*, S. 1789.

Quellenangaben und Kommentare zu den Texten Debords zu seinen Filmen

Geheul für Sade

285. **Eine erste Version des Films** – Die Texte wurden erstmals publiziert in → *Ion*, S. 219–231, und wieder abgedruckt in Guy Debord, *Quarto*, S. 46–75.
285. **Marc'O** – Es finden sich mehrere Schreibweisen des Kunstnamens von Marc-Gilbert Guillaumin. Am Titelblatt der Zeitschrift *Ion* wird er als Marc'O, im Heft selbst meist als Marc, O angeführt. Laut Wikipedia ist diese die originale Schreibweise. Debord empfiehlt in einem Brief an den Filmwissenschaftler Thomas Y. Levin vom 24.4.1989 ebenfalls diese Schreibweise → in: Debord, *Corr.*, Bd. 7, S. 83.

PROLEGOMENA FÜR JEDES ZUKÜNFTIGE KINO

285. **Prolegomena für jedes zukünftige Kino** – »Prolégomènes à tout cinéma futur« wurde in erster deutscher Übersetzung von Ursula Panhans Bühler und Roberto Ohrt publiziert in *Durch 3/4* (11/1987), Graz: Eigenverlag Grazer Kunstverein 1987, S. 69, Übersetzung geändert, W.R.
285. **Neologismen** – Zu einigen von Isidore Isou geprägten Neologismen des Lettrismus: »diskrepant« beschreibt das Missverhältnis, die Unstimmigkeit zwischen zwei miteinander in Beziehung stehenden Dingen, im Kontext des lettristischen Kinos insbesondere die von Isidore Isou geforderte Unabhängigkeit der Tonspur von den Bildern; »ziselieren« meint die mechanische Bearbeitung des Bildträgers; »weitend« (»amplique«) bezeichnet die Anfangsphase einer neuen Technik.
285. **Die Künste der Zukunft werden entweder Umwälzungen von Situationen sein oder sie werden nicht sein.** → Siehe Kommentar S. 20.

DIE ERSTE FASSUNG DES FILMS *GEHEUL FÜR SADE*

286. **»ascendant«** – Möglicherweise ein Verweis auf André Breton, *L'amour fou* (1937), und dessen Gedicht »Signe ascendant« [Aufsteigendes Zeichen] (1942). In *L'amour fou* beschreibt Breton die Begegnung mit seiner zukünftigen Frau Jacqueline Lamba im Schatten der Tour Saint-Jacques und erinnert dabei an das diese Begegnung vorwegnehmende, schon davor verfasste Gedicht »Signe ascendant«. Dieser Hinweis folgt einer Fußnote → in GC. Marie, S. 22.
286. **Seeschlacht von Tsushima** – Die Seeschlacht fand 1905 im Russisch-Japanischen Krieg 1904–1905 statt.
287. **Seine Spur verliert sich kurz darauf im Golf von Mexiko, auf den er sich des Nachts auf einem der leichtesten Boote hinausgewagt hatte.** → André Breton, *Anthologie de l'humour noir* (1940), »Bibliothèque de la Pléiade«, Bd. II, Paris: Gallimard 1992, S. 1093. Dt. ders., *Anthologie des schwarzen Humors*, übers. v. Rudolf Wittkopf u. a., Berlin: Rogner und Bernhard 2011, S. 408.
287. **Emanuel Gott wartet auf die Stunde der Sternzeit, zu der sich sein Kopf auf und davon macht.** → Alfred Jarry, *L'amour absolu* (1899), Saint-

Clément de Rivière: Fata Morgana 2012; dt. ders., *Die absolute Liebe*, aus dem Französischen übersetzt von Simon Werle, München: Verlag Klaus G. Renner 1985, S. 10.

289. **Was für eine Liebesherausforderung, wie Madame de Ségur sagte.** – Siehe Kommentar S. 21.

289. **Meine liebe Ivich, …** – Siehe Kommentar S. 22.

289. **Der Urwald ist unberührt, doch weniger als Sie.** – Siehe Kommentar S. 22.

290. **Der Dämon der Waffen** – Siehe Kommentar S. 22.

290. **Man wird sich dieses Planeten erinnern.** – Siehe Kommentar S. 22.

291. **Die Ordnung herrscht, aber sie regiert nicht.** – Siehe Kommentar S. 21.

291. **Der andalusische Hund.** – Surrealistischer Film von Luis Buñuel und Salvador Dalí → *Un chien andalou*.

292. **Als wir am Chattanooga waren.** – In der Verschriftlichung der verfilmten Fassung ist dieser Satz ebenfalls enthalten, jedoch ist dort »Chattanooga« durch »Shenandoah« ersetzt und der Satz ist als Zitat ausgewiesen (siehe Kommentar S. 22); im von Debord im Film gesprochenen Text ist allerdings »Chattanooga« zu hören. Die erste Publikation der Tonspur des Films in der belgischen Zeitschrift → *Les Lèvres nues* (1955) gibt den Satz noch mit »Chattanooga« wieder → in: *Les Lèves Nues*, no. 7, Brüssel 12/1955, S. 18–23, hier S. 22. Die Korrektur erfolgte erst in der Veröffentlichung der Tonspur → in: Debord, *Contre le cinéma*. Die Stadt Chattanooga in Tennessee war im Amerikanischen Bürgerkrieg 1863 Schauplatz eines wichtigen Sieges der Nordstaaten.

292. **UNORDNUNG DER UNORDNUNG WEGEN.** – Diese Stelle findet sich bereits in einem undatierten Schreiben Guy Debords an Hervé Falcou, das vermutlich aus dem Jahr 1950 stammt → in: Debord, *Yeux de fille*, S. 59.

295. **Ich habe das Kino zerstört, weil es einfacher war, als Passanten zu töten.** – Anspielung auf das zweite Manifest des Surrealismus (1929): »die einfachste surrealistische handlung besteht darin, mit revolvern in den fäusten auf die straße zu gehen und blindlings soviel wie möglich in die menge zu schießen.« → André Breton, *Die Manifeste des Surrealismus*, Reinbek bei Hamburg: 1968, S. 56.

295. **»Die poetischen Welten schließen und vergessen sich in sich selbst.«** – Siehe Kommentar S. 22.

295. **[…] enfants perdus […]** – Siehe Kommentar S. 22.

HINWEIS FÜR DEN VERBAND DER FRANZÖSISCHEN FILMKLUBS

Dieser Hinweis wurde von Guy Debord im November 1952 verfasst und im Februar 1953 in der Nr. 2 der Zeitschrift *Internationale lettriste* veröffentlicht und wieder abgedruckt → in: Debord, *Quarto*, S. 70; dt. in: *Potlatch*. S. 264, Übersetzung geändert, W. R.

296. **Fédération française des ciné-clubs** – Der französische Filmklub wurde 1946 auf Betreiben des Regisseurs Jean Painlevé mit dem Ziel der Beförderung der Kultur durch den Film gegründet und bestand bis 1989.

DIE GROSSE NACHTFETE

»La grande fête de nuit« wurde von Debord anlässlich der ersten Veröffentlichung des Texts der verfilmten Fassung des Drehbuchs dem Text vorangestellt → in: *Les Lèvres Nues*, Nr. 7, Brüssel 12/1955, S. 18–23, hier S. 18–19, dt. in: Guy Debord, *Gegen den Film*, S. 35–36, und in: *Guy Debord präsentiert Potlatch*, S. 307–309, Übersetzung geändert, W. R.

296. **Rosenkönigin des Propädeutikums** – Anspielung auf die Schriftstellerin Françoise Sagan.

296. **Les Temps modernes** – Französische Zeit-

schrift zu Themen der Politik, Literatur und Philosophie, 1945 von Jean-Paul Sartre und Simone de Beauvoir gegründet.

TECHNISCHE ANGABEN

Veröffentlicht → in: Debord, *Contre le cinéma*, S. 9, wieder abgedruckt in Debord, *Quarto*, S. 72–73.

Über den Durchgang einiger Personen durch eine ziemlich kurze Zeiteinheit

TECHNISCHE ANGABEN

Erstmals publiziert → in: Debord, *Contre le cinéma*, S. 9–10, und wieder abgedruckt in: Debord, *Quarto*, S. 486–488.

299. **Dreharbeiten** – Die Dreharbeiten begannen am 6. April 1959, der Schnitt folgte im September 1959. Die erste öffentliche Vorführung fand am 31.12.1959 in Paris statt. → Vgl. Debord, *Corr.*, Bd. 1, S. 286.

299. **Dritte Konferenz der Situationistischen Internationale** – Wie in einem Zwischentitel am Ende des Vorspanns angegeben, fand die dritte Konferenz der Situationistischen Internationale vom 17. bis 20. April 1959 in München statt.

299. **The Origin of Design [Die Erfindung der Zeichenkunst]** – Suite nach Georg Friedrich Händel, arrangiert von Sir Thomas Beecham, der das London Philharmonic Orchestra dirigiert, mit Auszügen aus Händels Opern *Ariodante, Terpsichore, Il Pastor Fido, Giulio Cesare, Rinaldo.*

299. **Michel Richard Delalande, Caprice Nr. 2, auch Grande Pièce** – *Symphonies pour les Soupers du Roy Louis XIV*, Cinquième Suite, Grande Pièce en G-ré-sol, La grande pièce royale, 2e Fantaisie ou Caprice que le roy demandoit souvent. Un peu lent – (visite) – Doucement – Gracieusement – Gayement – Vivement.

300. **Wem die Stunde schlägt** → *For Whom the Bell Tolls*. Verfilmung des gleichnamigen Romans von Ernest Hemingway, die Geschichte einer Guerillatruppe aufseiten der Republik im Spanischen Bürgerkrieg (1936–1939), die den Auftrag erhalten hat, eine Brücke zu sprengen. Debord verwendet diese Szene in seinem späteren Film *Die Gesellschaft des Spektakels*.

300. **[...] ein von Monsavon hergestellter Werbefilm [...], dessen Star eine bessere Zukunft beschieden sein sollte.** – Gemeint ist Anna Karina, das Pseudonym der dänischen Schauspielerin Hanne Karen Bayer, die in der Folge in zahlreichen Filmen mitwirkte, unter anderem in mehreren Filmen Jean-Luc Godards, mit dem sie 1961–1965 verheiratet war.

AUSZUG EINES BRIEFES AN ANDRÉ FRANKIN VOM 26. JANUAR 1960

→ Debord, *Corr.*, Bd. 1, S. 301–305, hier S. 302–303, und in Debord, *Quarto*, S. 489.

Kritik der Trennung

TECHNISCHE ANGABEN

Erstmals publiziert → in: Debord, *Contre le cinéma*, S. 10, und in: Debord, *Quarto*, S. 556.

302. **Grundzüge der Allgemeinen Sprachwissenschaft** – André Martinet, *Éléments de linguistique générale* (1960), dt. *Grundzüge der Allgemeinen Sprachwissenschaft*, übers. v. Anna Fuchs, unter Mitarbeit v. Hans-Heinrich Lieb, Stuttgart-Berlin-Köln-Mainz: Kohlhammer 1963, S. 9, Übersetzung geändert, W. R.

ANMERKUNG ZUM FILM *KRITIK DER TRENNUNG*

→ Debord, *Quarto*, S. 557.

Die Gesellschaft des Spektakels

TECHNISCHE ANGABEN

→ Debord, *Quarto*, S. 1267.

ZUM FILM

→ Debord, *Quarto*, S. 1271–1272.

NOTIZEN ZUM FILM

Sammelmappe »Notes de travail pour la préparation et la réalisation du film, novembre 1964 – 15 août 1973« [Arbeitsnotizen zur Vorbereitung und Gestaltung des Films, November 1964 – 15. August 1973] im Fonds Guy Debord der Bibliothèque nationale de France, Signatur NAF 28603 → zit. n. *Lire Debord*, S. 83–91.

307. **SduS** – Abkürzung für *Société du Spectacle/ Die Gesellschaft des Spektakels*.

Widerlegung aller Urteile, der lobenden wie der feindlichen, die bislang über den Film Die Gesellschaft des Spektakels *abgegeben wurden*

TECHNISCHE ANGABEN

→ Debord, *Quarto*, S. 1314.

In girum imus nocte et consumimur igni

TECHNISCHE ANGABEN

→ Debord, *Quarto*, S. 1410.

311. **In girum imus nocte et consumimur igni** – Der Titel gibt ein unvollständiges anonymes Palindrom wieder, das dem gallorömischen Aristokraten, Dichter, Diplomaten und Bischof Sidonius Apollinaris (431 oder 432–nach 471) zugeschrieben wird und sich ursprünglich auf das Licht umschwirrende Motten bezieht. Vollständig lautet es »In girum imus nocte ecce et consumimur igni«.

ANMERKUNG ÜBER DIE VERWENDUNG DER GERAUBTEN FILME

→ Debord, *Quarto*, S. 1411–1412, und Debord, *Corr.*, Bd. 7, S. 89–91 (Brief an Thomas Levin), dt. in: Guy Debord, *Ausgewählte Briefe. 1957–1994*, S. 292–293. Übersetzung geändert, W.R.

311. **»Gebrauchsanweisung für die Entwendung«** – Guy-Ernest Debord und Gil J Wolman, »Mode d'emploi du détournement« → in: *Les Lèvres nues*, Nr. 8, 5/1956, S. 2–9, und Debord, Quarto, S. 221–229; dt. in: Isidore Ducasse (Lautréamont), *Poesie*, übers. v. Pierre Gallissaires, Hanna Mittelstädt, Hamburg: Nautilus 1979, S. 5–15, hier S. 7, und in geänderter Übersetzung »Gebrauchsanweisung für die Zweckentfremdung«, in: *Der Beginn einer Epoche. Texte der Situationisten*, übers. v. Pierre Gallissaires, Hanna Mittelstädt, Roberto Ohrt, Hamburg: Nautilus 1995, S. 20–26, hier S. 21, und »Die Entwendung: eine Gebrauchsanleitung«, in: *Guy Debord präsentiert Potlatch*, S. 320–331, hier S. 322. Guy-Claude Marie führt den bei Debord zentralen Begriff des »détournement« (dt. »Entwendung« oder »Zweckentfremdung«) auf Nicolas Boileaus Übersetzung (*Traité sur le sublime*, 1674) der Abhandlung »Über das Erhabene« (Peri hypsous, lat.: De sublimitate, 1. Hälfte des 1. Jh. n. Chr.) des Pseudo-Longinos zurück und verweist auch auf die Bedeutung »détournement de mineurs« (Verführung Minderjähriger), die in den Texten Debords und anderer Situationisten häufig zu finden ist, so auch in der Bildbeschreibung »Une mineure détournée« [Eine verführte Minderjährige] im Film *In girum …*, in: GC. Marie, S. 61–63.

FÜR DEN TONTECHNIKER
→ Debord, *Quarto*, S. 1421.

NOTIZEN ZUM FILM
Sammelmappe »Notes pour *In girum imus nocte et consumimur igni.*« [Notizen für *In girum imus nocte et consumimur igni*.] Untermappe 2 »Film No. 2, notes sur les intentions du film« [Film Nr. 2, Notizen zu den Absichten des Films] und Untermappe 4 »Film No. 2, notes concernant le montage et l'utilisation des images« [Film Nr. 2, Notizen zur Montage und Verwendung der Bilder] im Fonds Guy Debord der Bibliothèque nationale de France, Signatur NAF 28603 → zit. n. *Lire Debord*, S. 108–128.

314. **»Deus nobis haec otia fecit«** – [Ein Gott hat uns diese Muße gewährt] → Vergil, *Bucolica* 1,6.

314. **Bilder für eine Knechtschaft, die freiwilllig akzeptiert wird** – siehe folgende Fußnote.

315. **La Boétie** – Étienne de la Boétie (1530–1563) verfasste den »Discours de la servitude volontaire« [Abhandlung über die freiwillige Knechtschaft].

Quellenangaben und Kommentare zu *Guy Debord, seine Kunst und seine Zeit*

Unveröffentlichtes Drehbuch des Mittellangfilms Guy Debords in der Regie von Brigitte Cornand. Der Text folgt der Wiedergabe der im Film in Schriftbildern zu lesenden Texte und der Bildbeschreibungen → in: Debord, *Quarto*, S. 1870–1876.

317. ***»Anlässlich des Erscheinens von* Kommentare zur Gesellschaft des Spektakels *im Jahr 1988 […].«*** → Guy Debord, »Kommentare zur Gesellschaft des Spektakels«, dt. übers. v. Wolfgang Kukulies in: ders., *Die Gesellschaft des Spektakels*, Edition Tiamat: Berlin 1996. • [Ausschnitt aus der Literatursendung »Libre et change« im französischen Privatfernsehkanal M6: Diskussionsrunde unter der Leitung von Michel Polac mit den Journalisten Philippe Tesson, Jacques Julliard, Jean-François Kahn und Franz-Olivier Giesbert, der zu Beginn spricht:] »Ich meine, dass dieses Buch in der Tat sehr eigenartig ist, denn dieses Buch ist das Zeugnis eines kranken Geistes, da es uns vom Spektakel berichtet, als hätte es keine Geschichte gegeben. Es gibt doch die Geschichte.« • [Unverständliche Entgegnungen der anderen Diskussionsteilnehmer] • »Napoleon, das war das Spektakel.« • [Unverständliche Entgegnungen der anderen Diskussionsteilnehmer] • »Nein, warte, nein, Moment mal, ja, Ludwig XIV., das war das Spektakel.« • [Einwurf eines anderen Diskussionsteilnehmers:] »Nein, wir haben nicht das gleiche Buch gelesen.«

317. **»Ich werde nie einen Finger rühren, auch bei der Polente nicht und sonstwo auch nicht«.** → Text des von Lino Léonardi gespielten Liedes *Lézard*, verfasst von Aristide Bruant, aus dem Jahr 1932. • [Fortsetzung der obigen Diskussion, ein Teilnehmer:] »Wir haben nicht das gleiche Buch gelesen.« • [Franz-Olivier Giesbert:] »Das Spektakel wird als Verfälschung verteufelt.« • [Zwischenrufe mehrerer anderer Diskussionsteilnehmer:] »Du hast das Buch nicht gelesen.« • [Franz-Olivier Giesbert:]: »Ich sag doch gerade, ich habe das Buch natürlich gelesen. Ich kann Auszüge zitieren. Er erklärt uns: das Geheimnis greift allgemein um sich, während ich zunehmend den Eindruck gewinne, dass die Gesellschaft immer transparenter wird. Er sagt uns, dass die Geschichte verschwindet. Und warum sagt er, dass die Geschichte verschwindet? Ganz einfach deswegen, weil die Geschichte nicht so verläuft, wie er sich das wünscht, seit Mai 68.« • [Zwischenrufe mehrerer anderer Diskussionsteilnehmer; ein anderer Diskussionsteilnehmer:] »Er sagt uns, die Wahrheit verschwinde – so als würde sie nicht seit Jahrhunderten, seit Jahrtausenden verschwinden. Als sei die Wahrheit aufgetaucht und dann verschwunden.« • [Franz-Olivier Giesbert:] »Last but not least sagt er uns, die Demokratie sei dabei, sich selbst zu zerstören.« • [Einwurf eines anderen Diskussionsteilneh-

mers:] »Er hat ja Recht.« • [Franz-Olivier Giesbert:] »In meinen Augen ist die demokratische Revolution überall auf dem Vormarsch. Man sehe doch nur, was rund um uns geschieht – also in Jugoslawien, Algerien, Chile, etc. Das heißt, Herr Debord hat ein sehr interessantes Buch geschrieben, doch er hat nicht die gleiche Geschichtsschreibung gelesen. Er liest keine Zeitungen. Und am Ende geht alles in einer gigantischen Verschwörung unter.« • [Zwischenmeldungen mehrerer anderer Diskussionsteilnehmer:] »Ja genau, das ist die Schwäche des Buches.« »Es hat etwas Paranoides.« • [Franz-Olivier Giesbert:] »Es ist leicht jargonhaft, mir gefällt es nicht und zwar, auch wenn er das nicht ausdrücklich sagt, weil es Gewalt legitimiert, weil er uns erklärt, dass die Verschwörungswelt, in der wir uns einrichten, eine schreckliche ist, dass es keine Demokratie gibt, nun gut, also – warum nicht? Gut. Das akzeptiere ich nicht.«

317. **Paris, das alte ist dahin (noch schneller umgestalten / Als Menschenherzen kann sich, ach, die Form der Stadt)** – »Le vieux Paris n'est plus. (La forme d'une ville / Change plus vite, hélas! que le cœur d'un mortel)« → Charles Baudelaire, »Le Cygne«, in: *Les fleurs du mal* (1857), in: ders., *Œuvres*, Paris: Gallimard, La Pléiade 1931, S. 98–100, hier S. 99; dt. ders., »Der Schwan«, in: *Die Blumen des Bösen*, übers. v. Simon Werle, Reinbek bei Hamburg: Rowohlt 2017, S. 245.

317. ***Ansichten des Pont-Neuf, nachgestellt in einem Film von Leos Carax.*** – [Dazu gesprochener Text aus dem Off:] »Ein Wort, das ich verabscheue, das ist das Wort ›kommerziell‹ in Zusammenhang mit einem Film. Man könnte meinen, es genüge, ein Drehbuch mit dem Zauberstab zu berühren, damit ein Film kommerziell wird. Ein Film funktioniert, wenn er mit großer Aufrichtigkeit gemacht wurde, und diese Aufrichtigkeit eine mehr oder weniger große Anzahl von Personen berührt.«

318. ***Seiten aus* Mémoires.** → Debord, *Mémoires* • [Titelblatt *Mémoires*, S. 9 Mitte, dann untere Hälfte:] »Die Anordnung der Worte, die zu einer Aussage führt, verändert etwas in der Ordnung der Welt, durch ihre Wirkung auf das Bewusstsein der Menschen: auf das Bewusstsein dessen, der etwas formuliert und auf das Bewusstsein derer, die die Aussage hören. Diese Aussage bildet die Bresche, durch die ein Moment der Ewigkeit hereinbricht in eine Welt, die dunkel ihrem Verschwinden entgegenrollt.« → Maurice Nadeau, »Prestige de Michel Leiris, II: Expérience du langage«, in: *Les Lettres nouvelles*, Nr. 33 (12/1955), S. 778; vgl. Donné, S. 39. – »Man spürt die Hitze des Lebens« → Jean Reverzy, *Place des Angoisses*, S. 9, vgl. Donné, S. 153. / »des Feuers / die danach niemals wieder gesehen wurde / Wie weit sind wir entfernt / Dann erfolgen die Stöße in größeren Abständen, lassen nach, legen sich.« → Albert Demangeon et André Meynier, *Géographie générale. Classe de 6e*. Paris: Hachette 1937, Zusammenfassung von Kap. VII: »Vulkane und Erdbeben«, S. 42; vgl. Donné, S. 20, 22. – »Der Lebenswein ist ausgeschenkt, nur Hefe / Blieb noch zu prahlen dem Gewölbe.« – »The wine of life is drawn, and the mere lees / Is left this vault to brag of.« → Shakespeare, *Macbeth*, II. Akt, Szene III, übers. v. Dorothea Tieck. • [S. 17 obere Hälfte:] »GEHEUL FÜR / Das Publikum fühlte sich in seiner Würde verletzt und schlug Radau« → Georges Ribemont-Dessaignes, »Avant Dada« (Ende), *Les Lettres nouvelles*, Nr. 33 (Dezember 1955), S. 741; vgl. Donné, S. 154. – »Man hörte die spitzen Schreie

der Weiber und die Flüche der Männer. ›Gauner, Abschaum, Saukerle, Halsabschneider, Schlächter‹ war zu hören.« → »Kriminalroman über einen Catcherringkampf«, Quellenangabe Guy Debords in: Debord, *Quarto*, S. 433. • [S. 17 untere Hälfte:] »CINE-CLUB: Sie sehen die Projektion des ersten misslungenen Films.« Zeichnung (1954) von Maurice Henry → in: *Maurice Henry 1930–1960*, Paris: Pauvert 1961; vgl. Donné, S. 75. – Die Künste der Zukunft werden entweder Umwälzungen von Situationen sein oder sie werden nicht sein. → Guy Debord, »Prolégomènes à tout cinéma futur«, in: *Ion*, S. 217. Eine Entwendung des Satzes von Breton, *Nadja*, siehe Kommentar auf S. 20. • [S. 23 obere Hälfte:] »Es ist anzumerken, dass zu dieser Zeit die erbärmlichsten Seiten der Persönlichkeit nicht bekannt waren, wie sie es danach durch die eigenen Bekenntnisse in seinen *Mémoires* wurden.« – Laut Debords Angabe → in: Guy Debord, *Quarto*, S. 434, ist die Stelle einem Buch über die *Memoiren* des Kardinals de Retz (Jean-François Paul de Gondi) entnommen. Siehe auch Donné, S. 45: »Der didaktische und moralisierende Tonfall dieser von einem dicken schwarzen Rahmen umgebenen Anmerkung legt nahe, dass diese Anmerkung einer Klassikerausgabe für den Schulgebrauch entnommen ist: sie sollte von Anfang an das Lob des Kardinal de Retz relativieren, das Bossuet in seine *Grabrede auf Michel Le Tellier* einflicht, ein Lob, das Bossuet freilich nicht gemacht hätte, wenn er die außerordentliche Seite hätte lesen können, auf der Gondi die zynische Überlegung darlegt, die ihn trotz seines nicht vorhandenen Glaubens eine kirchliche Karriere anstreben ließ.« Dieses Lob des Kardinals de Retz wird von Debord in seinem Film *In girum imus nocte et consumimur igni* zitiert, siehe den Kommentar auf S. 70 – »unser schönes Lied / Marihuana« • [S. 32 obere Hälfte:] »Man sage nicht, ich hätte nichts Neues gesagt: die Anordnung des Stoffes ist neu.« → Blaise Pascal, *Gedanken*, Ausgewählt und eingeleitet von Reinhold Schneider. Frankfurt a. M.: Fischer 1954, S. 131. • [S. 32 untere Hälfte:] »Ich fühle, wie sie zittert wie ein Kind / stärker, bis sie zum Ende der Welt wird / sie ist eine richtige Göre / wie dieser andere Vagabund der Nacht namens Jack the Ripper, in einer dunklen Sackgasse von Whitechapel in London, ca. 65 Jahre davor.« • [S. 37:] September 1953. »›Welch Unglück! Und wem kann man sich anvertrauen? Begeisterung, guter Wille, gute Verfassung waren, wage ich zu sagen, auf unserer Seite. Doch binnen einer halben Stunde brachten die Manöver des preußischen Königs Kavallerie und Infanterie zum Weichen; alles zog sich zurück, ohne zu fliehen, doch auch ohne einmal zurückzuschauen …‹ Soubise, *Brief an Choiseul*.« Étienne-François de Choiseul (1719–1785), Botschafter von Ludwig XV. in Wien; Charles de Rohan, prince de Soubise (1715–1787), französischer Offizier; 1757 erlitt er im Siebenjährigen Krieg in der Schlacht bei Roßbach in Preußen eine Niederlage gegen den preußischen König Friedrich II. (Friedrich der Große). Brief → zit. n. Charles Aubertin, »La France au lendemain de Rosbach, d'après des documents inédits«, in: *Revue des Deux Mondes*, 2e période, Bd. 101, 1872, S. 331–358, hier S. 336; siehe auch Donné, S. 60. • [S. 51 Mitte:] »Nach einer Weile sahen sie, wie neun bewaffnete Ritter zur Tür hereinkamen. Sie legten ihre Helme und Rüstungen ab, verbeugten sich vor Galahad und sagten ihm: ›Sire, wir kamen in großer Eile, um uns mit Euch an den Tisch zu setzen, an dem uns das hohe Mahl gereicht werden wird.‹ Galahad antwortete ihnen, sie seien zur rechten Zeit gekommen, er selbst und seine

Gefährten seien gerade erst eingetroffen. Alle nahmen im Saal Platz und Galahad fragte sie, woher sie kämen. Drei von ihnen antworteten, sie seien aus Gallien, drei aus Irland und die drei anderen aus Dänemark.« Debord verwendete die Übersetzung der anonymen mittelalterlichen Gralslegende von Albert Béguin aus dem Jahr 1946 in der ergänzten Neuauflage von → Yves Bonnefoy, *La Quête du Saint-Graal*, Paris: Club du meilleur livre 1958, S. 231–232; zit. n. Donné, S. 137. • [S. 51 untere Hälfte:] »Die Moderomane hatten ihnen den Kopf verdreht. Sie hielten sich selbst für Romanhelden. ›Dieses seltsame Gemisch von blauen Schärpen, Binden‹, berichtet Retz, ›Damen, Reitern, Musikanten aus dem Saal und Trompetern im Hof bildete ein Ganzes, das eher in einen Roman als für die Wirklichkeit zu passen schien;‹ / Noirmoutier / ›Meine Phantasie überredete mich, daß wir in Marcilly belagert sind.‹ / ›Sie haben recht,‹ antwortete ich ...« – Ausführungen zu den Bürgerkriegen der Fronde im Geschichtsbuch von → Albert Malet und Jules Isaac, *Classe de seconde. XVIIe & XVIIIe siècles*, Paris: Hachette, S. 85; zit. n. Donné, S. 46. Der zitierte Ausschnitt stammt aus → Retz, Œuvres, S. 285, dt. Bd. 1, S. 261. »Noirmoutier« bezeichnet Louis II de La Trémoille, Herzog von Noirmoutier (1612–1666), der in den *Mémoires* des Kardinals de Retz häufig erwähnt wird. Seine Doppelnatur als Galan und Heerführer wird in den der zitierten Stelle vorangehenden Sätzen beschrieben: »Um die fliegenden Partien der Truppen, die wir Mazarins nannten, da sie in der Vorstadt einige Pistolenschüsse getan hatten, zu verjagen, zog Noirmoutier, der am vorigen Tag Generalleutnant geworden war, mit fünfhundert Reitern gegen sie aus. Bei seiner Rückkunft stieg er am Stadthaus ab und kam mit Matha, Laigues und Boulaie noch ganz in Waffen in das mit Damen angefüllte Zimmer der Frau von Longueville.« In einem ebenfalls von Debord ausgelassenen Zusatz nach seiner Namensnennung wird er als »ein großer Bewunderer der Astrée« bezeichnet. Dieser Verweis auf den zu der Zeit sehr populären Schäferroman »L'Astrée« (1607–1627) des Offiziers und Schriftstellers Honoré d'Urfé erklärt auch den darauf folgenden, von Debord zitierten Satz, da Marcilly die Hauptstadt des Königreichs von Galathée ist, die in Celadon, den Helden des Romans, verliebt ist. Auf diesen Roman nimmt Debord auch in einer Notiz im Zusammenhang mit seiner Beschäftigung mit den innenpolitischen Unruhen Frankreichs in der Zeit der Fronde (1648–1653) Bezug: »Die *Realität* der Feudalmacht in Frankreich wurde von der Monarchie (Ludwig XI.) im 15. Jahrhundert aufgehoben. Was in der Niederlage der Fronde aufgehoben wurde, das ist der *Lebensstil*, der in seiner Grundlage in der realen Stärke überlebte, das ist das feudale *Spiel* als Lebensstil (wenn der Verfall des Mittelalters die Ritterromane liebte und – vor allem in Burgund – einen ritterlich-heraldischen Formalismus in Szene setzte, so bevorzugte die Generation der Fronde eine weit verträumtere Umsetzung, die von jeder Bezugnahme auf eine reale Epoche losgelöst war: *L'Astrée*.)« → Zit. n. *Lire Debord*, S. 64.

318. ***Erste Manuskriptseite von* Die Gesellschaft des Spektakels.** → Debord, *SdS* • [Detail der 1. Seite des Manuskripts von Debords Text *Die Gesellschaft des Spektakels*, Teil I, Pkt. 2, rechter Teil des Textes abgeschnitten:] »2. Die Bilder, die sich von jedem Aspekt des Lebens gelöst haben, verschmelzen in einem gemeinsamen Lauf, in dem sich die Einheit dieses Lebens nicht wiederherstellen lässt. Die Spezialisierung der Bilder der Welt findet sich vollendet in der autonom gewordenen Welt des Bildes wieder, wo das Verlogene sich selbst belogen hat. Das

Spektakel im Allgemeinen, als konkrete Verkehrung des Lebens, ist die autonome Bewegung des Unlebendigen.« • [Hinzufügung links:] »Die partiell betrachtete Realität entfaltet sich in ihrer eigenen allgemeinen Einheit als abgetrennte Pseudo-Welt, Gegenstand bloßer Kontemplation.« • [Detail der 1. Seite des Manuskripts von Debords Text *Die Gesellschaft des Spektakels*, Teil I, Pkt. 3, diverse Streichungen, Ergänzungen, Unterstreichungen, rechter Teil des Textes abgeschnitten:] »3. Das Spektakel präsentiert sich zugleich als die Gesellschaft selbst, als Teil der Gesellschaft und als Instrument der Vereinigung. Als Teil der Gesellschaft ist es der Bereich, der alle Blicke und alles Bewusstsein auf sich zieht. Eben weil dieser Bereich abgetrennt ist, ist er der Ort des getäuschten Blicks und des falschen Bewusstseins; und die von ihm vollzogene Vereinigung ist nichts als eine Amtssprache der generalisierten Trennung.« • [Unterer Teil der 1. Seite des Manuskripts von Debords Text *Die Gesellschaft des Spektakels*, Teil I, Pkt. 3 und 4:] »4. Das Spektakel ist kein Ensemble von Bildern, sondern ein durch Bilder vermitteltes gesellschaftliches Verhältnis zwischen Personen.« • [Kamerafahrt über die erste Seite des Manuskripts von Debords Text *Die Gesellschaft des Spektakels*, Teil I, Pkt. 1 bis 4:] »1. Das ganze Leben der Gesellschaften, in welchen die modernen Produktionsbedingungen herrschen, erscheint als eine ungeheure Akkumulation von Spektakeln. Alles was unmittelbar erlebt wurde, ist in eine Repräsentation entwichen. / 2. Die Bilder, die sich von jedem Aspekt des Lebens gelöst haben, verschmelzen in einem gemeinsamen Lauf, in dem sich die Einheit dieses Lebens nicht wiederherstellen lässt. Die partiell betrachtete Realität entfaltet sich in ihrer eigenen allgemeinen Einheit als abgetrennte Pseudowelt, Gegenstand bloßer Kontemplation. Die Spezialisierung der Bilder der Welt findet sich vollendet in der autonom gewordenen Welt des Bildes wieder, wo das Verlogene sich selbst belogen hat. Das Spektakel im Allgemeinen als konkrete Verkehrung des Lebens ist die autonome Bewegung des Unlebendigen. / 3. Das Spektakel präsentiert sich zugleich als die Gesellschaft selbst, als Teil der Gesellschaft und als Instrument der Vereinigung. Als Teil der Gesellschaft ist es der Bereich, der alle Blicke und alles Bewusstsein auf sich zieht. Eben weil dieser Bereich abgetrennt ist, ist er der Ort des getäuschten Blicks und des falschen Bewusstseins; und die von ihm vollzogene Vereinigung ist nichts anderes als eine Amtssprache der generalisierten Trennung. / 4. Das Spektakel ist kein Ensemble von Bildern, sondern ein durch Bilder vermitteltes gesellschaftliches Verhältnis zwischen Personen.«

318. ***Der von Christo verpackte Pont-Neuf.*** – [Filmaufnahmen des Verpackens und des verpackten Pont-Neuf, Stimme einer Nachrichtensprecherin:] »Nie betrachtete man den Pont-Neuf so sehr wie seit seiner Verwandlung durch den Magier Christo, die ihn durch sein Verschwinden in Erscheinung treten ließ – als ephemere Skulptur, die bereits in die Erinnerung eingemeißelt ist.«

318. ***Der fast völlig verschwundene Aralsee. Waldbrände.*** – [Filmaufnahmen des Wassers im Aralsee und dann der ausgetrockneten Teile, Stimme einer Nachrichtensprecherin:] »Der 2000 km südlich von Moskau im Herzen des sowjetischen Zentralasien gelegene Aralsee ist das viertgrößte Binnenmeer der Welt. Inner-

halb von 30 Jahren ist seine Oberfläche um ein Drittel geschrumpft, sein Volumen um zwei Drittel und sein Wasserspiegel um 14 Meter gesunken. Das Meer verdurstet und wenn nichts diesen Vorgang unterbricht, wird er in zehn Jahren von der Karte verschwunden sein.«

318. **Ich werde meine Gedanken geordnet niederschreiben, […].** – »J'écrirai mes pensées avec ordre, par un dessein sans confusion. Si elles sont justes, la première venue sera la conséquence des autres. C'est le véritable ordre.« – »Ich werde meine Gedanken in einer Ordnung schreiben, nach einem klaren Vorhaben. Wenn sie richtig sind, folgt der erste aus den anderen. Das ist die wahre Ordnung.« → Lautréamont, *Poésies*, S. 299; dt. S. 39. [Entwendung der folgenden Stelle bei Blaise Pascal: »J'écrirai ici mes pensées sans ordre, et non pas peut-être dans une confusion sans dessein: c'est le véritable ordre, et qui marquera toujours mon objet par le désordre même. Je ferais trop d'honneur à mon sujet, si je le traitais avec ordre, puisque je veux montrer qu'il en est incapable.« – »Ohne Anordnung, aber vielleicht nicht in einem planlosen Durcheinander werde ich meine Gedanken hier niederschreiben: das ist die wahre Ordnung, die immer das, von dem ich handle, durch die Unordnung selbst bezeichnen wird. Zu gewichtig würde ich meinen Gegenstand nehmen, wollte ich ihn nach einem Plan behandeln, will ich doch zeigen, daß er hierzu ungeeignet ist.« → Blaise Pascal, *Pensées, fragments et lettres*, Bd. 2, hg. v. Prosper Faugère, Paris: Andrieux 1844, S. 96 (XVI. Pyrrhonisme); dt. ders., *Pensées. Über die Religion und über einige andere Gegenstände*, übers. u. hg. v. Ewald Wasmuth, 7. Auflage, Heidelberg: Lambert Schneider 1972, S. 173–174 (Nr. 373).

318 f. **Dieses Mädchen in den Anden, das unweigerlich von einer durch einen Vulkanausbruch verursachten Schlammlawine in die Tiefe gesaugt wurde, bot den Medienleuten der ganzen Welt Gelegenheit, die Ethik zu diskutieren, die sie sich womöglich in einigen Extremfällen auferlegen sollten: Muss man solche Bilder zeigen? Oder warum sollte man darauf verzichten?** – [Filmaufnahme des Kopfs eines Kindes, dem das Wasser bis zum Mund reicht, das im Wasser versinkende Kind spricht eine Abschiedsbotschaft in Spanisch, darüber spricht eine weibliche Stimme die französische Übersetzung:] »Mama, wenn du mich hörst, ich glaube das tust du, bete dafür, dass ich wieder gehen kann und dass mir die Leute hier weiterhelfen. Mama, ich liebe dich. Ich liebe dich, Papa, meinen Bruder auch. Adieu Mama.« (Originaltext spanisch: »Mama, si tu me escuchas, yo creo que si, reza para que pueda caminar y esta gente me ayude. Mami, te quiero mucho, papi, hermano, adiós madre.«)

319. ***Frauenringkampf in Japan.*** – [Kampfszenen im Ring, Text des Kommentators aus dem Off:] »Aschenputtel hat soeben ihre eigene Partnerin auf ihre Gegnerin geworfen, aber damit ist es noch nicht vorbei. Ein Sprung nach hinten vom obersten Seil des Rings. Sie hätte sich auf den Absperrungen die Wirbel brechen können. Doch in diesem Kampfstadium sind die Kämpferinnen nicht mehr sie selbst und nehmen aberwitzige Risiken auf sich.« • [Eine Kämpferin in ihrem Zimmer, Stimme des Kommentators aus dem Off:] »Aschenputtel kehrt zurück in ihr nur 10 m² großes Zimmer. Wenn sie morgen das Match gewinnt, wird sie sich eine richtige Wohnung leisten können.« • [Eine Kämpferin streichelt in ihrem Zimmer ihre Katze, ihre

Stimme aus dem Off in Japanisch, darüber die französische Übersetzung:] »Ein Championtitel bedeutet für mich mehr Geld. Deshalb werde ich morgen alles aus mir rausholen.«

319. ***Erdölbohrung im Pariser Becken.*** – [Bohrtürme und Krane in Baum- und Wiesenlandschaft, Stimme eines Nachrichtensprechers aus dem Off:] »Erdöl im Boden des Pariser Beckens, das ist nicht neu, doch diesmal findet die Suche nicht in irgendeinem Weizenfeld statt, sondern 2 km vom Schloss Versailles entfernt, im sogenannten Arboretum. Das Arboretum ist ein riesiges Naturschutzgebiet mit 2000 verschiedenen Baumarten, das teilweise dem Publikum offensteht – ein Publikum, das heute von weitem den Bohrmannschaften bei der Arbeit zusehen kann.« • [Stummfilmaufnahmen, einstürzende Hausfassaden an einer Gasse, Sprengung von Hochhäusern]

319. ***Wälder unter dem Einfluss des sauren Regens.*** – [Abgestorbene Bäume, Stimme eines Nachrichtensprechers aus dem Off:] »Wir sind hier in Bayern, in einer Region, in der saurer Regen die Wälder zerstört.«

319. ***Attentat auf J.F. Kennedy in Dallas.*** – [Kennedy fährt im offenen Auto, kurz vor dem Attentat; Walter Cronkite meldet das Kennedy-Attentat im Fernsehen in englischer Sprache, französische Untertitel:] »From Dallas Texas the flash apparently official, the president Kennedy died at 1 p.m. central standard time, 2 o'clock eastern standard time, some 38 minutes ago.« (»Aus Dallas in Texas erreicht uns soeben die offenbar offizielle Nachricht, dass Präsident Kennedy um 13 Uhr gestorben ist, 14 Uhr New Yorker Zeit, vor etwa 38 Minuten.«) • [Zeitlupenaufnahmen von Präsident Kennedy, der aus dem offenen Auto stehend die Menge grüßt]

319. ***Niederschlagung der Aufständischen am Tian'anmen-Platz in Peking im Jahr 1989.*** – [Panzer fahren 1989 am Tian'anmen-Platz in Peking auf. Ein Mann stellt sich vor einen Panzer. Der Panzer hält an. Der Mann klettert auf den Panzer.]

320. ***Panzer in den Straßen von Moskau.*** – [Panzerbelagerung des Parlaments in Moskau, Stimme eines Nachrichtensprechers aus dem Off:] »Eine für die Moskauer beruhigendere Truppenpräsenz, die um 2 Jahre zurückversetzt: die gleichen Schützenpanzer bezogen Position um das Weiße Haus, damals jedoch auf Befehl der Putschisten. Heute Nacht zeigt Boris Jelzin Entschlossenheit. Er lässt Panzer, Fallschirmtruppen aufmarschieren, die roten Barette, er ruft die SpezNas herbei, mit Granatwerfern und Infrarotbrillen ausgerüstete Infiltrationskommandos. Die Moskauer richten sich in der Krise ein. An den Toren einer LKW-Fabrik in einem Moskauer Vorort verstehen die Angestellten nicht, was vorgeht: ›Warum ruft man denn das Volk zu den Waffen?‹, fragt dieser Mann.«

320. ***Tontons Macoutes in Haiti.*** – [Tontons Macoutes/Haitianische Miliz: Militär verhindert die Wahlen. Leichen überall, Stimme eines Nachrichtensprechers aus dem Off:] »Armee und Polizei schließen die Augen. Jeden Morgen liegen Leichen auf den Gehsteigen, Häuser brennen und die meisten Geschäfte der Hauptstadt bleiben geschlossen. Einschüchterung bleibt die einzige Waffe der Anhänger Duvaliers, um die Wahlen zu verhindern.«

320. ***Schüsse bei einer Demonstration in Algier.*** – [Unruhen und Schüsse bei einer Demonstration in Algerien, Stimme eines Nachrichtensprechers aus dem Off:] »Wut, Empörung, Schreie, doch vor allem Unverständnis. Diese als demokratische Willenskundgebung ge-

plante Demonstration wurde zum Albtraum.« • [Eine Demonstrantin ruft:] »Es lebe das freie Algerien!«

320. ***Schülerinnen in einer Berufsschule. Verwüstungen von Schulen. Angriffe auf Lehrer. Jugendliche, die dieses Prinzip verteidigen.*** – [Französischunterricht, Thema: Zola, *Au bonheur des dames / Das Paradies der Damen* (1883), Dialog der Lehrerin mit den Schülerinnen:] »In welchem Jahr ist das Buch erschienen?« – »1883.« – »Gut, 1883. Also in welchem Jahrhundert? Also das, ... In welchem Jahrhundert? Unter welchem Namen? 1883 – welches Jahrhundert ist das?« • [Texteinblendung: »Annie Tourette. Französischlehrerin.«] – »Ich weiß nicht. Wenn's nicht das 20. ist, dann das ... 18.?« – »Das 19. Jahrhundert, also Zola ist im 19. Jahrhundert geboren, aber in welchem Jahr genau?« – »1840.« – »Gut, er ist 1840 geboren. Sein Buch wurde 1883 veröffentlicht.« • [Schülerinnen berichten:] »Das ist nichts total Abgehobenes, wir brauchen das fürs Examen. Da geht es ja nicht nur um Nähen. Es wird Berufswissen und Allgemeinwissen geprüft, man muss also ein wenig von allem Ahnung haben, nicht nur vom Nähen. Ich mag vor allem Französisch, das bringt einem wirklich was.« • [Ein Schüler fragt einen anderen:] »Er ist in meiner Klasse.« – »Was willst du später machen?« – »Ich werd' zur Armee gehen, ein Kurs bei der Luftwaffe, im Krieg kämpfen.« – »Magst du Krieg?« – »Ja.« »Das Töten schreckt dich nicht, die vielen Toten, das stört dich nicht?« – »Wir sterben doch alle einmal.« – »Aber so spät wie möglich.« • [Ein Lehrer berichtet:] »Im Schuljahr 1991 / 1992 wurden in Paris und Umgebung etwa hundert Mitglieder des Lehrkörpers in Ausübung ihrer Funktion tätlich angegriffen, und da rede ich nur von den Départements Paris, Hauts-de-Seine, Seine-St.-Denis und Val-de-Marne.« • [Filmaufnahmen von Schülern, Stimme des Nachrichtensprechers aus dem Off:] »Wer hat sich verändert? Die Schüler? Die Lehrer? Die Institutionen? Vor 10 Jahren war weder von Angst noch von Tätlichkeiten an den Schulen die Rede. Doch das Böse schwelte bereits. Seitdem hat die Gewalt der Straße in den Schulen Einzug gehalten. Und nicht nur in den Vororten, nicht nur in Paris und Umgebung.« • [Ein Lehrer berichtet:] »Als ich am Freitag, den 27. November wie gewohnt in den Hof runterging, wartete eine Person auf mich, um mich zur Rechenschaft zu ziehen, da sie angeblich ›denunziert‹ worden sei, wie sie behauptete.« • [Filmaufnahmen einer Wand mit Graffiti, Stimme eines Nachrichtensprechers aus dem Off:] »Aber mit der Gewalt der Straßenkunst hielt auch die Gewalt der Straßensprache Einzug in der Schule. Rüpeleien und Beleidigungen werden in den Gängen und Klassen der meisten Schulen in den Vororten wie ein Sport betrieben.« • [Eine Lehrerin berichtet:] »Wir sind hier im 93er-Departement. Hier heißt es ›Nique ta mère‹ (Fick deine Mutter) und dann heiße ich noch Herbert, das reimt sich. ›Alte Nutte‹, praktisch alle frauenspezifischen Beleidigungen.« • [Ein Lehrer mit Mikrophon spricht bei einer Versammlung:] »Man lässt gewähren. Manche Schüler spucken den Lehrern fast systematisch ins Gesicht und nichts geschieht.« • [Eine Schülerin:] »Wenn ich ein Lehrer wäre, würde ich depressiv, ...« • [Ein Lehrer:] »Wir sind gezwungen, sie zu behalten. ...« • [Ein Schüler:] »Die Lehrer sind ganz oben und wir ganz unten, das ist nicht normal, selbst wenn du ... Gut, sie sind älter, aber es gibt Dinge, auf

die wir ein Recht haben müssen. Normalerweise … in der Freistunde, wenn wir unsere Aufgaben gemacht haben, dürfen wir uns ein wenig amüsieren, diskutieren … Aber sie wollen, dass wir arbeiten, sie wollen nicht, dass wir miteinander diskutieren.« • [Ein Lehrer:] »Wer sich keinen Respekt zu verschaffen weiß, das ist seit Urzeiten so, der wird nicht gehört werden.« • [Eine Lehrerin:] »Drohungen, ja. Ein paar haben mir schon mit Baseball-Schlägern aufgelauert. Ich erinnere mich, wie meine Kollegin und ich nie den gleichen Weg zwei Abende hintereinander nach Hause gingen, um nicht von ihnen bemerkt zu werden.« • [Filmaufnahme eines Anrufbeantworters, der aufgezeichnete Beschimpfungen abspielt:] »Lass dir einen blasen. Ich weiß, du hast Lust drauf. Dein Anrufbeantworter stinkt nach Scheiße. Arschloch.« • [Dieselbe Lehrerin:] »Wenn man abends nach Hause kommt, hat man keine Lust, den Anrufbeantworter abzuhören. Wenn man ihn dann abhört, hört man solche Sachen. Man fühlt sich irgendwie in der Falle. Jetzt haben wir's, sie haben uns gefunden und von nun an wird es nie mehr aufhören.« • [Ein Lehrer:] »Die Busfahrer stellen systematisch die Arbeit ein. Warum? Wegen der permanenten Angriffe auf sie.« • [Filmaufnahmen der Straßen und Häuser der Vorstädte um Lyon und Paris, Stimme eines Nachrichtensprechers aus dem Off:] »Mas du Taureau, Minguettes, Aulnay-Les Trois Mille, Le Val Fourré, [Namen von Problemvorstädten von Lyon und Paris] – es stimmt, dass Oberschul- oder Grundschullehrer in den als soziale Brennpunkte eingestuften Vorstädten Hochrisikoberufe sind. Denjenigen, die sich dorthin wagen, erhalten übrigens eine Sonderprämie.« • [Ein Lehrer:] »Normalerweise müssten sie sich vor dem Tor in Reih und Glied aufstellen, wenn es klingelt. Das tun sie aber nie. Ich gehe also mit vier, fünf Schülern in die Klasse zurück und dann kommt einer nach dem anderen eingetrudelt, wenn er seinen Kram draußen erledigt hat, seine Spiele, seine Vergnügungen. Ich habe Mühe, sie alle zurückzubringen. Ich muss an der Tür stehen. Die lässt sich nämlich ohne Schlüssel von außen nicht öffnen. Ich mach also den Türsteher und wenn sie drinnen sind, muss ich sie ihre Plätze einnehmen lassen. Von alleine tun sie das nicht. In manchen Fällen, muss ich sie einzeln zum Sitzen bringen. Das dauert so lange wie nötig, da ich ja mit dem Unterricht nicht beginnen kann, wenn Schüler stehen und dann müssen sie zur Ruhe gebracht werden.« • [Eine Lehrerin ruft durch die halb geöffnete Türe in die Klasse:] »He, der Unterricht hat begonnen.« • [Eine Lehrerin:] »Kaum hatte ich das Klassenzimmer betreten, da sah ich schon, wie hinten drei auf den Tischen tanzten, mit eingeschaltetem Radio, so ein riesiges Radio, andere aßen, tanzten und der Lehrer klebte förmlich an der Tafel und machte seinen Unterricht für sich selbst. Er war den Tränen nahe, aber unternahm nichts. Zwei Minuten und die Lage wäre eskaliert.« [Filmaufnahmen verwüsteter Innenräume] »Sie haben die Schule angesteckt, sie haben einen Teil der Schule abgefackelt, Feuer gelegt.« • [Eine andere Lehrerin:] »Dieses Stockwerk ist noch in dem Zustand von vor dem Brand.« • [Filmaufnahmen von Schülern, Stimme eines Nachrichtensprechers aus dem Off:] »Ganz zu schweigen davon, dass die Integrationsprobleme in manchen schulischen Einrichtungen mitunter noch verstärkt werden. Im Durchschnitt beherbergen die Schulen 30 bis 40 verschiedene Rassen oder Ethnien.« • [Ein Lehrer:] »Welch Versagen des Schulsystems! Welch Versagen der Gesellschaft überhaupt.« • [Filmaufnahmen von Straßenschlachten mit der Polizei, brennende Barrikaden, Stimme eines Nachrichtensprechers aus dem Off:] »Es bestätigt sich das Gesetz der kommunizierenden Gefäße, das bewirkt, dass die Gewalt der Straße schließlich in den Schulunterricht vordringt. Kurz nach den Vorfällen in Vaulx-en-Velin nahm dort die Zahl der Angriffe auf das Lehrpersonal zu.« • [Ein Interviewer fragt Schüler:] »Ist es normal, Lehrer zu schlagen?« – »Ja, wenn die Streit suchen …« – »Wie alt seid ihr?« – »Fünfzehn, vierzehn, dreizehneinhalb.« – »Geht ihr alle in die Realschule?« – »Mein Direktor hat mich geschlagen, weil ich nicht gut lesen konnte. Ich wollte nicht lesen, weil ich mich schämte. Er hat mich ins Büro geschleppt und mir eine geknallt. Da hab' ich meinen großen Bruder geholt, und der hat ihn dann hinter seinem Schreibtisch hervorgeholt. Echt.« – »Das hat dein Bruder gemacht?« – »Ja, ich schwöre. Er kennt meinen großen Bruder nicht.« – »Und hat dein Bruder Ärger bekommen?« – »Nein, er kennt meinen Bruder ja nicht. Der ist bei der Armee, sie haben ihn gesucht, aber nicht gefunden.« – »Du findest das normal?« – »Ja, wie die Araber beleidigt werden, das ist nicht normal. Wir beleidigen die Franzosen nicht.« – »Ist es nicht normal, dass Schüler in der Schule arbeiten?« – »Ja, schon, aber ich lese eben nicht gerne. Und er sagt mir: ›Los, lies!‹ Und ich: ›Nein, ich will nicht …‹« – »Was wirst du später einmal machen, wenn du nicht lesen kannst?« – »Ich weiß nicht, ein Sportdiplom … arbeitslos.« • [Filmaufnahmen von Malerarbeiten, zerstörte Fensterfassaden, beschädigte Innenräume, Stimme eines Nachrichtensprechers aus dem Off:] »Collège Jean Jaurès, ein Molotowcocktail wurde in das Büro der Direktorin geworfen. Feuer zu legen, das gehört fast schon zu den banaleren Vorfällen. Und 8 Tage später: Explosion in den Toiletten des Gymnasium von Bobigny, eine selbstgebastelte Bombe.« • [Ein Lehrer:] »Ich habe bis jetzt nur die bloßen Handgreiflichkeiten erwähnt, aber ich war auch Zeuge, wie Lehrer mit Waffen angegriffen werden.«

320. ***»Radio Paris lügt, Radio Paris ist deutsch.« Das besetzte Paris. Pariser Stadtmobiliar heute.*** – [Paris unter der deutschen Besatzung, urbanes Mobiliar, Straßenschilder in Paris heute]

320. ***Zeitumstellung auf Winterzeit.*** – [Fernsehtestbild France Inter, Stimme eines Nachrichtensprechers aus dem Off:] »Vergessen Sie nicht, in der kommenden Nacht die Uhren auf Winterzeit umzustellen. Wir verkürzen die Zeit: um 3 Uhr wird es 2 Uhr sein. Das heißt vor dem Schlafengehen, stellen Sie Ihre Uhren eine Stunde zurück.«

320. ***Film der amerikanischen Atomenergiekommission über Radioaktivitätswarnung.*** – [Film der United States Atomic Energy Commission über eine Radioaktivitätswarnung, französische Untertitel, Stimme eines Nachrichtensprechers:] »Ladies and Gentlemen we interrupt this program to bring you important news. Word has just been received from the Atomic Energy Commission that due to a change in wind direction the residue from this morning's atomic detonation is drifting in the direction of St.Georges. It is suggested that everyone remain indoors for one hour or until further notice. There is no danger.« (»Sehr geehrte Damen und Herren, wir unterbrechen dieses Programm für eine wichtige Nachricht. Soeben

erfuhren wir von der Atomenergiekommission, dass der Wind nun die Rückstände der Atomexplosion heute Morgen in die Richtung von St. Georges treibt. Es wird empfohlen, eine Stunde lang oder bis zum Einlangen neuer Nachrichten das Haus nicht zu verlassen. Es besteht keine Gefahr.«)

320. ***Tschernobyl, das sicher nie enden wird.*** – [Russischer Dokumentarbericht über Tschernobyl, russischer Kommentar, französische Untertitel:] »Erst war Hiroshima. Alle dachten, das beträfe uns nicht. Es hatte keine Auswirkungen. Dann kam Tschernobyl. Alle dachten, das ginge vorbei. Die Regierung sagte uns: ›Es ist alles in Ordnung. Essen Sie Pilze, gehen Sie spazieren, kein Problem!‹ Fünf Jahre sind vergangen und Tschernobyl ist in jedes Haus eingedrungen.« • [Französische Reportage zu Tschernobyl, Kommentar in Französisch:] »Hier das Geschenk an die Ukraine: ihr die Mittel zur Verfügung zu stellen, um dieses in Bau befindliche Atomkraftwerk fertigzustellen, und um Tschernobyl zu ersetzen, das heißt 7 % des Energiebedarfs des Landes, braucht es mehr als das. Die Ukraine ihrerseits spielt den Teppichhändler. Laut dem Direktor des ukrainischen Nuklearprogramms wird es 30 Jahre dauern, bis Tschernobyl von der Karte verschwunden ist. Er meint auch, dass die Neugestaltung der Energiepolitik des Landes mindestens 30 Milliarden Francs kosten wird und dass 6 neue Reaktoren erforderlich sind, um die Ukraine zu retten. Heute gewährten die G7-Staaten der Ukraine zusätzliche Kredite in der Höhe von 22 Milliarden Francs.«

320. ***Start des Fernsehkanals mit Dauerinformation L.C.I.*** – La Chaîne Info ist der erste Fernsehkanal Frankreichs, der ausschließlich Nachrichten sendet. Er wurde am 24. Juni 1994 von Christian Dutoit für die Mediengruppe TF1 ins Leben gerufen. • [Ein Sendungsverantwortlicher beschreibt das Programmschema des neuen Rund-um-die-Uhr-Nachrichtensenders L.C.I.:] »In 30 Sekunden werden wir LCI starten, der erste französische Kanal mit fortlaufender Information. Die Kabel-Abonnenten unter Ihnen werden in wenigen Augenblicken dabei sein. Es wird ein Kanal sein, der rund um die Uhr Information sendet, das heißt es werden ohne Unterbrechung zu jeder vollen und halben Stunde Nachrichten gesendet. Das bedeutet, dass, wenn ein Ereignis dies rechtfertigt, wir sofort auf Sendung gehen und dort so lange bleiben, wie dies erforderlich ist, flexibel, im Sinne der Information, ein Kanal der freien Diskussion: 5 – 4 – 3 – 2 – 1 – LOS.«

320. ***Interview mit Georgina Dufoix durch Anne Sinclair: verantwortlich, doch nicht schuldig.*** – Georgina Dufoix war französische Ministerin für Familie und Frauenangelegenheiten (Ministre déléguée à la Famille, aux droits de la Femme, à la Solidarité et aux Rapatriés) 1984–1986, wurde 1991 angeklagt, durch die wissentliche Fortführung der Verteilung von Blutkonserven, von denen manche mit dem HI-Virus verseucht waren, Menschen gefährdet zu haben. • [Fernsehinterview zum Thema der HIV-verseuchten Bluttransfusionen, Georgina Dufoix antwortet:] »Niemand hatte das Gefühl, etwas Schlechtes zu tun oder sich auf den Unterlagen auszuruhen oder finanziellen Agenden Vorrang vor den Interessen der Kranken einzuräumen. Niemand hatte dieses Gefühl. Wirklich, ehrlich. Erst später bemerkte man, dass die Krankheit weit schwerwiegender war, als man angenommen hatte und dass man diese Krankheit nicht heilen

konnte. Vermutlich hätten wir viel rascher handeln müssen, das mag sein. Wir müssen diesen Leuten helfen und ich glaube, wir müssen alles unternehmen, um Entschädigungen in entsprechender Höhe zu gewährleisten, die entsprechende medizinische Nachbehandlung sicherstellen – da herrscht Nachholbedarf und ich werde alles in meiner Macht Stehende dazu beitragen.«

320. **Die Angestellten haben das Recht zu wählen.** – [Fortsetzung des Interviews, Georgina Dufoix:] »Wenn gesagt wird, dass die Transfusion völlig sicher geworden ist, so ist das nicht ganz richtig. Es besteht ein Restrisiko. Soll man wegen dieses geringen Risikos, das wir heute kennen, die Transfusionen verbieten? Ich würde einfach die uns zuhörenden Franzosen fragen.« – »Für AIDS und andere Krankheiten?« – »Für AIDS und andere Krankheiten: Was würden Sie machen, wenn Sie Gesundheitsminister wären und vor dieser Wahl stünden: Entweder ich verbiete alle Transfusionen oder ich weiß, dass es in den in französischen Krankenhäusern durchgeführten Transfusionen noch Kontaminationsrisiken gibt – was würden Sie tun? Sie würden das Risiko abwägen.«

320. **Und Sie würden abwägen, wie viel es uns persönlich bringen muss?** – [Fortsetzung des Interviews, Georgina Dufoix:] »Sie versuchen herauszufinden, wie viele Personen dieses Risiko treffen kann, und nachdem sie dieses Risiko ermessen haben, müssen Sie ihre Entscheidung treffen. Welche Entscheidung würden Sie heute treffen? Im Bewusstsein, dass dieses Risiko nicht sehr groß ist, aber dennoch besteht. Und wir befanden uns damals in einer ähnlichen Situation und dann wurde das Risiko enorm und beträchtlich.« – »Das heißt, dass man damals nicht wusste, dass das Risiko so beträchtlich war.« – »Das wusste man damals nicht, dass das Risiko so beträchtlich war. Dieses Risiko besteht noch heute, es wird auch noch morgen bestehen, es ist das Risiko des Lebens, und in dieser Hinsicht fühle ich mich dafür völlig verantwortlich, dieses Risiko auf mich genommen zu haben, das schrecklich, bisweilen tragisch ist, das ist die Größe und die Schwierigkeit dieses Berufes.«

321. **In den Anfängen des Dadaismus [...]** – [Nachrichtenfilm: Paris, Innenhof des Palais Royal, die gestreiften Säulen von Daniel Buren, Nahaufnahme eines Strichcodes] – Daniel Buren ist ein französischer Maler und Bildhauer (*1938), dessen Markenzeichen Streifenmuster sind.

321. **Magritte hätte Gelegenheit gehabt zu schreiben: »Dies ist kein Schaf.«** – Der belgische Surrealist René Magritte (1898–1967) wies in einem seiner bekanntesten Bilder, der realistischen Darstellung einer Pfeife, durch die Titelgebung auf den Unterschied zwischen Abbildung und Wirklichkeit hin: »La trahison des images (Ceci n'est pas une pipe)« / »Der Verrat der Bilder (Dies ist keine Pfeife)«.

321. ***Silvio Berlusconi unterbricht seine Ferien in Sardinien.*** – [Nachrichtenbericht über Silvio Berlusconi, der aus einem Hubschrauber aussteigt, Stimme eines Nachrichtensprechers aus dem Off:] »Er beschwerte sich, nicht genug Schlaf zu bekommen. Und nun beschneidet man seine Ferien. Silvio Berlusconi hat allen Grund, genervt zu sein. Seine Mehrheit zerbröckelt täglich mehr. Die Lira stürzt ab und sein Medienimperium ist ihm ein Klotz am Bein.« • [Interview mit Silvio Berlusconi, O-Ton in Italienisch, darüber französische Synchronübersetzung:] »Es gibt im Moment viele Leute, die gegen die Interessen des Landes agieren, ich

muss also meinen Urlaub in Sardinien abbrechen.«

321. ***Begräbnis von Pierre Bérégovoy.*** – Pierre Bérégovoy (1925–1993), französischer sozialistischer Politiker, der verschiedene Ministerämter bekleidete und bis kurz vor seinem Selbstmord Premierminister war. • [Nachrichtenbericht von der Begräbniszeremonie in der Kirche, Stimme des Nachrichtensprechers aus dem Off:] »Denn während der gesamten Zeremonie haben wir ungewöhnliche Bilder gesehen, Bilder, die Pierre Bérégovoy gewiss gerne gesehen hätte, Bilder, die seine Nächsten gesehen haben. Eduard Balladur, der Premierminister, René Monory, der Senatspräsident, Philippe Séguin, der Präsident der Nationalversammlung, Valéry Giscard d'Estaing, Charles Pasqua, Pierre Mauroy, Laurent Fabius, Michel Rocard, alle saßen auf derselben Bank – die französische politische Klasse vereint in Andacht. Auf der anderen Seite die Familie des früheren Premierministers: sein Bruder, seine Kinder, seine Enkelkinder. Und dann vorne Frau Bérégovoy, umrahmt von François und Danielle Mitterrand. Während der ganzen Zeremonie: die Emotion. Zunächst in der Predigt des Bischofs von Nevers, Monseigneur Moutel, eine Predigt über das Geheimnis: ›Niemand kennt das Herz des Menschen. Gott alleine erschließt das Geheimnis unserer Leben und das Mysterium, das in jedem von uns wohnt. Niemand kann über seinen Bruder urteilen.‹ Die Einzelheiten der Zeremonie waren von der Familie selbst bestimmt worden. Die Familie hatte insbesondere das Agnus Dei von Rossini hören wollen, das Pierre Bérégovoy liebte.«

321. ***Lange Warteschlange vor dem Musée du Louvre.*** – [Nachrichtenbericht: Paris, die Seine bei hohem Wasserstand, Eingang Musée d'Orsay, Louvre, lange Warteschlange, Stimme des Nachrichtensprechers aus dem Off:] »Paris wird von Begeisterung überschwemmt und verantwortlich dafür ist nicht die Seine, sondern die Kunst.«

321. ***Lange Warteschlange vor dem Musée d'Orsay.*** – [Stimme eines Nachrichtensprechers aus dem Off:] »Ihr tägliches Brot, das ist die Sammlung Barnes oder ein wenig weiter das Lächeln der Mona Lisa.«

321. **Es riecht nach Krebs in der Rue Daguerre.** – [Nachrichtenbericht: Warteschlangen vor dem Musée du Louvre, Stimme eines Nachrichtensprechers aus dem Off:] »Auf der anderen Seite der Seine das gleiche Bild, eine gleich lange Warteschlange. Geduld heißt die Devise.«

321. **Es riecht nach Krebs in der Rue de Buci.** – [Interview mit einer Wartenden:] »Heute war es nicht zu kalt und es ist eine Gelegenheit für meine Kinder, etwas Außergewöhnliches zu sehen.«

322. ***Die* Internationale*, gesungen von den chinesischen Demonstranten 1989 am Tian'anmen-Platz.*** – [Nachrichtenbericht, Stimme eines Nachrichtensprechers aus dem Off:] »Es gibt ein Gedränge, aber keine Gewalt, einige Festnahmen und auch einige Spruchbänder mit den Worten: ›Unterstützen wir die demokratischen Reformen!‹ Die Parolen sind immer gleich: ›Wir wollen Freiheit‹ oder auch ›Wir wollen Demokratie‹.«

322. ***Interview mit Bernard Tapie von Claire Chazal.*** – Französischer Unternehmer, Politiker und Schauspieler (*1943), der mehrmals wegen Insolvenzvergehen, Unterschlagung und Bestechung angeklagt und verurteilt wurde. Als er Präsident des französischen Fußballvereins Olympique Marseille war, er-

rang der Verein zahlreiche Erfolge, allerdings wurde Tapie die Bezahlung von Bestechungsgeldern an gegnerische Mannschaften nachgewiesen. Seine Klage gegen die Bank Crédit Lyonnais wegen Übervorteilung beim Verkauf seiner Aktien am Sportartikelhersteller Adidas wurde unter der damaligen Wirtschaftsministerin und seit 2011 Direktorin des Internationalen Währungsfonds (IWF) Christine Lagarde durch ein Schiedsgerichtsverfahren und eine Schadensersatzzahlung an Tapie beendet, was 2016 zu einer gerichtlichen Anklage gegen Lagarde und einem Schuldspruch wegen fahrlässigen Umgangs mit öffentlichen Geldern führte. • [Bernard Tapie wehrt sich gegen Bestechungs- und Korruptionsvorwürfe:] »Ich werde Ihnen sagen und beweisen, dass es sich um ein abgekartetes Spiel handelt. Es ist unmöglich, in der Morgenausgabe von *Le Monde*, die um 10 Uhr vormittags erscheint, eine ganze Seite mit Interviews und der Beschreibung dessen, was eine Stunde davor in meinem Haus geschehen ist, zu finden, ohne dass dies im Voraus organisiert wurde.« – »Von wem organisiert?« – »Organisiert von denen, die offensichtlich von dem abhalten wollen, was ich heute zu tun beabsichtige, nämlich über die Jugendarbeitslosigkeit, über Europa, die Beziehungen der Menschen zu sprechen. Das gelingt mir nicht, da ich meine Zeit darauf verwenden muss, mich gegen die Attacken zur Wehr zu setzen, die derartig schnell vorgebracht werden, dass ich denken muss, man will nicht, dass ich bis zum 12. durchhalte. Ich sage Ihnen bereits jetzt, wie erstaunt ich war, dass man das ganze letzte Wochenende damit zugebracht hat, den Status meines Bootes zu klären: einen Sonderstatus, den es seit seiner Registrierung vor 10 Jahren hat. Seit seiner Fertigstellung hat es diesen Status. Es gab eine Anzeige, gut, aber nach 10 Jahren entdeckt man diese Dinge? Ich werde Ihnen sagen warum, weil das Boot unter französischer Flagge fährt. Sehen Sie sich die Boote an der Côte d'Azur an, sie fahren unter panamaischer, südamerikanischer oder bahamesischer Flagge. Die Flagge ist französisch, vielleicht legt man mir das zur Last. Ich verstand nicht, warum man auf einmal eine Klage des Zolls zum Status eines Boots von vor zehn Jahren hervorkramt. Ich sage Ihnen warum. Letzte Woche hat man mein Boot beschlagnahmt, diese Woche meine Möbel, in der kommenden Woche wird es einen neuen Antrag auf Aufhebung der parlamentarischen Immunität Tapies geben, ja einen neuen Antrag. Es gab in der ganzen 5. Republik 3 solcher Anträge und gegen mich wurden in neun Monaten drei vorgebracht.« – »Was werden Sie tun?« – »Nun, ich werde mich verteidigen und den Leuten das sagen, was sie bereits begriffen haben: Es geht hier um meine Ehrbarkeit. Angst und Schmerz bereitet mir nur das Dossier von Olympique Marseille. Ansonsten macht man mir dauernd den Prozess, wie ich zu meinem Geld gekommen bin. Ehrlich gesagt ist mir das lieber, als verdächtigt zu werden, das Geld der Staatskasse oder öffentlicher Einrichtungen entwendet zu haben.«

322. ***Ansprache von Jassir Arafat vor der UNESCO.*** – Jassir Arafat (1929–2004), palästinensischer Freiheitskämpfer, der 1993 den Friedenspreis der UNESCO und 1994 den Friedensnobelpreis erhielt (gemeinsam mit dem israelischen Politiker Shimon Peres und dem im Folgejahr ermordeten Ministerpräsidenten Israels Jitzchak Rabin). • [Jassir Arafat spricht vor der UNESCO, in arabischer Sprache mit französischer Synchronübersetzung:] »Ich

ergreife diese Gelegenheit, um vor Ihnen und im Namen der Organisation zur Befreiung Palästinas sowie im Namen des palästinensischen Volkes erneut unsere bindende Zusage zu den Friedensvereinbarungen und ihrer Umsetzung zu bestätigen. Wir werden diesen Weg mit Entschlossenheit und Aufrichtigkeit gemeinsam mit unserem lieben und neuen Nachbarn, dem Premierminister Israels und dem israelischen Außenminister, weiter beschreiten. Sie sind unsere neuen Nachbarn. Davor waren wir Vettern. Ich und mein Bruder Faisal sind Söhne Abrahams, Gott möge ihn segnen. Ja, wir sind Kinder Abrahams, Sie sind Kinder Abrahams. Wir sind also Vettern und wir müssen jetzt Kollegen, Freunde und Nachbarn sein, nicht nur für uns, für die gesamte Region und für das Wohl der ganzen Menschheit.«

322. ***Philippe Alexandre, Serge July und Christine Ockrent in ihrer Sendung* À la une sur la 3.** – *À la une sur la 3* [Auf der Titelseite im dritten Programm] war eine 1992–1994 vom Journalisten und Schriftsteller Philippe Alexandre (*1932), dem Journalisten und Mitbegründer der französischen Tageszeitung *Libération* Serge July (*1942) sowie der belgischen Journalistin und Fernsehmoderatorin Christine Ockrent (*1944) gestaltete, im französischen Fernsehkanal *France 3* ausgestrahlte Informationssendung, in der aktuelle Themen besprochen wurden. • [Trailer dieser Nachrichtensendung]

322. **Drei Medienzaren denken die aktuelle Weltlage neu und lassen uns ausführlich daran teilhaben.** – [Christine Ockrent:] »Politik wieder einmal mit Ihnen, in diesem eher eigenartigen Klima, das erstaunt, wenn man ein wenig Abstand gewonnen hat, mit Gelassenheit und gleichzeitig doch Spannung, ohne politisches Gerangel und mit eher pointillistischen Ausführungen wie insbesondere denen, die gestern gleichzeitig von Madame Simone Veil und Michel Rocard gemacht wurden.«

322. **Die neuen literarisch-politischen Salons von Paris.** – [Christine Ockrent:] »Simone Veil war für eine Erhöhung des allgemeinen Sozialbeitrags – hat Sie das überrascht?« – [Philippe Alexandre:] »Ich glaube, dass sie wie alle über die Höhe des Defizits der Sozialkassen erstaunt war und …« • [Christine Ockrent:] »Sie glauben, sie war erstaunt?« • [Philippe Alexandre:] »Ja, ehrlich erstaunt. Ich glaube, dass sie über die Höhe erstaunt war und dass der Premierminister die Kosten geringer veranschlagt hatte.«

322. **Hier wird die Vortrefflichkeit eines jeden durch das ständige bewundernde Augenzwinkern der beiden anderen bestätigt.** – [Philippe Alexandre:] »Die Schulden der Sozialkassen nämlich und dass sie sich in einer etwas seltsamen Situation befindet, denn dieses Ministerium ist das Gegengewicht zu Charles Pasqua in dieser Regierung. Ja, das sind die beiden emblematischen Figuren …« • [Christine Ockrent:] »Es ist nicht die gleiche Art Schönheit.« • [Philippe Alexandre:] »Nein, es ist nicht die gleiche Art Schönheit. Letztlich besteht ihr Problem darin, dass die Stadt in ihren Zuständigkeitsbereich fällt, aber im Moment erwarten die Franzosen von ihr vor allem, dass sie die Defizite der Sozialkassen abdeckt, weshalb das die Stadt betrifft … Diesbezüglich wird es morgen im Parlament eine Debatte dazu geben. Wenn sie sich für die Stadt entscheidet, könnte es vom Budget her eng für sie werden. Sie befindet sich also in einer Situation, die ein wenig … Ich fand übrigens nicht, dass Ihre Ausführungen so pointillistisch waren. Ich fand sie extrem vorsichtig, wie übrigens auch ihr Fraktionschef. Ich

glaube, der Innenminister wird dies vermutlich ein bisschen weniger sein, wenn er von seinen Problemen spricht, aber ich habe nicht ganz verstanden, warum Sie meinten, die Atmosphäre sei ein wenig eigenartig.«

322. **»Kotz es ruhig aus, wir werden schon sehen, was es ist.«** – [Christine Ockrent:] »Wir beobachten doch diese Mischung von zugleich heiterer Gelassenheit und gleichzeitiger Spannung, da die Situation ja doch besorgniserregend bleibt.« • [Philippe Alexandre:] »Ja, das stimmt, doch das wussten ja alle. Was mich nach wie vor sehr überrascht, ist, dass man uns im Grunde Monat für Monat sagt, dass die wirtschaftliche Lage eher gut ist und dass die Franzosen nun anscheinend plötzlich und ohne alle Überraschung entdeckt haben, dass sie katastrophal ist und sie reagieren heute genauso wenig wie gestern. Ich finde das zugleich gut und doch kann man das vielleicht hinterfragen, diese, ich will nicht sagen Apathie, aber jedenfalls dieses Hinnehmen einer Situation, die immerhin außergewöhnlich ist.« • [Christine Ockrent:] »Und was meinst du dazu, Serge?« • [Serge July:] »Zu Simone Veil oder zur Situation im Allgemeinen?« • [Christine Ockrent:] »Zur allgemeinen Lage, die gewissermaßen die Ausführungen dieses oder jenes Ministers umgibt und einfärbt.« • [Serge July:] »Ich glaube, dass das letztlich ziemlich gut zum Ausdruck bringt, was bei den letzten Wahlen passiert ist: einerseits die Ablehnung, andererseits keine wirkliche Begeisterung für einen Regierungswechsel. Ich glaube also, dass das Geschick und die politische Intelligenz von Edouard Balladur darin bestanden, diese Situation politisch zu übersetzen, die vorgefundenen Gleichgewichte, die Präsentation seiner Regierung und seiner Politik, in der das berücksichtigt ist. Das ergibt das Bild einer gemäßigten Rechten. Ich glaube, das findet in der öffentlichen Meinung Anklang und entspricht der gesamten Entwicklung recht gut.«

322. ***Demonstration von Act Up und Intervention des Leiters von Act Up zum Welt-AIDS-Tag im Dezember 1991.*** – [Nachrichtenfilm über eine Demonstration, in der Parolen skandiert werden: »Act Up en colère« (Act Up ist wütend), »Le SIDA, c'est la guerre« (AIDS ist Krieg), Innenaufnahmen des Büros von Act Up, Stimme eines Nachrichtensprechers aus dem Off:] »In einer kleinen Wohnung unweit der Place de la République befindet sich das Hauptquartier von Act Up. Die Organisation zählt heute 200 aktive Mitglieder und über 500 Sympathisanten. Ausschließlich privat finanziert, lehnt sie jede Subvention ab, um ihre Handlungsfreiheit zu wahren.« • [Ein Verantwortlicher spricht am Telefon:] »Endlich hat einmal jemand etwas in Sachen AIDS unternommen, etwas Symbolisches, das mehr Reichweite hat als die Botschaft der FLS [Fondation lutte contre le SIDA/Stiftung Kampf gegen AIDS]. Sie sind schneller, wenn es darum geht, ein Kondom von einem Penis abzuziehen als … warten Sie … ja, da sind sie schneller, denn es wurde ja abgezogen …, als Präservativautomaten in den Gymnasien oder Spritzenautomaten in den Städten aufzustellen. Was antworten Sie darauf?«

322. **Mit der Pille weder Alkohol noch Tabak. Nicht zu viel verlangen!** – [Fortsetzung, ein Mann spricht am Telefon:] »Moment! Wer ist denn Gesundheitsminister in Frankreich? Der Innenminister oder der Justizminister? Ist es Pasqua, ja? Dann ist das wenigstens einmal klargestellt. Nein, ich höre nicht auf. Es ist Welt-

AIDS-Tag und Frankreich tut sich durch Blödsinn hervor. Sie machen nur Blödsinn im Ministerium. Sie haben wohl Wichtigeres zu tun, als sich um AIDS zu kümmern, nicht wahr?« – Charles Pasqua (1927–2015), französischer Innenminister.

322. ***Direktbericht von der Wiedervereinigung der Familie Boutboul.*** – In dem undurchsichtigen und in den französischen Medien ausführlich behandelten Kriminalfall der Familie Boutboul geht es um Pferdewetten, Betrug und Auftragsmord mit Verbindungen in höchste Regierungskreise. Die Rechtsanwältin Marie-Élisabeth Cons-Boutboul (*1924) und ihr Mann Robert trennen sich kurz nach Geburt ihrer Tochter Darie (*1958) einvernehmlich, um ein unabhängiges Leben zu führen. Zur Wahrung des Anstands täuschen sie das Ableben Roberts vor. Aufgrund betrügerischer Verrechnung überhöhter Honorare als Rechtsanwältin verliert sie ihre Berufszulassung. Ihre Tochter heiratet Jacques Perrot, einen Rechtsanwalt und Freund von Laurent Fabius, dem späteren Premierminister Frankreichs. Als Jacques droht, den geheim gehaltenen Betrug seiner Schwiegermutter publik zu machen, wird er ermordet. Obwohl der Verdacht auf sie fällt, kann ihr zunächst keine Verbindung zum Mord nachgewiesen werden, erst 1994, nachdem auch der mutmaßlich von ihr gedungene Auftragsmörder ermordet wurde, wird sie verurteilt. Die auch dank finanzieller Unterstützung der Mutter und deren Kauf von Rennpferden als Jockey und bei Pferdewetten erfolgreiche Tochter trifft im Laufe der Ermittlungen in einem von einer Journalistin organisierten und im Fernsehkanal Antenne 2 übertragenen Wiedersehen mit ihrem totgeglaubten Vater zusammen. • [Untertitel: »Die Affäre. Die Boutboul sprechen sich aus.« Ein Nachrichtensprecher aus dem Off:] »Offizielle Wiedervereinigung der Familie Boutboul. Daries Mutter erklärt, dass die Ermittlungsakten zum Mord an ihrem Schwiegersohn Material enthalten, das für sie schwer belastend ist.« • [Die Tochter betritt eine Wohnung, in der der Vater mit einem kleinen Kind am Arm sie in Empfang nimmt und umarmt, dann sitzt der Vater neben der Mutter mit dem kleinen Kind am Arm, die Tochter an seine Brust gelehnt, Stimme der Tochter:] »Warum konnten wir nicht ohne all das wieder zusammenkommen, ohne den Tod von Jacques, ohne all das, warum?« • [Frage aus dem Off:] »Und es ist doch recht erstaunlich: ein Vater, der beschließt, vor seiner Tochter völlig von der Bildfläche zu verschwinden.« • [Der Vater antwortet, Untertitel: »Robert Boutboul«:] »Ja, sagen wir mal so, die Mentalität mit 45 Jahren und mit 74 Jahren ist nicht die gleiche: Als ich jünger war, war ich voller Ungestüm und Tatendrang. Ich wollte unabhängig sein, frei von den Fesseln des engen Familienmilieus, das in meinen Augen meine Freiheit beschnitt.« • [Frage aus dem Off:] »Als Sie sich von Ihrer Frau trennten, da beschlossen Sie, nichts mehr von sich hören zu lassen?« • [Der Vater:] »Ja, nach meiner Trennung sah ich weder Elisabeth noch Darie, doch ab und zu traf ich mich weiterhin mit Elisabeth und sie erzählte mir von den Schwierigkeiten, die Darie mit ihren Klassenkameradinnen hatte. Ich erinnere mich sehr gut. Sie sollte ihr sagen, ich sei tot, dann würde sie nicht mehr fragen.«

322. ***Die gleiche Episode, das gleiche Zusammentreffen mit der Tonspur von »Nuits fantastiques du Loto«.*** – Serge Marie Aubry (*1951) ist ein französischer Regisseur und Organisator von audiovisuellen Spektakeln, der 1991 für die staatliche Lottogesellschaft Frankreichs »La Française des Jeux« das Wan-

derspektakel *Les Nuits Fantastiques du Loto* [Die fantastischen Nächte des Lotto] entwirft. – »Was habt Ihr gestern Abend gemacht? Ah, gestern Abend, ja da haben wir einen zehn Meter großen Riesen gesehen, der uns in einer riesigen Kugel die Zukunft vorausgesagt hat und dann ist der Riese ganz klein geworden und da war ein riesiges Boot … erinnerst du dich, wie das Boot beim Vulkan strandete und der Vulkan sich in eine geheimnisvolle Insel verwandelte?« – »Seid ihr zwei sicher, dass mit euch alles in Ordnung ist?« – »Ja, ich sage dir doch, es war eine Insel.« • [Kommentator:] »*Les nuits fantastiques du Loto*, warten Sie nicht darauf, dass man sie Ihnen erzählt! *Les nuits fantastiques du Loto*: Gratisvorstellung heute Abend um 22h30 in Le-Touquet, Parking Aqualud.«

322. ***Werbevideo der D.R.S.P. (Direction régionale des services pénitentiaires) [Bezirksdirektion des Strafvollzugsdienstes] von Alsace-Lorraine.*** – [Textbild:] »Was sind Ihre Vorteile? D.R.S.P.« • [Neben dem Logo »D.R.S.P.« spricht ein Mann in einem verkleinerten Bildausschnitt in die Kamera:] »Ihre Vorteile sind dreifacher Art: Sie betreffen die Kosten, die Flexibilität und das Ergebnis. Hinsichtlich der Kosten garantiere ich Ihnen für über eintausend Arbeitsplätze um 50% verringerte Arbeitnehmerabgaben. Ich garantiere Ihnen zudem eine Arbeitskraft, die ausschließlich nach dem Ertrag bezahlt wird und ich garantiere Ihnen auch eine äußerst spezifische Kontrolle der gelieferten Artikel.«

322. **Aber worauf möchte man schließlich hinaus?** – [Fortsetzung des Werbevideos:] »Was die Flexibilität betrifft, können wir uns auch an extrem enge Zeitvorgaben anpassen. So haben wir neulich in weniger als vierzehn Tagen eine Million Artikel in Säckchen verpackt. Ich garantiere Ihnen auch, dass es kein Fernbleiben vom Arbeitsplatz geben wird. Ich garantiere Ihnen, dass wir zwölf Monate im Jahr durchgehend arbeiten werden und dass unser Unternehmen keine Arbeitskonflikte kennt. Was die Ergebnisse betrifft, so verfügen wir über ein äußerst breit gefächertes Know-how, das von den repetitivsten Arbeitsprozessen bis zur Entwicklung von Softwareprogrammen reicht.«

323. **Wofür will man uns begeistern?** – [Fortsetzung des Werbevideos:] »Ich denke, ich habe Sie überzeugt. Ich schlage Ihnen vor, die Dinge in einem gemeinsamen Treffen zu besprechen. • [Detailaufnahmen der Arbeit einer Maschine für mechanische Metallbearbeitung, Frauenstimme aus dem Off:] »Die Berater der D.R.S.P. stehen täglich zu Ihrer Verfügung. Sie setzen sich mit der Strategie Ihres Unternehmens auseinander. Sie richten sich nach Ihren Auflagen und suchen passgenaue Lösungen für Ihr Unternehmen.«

323. **Es geht schlicht und einfach um Gefangenenarbeit.** – [Fortsetzung des Werbevideos, Frauenstimme aus dem Off:] »Antwort auf die spezifische Funktionsweise Ihres Unternehmens zu geben, eine qualitativ hochwertige Dienstleistung zu garantieren, der Partner der Öffnung und des Dialogs zu werden, vorteilhafte und kosteneffiziente Lösungen zu bieten – das sind die Vorteile, die Ihnen der regionale Strafvollzugsdienst bietet.« • [Textbild:] Der regionale Strafvollzugsdienst Elsass-Lothringen.

323. ***Leichenberge bei einer Epidemie in Ruanda.*** – [Nachrichtenbericht, ein Helfer berichtet:] »Es ist zu viel, wir gehen unter in Arbeit. Die Zahl der Erkrankungen ist viel zu groß. Und laufend treffen neue ein. Allein gestern haben wir 800 Leichen am Straßenrand gefunden. Und dann

noch weitere hundert Leichen. Wir fahren den Weg nochmals ab, um alle Verstorbenen einzusammeln. Noch einmal hundert. Wir rehydrieren die Leute mit Hilfe eines Personals, das wir nicht kennen, das wir einfach so einstellen. Zwei, drei Expats. Wir sind völlig überfordert.« – »Wie viele Ärzte seid Ihr hier?« – »Im Moment arbeiten hier drei einheimische Ärzte. Zwei Ärzte und drei Krankenschwestern, mehr nicht. Das ist total unzureichend. Bei einem solchen Ausmaß ist die Wirkung zu gering.« • [Berichterstatter:] »Aber Sie können wenigstens einige Personen retten?« • [Helfer:] »Retten, ja, das hoffe ich trotz allem, aber wenn wir morgen wiederkommen, werden es noch einmal doppelt so viele Tote sein.«

323. **Alice Becker-Ho, Autorin von: *L'essence du jargon*.** → Alice Becker-Ho, *L'Essence du jargon*, Paris: Gallimard 1994.

323. **Ghislain-Gontran de Saint-Ghislain des Noyers de Marbaix, Autor von: *Monsieur Gontran*.** → Randal Lemoine [und Ghislain de Marbaix], *Monsieur Gontran, avril 1960 – avril 1962*, Paris: Julliard 1968.

323. **Ivan Vladimirovitch Chtcheglov, Autor von: *Formulaire pour un urbanisme nouveau* [Formular für einen neuen Urbanismus].** – Ivan Chtcheglov (Gilles Ivain), »Formulaire pour un urbanisme nouveau« (1953), in: *IS*, Nr. 1; die nach dem Originalmanuskript mit Anmerkungen ergänzte Ausgabe in Gegenüberstellung zur oben genannten von Debord publizierten Version findet sich in: Chtcheglov, *Écrits*, S. 7–20.

323. **Gil J Wolman, Autor von: *L'anticoncept* [Das Anti-Konzept].** – Gil Wolman, »L'anticoncept« → in: *Ion*, S. 167–186.

323. **Asger Jorn, Autor von: *Pour la forme* [Plädoyer für die Form].** → Asger Jorn, *Pour la Forme. Ébauche d'une méthodologie des arts*. Paris: L'Internationale Situationniste 1958. Dt. *Plädoyer für die Form. Entwurf einer Methodologie der Kunst*. Hg. v. Galerie van de Loo, München: Boer Verlag 1990.

[Abspann:]
Dank an: Guy Debord, Alice Becker-Ho, Paul Destribats, Lino Leonardi, Alain de Greef, Hélène Brieussel, Sylvie Blum, Sophie Druet, Jean-Michel Bouhours, Capa, Léos Carax, UMT.
Die Musik von Lino Léonardi ist seinem den Gedichten von François Villon gewidmeten Album entnommen.
Geschäftsführender Produzent: INA
Mit der Beteiligung von CNC
© CANAL+ /INA 1994

LETZTE ERKLÄRUNG GUY DEBORDS

→ Debord, *Corr.*, Bd. 7, S. 472, und Debord, *Quarto*, S. 1878.

AM 14. NOVEMBER 1994 ...

→ Debord, *Quarto*, S. 1877.

TECHNISCHE ANGABEN

→ Debord, *Quarto*, S. 1877.

BRIEF AN BRIGITTE CORNAND, 27. MÄRZ 1993

→ Debord, *Corr.*, Bd. 7, S. 403–404, und Debord, *Quarto*, S. 1877–1888.

Werner Rappl

Mit dem Kino gegen das Kino

Filme lesen – Filme leben

Welch Schauspiel! Aber ach!
ein Schauspiel nur!
Wo fass ich dich, unendliche Natur?
Euch Brüste, wo? Ihr Quellen alles Lebens,
An denen Himmel und Erde hängt,
Dahin die welke Brust sich drängt –
Ihr quellt, ihr tränkt, und schmacht ich so
vergebens?

Johann Wolfgang von Goethe, *Faust*

Nicht soziologische Analysen oder eine Aktualisierung der Revolutionstheorie, sondern die Erfahrungen der Dürftigkeit des gesellschaftlichen Lebens bestimmen die Ideen, Projekte, Aktionen und Schriften der Gruppe jugendlicher Herumtreiber auf den Straßen und in den Cafés der frühen 50er Jahre in Paris. »Quel spectacle! Mais hélas, ce n'est qu'un spectacle«, lautet die von Guy Debord in seinen Notizen exzerpierte Stelle aus Goethes *Faust* in der Übersetzung von Gérard de Nerval[1], und so könnte auch sein bekanntestes Werk weniger sensationell »Die Gesellschaft des Schauspiels« heißen. Darin beschreibt er den Scheincharakter des gesellschaftlichen Austauschs im Warenhandel und Geldverkehr. In seinen Filmen beschreibt er ein im Gegensatz dazu unmittelbar erfahrenes Leben. Das allgemeine Unbehagen am erfahrenen Leben in der Gesellschaft bildet den Ausgangspunkt. Um die Begriffe der Verdinglichung, Entfremdung und Repräsentation sowie in der Folge vor allem um den des »spectacle« herum formuliert Debord auf den Spuren von Hegel und Marx eine via negativa, die nichts Bestehendes gelten lässt: »Nichts, was so schlecht war, kann gut werden.« Nach Neuem tastend schweift die Analyse des Bestehenden umher, bedient sich am bereits Formulierten, entwendet es und verleiht ihm neues Leben: »Alles war von Grund auf zu ändern.«

Gegen welches Spektakel, welches Schauspiel richtet sich seine Kritik? Es ist nicht so sehr die Verteufelung der Vergnügungen und Schaustellungen als heidnische Götzenverehrung und Beleidigung der Schöpfung Gottes, wie sie von Tertullian in *De spectaculis*, ihrer »concussione spiritus«, also der »Erschütterung des Geistes«, wegen angeprangert wird.[2] Im Gegensatz dazu geht es, wie Paulus im ersten Brief an die Korinther schreibt, um das, »was kein Auge gesehen und kein Ohr gehört hat, was keinem Menschen in den Sinn gekommen ist«[3] und bei Shakespeare als Traum erscheint:

1 Fiche de lecture, Dossier »Poésie, etc.«, Paris: Bibliothèque nationale de France, Manuscrits, Fonds Guy Debord, NAF 28 603, zit. n. *Guy Debord. Un art de la guerre*, op. cit., S. 131.

2 Tertullian (Quintus Septimius Florens Tertullianus), *De spectaculis/Über die Spiele* (197–202), übers. u. hg. v. Karl-Wilhelm Weeber, Stuttgart: Reclam 1988, Kap. 15,3.

3 1 Korinther 2,9.

»Des Menschen Auge hat's nicht gehört, des Menschen Ohr hat's nicht gesehen, des Menschen Hand kann's nicht schmecken, seine Zunge kann's nicht begreifen und sein Herz nicht wieder sagen, was mein Traum war.«[4] So ist auch das von Debord beschriebene Spektakel umfassender und meint das Leben in einer als Spektakel organisierten Gesellschaft, die in allen Verästelungen bis zu den Beziehungen der einzelnen Menschen untereinander vom Spektakel bestimmt wird: »Das Spektakel ist nicht ein Ganzes von Bildern, sondern ein durch Bilder vermitteltes gesellschaftliches Verhältnis zwischen Personen.«[5]

Eines der Hauptverdienste der Werke Guy Debords ist es, das Unbehagen in Worte gefasst zu haben. Worte erschaffen eine Welt. Neue Worte erschließen neue Territorien. Ihre (Neu-)Anordnung ergibt den Sinn, weist also den Weg.[6] Und Debord gibt auch den Ton vor: Das entfremdete Leben soll aus der Isolation befreit werden, und zwar nicht für Zuschauer oder Akteure im Theater, Kino oder Museum. Der Tonfall der neuen Sprache macht deutlich, dass sie sich nicht selbst genügt. Ihre Kritik trägt sie so stammelnd vor, wie es dieses Ungenügen zulässt. In seinen Filmen spricht Debord nicht die schöne Sprache seiner Zeit. Er stellt sie bloß, indem er sie vorführt – in den entwendeten Bildern ebenso wie in den Phrasen. »Man stellt eine Organisation der Existenz nie wirklich in Frage, ohne alle mit ihr verbundenen Sprachformen in Frage zu stellen.«[7] Und so sind im ersten, im Umfeld der Lettristen entstandenen Film Guy Debords nur Zitate aus der Chronik der laufenden Ereignisse in den Worten der Lokalnachrichten, Gesetzbücher, Dichter und Philosophen zu hören. Es gibt keine Bilder im herkömmlichen Sinn zu sehen, sondern nur abwechselnd die weiße und schwarze Leinwand. Licht oder Dunkelheit. Das Leben findet nicht im Kino statt. Der Autor bedient sich dieses Mediums nur, um dessen Ungenügen vorzuführen und ex negativo die Fülle der Erfahrung unvermittelten Erlebens aufblitzen zu lassen. Auch seine folgenden Filme machen die Verweigerung der Unterhaltung der Zuschauer mit den Mitteln des Films sichtbar und veranschaulichen und unterlaufen gleichzeitig die Konventionen der Filmproduktion. Der die Bilder begleitende, aus Zitaten sowie poetischen und philosophischen Kommentaren bestehende,

4 »I have had a most rare vision. I have had a dream – past the wit of man to say what dream it was. Man is but an ass if he go about to expound this dream. Methought I was – there is no man can tell what. Methought I was, and methought I had – but man is but a patched fool if he will offer to say what methought I had. The eye of man hath not heard, the ear of man hath not seen, man's hand is not able to taste, his tongue to conceive, nor his heart to report what my dream was.« Shakespeare, *A Midsummer Night's Dream* (1595/96), 4. Akt, Szene 1. Übersetzung von August Wilhelm von Schlegel.

5 Debord, *SdS* I,4.

6 »Das Problem der Sprache steht im Mittelpunkt aller Kämpfe für die Abschaffung bzw. Aufrechterhaltung der gegenwärtigen Entfremdung; es lässt sich vom ganzen Gebiet dieser Kämpfe nicht trennen. Wir leben in der Sprache wie in der verbrauchten Luft.« »All the king's men«, in: *IS*, Nr. 8, Januar 1963, S. 29, dt. *Beginn einer Epoche*, S. 161–165. »Es ist unmöglich, sich von einer Welt zu lösen, ohne sich auch vom Sprachgebrauch zu lösen, der sie verdeckt und garantiert, ohne ihre Wahrheit bloßzulegen. [...] Unser Projekt der Befreiung der Worte ist geschichtlich mit dem Unternehmen der Enzyklopädisten vergleichbar.« Mustapha Khayati, »Les mots captifs (préface à un dictionnaire situationniste)«, dt. »Die gefesselten Worte (Einleitung zu einem situationistischen Wörterbuch)«, in: *IS*, Nr. 10, 3/1966, S. 461–467 (50–55); dt. *Beginn einer Epoche*, S. 189–194; siehe auch Guy Debords Notizen zu einem Wörterbuch in seinem Nachlass in der Bibliothèque nationale de France, in: *Lire Debord*, S. 149–203.

7 Guy Debord, *Über den Durchgang einiger Personen durch eine ziemlich kurze Zeiteinheit* (1959).

aus dem Off gesprochene Text beansprucht die gesamte Aufmerksamkeit des Zuschauers, dessen Überforderung Teil des Programms ist und auch eine Einübung in die Erfahrung der Belanglosigkeit der gezeigten Bilder (Wochenschauen, Nachrichten, »aktuelle« Berichterstattung) darstellt. Wenn der Zuschauer den Analysen und Kritiken im Text folgen will, kann er die Bilder nur an sich vorüberziehen lassen, ohne ihre vorgebliche Bedeutung zu analysieren. Unterbrochen wird diese Wahrnehmungssituation nur von den Schriftbildern, deren Lektüre in voller Konzentration erfolgen kann, da sie entweder von Stille oder Musik begleitet werden. Die Kümmerlichkeit der Bilder wird vorgeführt und erläutert: »Natürlich kann man unter Umständen einen Film daraus machen. Doch wird dieser Film, auch wenn es ihm gelingen würde, so grundsätzlich zusammenhanglos und unbefriedigend zu sein wie die von ihm behandelte Wirklichkeit, nie mehr als eine Wiederherstellung sein.«[8]

»Guy Debord hat sehr wenig Kunst gemacht, die aber extrem«, behauptet er in dem am Ende seines Lebens mitgestalteten Fernsehfilm, wieder im erhabenen Stil der französischen Klassik, am Kardinal von Retz und an Bossuet geschult – obwohl der Umfang seiner Werke letztlich nicht so gering ist: Die Gesamtausgabe seiner Werke, Schriften, Collagen, Pamphlete, Traktate umfasst immerhin an die 2000 Seiten. Dazu kommen noch 8 Bände Korrespondenz.[9] Die Vielfalt der Texte verrät ebenso wie seine zahlreichen Briefe an eine Vielzahl von Adressaten die große Bandbreite der Aktivitäten. In gleich welchem Medium, sei es Literatur, Film oder bildende Kunst, sind seine Interventionen gegen die Konventionen gerichtet. Entsprechend dem Programm der Situationisten und Guy Debords, ihren Aktionsradius nicht in der Kunst, sondern direkt in der Veränderung der gesellschaftlichen Verhältnisse zu entfalten, produzierten sie eben auch wenige »Werke« im herkömmlichen Sinn. Die Filme Guy Debords stellen daher eine der Hauptquellen der Dokumentation und strategischen Vermittlung ihres Vorhabens dar.

*

Der erste Film, *Geheul für Sade*, wurde zunächst 1952 in einer ersten Fassung als Drehbuch veröffentlicht, das auch Angaben zu Bildern enthielt. Diese Fassung wird in den Anmerkungen zum Film (Bandteil 1, S. 286–295) erstmals zur Gänze in deutscher Übersetzung wiedergegeben. Viele der darin enthaltenen Texte finden sich auch in der wenige Monate nach der Publikation dieses Drehbuchs als Film ausgeführten Fassung (Bandteil 1, S. 9–18) wieder, in der die Leinwand jedoch keine Bilder zeigt, sondern nur abwechselnd weiß oder schwarz bleibt. Licht oder Finsternis. Alles oder Nichts. Ein puristisches manichäisches Manifest. 1958 wird Debord sein Buch *Mémoires*, eine Collage von unterschiedlichsten Publikationen entnommenen Texten, vorlegen. Als »structures portantes«, also Tragkonstruktionen, dienen Drip Paintings Asger Jorns, in die Guy Debord »éléments préfabriqués«, also Fertigteile montiert, beides am Titelblatt verwendete Fachausdrücke, die der industriellen Bautechnik entnommen sind.[10] Damit ist eine der wichtigsten Techniken Debords, die Wiederholung, Neu-

8 Ibid.

9 Debord, *Quarto* und *Corr*.

10 Debord, *Mémoires*; ein Jahr davor stellten Debord und Jorn eine ähnlich Collage zusammen, die Asger Jorn als Hauptautor angibt: Asger Jorn, *Fin de Copenhague*.

zusammenstellung und Variation vorgefundener Texte, als Film und Buch vorgeführt und es folgen zwei Filme, in denen das situationistische Projekt entworfen wird: *Über den Durchgang einiger Personen durch eine ziemlich kurze Zeiteinheit* (1959) und *Kritik der Trennung* (1961), die beide von Asger Jorn produziert werden. Während *Geheul für Sade* eine deutliche Nähe zu lettristischen Gestaltungstechniken verrät und viele dadaistisch-surrealistische Elemente enthält, betonen diese beiden nach dem Bruch mit den Lettristen, in der Zeit der theoretischen Ausformulierung des situationistischen Programms entstandenen Filme stärker theoretische Formulierungen, eine Auseinandersetzung mit der Bildgestaltung sowie Kritik am Dokumentarfilm herkömmlicher Prägung.

Über zehn Jahre später folgt dann 1973 die Verfilmung von Debords bekanntestem theoretischem Werk *Die Gesellschaft des Spektakels*. In diesem wie auch in den beiden folgenden Filmen, die vom Filmproduzenten und Gründer des Verlags Champ Libre, Gérard Lebovici, produziert werden, finden sich zahlreiche Bild- und Textzitate: Während die davor gedrehten Filme, die zu ihrer Entstehungszeit nur sehr selten bis gar nicht gezeigt worden waren[11], längere, eigens für diese Filme gedrehte Passagen enthielten, dominieren in den späteren Ausschnitte aus Dokumentationen, Werbefilmen und Spielfilmen. Zwei Jahre nach seinem Film *Die Gesellschaft des Spektakels* kommentiert Debord einige der zu diesem Film erschienenen Kritiken in einem eigenen kürzeren Film und holt dabei unter Hervorhebung einzelner Kritikpunkte zu einem Rundumschlag aus, in dem er all seinen Kritikern schlichtweg die Kompetenz abspricht, seinen Film zu kritisieren. In seinem anschließenden, 1978 gedrehten Film *In girum imus nocte et consumimur igni*, der gewissermaßen als »filmisches Testament« konzipiert ist, fließen verstärkt auch autobiografische Angaben ein.[12] In seinem Nachlass in der Bibliothèque nationale de France[13] finden sich erste Aufzeichnungen zu einem Film dieser Art, die bis 1961 zurückreichen.[14] Wie auch *Die Gesellschaft des Spektakels* zeigt *In girum imus nocte et consumimur igni* die filmische Umsetzung der situationistischen Technik der Dérive, des Umherschweifens, »des eiligen Durchquerens abwechslungsreicher Umgebungen«, eines »konstruktiven Spielverhaltens« zur Erkundung psychogeografischer Variationen eines Gebietes.[15] Darüber hinaus wird der Zuschauer mit vom Geschehen distanzierenden Kontinuitätsbrüchen konfron-

11 Zu den Aufführungen der ersten beiden Filme siehe die Angaben in den Kommentaren. Für den Film *Kritik der Trennung* wurden keine Angaben über Aufführungen zu seiner Entstehungszeit gefunden. Laut GC. Marie, S. 69, fand der Film keine Verbreitung. Andrew Hussey erwähnt in seiner Biografie (*The Game of War. The Life and Death of Guy Debord*, London: Jonathan Cape 2001, S. 169) eine Aufführung in Paris im Februar 1961. Debords letzter Film *In girum imus nocte et consumimur igni* (1978) wurde mangels Interesse einer Abspielstätte erst drei Jahre nach seiner Fertigstellung ab dem 6. Mai 1981 im Vertrieb von Gaumont in drei Kinos des Quartier Latin in Paris öffentlich vorgeführt.

12 »So ziehe ich es also vor, anstatt tausenden belanglosen Filmen einen weiteren hinzuzufügen, hier darzulegen, warum ich nichts dergleichen machen werde. Das bedeutet, die belanglosen Abenteuer, die das Kino erzählt, durch die Untersuchung eines wichtigen Gegenstands zu ersetzen: mich selbst.« Guy Debord, *In girum imus nocte et consumimur igni* (1978).

13 Bibliothèque nationale de France, Département des manuscrits, NAF 28603.

14 Im Unterschied dazu datieren die ersten Notizen zur Verfilmung der *Gesellschaft des Spektakels* erst von 1968, also auch einige Jahre, bevor Debord den Produzenten seiner Filme fand, vgl. *Lire Debord*, S. 80, 81, 94, 95, 139, 140.

15 Guy Debord, »Theorie de la dérive« (»Theorie des Umherschweifens«), in: *Les lèvres nues*, Nr. 9; 11/1956, S. 6–10;

tiert: »Man könnte diesem Film noch einen gewissen künstlerischen Wert zubilligen, wenn dieser Rhythmus beibehalten würde; und er wird nicht beibehalten werden.«[16] Und fünf Jahre danach: »Hier werden den Zuschauern, denen sowieso schon alles weggenommen wurde, auch noch die Bilder entzogen.«[17] Eine entscheidende Rolle spielt die besondere Montagetechnik der Entwendung, in der Worte und Bilder in neue Zusammenhänge gestellt werden und in dieser Anordnung den Etikettenschwindel der Berichterstattung enthüllen: »Die Anordnung der Worte, die zu einer Aussage führt, verändert etwas in der Ordnung der Welt, durch ihre Wirkung auf das Bewusstsein der Menschen: auf das Bewusstsein dessen, der etwas formuliert und auf das Bewusstsein derer, die die Aussage hören. Diese Aussage bildet die Bresche, durch die ein Moment der Ewigkeit hereinbricht in eine Welt, die dunkel ihrem Verschwinden entgegenrollt.«[18] Und im zweiten Band seines Buches *Panégyrique* bezieht er diese Montage ausdrücklich auf das Verhältnis von Wort und Bild: »Die beherrschenden Täuschungsmanöver unserer Zeit sind am besten Wege, vergessen zu lassen, dass die Wahrheit auch in den Bildern zu sehen ist. Das Bild, das nicht absichtlich von seiner Bedeutung getrennt wurde, fügt dem Wissen viel Genauigkeit und Gewissheit hinzu. Bis vor wenigen Jahren zweifelte niemand daran. Ich möchte es jetzt in Erinnerung rufen. Die authentische Illustration erhellt die wahre Rede so wie ein Nebensatz, der weder unvereinbar noch pleonastisch ist.«[19]

*

Einige Sequenzen aus den Filmen sollen verdeutlichen, wie präzise die von Debord verwendeten Elemente wie Ausschnitte aus Spiel- oder Werbefilmen, Dokumentaraufnahmen und von ihm selbst gestaltete Aufnahmen zu seinen eigenen gesprochenen Texten in Bezug gesetzt werden.

In Debords zweitem Film, *Über den Durchgang einiger Personen durch eine ziemlich kurze Zeiteinheit*, erläutert der durchgehend aus dem Off gesprochene Kommentar an manchen Stellen die Montage der Bildsequenzen, dann wieder entfernt er sich weiter von den Bildern. Stellenweise unterbrechen abwechselnd Weißfilm und Stille die Kontinuität des Geschehens. Die Inkohärenz der aufeinanderfolgenden Gestaltungselemente versteht sich als »realistische Beschreibung einer der Kohärenz und Bedeutung beraubten Lebensweise«, wie Debord in

dt. *Potlatch*, S. 332–340; und (ohne den letzten Absatz) in: *IS*, Nr. 2, 12/1958, S. 51–55; dt. *Beginn einer Epoche*, S. 64–67. Siehe auch »Deux comptes rendus de dérive« (»Zwei Protokolle von Umherschweif-Experimenten«), in: *Les lèvres nues*, Nr. 9, S. 10–13; dt. *Potlatch*, S. 341–349.

16 Guy Debord, *Die Gesellschaft des Spektakels* (1973).

17 Guy Debord, *In girum imus nocte et consumimur igni* (1978).

18 [...] l'arrangement des mots qui aboutit au discours transforme quelque chose dans l'ordre du monde par une action sur les consciences: celle qui le formule et celles qui l'entendent. Il est la brèche par où s'engouffre un moment d'éternité dans un monde qui roule obscurément vers sa perte.« Debord, *Mémoires*. Laut Donné, S. 39, entnahm Debord die zitierte Passage Maurice Nadeau, »Prestige de Michel Leiris, II: Expérience du langage«, in: *Les Lettres nouvelles*, Nr. 33 (12/1955), S. 778.

19 »Les tromperies dominantes de l'époque sont en passe de faire oublier que la vérité peut se voir aussi dans les images. L'image qui n'a pas été intentionnellement séparée de sa signification ajoute beaucoup de précision et de certitude au savoir. Personne n'en a douté avant les très récentes années. Je me propose de le rappeler maintenant. L'illustration authentique éclaire le discours vrai, comme une proposition subordonnée qui n'est ni incompatible ni pléonastique.« Guy Debord, *Panégyrique*, Bd. 2, Paris: Librairie Arthème Fayard 1997. Übersetzung W.R.

einem im Bandteil 1 auszugsweise wiedergegebenen Brief an André Frankin schreibt. Der »sesshaften Bevölkerung der Etagen«, wie es eingangs im gesprochenen Text zu den gefilmten Hausfassaden heißt, die »von den Einflüssen der Straße abgeschirmt« war, wird das Umherschweifen durch ebendiese Straßen entgegengehalten. [Bildblock 1]

Die »im Stil eines Kunstfilms« in Detailvergrößerungen abgefilmte Fotografie der ebenso beiläufig wie provokant in ostentativer Langeweile und Renitenz um einen Tisch mit Weinflasche und verschüttetem Wein sitzenden Personen verrät gleich zu Beginn, wie in diesem Film konventionelle Filmgestaltung durch andere Inhalte unterlaufen wird.[20] Auf die kurz danach gezeigten Szenen einer Prozession mit Papst Pius XII. folgen Aufnahmen von Schülerinnen des nach dem Erzbischof von Cambrai benannten Lycée Fénelon, eines altehrwürdigen Mädchengymnasiums im Pariser Quartier Latin, das die Koedukation erst in den 1970er Jahren einführen wird. Die nach Ende des Unterrichts durch die nahe gelegene Rue de l'Éperon strömenden Schülerinnen und die Aufnahmen von Straßenschlachten demonstrierender Jugendlicher mit Ordnungskräften im selben Viertel von Paris werden durch den Kommentar verbunden und erläutert, in dem von Kontrolle und Resignation der Jugend die Rede ist. Wieder belegen und konterkarieren die Bilder den gesprochenen Text. [Bildblock 2.1]

Daran anschließend sehen wir wieder wie im einleitenden Beispiel eine gelangweilt an einem Tisch mit Weinflasche sitzende Gruppe. Gesteigert wird die Banalität dieser Szene nun jedoch nicht durch Detailvergrößerungen, sondern durch Einzelaufnahmen von Mitgliedern dieser im gesprochenen Text als »provisorische Mikro-Gesellschaft« bezeichneten Gruppe. In Nahaufnahmen von vorne gefilmt, bringen sie ihr Unbehagen über diesen voyeuristischen Zugriff der Kamera zum Ausdruck. Gegen die filmischen Konventionen verstoßend blicken sie in die Kamera und spielen mit der Erwartung, dass gefilmte Personen sich in Szene setzen. Ein Mann knallt sein Weinglas auf den Tisch und verlässt mit forciertem Lachen seinen Platz vor der Kamera, die weiter die leere Wand hinter ihm filmt. [Bildblock 2.2]

Auch in der offensichtlich Gespräche vortäuschenden Gruppe an einem längeren Tisch nimmt derselbe Mann direkten Blickkontakt mit der Kamera auf. Am Rand des Bildes sichtbare Zuschauer der Dreharbeiten sowie Aufnahmen des Filmteams bei seiner Arbeit oder der eine Aufnahme einleitenden Filmklappe sind weitere Beispiele der Ausstellung der Missachtung der vom konventionellen Film geforderten Illusion[21] zugunsten einer kritischen Selbstreflexion des Entstehungsprozesses.[22] Das betrifft auch die Aufnahmetechnik, deren Scheitern als Teil des kritischen Verfahrens gesehen wird. Der gesprochene Kommentar bereitet darauf vor:

20 Vgl. die Detailanalyse dieser Fotografie und ihrer Verwendung im Film in: Tyrus Miller, »Situating Images. Photography, Writing and Cinema in the Work of Guy Debord«, in: *On Writing with Photography*, hg. v. Karen Beckman und Liliane Weissberg, Minneapolis: University of Minnesota Press 2013, S. 173–201.

21 »Und das Spezifische des Kinos, einmal im Reinzustand betrachtet, liegt […] schlicht darin, daß die Kamera die Einheit des Ortes respektiert.« André Bazin, *Was ist Film?*, hg. v. Robert Fischer, Berlin: Alexander Verlag 2004, S. 81.

22 »Kunst im Film ist reaktionär, weil sie Ganzheit symbolisiert und derart die Fortexistenz von Glaubensinhalten vorspiegelt, welche die physische Realität sowohl anrufen wie zudecken.« Siegfried Kracauer, *Theorie des Films. Die Errettung der äußeren Wirklichkeit. Schriften*, Bd. 3, Frankfurt a. M.: Suhrkamp 1973, S. 391.

1

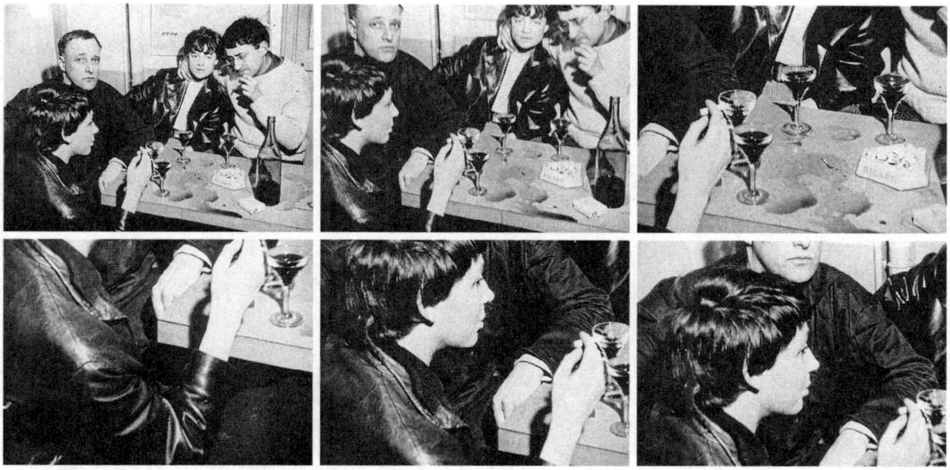

Hier wurde der systematische Zweifel an allen Vergnügungen und Arbeiten einer Gesellschaft, eine globale Kritik ihrer Vorstellung von Glück in die Tat umgesetzt.

Auch die vermeintliche subjektive Tiefe verachteten diese Leute. Sie interessierten sich ausschließlich für einen hinreichenden Ausdruck ihrer selbst, auf konkrete Weise.

Die Menschen sind sich ihres wirklichen Lebens nicht völlig bewusst … handeln meist tastend; ihre Taten folgen ihnen, gehen in ihren Folgen über sie hinaus; in jedem Moment stehen die Gruppen und Individuen somit vor ungewollten Ergebnissen.

2.1

Die Erweiterung des Alltagslebens war noch nicht den in der Naturbeherrschung erzielten Fortschritten gefolgt. Die Jugend verfloss zwischen den verschiedenen Kontrollen der Resignation.

2.2

Unser Objektiv hat für Sie einige Aspekte einer provisorischen Mikro-Gesellschaft erfasst.

Die Kenntnis der empirischen Tatsachen bleibt abstrakt und oberflächlich, solange sie nicht durch Integration in das umfassende Ganze konkretisiert worden ist, was allein erlaubt, über das abstrakte und partielle und abstrakte Problem hinauszugehen und zu seinem konkreten Wesen und implizit zu seiner Bedeutung zu gelangen.

Diese Gruppe lebte am Rande der Ökonomie. Sie neigte zu einer Rolle reinen Konsums, und zwar zunächst des freien Konsums ihrer Zeit. Sie sah sich so direkt mit den qualitativen Variationen des Alltags beschäftigt, doch ohne jedes Mittel, auf diese einzuwirken.

Wenn die Freiheit in einem geschlossenen Zirkel ausgeübt wird, verkommt sie zum Traum, wird zur bloßen Darstellung ihrer selbst. Die Stimmung des Spiels ist ihrer Art nach labil. Jeden Augenblick kann das »gewöhnliche Leben« seine Rechte zurückfordern …

Kamerafahrt in einem Café. Die Bewegung wird willkürlich durch Zwischentexte unterbrochen: »Die Leidenschaften und Feste einer gewalttätigen Epoche«; »Im Laufe der Bewegung und infolgedessen von deren vergänglicher Seite.« »Die packendste Spannung!«

Auffallender noch als seine zeitliche Begrenzung ist die räumliche Begrenzung des Spiels. Jedes Spiel bewegt sich innerhalb seines Spielraums. Rings um das Viertel, rings um seine flüchtige und bedrohte Immobilität erstreckte sich eine halb bekannte Stadt, in der die Menschen einander nur zufällig begegneten, sich unwiederbringlich verirrten.

3

Sicher kann man gegebenenfalls einen Film daraus machen. Doch selbst für den Fall, dass es diesem Film gelänge, so ganz und gar unzusammenhängend und unbefriedigend zu sein wie die Wirklichkeit, von der er handelt, wird er immer nur eine Wiederherstellung sein – so armselig und falsch wie diese misslungene Kamerafahrt.

»Man stellt eine Organisation der Existenz nie wirklich in Frage, ohne alle mit ihr verbundenen Sprachformen in Frage zu stellen.« Kurz danach wird diese Infragestellung in Szene gesetzt: Die im Kommentar hervorgehobene misslungene Kamerafahrt enthüllt die Dürftigkeit der Mittel und setzt den »Bruch mit den Gepflogenheiten des Spektakels« ins Werk. [Bildblock 2.3] Die Aufnahmen wiederholen sich: Die zu Beginn gefilmte Szene der um einen Kaffeehaustisch versammelten Frauen und Männer, die durch grafisch im Stil der Entstehungszeit der Filme gestaltete Schriftbilder mit Werbetexten für Filme unterbrochen und konterkariert wird, kehrt an späterer Stelle im Film wieder.

Wieder bringt dieselbe Frau eine Weinflasche von der Theke an denselben Tisch mit denselben Frauen und Männern, wieder fährt die Kamera den Tisch entlang. Der dazu gesprochene Text betont die Armseligkeit und Falschheit der Kamerafahrt als Widerspiegelung der unbefriedigenden Zusammenhanglosigkeit der Wirklichkeit. [Bildblock 3]

Diese absichtliche Ungeschicklichkeit wurde schon von Antonin Artaud zur Freisetzung eines durch Aufrichtigkeit und Spontaneität gekennzeichneten kindlichen Bewusstseins für seine Zeichnung mit dem Titel »Die sexuelle Ungeschicklichkeit Gottes« in Anspruch genommen: »Diese Zeichnung ist mit Absicht verpfuscht, auf die Seite hingeworfen wie ein Hohn auf die Formen, um die eingenommene Idee zu verhöhnen und zu erreichen, dass sie stürzt«, schreibt Antonin Artaud.[23]

Der kurz danach gedrehte Film *Kritik der Trennung* setzt diese Technik der Dokumentation der Dürftigkeit des Lebens in dieser Gesellschaft durch die Dürftigkeit der filmischen Mittel fort. Der wieder durchgehend aus dem Off gesprochene Text kommentiert die Bilder nicht, er handelt parallel zu den ihn begleitenden Bildern von der gleichen Unzulänglichkeit des eigenen Ausdrucks. Es geht nicht darum, eine neue künstliche Einheit zu erreichen, sondern sowohl Bild als auch Text verstehen sich getrennt voneinander und in ihrem Zusammenspiel wechselseitiger Verweise als Dokumente des Verfalls des Spektakels / Schauspiels. Das Sujet, also der Gegenstand, des Dokumentarfilms soll aufgelöst werden, um den Vorgang und das Ergebnis der filmischen Darstellung selbst zu thematisieren.

»Gleichzeitig haben wir es mit einer Welt zu tun, in der uns die Veränderung gelehrt wurde. Nichts in ihr kommt zum Stillstand.« Die zu diesem gesprochenen Text zu sehenden Bilder zeigen einen Flipperautomaten[24], zunächst ohne Kugel. Die Bildbeschreibung Debords lautet: »Flipper (im Tilt)«.[25] Eine Kugel beginnt ihren Lauf, wird von den auf dem Spielfeld befindlichen Bumpers mehrmals in verschiedene Richtungen gestoßen und verschwindet am

23 »Ce dessin est volontairement bâclé, jeté sur la page comme un mépris des formes et des traits, afin de mépriser l'idée prise et d'arriver à la faire tomber.« Antonin Artaud, *Œuvres complètes*, Bd. XX., S. 173, dt. zit. n. Jacques Derrida, »Das Subjektil ent-sinnen«, in: Paule Thévenin, Jacques Derrida, *Antonin Artaud. Zeichnungen und Portraits*, übers. v. Simon Werle, München: Schirmer/Mosel 1986, S. 51–109, hier S. 82.

24 Die Aufgabe des Spielers besteht darin, eine Kugel auf einem geneigten Spielfeld mit vorgegebenen Hindernissen und zurückfedernden Spielelementen mittels zweier vom Spieler durch an den Seiten des Spielautomaten befestigte Knöpfe betätigter Hebel möglichst lange davor zu bewahren, am unteren Ende in einer Öffnung zu verschwinden.

25 Durch zu starkes Stoßen oder andere äußere Einwirkungen auf den Automaten wird der Tilt-Mechanismus ausgelöst, der alle die Kugel in Bewegung versetzenden Betätigungselemente außer Betrieb setzt, sodass der Spieler nur ohnmächtig zusehen kann, wie die Kugel in den Automaten zurückrollt.

Ende des Satzes in einer Öffnung mit der Aufschrift »Bonus«. Während das Bild zu Rittern auf einem Standbild aus einem Hollywoodfilm über die Artussage wechselt, spricht der Text vom Fehlen der Abenteuer, die nur als spektakulärer Schund der Geschichte durch das Kino vermittelt werden. Die Aufnahme der Ritter wird also gleichzeitig entwertet und unterstreicht die in Untertiteln eingeblendeten Forderungen. [Bildblock 4]

Zwischengeschaltet sind Aufnahmen einzelner Situationisten. Der Text dazu lautet: »Und nur einige wenige Begegnungen waren wie Zeichen aus einem intensiveren Leben, das nicht wirklich gefunden wurde.« Passanten ziehen auf der Straße vorbei, aus großer Entfernung fährt die Kamera über die Straßen von Paris, die auf einem Modell nachgebildet sind, dazwischen Nahaufnahmen des durch die Straßen gehenden Mädchens, das auch zu Beginn zu sehen war, begleitet unter anderem vom gesprochenen Text: »Gelegentlich treffen wir voneinander getrennte Leute, die aufs Geratewohl umhergehen.« [Bildblock 5]

Eine Reiterschwadron zieht auf der Straße vorbei, Kadetten paradieren, ein Geschwader Kriegsschiffe am Meer und wieder rückt das Spielfeld des Flipperautomaten ins Bild. Diesmal lautet die Bildbeschreibung Debords: »Lauf einer Flipperkugel bis zum Tilt«. In rascher Folge wird die Kugel vom Apparat hin und her gestoßen. Dazu ist als Untertitel zu lesen: »Überall den Apparat des bestehenden Pseudodialogs stören«. Die folgenden Aufnahmen sind von oben wie von einer Überwachungskamera gefilmt. Debords Bildbeschreibung lautet: »In einem amerikanischen Gefängnishof werden Meuterer wieder ins Gefängnis zurückgedrängt.« [Bildblock 6] Passanten ziehen vor dem Zaun des Musée de Cluny in Paris vorbei, wie auch schon in Debords vorangehendem Film *Über den Durchgang einiger Personen durch eine ziemlich kurze Zeiteinheit*. Debords Gefährte der frühen Jahre, Ivan Chtcheglov, beschrieb ihr gemeinsames Umherschweifen durch die Geografie einiger Filme und die psychogeografische Erkundung des als »Continent Contrescarpe« bezeichneten Viertels um die Pariser Place de la Contrescarpe[26] so: »Unsere Abenteuer ähneln den unzurechnungsfähigen und doch berechenbaren Laufbahnen von Flipperkugeln. Daher lauschte ich mitten im Sommer 53, als wir durch die kleinen Gässchen hinter dem Pantheon irrten und in Bistrots *de campagne* einige Gläser kippten, mit Interesse Guy, der mir von einem alten Projekt mit Flipperautomaten erzählte, dessen Titel ungefähr lautete: *Versuch der metagraphischen Beschreibung der thermischen Empfindungen und Begierden der etwa eine Stunde nach Sonnenuntergang vor dem Zaun von Cluny vorbeigehenden Personen* – und das mir eine zukunftsträchtige Kunst zu sein schien.«[27]

26 Vgl. »Position du continent contrescarpe«, Monographie établie par le Groupe de Recherche psychogéographique de l'Internationale lettriste, in: *Les lèvres nues*, Nr. 9, November 1956, S. 38–40; dt. *Potlatch*, S. 350–354.

27 »Nos aventures ressemblent aux boules magnétisées des billards électriques, aux trajectoires irresponsables, et pourtant calculables. C'est pourquoi, au cœur de l'été 53, errant dans les petites rues derrière le Panthéon, et buvant des verres dans des bistrots *de campagne*, j'écoutais avec intérêt Guy me parler d'un ancien projet de billard électrique, dont le titre était quelque chose comme: *Tentative de description métagraphique des sensations thermiques et des désirs des gens qui passent devant les grilles de Cluny une heure environ après le coucher du soleil* – et qui me semblait d'un art plein d'avenir.« Ivan Chtcheglov, »Introduction au continent contrescarpe«, in: ders., *Écrits*, S. 31.

4

Gleichzeitig haben wir es mit einer Welt zu tun, in der wir gelernt haben, dass sich alles ändert. Nichts in ihr kommt zum Stillstand. Sie erscheint zunehmend mobiler; und diejenigen, die sie hervorbringen, tagaus, tagein, gegen sich selbst, können sie sich aneignen, das weiß ich wohl.

Untertitel: Jedem den für die Äußerung des Lebens notwendigen gesellschaftlichen Raum geben.
Untertitel: Wenn der Mensch von den Umständen geformt wird, dann kommt es darauf an, die Umstände des Menschen zu formen.

Das einzige Abenteuer besteht, wie wir sagten, darin, das Ganze in Frage zu stellen, dessen Mittelpunkt diese Lebensweise ist, die uns zwar erlaubt, unsere Kraft auszuprobieren, nicht aber, sie anzuwenden. Letztendlich bildet sich kein Abenteuer direkt für uns. Als Abenteuer ist es zunächst Teil aller durch das Kino oder sonstwie übermittelten Legenden; des ganzen spektakulären Schunds der Geschichte.

5

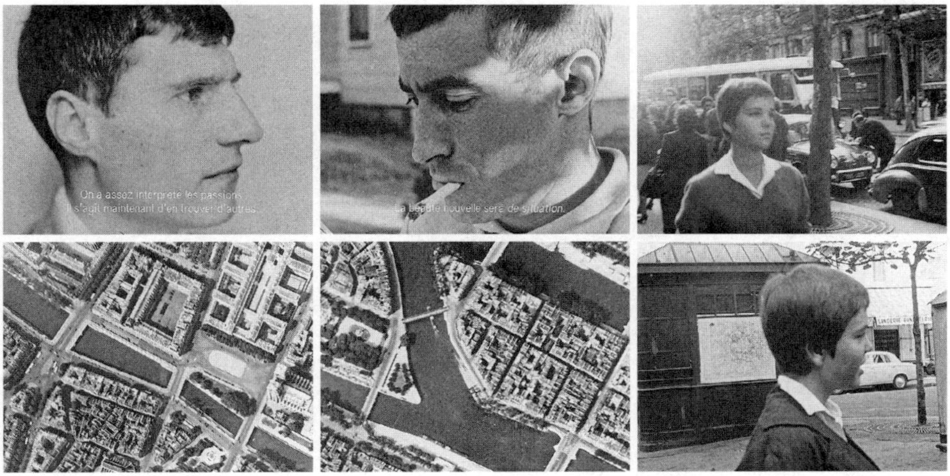

Untertitel: Die Leidenschaften sind hinreichend interpretiert worden. Es gilt nun, andere zu finden.
Untertitel: Die neue Schönheit wird eine der Situation sein.

Vor der kollektiven Beherrschung der Umwelt gibt es noch keine Individuen, sondern nur Schatten, die durch Dinge geistern, die ihnen anarchisch von anderen vorgegeben sind. Gelegentlich treffen wir voneinander getrennte Leute, die aufs Geratewohl umhergehen. Ihre gegensätzlichen Emotionen neutralisieren sich und erhalten die sie fest umgebende Langeweile aufrecht. Solange wir nicht selbst unsere Geschichte machen und frei die Situationen schaffen können, zieht das Bestreben nach Einheit weitere Brüche nach sich. Die Suche nach einer zentralen Tätigkeit führt sogar dazu, neue Spezialisierungen zu schaffen.
Und nur einige wenige Begegnungen waren wie Zeichen aus einem intensiveren Leben, das nicht wirklich gefunden wurde.

6

Untertitel: Vor allen Richtungen des Möglichen, die so rasch diesem Augenblick zustrebten, unser einziger Freund, unser bitterer Feind.
Untertitel: Überall den Apparat des bestehenden Pseudodialogs stören.

Diese allgemeine Kritik der Trennung enthält und überdeckt natürlich einige besondere Gegebenheiten des Gedächtnisses. Einen weniger eingestandenen Schmerz, das Bewusstsein einer weniger erklärlichen Unwürdigkeit. Um welche Trennung handelte es sich genau? Wie schnell wir gelebt haben! An genau diesem Punkt unserer unreflektierten Geschichte betrachte ich uns wieder.

Alles, was den Bereich des Verlustes betrifft, das heißt nicht nur das, was ich von mir selbst verloren habe, die verflossene Zeit; und das Verschwinden, die Flucht; sondern auch allgemeiner das Vergehen der Dinge, sogar das, was im herrschenden gesellschaftlichen Sinn, also im gewöhnlichsten Sinn der Zeitnutzung, verlorene Zeit genannt wird, all das trifft auf seltsame Weise in jenem alten militärischen Ausdruck »en enfants perdus« zusammen mit dem Bereich der Entdeckung, der Erkundung eines unbekannten Geländes; mit allen Formen der Erforschung, des Abenteuers, der Avantgarde. An dieser Kreuzung haben wir uns gefunden und verloren.

Es geht also weniger darum, ein adäquates Bild des Lebens zu vermitteln, als vielmehr das Leben hinter den Bildern hervorzulocken. Jeder Versuch einer Darstellung des »echten« Lebens würde bedeuten, den Schatten der Beute vorzuziehen, wie es in der Fabel La Fontaines heißt, die von Debord in seinem Film *In girum imus nocte et consumimur igni* zitiert wird.

Nach diesen drei frühen Filmen widmet sich Guy Debord in den 1960er Jahren der Organisation der Situationistischen Internationale, der Herausgabe von deren gleichnamiger Zeitschrift, der Konzipierung seines bekanntesten Buches *Die Gesellschaft des Spektakels* und der politischen Aktion im öffentlichen Raum, die in den Demonstrationen, Straßenkämpfen, Fabrikbesetzungen und Streiks im Mai 1968 in Paris ihren Höhepunkt fanden.

Für seine drei im Anschluss daran in den 1970er Jahren entstandenen Filme, zwei davon in Spielfilmlänge, standen Debord weit größere Mittel zur Verfügung. Sie enthalten erstmals auch zahlreiche Ausschnitte anderer Filme, was neue Möglichkeiten der Text-Bild-Beziehung eröffnete.

Nach der Auflösung der Situationistischen Internationale 1972 unternimmt er die Verfilmung seines Buches *Die Gesellschaft des Spektakels*. Abgesehen von der kurzen Anfangssequenz, einer Widmung an seine Frau Alice, und Zwischentexten mit Zitaten anderer Autoren, ist der Film nur aus vorgefundenen Aufnahmen, Filmen und Fotos, und gesprochenen Auszügen des Buches zusammengesetzt. Die in Textbildern hinzugefügten Zwischentexte strukturieren die Kapitel des Films. Der aus dem Off gesprochene Text des Buches ist gekürzt und das Kapitel über »Das Proletariat als Subjekt und als Repräsentation« wird in Abweichung von der Anordnung im Buch an das Ende des Films gestellt. Damit betont Debord die auch in Bildern und Untertiteln unterstrichene Bezugnahme des Texts auf die Revolte in Paris 1968. Wie auch in seinen vorangehenden Filmen überfordert die große Vielfalt der gezeigten Aufnahmen, von Werbespots über Straßenkämpfe, Szenen aus der Arbeitswelt, Kriegsberichterstattung bis zu Spielfilmen, wieder die Aufmerksamkeit des Zuschauers, um die in den Fernsehnachrichten und der kommerziellen Filmproduktion vorherrschende hypnotisierende Redundanz von Bild und Ton zu durchbrechen und die Depotenzierung der Bilder zu bewirken.

Die schon in den früheren Filmen vereinzelt eingesetzte Technik der Wiederholung, wie im oben erwähnten Fall der um einen Kaffeehaustisch versammelten Personen und der missglückten Kamerafahrt in *Über den Durchgang einiger Personen durch eine ziemlich kurze Zeiteinheit,* wird nun durch die Verwendung von Werbespots, Fernsehnachrichten, Spielfilmen und zahlreichen anderen Bilddokumenten erweitert. Die Technik der Montage vorgefundener Texte und Szenen beraubt diese Fundstücke in neuer Anordnung ihrer ursprünglichen Wirkung und rückt sie durch Kommentare und Zwischenschnitte in erkenntnisstiftende Distanz. Die durch den Film gegebene Möglichkeit der Veränderung des zeitlichen Ablaufs, der Unterbrechung des zeitlichen Kontinuums, macht nicht erkennbare Details sichtbar. Die in den Bildern konservierten, aber nicht sichtbaren Momente werden freigelegt. Es genügt, den Lauf der Bilder zu unterbrechen, anzuhalten und zu wiederholen.[28] Wiederholung bedeutet ja nie die Wiederholung des genau Gleichen, Identischen. Die Kraft und Neuigkeit der Wiederholung entspringt der Wiederkehr der Möglichkeit dessen, was schon einmal gewesen ist. Das macht ihre Nähe zur Erinnerung aus, da aus der Vergangenheit neue Möglichkeiten erschlossen werden können. Es ist das Gegenteil des unablässigen aktualitätsfixierten Nachrichtenstroms der Medien, der in seiner Unabänderlichkeit Ohnmacht suggeriert. Im Gegensatz dazu verweisen Bild und gesprochener Text aufeinander. Die gezeigten und erzählten Vorgänge sind eng miteinander verknüpft.

Während wir auf der Leinwand Ausschnitte des sowjetischen Films *Čapajev* sehen, Schlachtszenen zwischen Partisanen und Weißgardisten im Anschluss an die Russische Revolution, in denen die Kontrahenten in harten Gegenschnitten konfrontiert werden, erzählt der Text davon, wie dem Gegner seine Entschlossenheit entwendet werden kann. [Bildblock 7] Eine neue, eigene Sprache sei zu finden. Der Umgang mit Begrifflichkeit sei neu zu definieren: Ein ergebnisorientierter Wahrheitsbegriff soll durch prozessuale Wahrheitsfindung ersetzt werden, was Debord dann zu seiner Definition der notwendigen Entwendung führt, die ihrerseits Lautréamonts *Poésies* entwendet ist, wo es heißt: »Das Plagiat ist notwendig. Der Fortschritt schließt es ein. Es folgt eng dem Satz eines Autors, bedient sich seiner Ausdrücke, tilgt eine falsche Idee, ersetzt sie durch eine richtige Idee.«[29] In der flüssigen, stets veränderbar bleibenden Sprache der Anti-Ideologie soll es keinen außerhalb der Kritik liegenden Bezugspunkt geben, wodurch jede Ordnung gestört und jede dauerhafte Autonomie des in der Theorie Ausgedrückten widerlegt werden könne. In dem die Ausführungen begleitenden Filmausschnitt wird währenddessen das in geschlossener Formation vorrückende Regiment von den gegnerischen Partisanen zunächst verlacht, dann führt dieses anscheinend unbeirrte Vorrücken zur Auflösung der Front und zur Flucht der Partisanen, bis sich ihnen ein Politkommissar in den Weg stellt, dem es gelingt, die Flucht anzuhalten und die Partisanen zur Rückkehr in die Schlacht zu bewegen, sodass den Gegnern entscheidende Verluste zugefügt werden können. Sowohl der Text als auch die Bilder behandeln eine Konfrontation, die durch Umkehrung der Vorgangsweise eine entscheidende Wende erfährt. Während die Fronten in der gezeigten Schlacht jedoch einfach durch Entschlossenheit und Gegenangriff aufgelöst werden, was durch harte Schnitt/Gegenschnitt-Sequenzen der feindlichen Kämpfer verdeutlicht wird, fordert der Text eine an fernöstliche Philosophie erinnernde Nutzung der Kraft des Gegners, um diesen durch Nachahmung mit seinen eigenen Mitteln zu besiegen.

In der Gegenüberstellung von Bild und Ton ist zu erkennen, wie genau die Thesen des Buches zeitlich zu den in der Schlacht gezeigten Szenen der Flucht und des erneuten Angriffs montiert sind. Die ihrer ursprünglichen Intention entwendeten Schlachtszenen dienen zur Illustration und Verdeutlichung eines ansonsten abstrakt erscheinenden Inhalts. Das suggestive

28 Vgl. Giorgio Agamben, »Repetition and Stoppage. Guy Debord's Technique of Montage/Wiederholung und Stillstellung. Zur Kompositionstechnik der Filme Guy Debords«, in: documenta GmbH (Hg.), *documenta X documents 2*, Ostfildern: Cantz 1997, S. 68–75.

29 Lautréamont, *Poésies*, S. 306; dt. S. 46.

7

Die kritische Theorie muss sich in ihrer eigenen Sprache mitteilen. Diese Sprache ist die Sprache des Widerspruchs, die in ihrer Form so dialektisch sein muss, wie sie es in ihrem Inhalt ist. Sie ist Kritik der Totalität und geschichtliche Kritik. Sie ist kein »Nullpunkt der Literatur«, sondern deren Umkehrung. Sie ist nicht die Negation des Stils, sondern der Stil der Negation.

Schon ihrem bloßen Stil nach ist die Darlegung der dialektischen Theorie ein Ärgernis und ein Gräuel nach den Regeln der herrschenden Sprache und für den von ihnen herangebildeten Geschmack, weil die positive Verwendung bestehender Begriffe zugleich auch das Verständnis ihrer wiedergefundenen Flüssigkeit, ihres notwendigen Untergangs einschließt.

Dieser Stil, der seine eigene Kritik enthält, muss die Herrschaft der heutigen Kritik über ihre gesamte Vergangenheit zum Ausdruck bringen. Durch ihn zeugt die Darlegungsweise der dialektischen Theorie vom negativen Geist, der ihr innewohnt. »Die Wahrheit ist nicht wie das fertige Erzeugnis, in dem sich keine Spur des Werkzeugs findet.«

Dieses theoretische Bewusstsein der Bewegung, in dem die Spur der Bewegung selbst vorhanden sein muss, äußert sich durch die Umkehrung der etablierten Beziehungen zwischen den Begriffen und durch die Entwendung aller Errungenschaften der früheren Kritik.

Die Ideen verbessern sich. Die Bedeutung der Worte hat Anteil daran. Das Plagiat ist notwendig. Der Fortschritt schließt es ein. Es folgt eng dem Satz eines Autors, bedient sich seiner Ausdrücke, tilgt eine falsche Idee, ersetzt sie durch eine richtige Idee.

7

Die Entwendung ist die flüssige Sprache der Anti-Ideologie. Sie erscheint in der Kommunikation, die weiß, dass sie nicht beanspruchen kann, in sich selbst und auf ewig irgendeine Garantie zu besitzen. Sie ist im höchsten Grad die Sprache, die durch keine aller Kritik enthobene Bezugnahme auf die Vergangenheit bestätigt werden kann. Es ist vielmehr ihre eigene Kohärenz, in ihr selbst und mit den brauchbaren Tatsachen, die den alten Wahrheitskern zu bestätigen vermag, den sie wiederherstellt. Die Entwendung hat ihre Sache auf nichts gestellt, was außerhalb ihrer eigenen Wahrheit als gegenwärtige Kritik liegt.

Was sich in der theoretischen Formulierung offen als entwendet ausgibt, erinnert dadurch daran, dass es jede dauerhafte Autonomie der Sphäre des ausgedrückten Theoretischen dementiert und in ihr durch diesen Gewaltakt die jede bestehende Ordnung zerrüttende und beseitigende Tat eingreifen lässt. Dadurch erinnert sie auch daran, dass diese Existenz des Theoretischen in sich selbst nichts ist und nur mit der geschichtlichen Tat sowie mit der geschichtlichen Berichtigung, die seine wahre Treue ausmacht, zu verstehen ist.

Pathos des stalinistischen Propagandafilms wird durch den Text entlarvt und zur Illustration der nicht nur theoretisch erläuterten, sondern damit auch praktisch vorgeführten Entwendung.

Ein Beispiel einer ganz anderen Art von Montage findet sich etwas später im Film: Der Verweis auf Eisensteins Montagetechnik ist nicht frei von Ironie: Es ist ein Ausschnitt aus Eisensteins *Panzerkreuzer Potemkin*, in dem sich die zur Hinrichtung ihrer meuternden Kameraden aufgestellten Marineinfanteristen weigern, die Exekution zu vollziehen. Dazwischen schneidet Debord die »Zustimmung« verzückter Jugendlicher, die allerdings die an früherer Stelle im Film gezeigte Ankunft der Beatles am Flughafen frenetisch bejubeln.[30] [Bildblock 8] In seiner Bildbeschreibung bezeichnet Debord diese Montage ausdrücklich als »Montage der Attraktionen«.[31] Diese von Eisenstein als antiillusionistische aggressive Einwirkung auf die Sinne zur »Formung des Zuschauers« in eine gewünschte Richtung verstandene Montagetechnik, um ideologische Schlussfolgerungen zu induzieren, entspringt einem instrumentellen Ansatz, der sich von Debords intendierter Bloßstellung der Mittel und Aufhebung des Films grundlegend unterscheidet. Demgemäß verrät die vermeintliche Bejubelung der Befehlsverweigerung durch die Jugendlichen nur das Missverständnis und eben die noch ausstehende Überwindung der »Chronologie der sich an ihre Diener wendenden vergöttlichten Macht, die nur als irdische Exekution der Gebote des Mythos verstanden werden will«, die wir im zu diesen Szenen gesprochenen Text hören. Die reale Erfahrung der Teilnahme an der Geschichte, die erst bewusste Geschichte ermöglicht, wie der Text weiter ausführt, ist dann in einem kurzen Ausschnitt aus dem Film *Novyj Vavilon (Das neue Babylon)* zu sehen, der in der Zeit des Aufstands der Pariser Kommune von 1871 spielt und in dem ein Straßenjunge seine Kappe vom Kopf reißt und eine feurige Rede an eine nicht im Bild zu sehende Gruppe zu halten scheint, woraufhin das Kavallerieregiment im Film *They Died with Their Boots On* zur Attacke übergeht.

Da der Film, wie seine vorangegangenen auch, für einen Wirkungsbereich außerhalb des Kinos und der Filmvorführung konzipiert wurde, wendet sich Debord konsequenterweise auch gegen alle der zahlreich zu diesem Film erschienenen Filmkritiken, und er tut das in Form eines weiteren Films – *Widerlegung aller Urteile, der lobenden wie der feindlichen, die bislang über den Film* Die Gesellschaft des Spektakels *abgegeben wurden* –, in dem diese Besprechungen, im Detail analysiert und ungeachtet ihrer zustimmenden oder ablehnenden Haltung wegen ihres mangelnden Verständnisses seiner grundlegenden Kritik und der Verstrickung der Kritiker in den Gesamtverblendungszusammenhang spektakulärer Unterhaltungsindustrie zurückgewiesen werden.

Der französische Staatspräsident Valéry Giscard d'Estaing setzt sich demonstrativ vor den Kameras selbst ans Steuer eines Mittelklasseautos, um seine Volksnähe unter Beweis zu stellen, und bezeugt in der unverfrorenen Plumpheit dieser Geste das Elend dieses Schau-

30 In Anbetracht von Debords geringem Interesse für Popmusik ist nicht anzunehmen, dass in dieser indirekten Montage der Beatles mit Szenen aus Russland auch ein Verweis auf den einige Jahre vor Entstehung des Films entstandenen Beatles-Song »Back in the USSR« intendiert ist.

31 Sergej M. Eisenstein: »Montage der Attraktionen« (1923) und »Montage der Filmattraktionen« (1924).

spiels, das den Verfall dieser Welt verrät. Dementsprechend folgt unmittelbar darauf ein pompöser Trauerzug: Ein Staatsmann wird zu Grabe getragen. Die im Text erwähnten an dem Film Gefallen findenden Kritiker werden auf der Bildebene mit den Kunden einer Autobahnraststätte verglichen, die sich an üppig dekorierten Eisbechern ergötzen. »Sie haben zu viele andere Dinge geliebt, um ihn zu lieben.« Wir kehren auf die Straße zurück. Trotz heftig gestikulierender Warner schiebt sich in einer Massenkarambolage unaufhaltsam jedes neu an der Unfallstelle ankommende Auto in die bereits ineinander verkeilten Wracks. Nur dem letzten Fahrer gelingt es im letzten Augenblick gerade noch rechtzeitig auszuweichen und unbeschadet an den anderen vorbeizufahren, denen es trotz der Warner nicht gelang, dem Unheil zu entrinnen. Und diejenigen, die das Schlimmste für sich abwenden können, vermögen doch nur den anderen deren Elend vorzuführen. Davon erzählt der diese Bilder begleitende Text: »Wer einen Blick auf die Armseligkeit ihres Lebens wirft, begreift die Armseligkeit dessen, was sie sagen.« Währenddessen sehen wir durch die Heckscheibe des dem Unfallgeschehen entronnenen Fahrzeugs, wie der gewiefte Fahrer die anderen im Regen stehen lässt. »Es genügt, einen Blick auf ihr Dekor und ihre Beschäftigungen zu werfen, [...]. Es genügt, diese idiotischen Stimmen zu hören, die einem sagen, was in der Entfremdung aus einem geworden ist, und die einen darüber mit Verachtung auf dem Laufenden halten, [...].« Darauf folgt eine diesmal als gewollte Verlockung inszenierte Aneinanderreihung spärlich bekleideter weiblicher Models als Sirenen, die mit verzweifelter, zwischen schlecht gespielter verschämter Überraschung und hochmütiger Aggression changierender Entschlossenheit ihre Hüllen fallen lassen und in ihren kollektiven Posen in die Nähe einer Laokoongruppe geraten. Währenddessen hören wir mit monotoner Stimme vorgetragene Verkehrsstaumeldungen, Inbegriff eines heillos auf allen Ebenen ins Stocken geratenen Verkehrs. [Bildblock 9]

In einem auffallend langen Filmausschnitt mit O-Ton zeigt Debord im Anschluss an Arbeiterdemonstrationen in Portugal gegen provisorische Regierungen, die im Laufe der zur Entstehungszeit des Films stattfindenden sogenannten »Nelkenrevolution« vom Militär eingesetzt wurden, eine Rede des Innenministers der Volksfrontregierung in Frankreich in den 1930er Jahren, die nicht einer gewissen unfreiwilligen Komik entbehrt. Begleitet von der pathetischen Gestik des Ausdruckstanzes trägt er im von den faschistischen Reden der Zeit vertrauten Stakkato seinen Ordnungsappell an die Arbeiter vor. Drohende Fingerzeige wechseln mit trotzig abwehrend verschränkten Armen und selbstzufrieden genüsslichem Händereiben. [Bildblock 10]

Gegen Ende der Rede blendet Debord als düsteren Epilog und gleichsam als Rache der Geschichte die weitere Folge der Ereignisse ein, in deren Verlauf der Politiker durch Intrigen in den Selbstmord getrieben wurde. Tosender Applaus der Anwesenden beendet das Schauspiel.

Dass Debord in seiner Gestaltung auch komische Elemente einzusetzen vermag, zeigt der Ausschnitt gegen Ende des Films, in dem die im Text vorgeführte Parade intellektueller Kritiker des Films eine Entsprechung in den Bildern erfährt: Analog zu den erwähnten Stripteasetänzerinnen paradiert auf einer Showbühne vor

8

Die spröde und kommentarlose Chronologie der sich an ihre Diener wendenden vergöttlichten Macht, die nur als irdische Exekution der Gebote des Mythos verstanden werden will, wird erst dann überwunden und zur bewussten Geschichte, wenn zuvor breite Gruppen die Teilnahme an der Geschichte reell erfahren haben. Aus dieser praktischen Kommunikation zwischen denjenigen, die *sich* als Besitzer einer einzigartigen Gegenwart *anerkannt haben*, die den qualitativen Reichtum der Ereignisse als ihre Tätigkeit und als den Ort, an dem sie weilten – ihre Epoche – erfahren haben, entsteht die allgemeine Sprache der geschichtlichen Kommunikation.

9

Das Unverständnis wird im vorliegenden Fall noch geraume Zeit vorherrschen. Weit mehr als eine Verschwörung ist das Spektakel ein Elend. Und diejenigen, die in den Zeitungen unserer Epoche schreiben, haben uns nichts von ihrer Intelligenz verhehlt: sie setzen üblicherweise alles davon ein, was sie haben. Was könnten sie schon Treffendes über einen Film sagen, der ihre Gewohnheiten und Ideen en bloc attackiert und der sie zu einem Zeitpunkt attackiert, da sie selbst zu fühlen beginnen, wie diese in allen Einzelheiten in sich zusammenfallen? Der Schwachsinn ihrer Reaktionen geht mit dem Verfall ihrer Welt einher.

Diejenigen, die behaupten, diesen Film zu lieben, haben zu viele andere Dinge geliebt, um ihn zu lieben; und diejenigen, die behaupten, ihn nicht zu lieben, haben ebenfalls zu viele andere Dinge akzeptiert, als dass ihr Urteil auch nur im Geringsten ins Gewicht fallen könnte.

Wer einen Blick auf die Armseligkeit ihres Lebens wirft, begreift die Armseligkeit dessen, was sie sagen. Es genügt, einen Blick auf ihr Dekor und ihre Beschäftigungen zu werfen, ihre Waren und Zeremonien; und das macht sich überall breit. Es genügt, diese idiotischen Stimmen zu hören, die einem sagen, was in der Entfremdung aus einem geworden ist, und die einen darüber mit Verachtung auf dem Laufenden halten, mit jeder Stunde, die vergeht.

10

Am 12. Juli 1936 filmt die Wochenschau Salengro, der von der Rednertribüne zu einer Versammlung der Sozialisten spricht. Das lächerliche und grässliche Männchen, das sich nach Leibeskräften bemüht, Mussolini nachzuäffen, erklärt: »Wir werden für Ordnung sorgen; indem wir der Arbeiterklasse klarmachen, dass ihre Pflicht und ihr Interesse ihr gebieten, unseren Aufrufen Folge zu leisten und uns zu ersparen, Zwangsmaßnahmen zu ergreifen. Nein, die Volksfront wird nicht Anarchie sein! Die Volksfront wird nur in dem Maße leben und siegen, wie es ihr gelingt, die Ordnung zu wahren. Die Arbeiterklasse muss verstehen können, dass ihre Pflicht und ihr Interesse von ihr verlangen, nichts zu tun, was das Bürgertum und die Bauern gegen sie aufbringen könnte. Übermorgen werden sich in einem riesigen Demonstrationszug die drei Farben der Nation und die rote Fahne der Arbeit miteinander vereinen. An diesem 14. Juli, dem Fest der Republik, dem Fest des Proletariats, werden wir das Volk von Paris dazu auffordern, über seine Siege vom April und vom Mai zu wachen. Wir werden es dazu auffordern, der Regierung sein Vertrauen zu bewahren: jener Regierung, die nur durch und für das Volk existiert und die nur dann siegen wird, wenn das französische Volk ihr zu siegen hilft.«

11

Tatsächlich legt der Anonyme am Ende die Karten auf den Tisch. Der Betrüger wollte die Geschichte nur deshalb auflösen, um sich eine andere auszusuchen. Er wollte die Denker der Zukunft nennen. Und nassforsch führt dieses Luder die Namen von Lyotard, Castoriadis und anderen lahmen Abstaubern an, von Leuten also, die vor über fünfzehn Jahren ihre ganze Strahlkraft abgegeben haben, ohne dass es ihnen gelungen wäre, ihr Jahrhundert damit zu blenden.

Werbefilm für Eistee. Konföderierte Reiter ziehen in den Krieg. Sie lassen ihre Häuser und Feste hinter sich. Wer das nicht gekannt hat, weiß nicht, wie süß das Leben usw. ... Schlussfolgerung von Hegel'scher Unerbittlichkeit: »Ihre Zivilisation ist verschwunden. Alles, was von ihnen blieb, ist Eistee.«

Kein Verlierer liebt die Geschichte. Und wenn man schon die Geschichte en famille leugnet, warum soll es dem am entschiedensten innovativen Karrierismus dann peinlich sein, sich an vereinnahmte Fünfzigjährige anzuhängen? Warum sollte es widersprüchlich erscheinen, sich für einen Anonymen auszugeben, der sich seit 1968 so sehr verändert hat, und zuzugeben, dass man es noch nicht einmal bis zur Verachtung von Professoren gebracht hat?

johlendem weiblichem Publikum eine Männergruppe in Unterhosen, die von einer weiblichen Musikkapelle begleitet wird. Für den Abgesang auf seine Kritiker genügt es Debord, den darauf folgenden Werbespot zu zeigen, in dem im englischen O-Ton zu hören ist: »Their civilization disappeared. All that remains is ice-tea.« In *Die Gesellschaft des Spektakels* fand der Amerikanische Bürgerkrieg in mehreren Filmzitaten Verwendung – hier folgt nun der Abgesang auf die Tragödie als Satyrspiel. [Bildblock 11]

Kurz danach dreht Debord 1978 seinen letzten Film, dessen Titel *In girum imus nocte et consumimur igni* als Palindrom einen Kreis beschreibt und an seinen Anfang zurückkehrt. Die zirkuläre Form des Titels unterstreicht wie auch der letzte Untertitel des Films (»Von Beginn an wiederaufzunehmen«) nicht nur die Forderung der Wiederholung, der Re-Vision des Lesens und Sehens, sondern verweist auch darauf, dass dies wie in der gegenläufigen Form des Palindroms gegen die übliche Leserichtung, also gegen den Strich geschehen muss.[32] Debord kommentiert dies im Film selbst, wenn er sagt: »Doch nichts brachte diese ausweglose und ruhelose Gegenwart so gut zum Ausdruck wie jener alte Satz, der vollständig auf sich selbst zurückkommt, da er Buchstabe für Buchstabe wie ein Labyrinth konstruiert ist, dem man nicht entrinnt und so perfekt Form und Inhalt des Untergangs vereinigt.«

Programmatisch formuliert Debord die Notwendigkeit, mit allen anerkannten Grundwerten Tabula rasa zu machen, um völlig neue Grundprinzipien der Organisation des Zusammenlebens zu finden: »Nichts ist wahr, alles ist erlaubt.« Unterlegt sind die Beschreibungen der Probleme des Übergangs und Neubeginns mit ungelenk tanzenden, diskutierenden und musizierenden Jugendlichen, dem sich in die Höhle der Zeit vorwagenden Prinz Eisenherz, der auf eine Wand geschriebenen Parole »Arbeitet nie!« und Lacenaire, dem in der Literatur verschiedentlich als Held gefeierten Mörder mit poetischen Ambitionen, der in Marcel Carnés Film *Les Enfants du paradis* die Bedeutung von Personen wie ihm zur Auflösung der bestehenden Welt unterstreicht. Zur beispielhaften Verdeutlichung der Formen und Dimensionen der Änderungen des Zusammenlebens sehen wir Luftbildaufnahmen der geheimnisvollen geometrischen Struktur städtischer Siedlungen einer weit in die Geschichte zurückreichenden wenig erforschten Zivilisation in Afrika.[33] [Bildblock 12]

Demselben Film entnommen sind auch die johlend ein Ende der Vorstellung verlangenden »Kinder des Olymp« auf den obersten Rängen des Theaters, nachdem Debord zur Versinnbildlichung des Gesagten einen Ausschnitt seines ersten Films ohne Bilder wiederholte, in dem nur die weiße Projektionsfläche zu sehen ist, die unmittelbar danach in ähnlicher Form in

32 Vgl. Markus Klammer, »Die Zeit des Palindroms. Zu Guy Debords letztem Film *In girum imus nocte et consumimur igni*«, in: Wolfram Pichler, Ralph Ubl (Hg.), *Topologie. Falten, Knoten, Netze, Stülpungen in Kunst und Theorie*, Wien: Turia + Kant 2009, S. 323–360, hier S. 324.

33 Die vom französischen Ethnologen Marcel Griaule bei seinen berühmten Gruppenexpeditionen in den 1930er Jahren erforschten Stadtstaaten der Kotoko, Erben der bis 500 v. Chr. zurückreichenden Sao-Zivilisation, ganz im Norden des heutigen Kamerun, im Grenzgebiet des Tschad und Nigerias, werden durch Erdwälle wie »Blasen«, so der Ausdruck Griaules, vor Überschwemmungen durch die angrenzenden Flüsse geschützt, die jedoch durch Einlässe auch zur Bewässerung im Inneren der Schutzwälle dienen. Die geometrische Struktur der einzelnen Häuser erinnerte Mathematiker an die Proportionen des Goldenen Rechtecks und der Goldenen Spirale: https://csdt.rpi.edu/culture/legacy/african/African_Fractals/culture2.html (3.2.2019).

einem Ausschnitt aus *Il deserto rosso*, Antonionis Film über die Verwüstung der Welt durch Hochöfen, Maschinenhallen, Hafenanlagen, zu sehen ist: Eine Abgaswolke verdeckt die Bilder und lässt die Leinwand ebenfalls weiß. [Bildblock 13 und 14] So wie Debord zwar gealtert, aber derselbe geblieben ist, wie im Text zu hören ist, so ändern sich nur die Darstellungsformen der unverändert voranschreitenden Umweltverschmutzung. Die Zerstörung der Lebensgrundlagen hatte Debord bereits 1971 in seinem Text *La Planète malade* in ähnlicher Weise prägnant auf den Punkt gebracht: »Wenn es regnet und falsche Wolken über Paris ziehen, gilt es immer zu bedenken, dass dies durch die Schuld der Regierung geschieht. Die entfremdete Industrieproduktion macht den Regen. Die Revolution macht schönes Wetter.«[34] Zu Straßenszenen vom Boulevard du Crime aus dem Film *Les Enfants du paradis* formuliert Debord nun: »Noch hatte man nicht gesehen, wie sich in diesem Jammertal durch die Schuld der Regierung der Himmel verfinsterte, das schöne Wetter verschwand und der falsche Nebel der Luftverschmutzung sich über den mechanischen Verkehr der Dinge legte. Noch waren die Bäume nicht abgestorben und die Sterne durch den Fortschritt der Entfremdung nicht erloschen.«

Wie wird das Ziel eines neuen Lebens ins Visier genommen? Im Umherschweifen durch Stadtlandschaften: Die von den Situationisten proklamierten und praktizierten psychogeografischen Erkundungen folgen zwar einem Plan, doch die dabei verwendete Karte ist nicht die des Territoriums. Cross Mapping zur konstruktiv-spielerischen Erstellung einer neuen Kartografie, der es gelingt, urbane Stimmungen zu verzeichnen. Im Film sehen wir dazu Bilder der Marktfahrer in Paris im Morgengrauen, wie sie auch schon in seinem Film *Über den Durchgang einiger Personen durch eine ziemlich kurze Zeiteinheit* zu sehen waren, gefolgt von Prinz Eisenherz, der auf ein Schloss zureitet, und Aufnahmen von Neuschwanstein, dem vom bayerischen König Ludwig II. errichteten Neubau einer mittelalterlichen Ritterburg. Keine Propaganda, sondern Zerrüttung, Öl ins Feuer, das ist die Strategie: »Und darum, weil ich nicht als ein Verliebter kann kürzen diese fein beredten Tage, bin ich gewillt, ein Bösewicht zu werden und feind den eitlen Freuden dieser Tage«, zitiert Debord Shakespeares Richard III. Und von da ist es nicht weit zum Teufel, der dann aus Marcel Carnés Film *Les Visiteurs du Soir* herbeigerufen wird und seine Hände genüsslich von den Flammen des offenen Kamins umspielen lässt. [Bildblock 15]

Analog zum Film *Widerlegung aller Urteile, der lobenden wie der feindlichen, die bislang über den Film* Die Gesellschaft des Spektakels *abgegeben wurden* versammelt Debord nach *In girum imus nocte et consumimur igni* kommentarlos alle Kritiken, diesmal in einer Publikation mit dem Titel *Ordures et décombres déballés à la sortie du film* In girum imus nocte et consumimur igni *par différentes sources autorisées* [Anlässlich der öffentlichen Präsentation des Films *In girum imus nocte et consumimur igni* von verschiedenen autoritativen Quellen abgeladener Unrat und Schutt].[35] Ungeachtet des Inhalts der einzelnen Kritiken werden diese nun auch nicht mehr

34 Guy Debord, *La planète malade*, Paris: Gallimard 2004, S. 94.

35 Paris: Champ Libre 1982, und (um 2 Kritiken erweitert) in: Debord, *In girum*, S. 95–154, und Debord, *Quarto*, S. 1423–1452.

Es ist eine banale Feststellung, dass selbst in Zeiten tiefgreifender Veränderungen auch die kühnsten Geister sich nur schwer von vielen, inkohärent gewordenen alten Auffassungen lösen und zumindest einige davon beibehalten, da es unmöglich wäre, allgemein anerkannte Aussagen pauschal als falsch und wertlos zu verwerfen.

Man muss jedoch hinzufügen, dass, wenn man derlei aus der Praxis kennt, solche Schwierigkeiten keine Hindernisse darstellen, sobald eine Gruppe von Menschen beginnt, ihre reale Existenz auf die bewusste Ablehnung dessen zu gründen, was allgemein anerkannt ist; sowie auf die totale Missachtung dessen, was damit geschehen mag.

Die sich da versammelt hatten, schienen von Anfang an und öffentlich jenes Geheimnis zum einzigen Prinzip ihrer Aktion gemacht zu haben, das der Alte vom Berge, wie es heißt, erst in seiner letzten Stunde dem treuesten Stellvertreter unter seinen fanatischen Anhängern anvertraute: »Nichts ist wahr, alles ist erlaubt.« In der Gegenwart maßen sie denen, die nicht zu ihnen gehörten, keinerlei Bedeutung bei, und ich denke, dass sie recht hatten; und wenn aus der Vergangenheit jemand ihre Sympathie genoss, so war das Arthur Cravan, Deserteur aus siebzehn Nationen, oder vielleicht auch Lacenaire, der gebildete Bandit.

Lacenaire sagt zu einigen Besitzern: »Man braucht von allem etwas, um eine Welt zu schaffen oder um sie abzuschaffen.« Diese antworten: »Es ist nur ein Wortspiel, aber amüsant.« »Sehr amüsant.« »Wirklich.«

An diesem Ort hatte sich der Extremismus von jeder besonderen Sache losgesagt und sich stolz von jedem Vorhaben frei gemacht.

13 

»Artikel 488. Die Großjährigkeit ist auf das Alter von vollen einundzwanzig Jahren festgesetzt; mit diesem Alter ist man zu allen Handlungen des bürgerlichen Lebens fähig.«
»Eine Wissenschaft der Situationen ist zu schaffen, die der Psychologie, der Statistik, des Städtebaus und der Moral Elemente entlehnen wird. Diese Elemente müssen auf ein völlig neues Ziel hinarbeiten: eine bewusste Schaffung von Situationen.«
»Aber man spricht in diesem Film nicht über Sade.«
»Die Ordnung herrscht, aber sie regiert nicht«.
»Der Dämon der Waffen. Ihr erinnert euch. Genau das. Niemand war uns gut genug. Und dennoch … Der Hagel auf den Glasbannern. Man wird sich dieses Planeten erinnern.«
»Artikel 489. Der Großjährige, der sich gewöhnlich in einem Zustande von Blödsinn, Wahnsinn oder Raserei befindet, muß interdicirt werden, selbst wenn in diesem Zustande lichte Zwischenräume eintreten.«
»Nach all den ungelegenen Antworten und der Jugend, die langsam alt wird, fällt abermals die Nacht aus allen Wolken.«
»Als enfants perdus erleben wir unsere unvollkommenen Abenteuer.«

14 

Ein Film, den ich in dieser Zeit machte und der die fortgeschrittentsten Ästheten natürlich in Rage versetzte, war von Anfang bis Ende wie das vorangehend Gesagte; und diese armseligen Sätze wurden zu einer völlig weißen Leinwand gesprochen, allerdings eingefasst von äußerst langen, völlig schwarzen Sequenzen, in denen kein Wort fiel. Gewiss möchten manche glauben, dass die Erfahrung mich reicher an Talent oder gutem Willen machen konnte. Etwa die Erfahrung einer Verbesserung dessen, was ich damals ablehnte? Dass ich nicht lache. Warum würde sich derjenige, der in jungen Jahren im Film so unerträglich sein wollte, in höherem Alter als interessanter erweisen? Alles, was dermaßen schlecht war, kann nie wirklich besser werden. Mag es auch heißen: »Er ist älter geworden, er hat sich geändert«; er ist auch derselbe geblieben.

Die Formel zur Umwälzung der Welt haben wir nicht in Büchern gesucht, sondern indem wir umherirrten. Es war ein in langen Tagesmärschen gelebtes Umherschweifen, in dem nichts wie am Vortag war und das nie innehielt. Überraschende Begegnungen, beachtliche Hindernisse, grandioser Verrat, gefährliche Verzauberungen, nichts fehlte bei dieser Suche nach einem anderen unheilvollen Gral, den niemand haben wollte. Und eines unglücklichen Tages verirrte sich sogar der schönste Spieler unter uns in den Wäldern des Wahns – kein Wahn ist größer als die heutige Organisation des Lebens.

Fanden wir am Ende das, wonach wir gesucht hatten? Man darf glauben, dass wir es zumindest flüchtig wahrgenommen hatten, denn es ist jedenfalls unbestreitbar, dass wir von da an in der Lage waren, das falsche Leben im Licht des richtigen zu begreifen und zudem im Besitz einer sehr seltsamen Verführungskraft waren: Denn niemand ist seither an uns herangetreten, ohne sich uns anschließen zu wollen; und so waren wir erneut auf das Geheimnis gestoßen, das zu trennen, was vereint war. Was wir begriffen hatten, haben wir nicht im Fernsehen verkündet. Wir hatten es weder auf die Subventionen der wissenschaftlichen Forschung, noch auf die Lobreden der Intellektuellen in den Zeitungen abgesehen. Wir brachten Öl dahin, wo Feuer war. Und so haben wir uns endgültig der Partei des Teufels verschrieben, jenes geschichtlichen Bösen also, das die herrschenden Zustände ihrer Zerstörung zuführt, jener »schlechten Seite«, die dadurch Geschichte macht, dass sie jede etablierte Zufriedenheit zerrüttet.

Der Teufel in »Les Visiteurs du Soir« hat soeben den Prunksaal des Schlosses betreten: »Oh, welch schönes Feuer! Ich liebe das Feuer. Und es liebt mich auch. Schaut nur, wie zuvorkommend die Flammen zu mir sind. Sie lecken mir die Finger, wie ein junger Hund. Wie angenehm … Verzeiht, ich habe mich nicht vorgestellt. Mein Name und meine Titel werden Euch freilich nicht viel sagen: Ich komme von weither. Vergessen im eigenen Land, in der Fremde unbekannt, das ist des Reisenden Los.«

kommentiert, da die soziale Position der Journalisten von vornherein jede ihrer Äußerungen entwerte.

Die Ankündigungen seiner Filme verdienen gesonderte Beachtung. Ganz wie die Filme selbst weisen sie bereits über das Kino hinaus: Für *Die Gesellschaft des Spektakels*: »Demnächst in diesem Theater ›Die Gesellschaft des Spektakels‹« »und danach überall draußen ihre Zerstörung«.

Für seinen letzten Film lässt Debord in der Ankündigung den Schöpfer selbst den folgenden Kommentar abgeben: »Als ich die Welt erschuf, wusste ich, dass man dort eines Tages etwas so Empörendes machen würde wie den Film von Guy Debord mit dem Titel IN GIRUM IMUS NOCTE ET CONSUMIMUR IGNI, daher zog ich es vor, die Welt nicht zu erschaffen. GOTT«

Als Berater des von seinem Freund Gérard Lebovici gegründeten Verlages Champ Libre veröffentlichte Debord in den 1970er und 1980er Jahren dort nicht nur seine eigenen Werke, sondern betreute auch die Edition ihm wichtiger Autoren wie Jacques-Bénigne Bossuet, Baltasar Gracián, Anacharsis Cloots, Carl von Clausewitz, August von Cieszkowski, Michail Bakunin, Rainer Maria Rilke, Karl Kraus, Georg Groddeck, Bruno Rizzi, Arthur Cravan, George Orwell und vieler anderer.[36]

Am Ende seines Lebens wendet sich Debord dem Abgesang des Fernsehens zu, das soeben im Begriff steht, in den Weiten des Internets zu verschwinden: »Und jetzt mache ich mich anheischig, so unfernsehmäßig in der Form zu sein, wie ich es im Inhalt sein konnte.« Dieser fünfzehn Jahre nach seinem letzten Film entstandene Fernsehfilm resümiert kurz Debords Schaffen und konfrontiert es mit der Fernsehproduktion der Zeit, um zu zeigen, wie sehr es seine Befunde der Gesellschaft bestätigt. Ausschnitte zeigen die Untiefen der auf Aktualität und Sensation fixierten Information. Debords Kommentare beleuchten auf Textbildern zwischen den Ausschnitten die blinden Flecke dieser Berichterstattung.

*

So wie Debord sich zeitlebens gegen jegliche Vereinnahmung verwahrte und sich vor Anhängern hütete, so kann er auch keine Nachahmer haben. Mit Baltasar Gracián ist daran zu erinnern, dass es nicht darum geht, den Helden »zu folgen, sondern über sie hinauszugehen«.[37] In dem Sinne duldete auch Debord seine Mitstreiter meist nicht lange bei sich. Die Geschichte der von ihm mitbegründeten Situationistischen Internationale ist eine Geschichte der Ausschlüsse. Seine strategischen Interventionen waren zeitlich klar begrenzt: »Avantgarden haben ihre Zeit und das Beste, was ihnen passieren kann, ist, im vollen Sinn des Wortes *ihre Zeit hingebracht* zu haben.« Und der Text von *In girum imus nocte et consumimur igni* regelt auch

36 Nach der Ermordung von Gérard Lebovici 1984 heißt der Verlag »Éditions Gérard Lebovici«. Nach dem Tod von dessen Frau verlässt Debord 1990 den Verlag. Die Backlist wurde vom Verlag Éditions Ivrea übernommen.

37 »Achtzehnte Meisterschaft. Nachahmung von Ideen. Es hatten zum größten Teil die Helden weder Söhne noch Heldensöhne, wohl aber Nacheiferer, denn offenbar zeigt sie der Himmel eher als Vorbilder für Bedeutung denn als Fortpflanzer der Natur. Hervorragende Männer sind beseelte Bücher der Reputation, von denen der Gebildete Lektionen der Größe lernen muß durch Wiederholung und Wiederherstellung ihrer Heldentaten. In jeder Kategorie nehme man sich die Ersten vor, nicht so sehr zu Nachahmung wie zur Nacheiferung, nicht um ihnen zu folgen, sondern über sie hinauszugehen.« Baltasar Gracián, *Der Held* [El héroe, 1639], übers. v. Elena Carvajal Díaz und Hannes Böhringer, Berlin: Merve 1996, S. 70.

die Frage der Nachfolge: »Ich habe dafür gesorgt, dass keine Pseudofortsetzung den Bericht unserer Operationen verfälscht.« Das ist kein Niedergang oder Untergang, sondern als Fortsetzung der Bewegung auf anderem Terrain gedacht. Sein filmisches Werk übersteigt den dem Kino vorbehaltenen Raum und visiert auch eine kommende Zeit an. Das ist sein spezieller Auftrag, den es auch innerhalb der Institutionen und Museen wie einem Filmmuseum wahrnimmt, denn Debords Filme sind nicht in einem autonomen ästhetischen Bereich angesiedelt, sie gehen über dessen traditionell zugeschriebene Orte und Räume hinaus, um eine Unruhe auszulösen, die ihre Wiederbelebung in Gang setzen soll. Wie Giorgio Agamben schreibt, liegt eine der besonderen Eigenschaften des Kinos darin, achronologisch geschichtete eschatologische Geschichte zu zeigen: wirkliche Bilder einer Möglichkeit im Hinblick auf ihre mögliche Verwirklichung. Wie in einem Déjà-vu bietet der Film die Möglichkeit, in der Wahrnehmung der Gegenwart als einem bereits in der Vergangenheit erlebten Geschehen umgekehrt auch vergangene Ereignisse als mögliche Gegenwart zu sehen. Darin unterscheidet er sich von der aktuellen Berichterstattung im Fernsehen, die einen unablässigen Strom vollendeter Tatsachen präsentiert, der den Zuschauer ohnmächtig hinterlässt.[38]

Die Vergangenheit ist nie ganz verloren. Diese Vorzukunft der Revolte inkarniert sich im Kino Debords. Und seine Filme bewahren noch heute die Möglichkeiten ihrer gefährlichen Freiheit einer Zeit des spukhaften Nachlebens. Die Revolution wäre demnach nicht so sehr als punktueller Umsturz zu sehen, sondern als langer Prozess archäologischer Grabungen.[39]

Heute, einige Jahrzehnte nach der Entstehung dieser Filme, ist ihre Kritik von bemerkenswerter Aktualität und Gegenstand zahlloser Kommentare und Verweise in den Diskussionen der Auswege aus der Krise der politischen Weltlage.[40] Es sind weniger die Frontkämpfe der verschiedenen Avantgarden, die uns heute interessieren, weniger die Rivalitäten als vielmehr die Neubestimmungen bedeutsamer neuer Ausdrucks- und Interventionsformen zur Gestaltung des privaten und politischen Zusammenlebens. Dabei geht es auch nicht so sehr um einzelne Personen, die diese Bewegungen vorantrieben[41], und auch nicht um einzelne Werke, denen dies besser oder schlechter gelang, als vielmehr um das konkrete Leben, das sich im gesamten Wirken niedergeschlagen hat. Etwa zur gleichen Zeit, als Guy Debord seinen ersten Film ohne Bilder zeigte, erinnerte sich auch die Wiener Avantgarde ihrer dadaistischen Vorfahren, um die Überführung der Poesie ins tägliche Leben zu propagieren. Ein Jahr nach Debords *Geheul für Sade* proklamierte

38 Vgl. Giorgio Agamben, »Le cinéma de Guy Debord«, in: ders., *Image et mémoire*, Paris: Éditions Hoëbeke 1998, S. 65–76, hier S. 70.

39 Vgl. Fabien Danesi, *Le cinéma de Guy Debord (1952–1994)*, Paris: Éditions Paris Expérimental 2011, S. 164.

40 Als ein Beispiel von vielen: Thomas Seibert, »Drei Thesen zur Existenzökologie der Revolution«, in: Martin Birkner, Thomas Seibert (Hg.), *Kritik und Aktualität der Revolution*, Wien: Mandelbaum 2017, S. 151–172, hier S. 163.

41 »Es spielt letzten Endes keine Rolle, ob es diesem oder jenem Menschen zufällt, die Aufgabe seiner Zeit zu erfüllen. Wenn die Stunde gekommen ist, gibt es immer mehrere Anwärter. Der Zufall wird einem von ihnen besonders günstige Umstände bieten. Wenn er die Orientierung verliert oder umkommt, wird ein Dritter die Fackel weitertragen.« Pierre Bergounioux, *Une chambre en Hollande*, Lagrasse/Paris: Verdier 2009, dt. ders., *Ein Zimmer in Holland*, übers. v. Margret Millischer und Werner Rappl, Wien: Turia und Kant 2017, S. 22.

H.C. Artmann 1953 in Wien den »poetischen Act« als Geste unabhängig von jedem materiellen Substrat und von »aller Ambition nach Anerkennung, Lob oder Kritik«: »Es gibt einen Satz, der unangreifbar ist, nämlich der, dass man Dichter sein kann, ohne auch irgendjemals ein Wort geschrieben oder gesprochen zu haben.«[42]

*

Die Filme Debords waren zu ihrer Entstehungszeit nur selten zu sehen.[43] Von Oktober 1983 bis April 1984 wurden vier seiner Filme im ausschließlich zur Vorführung der Filme Debords von Gérard Lebovici angekauften Kino Studio Cujas in Paris präsentiert: Auf Verlangen Debords wurden jeweils Mittwoch, Donnerstag, Freitag und Samstag *Über den Durchgang einiger Personen durch eine ziemlich kurze Zeiteinheit* und *Die Gesellschaft des Spektakels* und am Sonntag, Montag und Dienstag *Widerlegung aller Urteile, der lobenden wie der feindlichen, die bislang über den Film* Die Gesellschaft des Spektakels *abgegeben wurden* und *In girum imus nocte et consumimur igni* gezeigt, um einerseits die Chronologie zu wahren und andererseits ein »theoretisch-lyrisches« Gleichgewicht zu erzielen.[44] Nach der bis heute ungeklärten Ermordung Lebovicis am 5. März 1984 veranlasst Debord aufgrund der gegen ihn im Zusammenhang mit der Ermordung gerichteten Anschuldigungen, das Kino zu schließen, und verbietet jede weitere Vorführung seiner Filme, die somit bis zu seinem Tod nicht zu sehen und nur in ihrer verschriftlichten Form dem Publikum zugänglich waren. In dem nach seinem Selbstmord am 30. November 1994 ihm gewidmeten Fernsehprogramm im Privatsender Canal+ am 9. Januar 1995 wurden neben dem Fernsehfilm *Guy Debord, seine Kunst und seine Zeit* auch seine Filme *Die Gesellschaft des Spektakels* und *Widerlegung aller Urteile, der lobenden wie der feindlichen, die bislang über den Film* Die Gesellschaft des Spektakels *abgegeben wurden* gezeigt. Allgemein zugänglich wurden alle seine Filme durch die DVD-Edition bei Gaumont 2005.

42 Alexandra Milner, Marc-Oliver Schuster, *Acht-Punkte-Proklamation des poetischen Actes. Weiteres zu H.C. Artmann*, Würzburg: Königshausen & Neumann, 2018, S. 17. Artmann paraphrasiert im zitierten Satz eine Formulierung von Tristan Tzara: »Dénonçons au plus vite un malentendu qui prétendait classer la poésie sous la rubrique des *moyens d'expression*. La poésie qui ne se distingue des romans que par sa forme extérieure, la poésie qui exprime soit des idées, soit des sentiments, n'intéresse plus personne. Je lui oppose la poésie *activité de l'esprit*. Ce ne sont pas les récentes élucubrations sur la poésie pure qui situent le débat. Il est parfaitement admis aujourd'hui qu'on peut être poète sans jamais avoir écrit un vers, qu'il existe une quantité de poésie dans la rue, dans un spectacle commercial, n'importe où, la confusion est grande, elle est ›poétique‹, […].« – »Räumen wir so schnell wie möglich ein Missverständnis aus, das die Poesie unter die Rubrik der *Ausdrucksmittel* einordnen wollte. Die Poesie, die sich vom Roman nur in ihrer äußeren Form unterscheidet, die Poesie, die Ideen oder Gefühle ausdrückt, interessiert niemanden mehr. Ich stelle ihr eine Poesie des *tätigen Geistes* gegenüber. Nicht die neuesten Hirngespinste über ›poésie pure‹, reine Poesie, bestimmten den Stand der Diskussion. Man ist sich heute durchaus einig, daß man Dichter sein kann, ohne je einen Vers geschrieben zu haben, daß poetische Qualität auf der Straße liegt oder in einer kommerziellen Vorstellung; überall ist die Verwirrung groß, sie ist ›poetisch‹.« Tristan Tzara, »Essai sur la situation de la poésie« (1931), in: *Le Surréalisme au service de la révolution*, Nr. 4, Dezember 1931, S. 15–23, hier S. 15; http://melusine-surrealisme.fr/site/Surr_au_service_dela_Rev/Surr_Service_Rev4.htm (4.1.2019), dt. ders., »Versuch über die Lage der Poesie«, übers. v. Rüdiger Hofmann, in: *Als die Surrealisten noch recht hatten. Texte und Dokumente*, hg. u. eingel. v. Günter Metken, Stuttgart: Reclam 1976, S. 234–250, hier S. 236.

43 Siehe die entsprechenden Angaben in den Kommentaren der ersten beiden Filme und die obenstehende Fußnote 11.

44 Guy Debord, *Corr.*, Bd. 6, 2006, S. 243.

Liste der zitierten Filme

(alphabetisch)

BRONENOSEC POTEMKIN / БРОНЕНОСЕЦ ПОТЁМКИН *(Panzerkreuzer Potemkin)*, UdSSR 1925, Sergei Eisenstein
CAPITAN FUOCO *(Robin Hood der Rebell)*, FR/IT 1958, Carlo Campogalliano
CITY LIGHTS *(Lichter der Großstadt)*, USA 1931, Charles Chaplin
CONFIDENTIAL REPORT / MR. ARKADIN *(Herr Satan persönlich)*, USA 1955, Orson Welles
ČAPAJEV / ЧАПАЕВ *(Tschapajew)*, UdSSR 1934, Georgi und Sergei Wassiljew
DAS CABINET DES DR. CALIGARI, D 1920, Robert Wiene
DAVID AND LISA *(David und Lisa)*, USA 1962, Frank Perry
ENTR'ACTE, F 1924, René Clair
FOR WHOM THE BELL TOLLS *(Wem die Stunde schlägt)*, USA 1943, Sam Wood
GUN CRAZY *(Gefährliche Leidenschaft*, frz. *Le Démon des armes)*, USA 1950, Joseph H. Lewis
IL DESERTO ROSSO *(Die rote Wüste)*, IT 1964, Michelangelo Antonioni
IL TERRORISTA *[Der Terrorist]*, IT 1963, Gianfranco di Bosio
JOHNNY GUITAR *(Johnny Guitar – Wenn Frauen hassen)*, USA 1954, Nicholas Ray
KNIGHTS OF THE ROUND TABLE *(Die Ritter der Tafelrunde)*, USA 1953, Richard Thorpe
L'ANTICONCEPT *[Das Antikonzept]*, F 1952, Gil J Wolman
LA NUIT DE SAINT-GERMAIN-DES-PRÉS *[Die Nächte von St. Germain]*, F 1977, Bob Swaim
LA PRINCIPESSA NUDA *(Black Magic)*, IT 1976, Cesare Canevari
LE DÉSORDRE À VINGT ANS *[Die Unruhe im Alter von 20 Jahren]*, F 1967, Jacques Baratier
LES ENFANTS DU PARADIS *(Kinder des Olymp)*, F 1945, Marcel Carné
LES ISLES DE FRANCE *[Die Inseln Frankreichs]*, F 1942, Alfred Chaumel, Geneviève Chaumel-Gentil
LES VISITEURS DU SOIR *(Die Nacht mit dem Teufel)*, F 1942, Marcel Carné
LE TRIPORTEUR *(Anton der Querschläger)*, F 1957, Jacques Pinoteau
LE VOYAGE DANS LA LUNE *(Die Reise zum Mond)*, F 1902, Georges Méliès
MY IZ KRONŠTADTA / МЫ ИЗ КРОНШТАДТА *(Wir aus Kronstadt)*, UdSSR 1936, Efim Dzigan
NOVYJ VAVILON / НОВЫЙ ВАВИЛОН *(Das neue Babylon)*, UdSSR 1929, Grigorij Kozincev, Leonid Trauberg
OKTJABR'. DESJAT' DNEJ, KOTORYE POTRJASLI MIR / ОКТЯБРЬ. ДЕСЯТЬ ДНЕЙ, КОТОРЫЕ ПОТРЯСЛИ МИР *(Oktober. Zehn Tage, die die Welt erschütterten)*, UdSSR 1928, Sergei Eisenstein, Grigori Alexandros
ORPHÉE *(Orpheus)*, F 1950, Jean Cocteau
REBEL WITHOUT A CAUSE *(... denn sie wissen nicht, was sie tun)*, USA 1955, Nicholas Ray
RIO GRANDE, USA 1950, John Ford
SINK THE BISMARCK! *(Die letzte Fahrt des Bismarck)*, GB 1960, Lewis Gilbert
STÄRKER ALS DIE NACHT, DDR 1954, Slatan Dudow
THE CHARGE OF THE LIGHT BRIGADE *(Der Verrat des Surat Khan/ Die Attacke der Leichten Brigade)*, USA 1936, Michael Curtiz
THE CHARGE OF THE LIGHT BRIGADE *(Der Angriff der Leichten Brigade)*, GB 1968, Tony Richardson
THE COURT-MARTIAL OF BILLY MITCHELL *(Verdammt zum Schweigen)*, USA 1966, Otto Preminger
THE EXPLOITS OF ELAINE *[Elaines Heldentaten]* *(frz. Les Mystères de New York)*, USA 1914, Louis Gasnier und George B. Seitz
THE LONGEST DAY *(Der längste Tag)*, USA 1962, Ken Annakin, Andrew Marton, Bernhard Wicki, Darryl F. Zanuck
THE SHANGHAI GESTURE *(Abrechnung in Shanghai)*, USA 1941, Josef von Sternberg
THE THIRD MAN *(Der Dritte Mann)*, GB 1949, Carol Reed
THEY DIED WITH THEIR BOOTS ON *(Sein letztes Kommando/ Der Held des Westens)*, USA 1941, Raoul Walsh
TRAITÉ DE BAVE ET D'ÉTERNITÉ *[Abhandlung über Geifer und Ewigkeit]*, F 1951, Isidore Isou
UN CHIEN ANDALOU *(Ein andalusischer Hund)*, F 1929, Luis Buñuel
ZORRO RIDES AGAIN *(Zorros schwarz Peitsche)*, USA 1937, William Whitney, John English

Personenverzeichnis *(alphabetisch)*

ALEXANDRE ASTRUC, 1923–2016, französischer Filmregisseur, Schriftsteller und Filmkritiker, prägte 1948 den Ausdruck »caméra-stylo«: »Der Autor schreibt mit seiner Kamera wie ein Schriftsteller mit seinem Schreibstift.«

COLETTE AUDRY, 1906–1990, französische Schriftstellerin, Dramaturgin und Drehbuchautorin.

ANDREAS BAADER, 1943–1977, Mitbegründer der linksextremistischen Terrororganisation Rote Armee Fraktion (RAF), Tod durch Selbstmord im Hochsicherheitsgefängnis Stammheim.

MICHAIL ALEXANDROWITSCH BAKUNIN, 1814–1876, russischer Revolutionär und Anarchist.

ALICE BECKER-HO (ALICE DEBORD), *1941, Schriftstellerin, Gefährtin der Situationisten, zweite Ehefrau und Nachlassverwalterin Guy Debords. Verfasserin mehrerer Werke über Soziolekte, das Ghetto in Venedig, zu Antonin Artaud und François Villon.

SERGE BERNA, Mitglied der Lettristischen Internationale, einer der Lettristen, die als Mönche verkleidet während der Ostermesse am 9. April 1950 in die Kathedrale Notre-Dame de Paris eindrangen, wo einer von ihnen von der Kanzel eine Rede hielt, in der er unter anderem verkündete, dass Gott tot sei.

MICHÈLE BERNSTEIN, *1932, Schriftstellerin, Gründungsmitglied der Situationistischen Internationale, erste Ehefrau Guy Debords.

LINDA BILDA (LINDA CZAPKA), 1963–2019, bildende Künstlerin.

LÉON BLUM, 1872–1950, sozialistischer Politiker und Schriftsteller, zwischen 1936 und 1947 war er mehrfach französischer Premierminister.

RAYMOND BORDE, 1920–2004, französischer Filmkritiker.

LEONID ILJITSCH BRESCHNEW [BREŽNEV], 1906–1982, Parteichef der KPdSU von 1964 bis 1982.

CORNELIUS CASTORIADIS, 1922–1997, politischer Philosoph und Psychoanalytiker, Mitbegründer und Betreiber der antidogmatischen marxistischen Organisation *Socialisme et Barbarie*, der auch Guy Debord kurz angehörte.

PATRICK CHEVAL, Mitglied der Situationistischen Internationale.

IVAN CHTCHEGLOV, 1933–1998, französischer Dichter und politischer Theoretiker und Aktivist, früher Gefährte der Lettristen, Situationisten und Debords.

JEAN COCTEAU, 1889–1963, französischer Schriftsteller, Regisseur und Maler.

ARTHUR CRAVAN (FABIAN AVENARIUS LLOYD), 1887–1918, Schriftsteller, Amateurboxer, wird nach einer allein unternommenen Bootsfahrt vor der Küste Mexikos für verschollen erklärt.

ALVARO CUNHAL, 1913–2005, Vorsitzender der portugiesischen kommunistischen Partei.

BUENAVENTURA DURRUTI DUMANGE, 1896–1936, spanischer Anarchist, Führer der republikanischen Elitekolonne Colonna Durruti im Spanischen Bürgerkrieg.

GUDRUN ENSSLIN, 1940–1977, Mitbegründerin der linksextremistischen Terrororganisation Rote Armee Fraktion (RAF), Tod durch Selbstmord im Hochsicherheitsgefängnis Stammheim.

ROBERT FONTA, 1922–1976, französischer Maler, Gefährte Debords.

ANDÉ FRANKIN, 1925–1990, belgischer Journalist, militanter Marxist, Mitglied der Lettristischen Internationale und der Situationistischen Internationale.

VALÉRY GISCARD D'ESTAING, *1926, französischer Politiker, 1974–1981 Präsident Frankreichs.

JEAN-CLAUDE GUILBERT, 1926–1991, Gefährte der Lettristen, Laiendarsteller in den Filmen *Au hasard Balthazar* (*Zum Beispiel Balthasar*, F 1966, Robert Bresson) und *Mouchette* (F 1967, Robert Bresson).

MARC, O (MARC-GILBERT GUILLAUMIN), *1927, Schriftsteller, Theater- und Filmregisseur

JOHNNY HALLIDAY, 1943–2017, französischer Sänger und Schauspieler.

ISIDORE ISOU (IOAN-ISIDOR GOLDSTEIN), 1925–2007, französischer Autor, Filmemacher und bildender Künstler, Begründer des Lettrismus.

ASGER JORN, 1914–1973, dänischer Künstler, Gründungsmitglied der Situationistischen Internationale und Sponsor der Situationisten.

ATTILA KOTÁNYI, 1924–2003, ungarischer Schriftsteller und Architekt, Mitglied der Situationisten und Gefährte Debords.

GÉRARD LEBOVICI, 1932–1984, Mitbegründer des Verlags Champ Libre, Filmproduzent, Sponsor und Freund Guy Debords, wird 1984 unter ungeklärten Umständen ermordet.

JEAN-FRANÇOIS LYOTARD, 1924–1998, Philosoph und Literaturtheoretiker, Theoretiker der Postmoderne.

NICCOLÒ MACHIAVELLI, 1469–1527, florentinischer Philosoph, Verfasser von *Il Principe* (1513), dt. *Der Fürst* (1692, zahlreiche weitere Übersetzungen), Analytiker der Grundsätze politischer Herrschaft.

GHISLAIN DE MARBAIX, Autor, Zuhälter, Gefährte Debords, Mitbesitzer der von den Situationisten frequentierten Bar »L'Homme de main«, für die Debord ein Plakat entwarf.

GEORGES MARCHAIS, 1920–1997, langjähriger Generalsekretär der kommunistischen Partei Frankreichs.

JEAN-MICHEL MENSION, 1934–2006, französischer Schriftsteller, Mitglied der Lettristischen Internationale, Gefährte Debords.

ROBERT MISRAHI, *1926, französischer Philosoph, der als Mitglied einer zionistischen Terrorgruppe 1947 in London einen Bombenanschlag verübt und später von Jean-Paul Sartre gefördert wird.

EDDY MITCHELL, *1942, französischer Sänger und Schauspieler.

FRANÇOIS MITTERRAND, 1916–1996, Politiker der Sozialistischen Partei (PS), französischer Staatspräsident von 1981 bis 1995.

DONALD NICHOLSON-SMITH, *1950, britischer Übersetzer und Herausgeber, Mitglied der Situationisten, lebt in New York City.

VIOLETTE NOZIÈRE, 1915–1966, von der Pariser Boheme und vor allem von den Surrealisten zum Idol stilisierte Gelegenheitsprostituierte und Vatermörderin, wurde 1934 zum Tode verurteilt und später begnadigt und vollständig rehabilitiert.

ROBERTO OHRT, *1954, Kunsthistoriker und Ausstellungskurator, Verfasser von *Phantom Avantgarde* (Hamburg: Nautilus 1990) über die Situationistische Internationale und Mitherausgeber von *Der Beginn einer Epoche* (Hamburg: Nautilus 1995) mit Übersetzungen von Texten der SI.

ÉLIANE PAPAÏ, eine aus einer Erziehungsanstalt entflohene Gefährtin Debords, später mit Jean-Michel Mension und danach mit Jean-Louis Brau verheiratet, beide Mitglieder der Lettristischen Internationale.

GABRIEL POMERAND, 1925–1972, Autor und Maler, Mitbegründer des Lettrismus.

GILLES DE RAIS, 1405–1440, französischer Heerführer und Serienmörder.

JACK THE RIPPER, unidentifizierter Serienmörder, der mindestens für fünf 1888 in London begangene Prostituiertenmorde verantwortlich gemacht wird.

DICK RIVERS (HERVÉ FORNERI), *1945, französischer Sänger und Schauspieler.

BRUNO RIZZI, 1901–1977, marxistischer Theoretiker, Autor von *L'URSS: collectivisme bureaucratique. La bureaucratisation du monde* (1939), Paris: Champ Libre 1976. Diese Ausgabe wurde von Guy Debord betreut, der auch den Klappentext verfasste.

FRANÇOISE SAGAN (FRANÇOISE QUOIREZ), 1935–2004, Bestsellerautorin zahlreicher Romane.

ROGER SALENGRO, 1890–1936, Innenminister der von Léon Blum als Premierminister geführten Regierung des Front Populaire. Sein Einsatz gegen die rechtsextreme Bewegung Action française führte zu einer Verleumdungskampagne gegen ihn, in der ihm Desertion im Ersten Weltkrieg vorgeworfen wurde. Obwohl eine militärische Untersuchungskommission den Vorwurf widerlegte, hielten sich die Behauptungen hartnäckig. In der Folge beging Salengro 1936 Selbstmord.

WOLFGANG SCHEPPE, *1955, Philosoph und Ausstellungsmacher, leitet das Arsenale Institute for Politics of Representation in Venedig, lebt und lehrt in Venedig und der Schweiz.

CHRISTIAN SÉBASTIANI, Mitglied der Situationistischen Internationale.

MADAME DE SÉGUR, COMTESSE SOPHIE DE SÉGUR (SOFIA FJODOROWNA ROSTOPTSCHINA), 1799–1874, französische Schriftstellerin, verfasste zahlreiche moralisierende Romane für Kinder.

GEORGES SÉGUY, 1927–2016, von 1967 bis 1982 Generalsekretär der großen französischen Gewerkschaft CGT, die dem Generalstreik 1968 und der als »bürgerlich« bezeichneten Jugendbewegung des Mai 1968 überwiegend ablehnend gegenüberstand. Die Ende Mai von Vertretern von Gewerkschaften, Unternehmerverbänden und der Regierung im Arbeitsministerium an der Rue de Grenelle verhandelten Vereinbarungen beinhalten unter anderem eine Erhöhung des garantierten Mindestlohns um 35 %, eine rechtliche Verankerung der Gewerkschaften in den Betrieben und eine zusätzliche Urlaubswoche.

JEAN-JACQUES SERVAN-SCHREIBER, 1924–2006, französischer Journalist, Essayist, Medienmanager und Politiker.

MÁRIO SOARES, 1924–2017, Gründungsmitglied der sozialistischen Partei Portugals, Außenminister, Premierminister und Präsident Portugals.

SERGEI MICHAILOWITSCH SOLOWJOW [SOLOV'ËV], 1820–1879, russischer Historiker. Verfasser einer Geschichte Russlands in 29 Bänden: История России с древнейших времен / Istoriia Rossii s drevneishikh vremen [Russische Geschichte von den ältesten Zeiten], St. Petersburg: 1851–1879.

ANTÓNIO DE SPÍNOLA, 1910–1996, General und Politiker, erster Präsident Portugals nach der Nelkenrevolution, der kurz danach zurücktrat und in der Folge wiederholt Putschversuche konservativer Kräfte unternahm.

PATRICK STRARAM, 1938–1988, französisch-kanadischer Schriftsteller, Mitglied der Lettristischen Internationale, Gefährte Debords.

ALEXANDER TROCCHI, 1925–1984, schottischer Schriftsteller, Mitglied der Situationistischen Internationale.

JACQUES VACHÉ, 1895–1919, Schriftsteller, Freund André Bretons, Tod durch eine Überdosis Opium.

GIL J WOLMAN, 1929–1995, Künstler, Filmemacher und Schriftsteller, Gründungsmitglied der Lettristischen Internationale.

MAURICE WYCKAERT, 1923–1996, belgischer bildender Künstler.

Literatur *(Auswahl)*

CHRONOLOGISCH

Literatur zu Filmen Guy Debords

Asger Jorn, »Guy Debord et le problème du maudit« (1964), in: Debord, *Contre le cinéma;* dt. ders., »Guy Debord und das Problem des Verworfenen«, in: Debord, *Gegen den Film*.

Thomas Y. Levin, »Dismantling the Spectacle. The Cinema of Guy Debord«, in: *on the passage of a few people through a rather brief moment in time: THE SITUATIONIST INTERNATIONAL 1957–1972*, hg. v. Elisabeth Sussman, Cambridge, Massachusetts und London, England: The MIT Press und Boston, Massachusetts: The Institute of Contemporary Art 1989, S. 72–123; online: https://scholar.princeton.edu/sites/default/files/tylevin/files/dismantling_the_spectacle_debord.pdf (10.1.2019), wieder abgedruckt in *Guy Debord and the Situationist International*, hg. v. Thomas McDonough, Cambridge, Massachusetts: The MIT Press 2002, S. 321–453, dt. (nur die ersten fünf Seiten) »Auflösung des Spektakels: Das Kino von Guy Debord«, übers. v. Käthe Trettin, in: Yvonne Spielmann (Hg.), *Kunst und Politik der Avant-Garde*, Frankfurt a. M.: Mouson Verlag 1989, S. 83–107, und in geänderter Übersetzung (wieder nur der ersten fünf Seiten des englischen Texts, jedoch mit einer Nachbemerkung Thomas Y. Levins): »›Ciné qua non‹: Guy Debord und die filmische Praxis als Theorie«, übers. v. Uli Nickel, in: Gregor Stemmrich (Hg.), *Kunst/Kino-Jahresring 48: Jahrbuch für moderne Kunst*, Köln: Oktagon Verlag 2001, S. 17–29; online: www.medienkunstnetz.de/themen/kunst_und_kinematografie/debord (10.1.2019).

Giorgio Agamben, »Repetition and Stoppage. Guy Debord's Technique of Montage / Wiederholung und Stillstellung. Zur Kompositionstechnik der Filme Guy Debords«, in: documenta GmbH (Hg.), *documenta X documents 2*, Ostfildern-Ruit: Cantz 1997, S. 68–75.

Giorgio Agamben, »Le cinéma de Guy Debord«, in: ders., *Image et mémoire*, Paris: Hoëbeke 1998, S. 65–76.

Guy Debord (contro) il cinema, hg. v. Enrico Ghezzi & Roberto Turigliatto, Mailand/Venedig: Il castoro/La Biennale di Venezia 2001.

Antoine Coppola, *Introduction au cinéma de Guy Debord et de l'avant-garde situationniste*, Arles: Sulliver 2003.

Olivier Assayas, »Une adolescence dans l'après-Mai. Lettre à Alice Debord«, *Cahiers du cinéma* 2005, engl. (erweitert um zwei weitere Essays von Olivier Assayas) ders., *A Post-May Adolescence. Letter to Alice Debord*, übers. und mit Anmerkungen v. Adrian Martin und Rachel Zerner, Wien: FilmmuseumSynemaPublikationen 2012.

»›Les perruques de la gratitude‹, ein Gespräch mit Olivier Assayas«, in: *Cahiers du cinéma*, Nr. 605, Paris, 10/2005, S. 83–86.

Jörn Etzold, »Guy Debords allegorisches Kino«, in: *Mediale Spielräume; Erfundene Welten, Gestaltete Bilder*, hg. v. Thomas Barth, Christian Betzer, Jens Eder, Marburg: Schüren 2005.

Jacques Rancière, »Quand nous étions sur le Shenandoa«, in: *Cahiers du cinéma*, Nr. 605, Paris, 10/2005, S. 92–93, dt. ders, »›Als wir auf dem Shenandoa waren‹ (Debord)« [2005], in: ders., Und das Kino geht weiter. Schriften zum Film, hg. v. Sulgi Lie und Julian Radlmaier, übers. v. Julian Radlmaier, Berlin: August Verlag 2012, S. 69–77.

Werner Rappl, »Schweigen Geheul Applaus. Zu den Filmen Guy Debords«, in: *Maske und Kothurn. Pitanga Lectures 2001–2006*, hg. v. Klemens Gruber und Franz Grafl, Heft 3, Wien: Böhlau 2006, https://fedora.phaidra.univie.ac.at/fedora/get/o:28658/bdef:Content/get (2.1.2019).

Themenschwerpunkt »Gegen das Kino. Guy Debord und die Situationistische Internationale«, in: *Der Schnitt*, Nr. 50, Heft 2/2008.

Guy-Claude Marie, *Guy Debord: de son cinéma en son art et en son temps*, Paris: Vrin 2009.

Simona Travaglianti, »Debords unzertrennliche Montagen in *Critique de la séparation*«, in: Andy Blättler, Doris Gassert, Susanna Parikka-Hug, Miriam Ronsdorf (Hg.), *Intermediale Inszenierungen im Zeitalter der Digitalisierung. Medientheoretische Analysen und ästhetische Konzepte*, Bielefeld: transcript 2010, S. 129–146.

Gabriel Ferreira Zacarias, »›Un sujet important: moi-même‹: Une étude du cinéma autobiographique de Guy Debord«, in. *Doc On-line*, Nr. 9, 12/2010, S. 168–185. http://doc.ubi.pt/09/analise_gabriel.pdf (2.1.2019).

Monica Dall'Asta und Marco Grosoli (Hg.), *Consumato dal fuoco: il cinema di Guy Debord,* Pisa: Edizioni ETS 2011.

Fabien Danesi, *Le cinéma de Guy Debord ou la négativité à l'œuvre (1952–1994)*, Paris: Éditions Paris Expérimental 2011.

Laurent Jarfer, Pierre Ulysse Baranque (Hg.), *In Situs: théorie, spectacle et cinéma chez Guy Debord et Raoul Vaneigem*, Mont-de-Marsan: Gruppen 2013.

Jason E. Smith (Hg.), *Guy Debord's Cinema*, Sondernummer der Zeitschrift *Grey Room*, Nr. 52, Cambridge, MA: MIT Press Sommer 2013.

Tyrus Miller, »Situating Images. Photography, Writing and Cinema in the Work of Guy Debord«, in: *On Writing with Photography*, hg. v. Karen Beckman und Liliane Weissberg, Minneapolis: University of Minnesota Press 2013, S. 173–201.

Gabriel Ferreira Zacarias, »Guy Debord e a poesia de *In girum imus nocte et consumimur igni*«, in: *Manuscritica. Revista de Crítica Genética*, Nr. 25, Universidade de Sao Paulo 2013, www.revistas.fflch.usp.br/manuscritica/article/view/2070/1902 (2.1.2019).

Fabien Danesi, Fabrice Flahutez, Emmanuel Guy (Hg.), *La fabrique du cinéma de Guy Debord*, Arles: Actes Sud 2013.

Monica Dall'Asta, »Montage as Allegory: On the Concept of ›Historical Truth‹ in Walter Benjamin and Guy Debord«, in: *At the Borders of (Film) History. Temporality, Archaeology, Theories,* hg. v. Alberto Beltrame, Giuseppe Fidotta, Andrea Mariani, Udine: Forum 2015.

Biografien

Christophe Bourseiller, *Vie et Mort de Guy Debord. 1931–1994*, Paris: Plon 1999.

Andrew Hussey, *The Game of War. The Life and Death of Guy Debord*, London: Jonathan Cape 2001.

Vincent Kaufmann, *Guy Debord. La révolution au service de la poésie*, Paris: Fayard 2001; dt. *Guy Debord. Die Revolution im Dienste der Poesie*, übers. v. Wolfgang Kukulies, Berlin: Tiamat 2004.

Jörn Etzold, *Die melancholische Revolution des Guy-Ernest Debord*, Zürich-Berlin: diaphanes 2009.

Jean-Marie Apostolidès, *Debord, Le naufrageur*, Paris: Flammarion 2015.

Debords Filmtexte

Guy Debord, *Contre le cinéma*, Aarhus: Institut scandinave de vandalisme comparé 1964, und in: ders., *Œuvres*, Paris: Gallimard 2006.

Guy Debord, *Œuvres cinématographiques complètes*, Paris: Champ Libre 1978; Paris: Gallimard 1994, und in: ders., *Œuvres*, Paris: Gallimard 2006.

Guy Debord, *In girum imus nocte et consumimur igni. Édition critique augmentée de notes diverses de l'auteur*, Paris: Éditions Gérard Lebovici 1990; Paris: Gallimard 1999, und in: ders., *Œuvres*, Paris: Gallimard 2006.

Guy Debord, *Complete Cinematic Works: Scripts, Stills, and Documents*, übers. u. hg. v. Ken Knabb, Oakland and Edinburgh: AK Press 2003.

Guy Debord, *Opere cinematografiche*, übers. u. hg. v. Fabrizio Ascari, Mailand: Bompiani 2004.

Deutsche Ausgaben der Filmtexte

Guy Debord, *Gegen den Film. Filmskripte*, übers. v. Pierre Gallissaires und Hanna Mittelstädt, Hamburg: Nautilus 1978.

Guy Debord, *In girum imus nocte et consumimur igni*, hg. v. Klaus Bittermann [nicht als Übersetzer bezeichnet, doch »für das Zustandekommen dieses Buches« bedankt werden Dorothee Henkel, Rolf S. Henkel, Jean-Pierre Baudet, Matthias Frank, Brigitte Verchain], Berlin: Tiamat 1985.

Filme

Guy Debord: *Œuvres cinématographiques complètes*, Neuilly-sur-Seine: Gaumont Vidéo 2005, DVD-Box unter der Leitung von Olivier Assayas.

Schriften Debords

Internationale Situationniste. Édition augmentée, Paris: Librairie Arthème Fayard 1997, dt. übers. v. Pierre Gallissaires und Hanna Mittelstädt, *Situationistische Internationale 1958–1969. Gesammelte Ausgaben des Organs der Situationistischen Internationale*, 2 Bde., Band 1: Hamburg: MaD Verlag 1976 (Nr. 1–7), Band 2: Hamburg: Edition Nautilus 1977 (Nr. 8–12), www.si-revue.de (10.2.2019).

Guy Debord, *Correspondance*, Bd. 0–7, Paris: Librairie Arthème Fayard 1999–2010.

Guy Debord, *Œuvres*, hg. v. Jean-Louis Rançon in Zusammenarbeit mit Alice Debord, Paris: Gallimard 2006.

ALPHABETISCH

Abgekürzt zitierte Literatur

Art de la guerre
Guy Debord. Un art de la guerre, hg. v. Emmanuel Guy und Laurence Le Bras, Paris: Bibliothèque nationale de France/Gallimard 2013.

Beginn einer Epoche
Der Beginn einer Epoche. Texte der Situationisten, aus dem Französischen übers. v. Pierre Gallissaires, Hanna Mittelstädt und Roberto Ohrt, Hamburg: Nautilus 1995.

Bossuet, *Oraisons*
Jacques Bénigne Bossuet, *Oraisons funèbres*, hg. v. J. Truchet, Paris: Bordas 1988; dt. *Jacob Benignus Bossuet Bischoffes von Meaux und Königl. Staatsrathes, Trauerreden*, Wien: Kraus 1764.

Breton, *Nadja*
André Breton, *Nadja* (1928), Paris: Gallimard 1964, dt. v. Bernd Schwibs, Frankfurt a. M.: Suhrkamp 2002.

Chtcheglov, *Ecrits*
Ivan Chtcheglov, *Ecrits retrouvés*, hg. v. Jean-Marie Apostolidès und Boris Donné, Paris: Allia 2006.

Dante, *Commedia*
Dante Alighieri, *Divina Commedia* (1321), dt. ders., *Commedia*, übers. v. Kurt Flasch, Frankfurt a. M.: Fischer 2011.

Debord, *Contre le cinéma*
Guy Debord, *Contre le cinéma*, Aarhus: Institut scandinave de vandalisme comparé 1964; dt. ders., *Gegen den Film. Filmskripte*, übers. v. Pierre Gallissaires und Hanna Mittelstädt, Hamburg: Nautilus – Verlag Lutz Schulenburg 1978.

Debord, *Corr.*
Guy Debord, *Correspondance*, Bd. 0–7, Paris: Librairie Arthème Fayard 1999–2010; dt. ders., *Ausgewählte Briefe. 1957–1994*, übers. v. Bernadette Grubner, Roman Kuhn, Birgit Lulay, Christoph Plutte, Berlin: Edition Tiamat - Verlag Klaus Bittermann 2011.

Debord, *In girum*
Guy Debord, *In girum imus nocte et consumimur igni. Édition critique augmentée de notes diverses de l'auteur suivi de Ordures et décombres*, Paris: Éditions Gérard Lebovici 1990, und Paris: Gallimard 1999.

Debord, *Mémoires*
Guy Debord, *Mémoires. Structures portantes d'Asger Jorn*, Kopenhagen: Internationale Situationniste 1958; Paris: Les Belles Lettres 1993; Paris: Allia 2004.

Debord, *OCC*
Guy Debord, *Œuvres cinématographiques complètes. 1952–1978*, Paris: Champ Libre 1978; Paris: Gallimard 1994.

Debord, *Panégyrique*
Guy Debord, *Panégyrique,* Bd. 1, Paris: Éditions Gérard Lebovici 1989; Bd. 2, Paris: Librairie Arthème Fayard 1997; dt. ders., *Panegyrikus,* Bd. 1, übers. v. Wolfram Bayer, Berlin: Edition Tiamat – Verlag Klaus Bittermann 1997.

Debord, *Quarto*
Guy Debord, *Œuvres*, hg. v. Jean-Louis Rançon in Zusammenarbeit mit Alice Debord, Paris: Gallimard »Quarto« 2006.

Debord, *SdS*
Guy Debord, *La Société du spectacle*, Paris: Buchet-Chastel 1967, Paris: Champ Libre 1971, Paris: Gallimard 1992, dt. ders., *Die Gesellschaft des Spektakels*, übers. v. Jean-Jacques Raspaud, Berlin: Edition Tiamat 1996.

Debord, *Yeux de fille*
Guy Debord, *Le marquis de Sade à des yeux de fille*, Paris: Librairie Arthème Fayard 2004.

Donné
Boris Donné, *(Pour mémoires). Un essai d'élucidation des* Mémoires *de Guy Debord*, Paris: Allia 2004.

Elsken
Ed van der Elsken, in: Ed van der Elsken, *Een liefdesgeschiedenis in Saint-Germain-des-Près*, Amsterdam: De Bezige Bij o.J. [1956], dt. ders., *Liebe in Saint Germain des Près*, Hamburg: Rowohlt 1956; [2]1962, Köln: Schaden 1999.

F. Danesi
Fabien Danesi, Fabrice Flahutez, Emmanuel Guy (Hg.), *La fabrique du cinéma de Guy Debord*, Arles: Actes Sud 2013.

GC. Marie
Guy-Claude Marie, *Guy Debord: de son cinéma en son art et en son temps*, Paris: Vrin 2009.

Hegel, *Werke*
Georg Wilhelm Friedrich Hegel, *Werke in 20 Bänden mit Registerband,* hg. v. Eva Moldenhauer und Karl Markus Michel, Frankfurt a. M.: Suhrkamp 1969–1971.

Ion
Ion. Centre de création. Numéro spécial sur le cinéma. Hg. v. Marc'O. Paris: Paul Rocher 1952.

IS
Internationale Situationniste. Édition augmentée, Paris: Librairie Arthème Fayard 1997; dt. *Situationistische Internationale*, www.si-revue.de (28.1.2019).

Lautréamont, *Poésies*
Isidore Ducasse (Lautréamont), *Poesie*. Übers. v. Pierre Gallissaires und Hanna Mittelstädt, Hamburg: Nautilus 1979.

Lire Debord
Laurence Le Bras, Emmanuel Guy (Hg.), *Lire Debord. Avec des notes inédites de Guy Debord*, Paris: Éditions l'Échappée 2016.

Machiavelli, *Principe*
Niccolò Machiavelli, *Il Principe*, Torino: Einaudi 1961, dt. ders., *Der Fürst*, übers. v. August Wilhelm Rehberg, Frankfurt a. M.: Fischer 2010.

MEW
Karl Marx – Friedrich Engels, *Werke*, Berlin/DDR: Dietz Verlag 1968.

Potlatch
Guy Debord présente Potlatch (1954–1957), Paris: Gallimard 1996; dt. *Guy Debord präsentiert Potlatch. Informationsbulletin der Lettristischen Internationale.* Mit einem Dokumentenanhang, übers. v. Wolfgang Kukulies, Berlin: Tiamat – Verlag Klaus Bittermann 2002.

Retz, *Œuvres*
Cardinal de Retz, *Œuvres*, hg. v. Marie-Thérèse Hipp u. Michel Pernot, Paris: Gallimard 1984; dt. *Die Denkwürdigkeiten des Kardinals von Retz*, nach einer alten anonymen Übersetzung mit Einleitung u. vielen Ergänzungen hg. v. Benno Rüttenauer, München: Georg Müller 1913.

Errata

Abweichungen der Texte von den Filmen und von der französischen Fassung

Die deutsche Übersetzung folgt der französischen schriftlichen Fassung der Filmtexte. Dabei wurden Abweichungen von den in den Filmen gesprochenen oder gezeigten Texten festgestellt (zur herangezogenen DVD-Ausgabe siehe Literatur) und wie folgt berücksichtigt:

GEHEUL FÜR SADE:

S. 11 (Bandteil 1): »*Stimme 1*: […] 1902 – Reise zum Mond« Im Film zu hörender gesprochener Text: »1906«

S. 17 (Bandteil 1): »*Stimme 2*: […] Als wir am Shenandoah waren. ([…] Quand nous étions sur le Shenandoa.)« Im Film zu hörender gesprochener Text: »Quand nous étions sur le Chattanooga.« Siehe Kommentar auf S. 22 (Bandteil 2).

Die Zeitangaben der Längen der die gesprochenen Texte unterbrechenden Schwarzfilm-Passagen entsprechen nicht genau den im Film enthaltenen Längen.

DIE GESELLSCHAFT DES SPEKTAKELS:

S. 65 (Bandteil 1): In Abweichung von der französischen schriftlichen Fassung ist die Widmung »Dieser Film ist Alice Becker-Ho gewidmet« nicht als Zwischentitel angegeben, sondern, dem Film entsprechend, als Untertitel in Versalien. In der deutschen Übersetzung wird die Widmung als Untertitel angegeben, allerdings nicht fett gedruckt wie alle übrigen Untertitel.

S. 78 (Bandteil 1): Ein Satz im ersten Ausschnitt aus dem Film *Johnny Guitar* ist in der französischen schriftlichen Fassung nicht enthalten und daher in der deutschen Übersetzung in eckige Klammern gesetzt, siehe auch den Kommentar auf S. 39 (Bandteil 2).

S. 79 (Bandteil 1): Kurz danach ist ein in der französischen schriftlichen Fassung enthaltener Satz nicht im Film zu hören und ist daher in der Übersetzung in eckige Klammern gesetzt: [Es ignoriert, dass in seiner Welt der Konflikt der Vater aller Dinge ist.]

IN GIRUM IMUS NOCTE ET CONSUMIMUR IGNI:

S. 196 (Bandteil 1): »*Angestelltenpaar mit Kind in einem Badezimmer.*« In der französischen schriftlichen Fassung werden »zwei Kinder« erwähnt. Im Film ist allerdings nur ein Kind zu sehen.

S. 220 (Bandteil 1): »*Eine Kotoko-Ansiedlung, am Ufer des Niger.*« Die Kotoko-Ansiedlung liegt nicht am Niger.

S. 220 (Bandteil 1): »DIE LEINWAND BLEIBT SCHWARZ.« Im Film bleibt sie weiß. Dementsprechend wurde die Angabe in der Übersetzung geändert.

S. 276 (Bandteil 1): »….so wie ich nun einmal bin, anderes hätte tun können.« Die ohne entsprechende Anführungszeichen im französischen Text offensichtlich irrtümlich enthaltenen Ausführungszeichen am Ende der Bildlegende wurden weggelassen.

Autoren

Herausgegeben und aus dem Französischen übersetzt von

WERNER RAPPL, Theaterwissenschaftler und Übersetzer sowie Mitherausgeber mehrerer Kataloge der transmedialen Gesellschaft daedalus in Wien 1985–1993, Mitgestalter der ersten vollständigen Rekonstruktion von Aby Warburgs Mnemosyne-Atlas in Wien 1993 und Mitherausgeber des Begleitkatalogs *Begleitmaterial zur Ausstellung »Aby Warburg, Mnemosyne«* Hamburg 1994, 2006; Katalogbeiträge zu Guy Debord, Alexander Kluge; Mitherausgeber von Chris Marker, *L'Héritage de la Chouette / Das Erbe der Eule*. Maske und Kothurn, Jg. 63, 2–3/2017, Wien-Köln-Weimar: Böhlau 2019. Übersetzungen von Daniel Defoe, Antonin Artaud, Barnett Newman, Paul Virilio, Jean-François Lyotard, Jacques Derrida u. a.

Übersetzung entstanden in Zusammenarbeit mit

WOLFGANG KUKULIES, geboren 1956 in Düsseldorf. Irgendwann Ende 1977 zum Studieren nach Paris gegangen und nicht wieder davon losgekommen. Lebt und arbeitet seitdem als unfreier Übersetzer im 18. Arrondissement. Übersetzungen ins Französische (u. a. Robert Kurz, Wolfgang Pohrt, die Korrespondenz Adorno-Kracauer 1923–1966) sowie ins Deutsche die Biografie Guy Debords von Vincent Kaufmann, Debords Kommentare zur *Gesellschaft des Spektakels* und die Zeitschrift *Potlatch* mit zahlreichen zusätzlichen Texten der Situationisten.

Mit einem Beitrag von

ALEXANDER HORWATH, Autor und Kurator sowie Filmkritiker und Redakteur u. a. für den *Falter*, den *Standard*, *Die Zeit* und die *Süddeutsche Zeitung*. Er leitete die Viennale und war von 2002 bis 2017 Direktor des Österreichischen Filmmuseums. 2007 fungierte er als Kurator des Filmprogramms der Documenta 12. Zahlreiche Publikationen zum Film, darunter Bücher über Michael Haneke (1991, 1997), das amerikanische Kino der 1960er/1970er Jahre (1994, 1995, 2003), Peter Tscherkassky (2005), Josef von Sternberg (2007), *Film Curatorship* (2008) und über das Österreichische Filmmuseum (2014).

Ein Buch von SYNEMA ≣ Publikationen
Guy Debord. Das filmische Gesamtwerk (Kommentare, Quellen und Verweise)
Band 33 (II) der FilmmuseumSynemaPublikationen

FilmmuseumSynemaPublikationen ist eine gemeinsame Buchreihe
des Österreichischen Filmmuseums und SYNEMA – Gesellschaft für Film und Medien.

SYNEMA – Gesellschaft für Film und Medien
Neubaugasse 36/1/1/1
A-1070 Wien

Korrektur: Joe Rabl
Grafisches Konzept, Gestaltung und Produktion: Gabi Adébisi-Schuster
Projektkoordination: Eszter Kondor (Österreichisches Filmmuseum)
Druck: Design und Druck UAB KOPA, Vilnius
Gedruckt auf FSC-zertifiziertem Papier
Verlags- und Herstellungsort: Wien

ISBN 978-3-901644-76-4

Coverfoto: Kadervergrößerung aus *Über den Durchgang einiger Personen durch eine ziemlich kurze Zeiteinheit* (1959, Guy Debord)

Diese Publikation wurde in Zusammenarbeit mit phileas – A Fund for Contemporary Art herausgegeben.

phileas
A Fund for Contemporary Art

Österreichisches Filmmuseum und SYNEMA – Gesellschaft für Film und Medien
sind vom Bundeskanzleramt Österreich/Kunst und Kultur – Abt. (II/3) Film
sowie von der Kulturabteilung der Stadt Wien geförderte Institutionen.

Bundeskanzleramt

Stadt Wien | Kultur